rowohlt

Joachim Fest

BEGEGNUNGEN

Über nahe und ferne Freunde

Rowohlt

3. Auflage November 2004
Copyright © 2004 by
Rowohlt Verlag GmbH, Reinbek bei Hamburg
Alle Rechte vorbehalten
Satz aus der Stempel Garamond PostScript
von hanseatenSatz-bremen, Bremen
Druck und Bindung Clausen & Bosse, Leck
Printed in Germany
ISBN 3 498 02088 9

INHALT

Vorbemerkung

Dieses Buch vereint die Porträts von Personen, mit denen mich mancherlei Umstände im Lauf der Jahre zusammenführten. Ohne mir in jedem Fall Rechenschaft darüber abzulegen, beeinflußten sie mein Denken und die Maximen, denen es folgte. Im einen oder anderen Fall stellte sich auch, über die bloß begleitende Rolle hinaus, eine nähere oder sogar freundschaftliche Verbindung her.

Sie kam nicht selten über meine frühen zeitgeschichtlichen Veröffentlichungen zustande. Erst während der Niederschrift dieses Buches ist mir deutlich geworden, daß zu den Nachwirkungen Hitlers auch die katalysatorische Macht gehört, die er zumindest auf meine Generation ausübte. Wie kaum eine andere Figur der Geschichte zum Gegenstand historischer Beschäftigung geworden, hat er selber keine historischen Züge angenommen und wächst, wie ich an anderer Stelle geschrieben habe, in eine zusehends aufdringlicher hervortretende Zeitgenossenschaft hinein. Dabei ist seine entzweiende Kraft nach wie vor ebenso stark wie seine verbindende Wirkung. Noch bei der Anfertigung der meisten hier vorgelegten Porträts drängten er oder doch sein Schatten ins Bild.

Auch manche gedanklichen Positionen, die ich mit den Dargestellten teilte, sind von ihm bestimmt. Alle hatten die Hitlerjahre erlebt, einige sie sogar erlitten und anschließend die Belehrungen, die

7

sie enthielten, angenommen. Gemeinsam war ihnen insbesondere die tiefe Skepsis, die mir bereits der in der Eingangsepisode skizzierte Lehrer als Lebensdevise mitgegeben hatte. Anders als die damals herrschende und vielfach bis heute verbreitete Auffassung meint, zeigt der Zweifel als Prinzip nicht einen charakterlichen Mangel oder gar eine Vertrauensstörung an, sondern weit eher einen Gesittungsausweis sowie, ins Politische übersetzt, eine bürgerliche Tugend. Er kennt zahlreiche Schattierungen – von der melancholischen, oftmals nicht ohne Bitterkeit zum Ausdruck kommenden Weltbekümmerung Golo Manns bis zu Arnulf Barings immer hochgestimmtem und zugleich besorgtem Enthusiasmus.

Einigkeit ergab sich durchweg, von Hannah Arendt bis zu Hugh R. Trevor-Roper, in der Verneinung alles Ideologiewesens und zumal der utopischen Wut der siebziger und beginnenden achtziger Jahre. Womöglich liegt dort auch die auffälligste Bruchstelle, die den Abstand jedes einzelnen der in diesem Buch Versammelten zur nachfolgenden Generation markiert. Trotz der spontanen Sympathie, die manche zunächst für die Aufbruchstimmung empfanden, die von den Protestgruppen jener Zeit ausging, überwog am Ende der Widerspruch und bisweilen sogar eine gewisse Fassungslosigkeit über das gedankenlose Destruktionstheater. Vielen erschien, was damals auf den Straßen losbrach, als eine epidemische Erkrankung. Mit jener freimütigen Ignoranz, die von den Wortführern des Aufruhrs als Vorrecht der Jugend in Anspruch genommen wurde, nannten sie sich eine «Bewegung» und erstrebten wieder einmal nichts geringeres als die Rettung der Welt, obwohl doch ein ähnlich jugendbestimmtes, hirnloses Unterfangen, bei freilich ausgetauschten Vorzeichen, gerade erst fürchterlich gescheitert war. Das Erinnerungsstück über Ulrike Meinhof bringt einiges davon zum Vorschein, obwohl sie in ihrer nachdenklichen Gebrochenheit stets am Rande des Rebellionsspektakels stand und für die Protestgeneration weit weniger repräsentativ war, als viele denken.

Die kritische Distanz zu den politischen Modeströmungen war ein abspracheloses Einvernehmen unter den Porträtierten. Wie von selbst folgte daraus auch die Überzeugung, daß die Epoche der großen Projekte und Machbarkeiten vorüber sei. Die Avantgarden, die niemals nur neue Horizonte auftun, sondern immer auch die «Perfektibilisierung» des Menschen wie der gesellschaftlichen Verhältnisse vorantreiben wollen, hatten ihre Zeit gehabt. Die neigte sich jetzt dem Ende zu. Wer sich die Ergebnisse besah, tat gut dran, zu den Nachhuten zu wechseln. Die Aufklärer mit Verstand und Verantwortungsbewußtsein, hatte ich einmal geschrieben, machten angesichts der Weltverhältnisse das Bewahren zu ihrer Sache. Und von Hannah Arendt fand sich in meinen Notizen von Anfang der siebziger Jahre die Bemerkung: «Wer die Abschaffung der Tradition betreibt und immer nur weiter will, hat nicht begriffen, daß er morgen buchstäblich nackt in der Kälte stehen wird.»

Die Lebenswege der Dargestellten offenbaren, bei allen Unterschieden im einzelnen, daß nicht zuletzt solche Einsichten ihr Interesse für die Geschichte weckten. Zwar haben nur wenige die Vergangenheitserforschung zu ihrem Beruf gemacht. Doch das vielfach leidenschaftliche, vom totalitären Epochengeist seltsam eingedunkelte Bild von der Welt teilten nahezu alle, von Wolf Jobst Siedler bis zu Rudolf Augstein. Zum Pessimismus freilich, der eine der charakteristischen Anfälligkeiten der Historiker ist, hat sich kaum einer von ihnen überredet gefühlt. Denn zu den Erfahrungen, die ihnen die Zeit aufgedrängt hatte, zählte auch, daß es niemals «die» Geschichte ist, die Menschen quält, erniedrigt und leiden macht, sondern immer nur andere Menschen.

Übereinstimmung ergab sich unter den Beteiligten, die sich in diesem Buch verschiedentlich zum ersten Mal treffen, auch im Blick auf die seit den sechziger Jahren ins Kraut schießenden Zukunftsentwürfe. Mehr als ein anfangs mühsames und bald gelangweiltes Interesse brachte kaum einer auf. Auszunehmen sind natürlich Ulrike Meinhof und vor allem Sebastian Haffner, der die Unberechenbarkeit liebte und dem Vernünftigen bei Zeit und Gelegenheit gern und emphatisch widersprach. Im Gegensatz zu ihnen fand jeder der hier Erwähnten einen Satz Hugh R. Trevor-Ropers unwiderlegbar. Er lautete, daß weder die Propheten noch die Vordenker und Vorausplaner der Welt sagen, wie es um die Zukunft bestellt ist. Dazu sind allenfalls diejenigen in der Lage, die sich unvoreingenommen der Vergangenheit widmen und Rechenschaft darüber ablegen.

Keiner der Porträtierten hat darüber hinaus eine jener großen Konversionen aufzuweisen, die etlichen zeitgenössischen Lebensberichten soviel jugendlich attraktive Sündenverlorenheit und anschließend die schönen Reuefarben vermachen. Dennoch blieb bei aller Übereinstimmung hinreichend Raum für teilweise schroffe Meinungsverschiedenheiten. Es gab Trennlinien, die keine Verwechselbarkeit zuließen. Niemals jedenfalls machte sich in den ungezählten Gesprächen, die ich mit den meisten dieser nahen wie fernen Freunde die Jahre hindurch führte, die oft wie reglementiert wirkende Gedankenausrichtung bemerkbar, die in den Stellungnahmen der linken wie der rechten Gegenseite mit litaneihafter Eintönigkeit durchklang. Desgleichen wird man nichts von jener «political correctness» antreffen, die den öffentlichen Debatten des Landes die elende, von soviel Kleinmut wie Heuchelei geprägte Farbe verleiht. Alle formelhaften Übereinstimmungen ließ bereits das scharf umrissene Profil jedes einzelnen nicht zu, der Gedankenernst auch nicht. Hannah Arendt hat die Unabhängigkeit, mit der sich jeder sein Bild von der Welt verschaffen müsse, sogar zu ethischem Rang erhoben.

Stellenweise kommt in der Runde, die im Wortsinne nie eine war, sogar eine Art Gespräch über Zeit und Raum hinweg zustande. Hannah Arendt beispielsweise antwortet verschiedentlich auf Dolf Sternbergers Weigerung, den Schrecknissen des 20. Jahrhunderts durch den Versuch des «Verstehens» eine Art historischer

Würde zu verleihen; oder sie erhebt gegen Golo Mann, den sie seit der gemeinsamen Studienzeit bei Karl Jaspers überaus kritisch beurteilte, den Vorwurf: «Wie kann einer, den die Gegenwart zur Emigration und dann zur Flucht von Land zu Land getrieben hat, ins ferne 17. Jahrhundert und zu Wallenstein ausreißen? Wie kann man vor aller Welt bekunden, daß man zum eigenen Schicksal nichts zu sagen hat?» Die Antwort auf diese, wie ich ihr entgegenhielt, reichlich ungerechten Fragen findet sich, annäherungsweise zumindest, im Porträt Golo Manns. Andere gedankliche Querverbindungen mit anderen Widersprüchen ergeben sich hier und da. Nur selten wird auf den folgenden Seiten ausdrücklich darauf hingewiesen. Und von Johannes Groß kommen die sarkastischen Einwürfe dazu.

Was hier vorgelegt wird, sind Porträtskizzen, die, jede für sich, auf eine Reihe von Momentaufnahmen zurückgehen. Natürlich enthalten sie auch Angaben zum biographischen Hintergrund oder zum Werk und dessen Bedeutung. Doch vieles blieb notgedrungen nur Schattenriß, manch anderes mußte fortbleiben: Johannes Groß wird einzig als Aphoristiker, ohne Verweis auf das ebenso umfangreiche wie glanzvolle essayistische Werk, gewürdigt, bei Joachim Kaiser fehlt das imponierende, weitgehend auf den Rezensionen basierende Sammelwerk, und im Fall Hannah Arendts konnten die für ihre Person so ungemein aufschlußreichen Überlegungen zum «Paria»-Thema so wenig Berücksichtigung finden wie die Galerie eindrucksvoller Personendarstellungen oder die Mehrzahl der ins Philosophische reichenden, stets auf das freiheitliche Zusammenleben der Menschen bezogenen Schriften zur Politik. Und so noch weiteres. An die Stelle der Werkbeschreibung tritt im folgenden meist das persönliche Erleben. Die Anschauung der Person mag einen besseren Zugang zum Werk eröffnen als die zwangsläufig verkürzende Darlegung der einen und anderen Veröffentlichung.

Zu sagen ist auch, daß die Notizen, die den vorliegenden Skiz-

zen zugrundeliegen, meist im unmittelbaren Anschluß an die Zu-
sammenkünfte entstanden. Nicht jede Äußerung ist begreiflicherweise wörtlich. Meist habe ich das Gesagte nur in Stichworten
festgehalten. Aber jede versucht, einzelne Wendungen sowie insbesondere den Geist und den Ton, in dem sie vorgebracht wurden,
so genau wie möglich zu treffen. In aller Regel habe ich nur die
Äußerungen des jeweiligen Gegenübers vermerkt. Oft knüpften
sich an dessen Vorbringen ausgedehnte, zuweilen heftige Auseinandersetzungen, die ich lediglich bei Dolf Sternberger, Ulrike
Meinhof sowie an wenigen weiteren Stellen angedeutet habe. Denn
das Motiv meiner Aufzeichnungen war keineswegs, die eigenen
Auffassungen, sondern die des jeweils anderen festzuhalten. Sie
waren irgendwann, auf mitunter längst verblaßtem Papier, aufge-
schrieben worden. Nun sollten sie nicht im Zettelkasten vermo-
dern und in Vergessenheit geraten.

Anzumerken bleibt schließlich noch, daß einige der Namen, die
große Strecken meines Lebens begleitet und immer wieder freundschaftlich angeregt haben, in diesem Buch nicht auftauchen. Mancher, der ein paar Schritte mitging, schreibt sich aber auch einen
Einfluß zu, den er niemals hatte. Andere fehlen zu meinem Bedauern, so verschieden oder auch gegensätzlich sie untereinander
waren. Zu nennen wären etwa Theodor Eschenburg, Indro Montanelli oder Jürgen Roland; auch Herbert Lüthy oder der genia-
lisch herrenhafte, nur in Italien vorstellbare Marchese Lucifero
d'Arpigliano. Und natürlich wären zahlreiche Personen aus dem
privaten und halbprivaten Umkreis anzuführen, die dem Leser wenig sagen. Aber das Buch sollte nicht ins Ungemessene ausgeweitet
werden.

Die meisten der hier vereinten Stücke sind in der vorliegenden
Form unveröffentlicht. Der «Spiegel» hat das Porträt Sebastian
Haffners vorabgedruckt, die Zeitschrift «Capital» den Essay über
Johannes Groß dem Heft vom Dezember 2003 beigelegt. Einen
Hinweis verlangt auch der Nachruf auf Rudolf Augstein. Da mir

für die Traueransprache in der St.-Michaelis-Kirche eine Zeit von fünfzehn Minuten eingeräumt worden war, konnte ich nur ein paar auffällige Linien nachziehen. Einige mir charakteristisch scheinende Striche habe ich folglich in drei «Nachschriften» hinzugefügt. In das Porträt Golo Manns sind einige kürzere Passagen aus einer zurückliegenden Würdigung eingegangen. Das Impromptu über Joachim Kaiser wiederum greift auf die Rede zum sechzigsten Geburtstag des Freundes zurück, die ich am 18. Dezember 1988 in der Münchener Residenz gehalten habe. Damals wurde mir, als das Manuskript bereits fertiggestellt war, von den Veranstaltern eine verkürzte Redezeit aufgegeben, so daß ich drei längere Abschnitte entfernen mußte. Ich habe sie für diese Veröffentlichung nach der Erinnerung wiederhergestellt und bei dieser Gelegenheit den Text im ganzen bearbeitet. Ähnlich verhält es sich mit der Umrißzeichnung zu Arnulf Baring. Sie geht ebenfalls auf eine Geburtstagsansprache zurück, an der die ganz persönlichen Wünsche und ironischen Ratschläge, die zu dergleichen Würdigungen gehören, entfallen konnten und vor allem durch einige biographische Hinweise ersetzt wurden. Alle übrigen Porträts sind entweder als Rede vor kleinem Kreis gehalten oder, wie zumal die umfangreicheren essayistischen Beiträge, eigens für dieses Buch angefertigt worden.

Da ein Bildnis immer auch Züge des Porträtisten aufweist, enthält dieses Buch nicht zuletzt einige Striche zu einem Selbstporträt. Es ist zugleich, wie ein enger Bekannter unlängst anmerkte, ein literarischer Gedenkstein für einige lebensbegleitende Personen. Im Verlauf eines Gesprächs über den Titel dieses Buches kamen wir auf unsere frühen Jahre, die er in einem abgelegenen Nest im Brandenburgischen und ich in Berlin verbracht hatte. Ich erzählte ihm von den Kindheitsausflügen nach Neuruppin und Gransee, nach Paretz, zum Stechlin und natürlich nach Rheinsberg. Zwei Tage darauf war er am Telefon: Ob ich mich an den Freundschaftsobelisken in Rheinsberg erinnerte, als Point de vue jenseits des Schlosses, auf der anderen Wasserseite, in den Park gesetzt? Das Buch, an dem ich arbeitete, meinte er, entstamme den gleichen Beweggründen, wie sie Prinz Heinrich bei der Errichtung seines Erinnerungssteins geleitet haben mochten. Ich solle das Buch daher «Der Freundschaftsobelisk» nennen, schlug er vor und fragte: Ob das kein Titel sei? «Oh, doch!», antwortete ich, und meine Intention treffe der Begriff ziemlich genau. Doch besitze er eine Patina, die den originellen Gedanken eher verberge als sichtbar mache.

Gespräche über mancherlei Gegenstände, die jeden Denkenden der zurückliegenden Jahre bewegten oder mindestens streiften, beherrschen dieses Buch. Sie haben die Freundschaften, von denen die Rede ist, vielfach begründet und Mal um Mal aufs neue befestigt. Der eine oder andere mag sagen, daß sich ein Gedanke, der sich mir dabei einstellt, aus einer reichlich entfernten Weltgegend stammt. Gleichwohl gehört er hierher. Einer der Freunde, Mediävist an der Universität von Palermo, hat mir bei Gelegenheit ein arabisches Sprichwort zitiert, das die drei Hochgenüsse des Daseins beschreibt. An erster Stelle, sagte er, sei das von schönen Frauen hergerichtete Bad in den Gemächern eines Märchenpalasts zu nennen, sodann, noch etwas höher zu bewerten, die Hochzeitsnacht mit einer bezaubernden Prinzessin. Die vollkommenste aller Seligkeiten aber bereite zweifellos das Gespräch unter Freunden. Er klagte darüber, wie kurz dergleichen jeweils dauere, auch wie rasch die Erinnerung daran verblasse und verlorengehe. Die Jahre, meinte er, löschten, was da war, unerbittlich aus. Dieses Auslöschen für einige Zeit hinauszuzögern ist der Vorsatz dieses Buches.

Statt eines Mottos:

Skizze über einen Deutschlehrer

Die Flakstellung, in die meine Schulklasse im Frühjahr 1943 von Freiburg aus kommandiert wurde, lag auf dem ansteigenden Gelände über Friedrichshafen. Die 8,8-cm-Geschütze waren bei unserem Einzug, abgedeckt von Tarnnetzen, in eine weithin von Apfelbäumen bestandene Anhöhe eingegraben, die Kommandostände ebenso. Dazwischen befanden sich, nach den Richtlinien der Wehrmachtsbaustäbe angeordnet, die Stabsbaracke und die Mannschaftsunterkünfte.

Einige wenige Lehrer waren der Klasse nach Friedrichshafen gefolgt, und vielleicht war das der Grund, weshalb sich eines Tages, etwas verspätet, ein Mann als unser künftiger Deutschlehrer vorstellte, der von einer anderen Schule kam und so ungewöhnlich wie exotisch wirkte: Professor Ernst Kiefer war untersetzt und sogar zur Korpulenz neigend. Stets lief er mit weit ausholenden Schritten und leicht vornübergeneigt, als sei er in Eile, durch die Batteriestellung. Er verstand sich als Künstler und trat, wie mir später bewußt wurde, in dem durch Henri Toulouse-Lautrec berühmt gewordenen Kostüm des Aristide Bruant auf: mit schwarzer Pelerine, einem breitkrempigen Hut und um den Hals einen lose geknoteten, feuerroten Schal geschlungen.

An den Nachmittagen war Kiefer oft mit einer Staffelei sowie ein paar Aquarellbögen und einem Klappstuhl unterwegs. Irgendwo, meist in der Nähe einer kleinen Erhebung oder Aufschüttung, nahm er nach einigen umsichtig prüfenden Blicken Platz, wählte mit dem «Malerblinzeln», wie ich das nannte, das geeignete Motiv und stieß, sobald das Ritual der Vorbereitung abgeleistet war, mehrfach den Pinsel in zunehmend rascher Folge bis dicht vor das befestigte Papier. Der erste Farbfleck auf dem Blatt löste schließlich alle Unsicherheiten, und in kurzer Zeit warf Kiefer in der emphatischen Manier der Expressionisten ein paar blühende Apfelbäume auf die Malfläche, die von etwas allzu schwarz geratenen Nebelbänken eingefaßte Silhouette der Stadt oder den Bodensee mit dem vergletscherten Säntis im Hintergrund.

Der schöne Affekt, den diese Bilder verrieten, belebte auch Professor Kiefers Unterricht. Es hatte wohl mit seiner überredenden Persönlichkeit zu tun, daß wir selbst manche seiner etwas abseitigen Vorstellungen beeindruckt hinnahmen, so wenn er die Menschen in «Gebirgstypen» und «Flachlandbewohner» unterteilte: Michelangelo, Beethoven und Nietzsche beispielsweise kamen ebenso aus der Gipfelwelt mit ihren schrundigen Abstürzen, wie Raffael, Poussin oder Mozart aus der ungleich liebenswerteren, wenn auch etwas lauen Ebene. Aber die Bewunderung aller gehörte seinem Deutschunterricht.

Professor Kiefer konnte unausgesetzt über Schiller und Kleist erzählen, ohne uns mit philologischen oder literarhistorischen Hinweisen zu malträtieren. Von ihm hörte ich erstmals den Namen Georg Büchners, und die zwei Stunden, in denen er der Klasse Schillers «Kabale und Liebe» vermittelte, sind mir und, wie ich später herausfand, auch anderen unvergeßlich geblieben. Eines Tages begann er ohne irgendeine Ankündigung von einem Erlebnis zu berichten, das sich unlängst, wie er andeutete, in seiner Umgebung zugetragen hatte.

Ein wissenschaftsbesessener junger Mann hatte sich aus den Blockaden seiner Doktorarbeit, die von den rätselhaften Kreuz- und Querbeziehungen zwischen Richard Wagner, Cosima, Nietz-

Ernst Kiefer: Selbstporträt

sche und Lou Andreas-Salomé handelte, in die Abgeschiedenheit eines Alpenhotels geflüchtet. Auf einem der Flure war er schon am ersten Tag einem jungen Mädchen begegnet, das, nach Kiefers Worten, in Haltung und Auftreten soviel Scheu wie Leidenschaftlichkeit erkennbar machte, und war ihm augenblicklich verfallen. Durch einen wie aus dem Nichts auftauchenden, dämonisch gezeichneten Gast, der stets mit einem Pudel unterwegs war und in den von Kiefer getreulich wiedergegebenen Selbstgesprächen des jungen Mannes als «Der Schwefelgelbe» oder «Der Pudelmann» figurierte, wurden die Dinge in Gang gebracht. Schon am folgenden Tag machte er den «Adepten», wie der junge Wissenschaftler bei ihm hieß, mit dem Mädchen bekannt. Beiläufig erwähnte Kiefer, daß sein «homo ex machina» eine gewisse, ins Zynische abgewandelte Familienähnlichkeit mit dem alten Goethe besaß.

Es kam, wie es bei dergleichen Geschichten immer geht. Innerhalb weniger Tage entwickelte sich zwischen den jungen Leuten eine stürmische, von Kiefer mit dramaturgischer Kennerschaft geschilderte Liebesgeschichte, und ich erinnere mich, wie er die Verwirrtheiten, Hochgefühle und unvermeidlichen Verstimmungen der Verliebten aufs Anschaulichste beschrieb. Doch am Ende lief ihr Glück an den zusehends rücksichtsloser vorgebrachten Einsprüchen und Ränken der engherzigen Umgebung auf.

Mit einer für die Zeit ungewöhnlichen Freiheit stellte Kiefer das Malheur dar, das sich für alle Beteiligten aus der unvermittelt bekannt werdenden Schwangerschaft des Mädchens ergab. Von aller Welt gemieden und sogar von der kupplerischen Witwe im Stich gelassen, die länger als alle anderen zu ihr gehalten hatte, brachte sie wenige Tage nach der Niederkunft zuerst ihr Kind um und setzte unmittelbar darauf auch ihrem Leben ein Ende. Als der junge, genialische Wissenschaftler sie auf dem Boden ihrer ärmlichen Wohnung im Blut liegen sah, ergriff er entsetzt die Flucht. An der Seite des Schwefelgelben verließ er panisch die Stadt, warf die Wissenschaft hin und begab sich auf eine Zeit- und Erkenntnisreise durch aller Herren Länder.

Ich habe später, bei manchen kaum begreiflichen Volten, mit denen uns die Literatur weit häufiger als das Leben die Sprache raubt, wiederholt an diese erste, mit ungemeinem Sinn für den Verblüffungseffekt inszenierte Darbietung meines Deutschlehrers gedacht. Denn Kiefer schloß seine Erzählung mit den Worten: «Natürlich habe ich das nicht erlebt. Sondern nur beweisen wollen, daß die Furcht vor den großen Stoffen der Klassiker ganz unangebracht ist. Was ich hier mit ein paar kleinen Freiheiten vorgetragen habe, war der Inhalt des größten und tiefsinnigsten Weltendramas der Literatur: Goethes Faust. Ich werde euch jetzt mit dem Werk bekannt machen.»

Auf ähnliche Weise führte Professor Kiefer die Klasse an andere Werke der Literatur heran: an Schillers «Räuber» oder Heinrich von Kleists «Prinzen von Homburg». In der Art seiner «Faust»-Erzählung und trotz aller morgenländischen Ausschmückungen oftmals gefährlich nahe an den Unduldsamkeiten der Gegenwart, trug er auch die Geschichte von «Nathan dem Weisen» vor, den er, meiner Erinnerung zufolge, als ein «großes Gleichnis» deutete. Es mache jedem Verständigen klar, daß alle Wahrheiten eine sozusagen perspektivische Begrenzung hätten.

Das war der Ausgangsgedanke. Von ihm kam Kiefer auf seinen Lieblingssatz, das Motto, wie er sagte, das niemand je vergessen dürfe. Die wenigen lapidaren Worte sind für mich zu einer wichtigen Formel für die folgenden Jahre geworden. Sie lauteten: «Niemals gegen den Zweifel leben! Sondern immer und in jeder Lage mit dem Zweifel!» Das sei, schloß Kiefer die mit dem Pathos einer Lebensmaxime vorgetragene Bemerkung, «die Wahrheit über den Wahrheiten». Erst mit dem Zweifel, der aus Antworten zu immer neuen Fragen komme, werde «die Welt erträglich» und ein Zusammenleben unter Menschen möglich.

Sofern ich mich nicht täusche, begriff die Mehrheit der Schüler durchaus den für jene Jahre hochverräterischen Unterton dieser Devise, und womöglich fühlte Professor Kiefer sich schon bald allzu gut verstanden. Jedenfalls trat er einige Zeit später zu einer im Drillichzeug herumstehenden Gruppe der Klasse und sagte ziemlich anlaßlos: «Wir kennen und lieben alle die Legende vom heiligen Georg und dem Drachen. Aber ihr dürft nie vergessen: Immer siegt der Drache! Gegen den Drachen, der doch nur das Sinnbild des Leibhaftigen darstellt, gibt es keine Chance! Deshalb muß man stets und zumal in unsicheren Zeiten auf der Hut sein! Nicht, wie der heilige Georg, sich ständig seinen Mut beweisen wollen. Denn natürlich hat auch der heilige Georg nicht gesiegt. Wäre es anders, gäbe es die Legende nicht!»

Wir sahen ihm vermutlich einigermaßen ratlos hinterher, wie er mit weit ausholenden Schritten und wehender Pelerine zu einer seiner kleinen Erhebungen zwischen den Apfelbäumen ging. Das Malzeug und den Klappstuhl hatte er diesmal schon zuvor dorthin geschafft. Aber er wollte offenbar die Gelegenheit nutzen, uns, die wir gelangweilt herumstanden, angesichts der Zeitumstände vor dem Leichtsinn zu warnen.

Und außerdem wollte er uns wohl an den Zweifel erinnern, den selbst die tröstlichen Legenden verdienen, weil sie eben nur Legenden sind.

Der fremde Freund:

Die Widersprüche des
SEBASTIAN HAFFNER

Als mir sein Name erstmals begegnete, war es wie ein kleiner Paukenschlag. Im Sommer 1950 hatten Freunde mich nach London eingeladen, und der Zufall führte mich auf einer Abendgesellschaft mit David Astor, dem Eigentümer und Chef des «Observer», zusammen. Im Verlauf des Essens forderte der Gastgeber einige Anwesende auf, die drei eindrucksvollsten Persönlichkeiten zu nennen, denen sie je gegenübergestanden hatten. Mir sind die Namen von Charlie Chaplin, Otto Klemperer, Lawrence Olivier und T. S. Eliot in Erinnerung geblieben, und zu jedem der Genannten war eine amüsante oder, wie es so geht, häufiger noch alberne Episode erzählt worden.

Der eigentliche Coup kam, als David Astor an der Reihe war. Jeder wußte, daß er mit vielen bedeutenden Persönlichkeiten Umgang hatte, und folglich sahen alle seiner Wahl mit besonderer Spannung entgegen. Als wolle er die Ungeduld noch steigern, nannte Astor zunächst mit gespielter Umständlichkeit einige Namen, die seinen Rangvorstellungen nicht genügten, und lieferte auch die Begründung dafür. Dann fiel wie im nebenhinein der Name «Winston Churchill», den er als «überragend» bezeichnete, wenn auch «überragend problematisch», wie er selber oft genug gesagt und geschrieben habe. Weiterhin, fuhr er fort, komme man trotz aller Einwände nicht darum herum, den «tyrannoiden» Ge neral de Gaulle zu erwähnen, der unerträglich sei und mitunter geradezu «widerwärtig», aber als Persönlichkeit eben doch einzigartig, «the greatest frog since the days of little Napoleon». Zuletzt, nach einer kurzen und, wie mir schien, vorbedachten Besinnungspause, sagte er in die erwartungsvolle Runde hinein mit einem kleinen Aplomb nur: «Dann noch Sebastian Haffner!» und setzte sich.

Einen Augenblick lang herrschte verwirrte Stille. Dann erschien auf den Zügen des einen und des anderen ein wissendes Lächeln, und einer der Anwesenden warf mit mokantem Tonfall «How interesting!» ein. David Astor sagte, als verstehe sich seine Entscheidung von selbst, kein Wort zur Begründung. Sichtlich setzte er voraus, daß jeder am Tisch wisse, wer der Genannte sei. Erst allmählich und als selbst meine Nachbarin, Susan Hibbert, einiges über Sebastian Haffner mitzuteilen wußte, ging mir auf, daß ich in der Gesellschaft der einzige war, der mit dem Namen nicht das geringste anzufangen wußte.

Die frappierende, womöglich nicht zuletzt als Pointe vorgebrachte Nennung veranlaßte mich immerhin, noch in London einige Erkundigungen einzuholen. Weit kam ich nicht. Die nach dem Urteil David Astors eindrucksvollste Persönlichkeit neben Churchill und de Gaulle war nur als Mitarbeiter des «Observer» einigermaßen bekannt. Aber jeder, mit dem ich sprach, rühmte Haffners Scharfsinn, seine Brillanz und Vielseitigkeit. Auch war von seinem Einfluß «an höchster Stelle» die Rede, wo immer das sein mochte, und ein Oxford-Fellow wies mich darauf hin, wie ungewöhnlich dies für einen unlängst noch «feindlichen Ausländer» sei. Näheres zur Person wußte jedoch keiner meiner Auskunftgeber vorzubringen. Nicht einmal die Tatsache, daß Sebastian Haffner eigentlich Raimund Pretzel hieß und den Decknamen erst in England angenommen hatte, um seine in Deutschland lebenden Verwandten nicht in Gefahr zu bringen, war bekannt.

Sebastian Haffner

Am Ende hatte ich einige zusammenhanglose Zufallskenntnisse beisammen. Danach war Haffner ein Journalist des «leichten Fachs», der in Berlin an einem Modejournal gearbeitet hatte und im Lauf der dreißiger Jahre nach England emigriert war. Nach der Veröffentlichung eines Buches, das der britischen Seite Empfehlungen zur Politik gegen Hitler-Deutschland erteilte, hatte David Astor ihn, der sich und seine Familie als stellungsloser ausländischer Journalist und Gelegenheitsfotograf überaus mühsam durchschlug, zum «Observer» geholt. Dort erst, inzwischen Mitte Dreißig, fand er nicht nur ein gesichertes Auskommen, sondern hat auch, seinen eigenen Worten zufolge, politisch denken gelernt und alsbald Ansehen und Gewicht erlangt. Dank seiner natürlichen Autorität, verbunden mit einer ungewöhnlichen Fähigkeit zur «Clubbildung», hieß es weiter, habe Haffner nicht nur Arthur Koestler, Isaac Deutscher, George Orwell und viele andere Köpfe höchst unterschiedlicher Herkunft und Gesinnung bis hin zu Stafford Cripps zur Mitarbeit gewinnen können, sondern das Blatt in der Tudor Street auch zur führenden Wochenzeitung des Landes gemacht. Zwar stellten sich manche dieser Hinweise später als mindestens ungenau heraus, doch ließ ich die Sache auf sich beruhen. Allzu wichtig war sie mir nicht. Eine Zeitlang vergaß ich sogar den Namen «Sebastian Haffner», und nur die Äußerung David Astors blieb mir als Beispiel gelungener Verblüffungskunst und vielleicht britischer Lust am Absonderlichen im Gedächtnis.

Erst einige Jahre später begegnete mir der Name über einem Zeitungsartikel in der «Welt» aufs neue, und kurz darauf lernte ich Sebastian Haffner auch persönlich bei einem der Debattier-Nachmittage kennen, die «Der Monat» in den Berliner Redaktionsräumen an der Schorlemmer Allee veranstaltete. Robert Jungk war das eine oder andere Mal dabei, Friedrich Luft, Herbert Lüthy, Fritz René Allemann und François Bondy, Raymond Aron und natürlich Melvin Lasky. Aber zwei der Anwesenden waren unstreitig die Stars. Mit großem Respekt tauschten sie während der zuweilen scharfen Auseinandersetzungen bewunderungswürdig versteckte Bosheiten, sei es, daß sie über die wesensbedingte Kriegslaune totalitärer Regime aneinandergerieten, sei es über den sowjetischen Expansionismus oder den erborgten Staatsstatus der DDR und was dergleichen sonst noch zu den Themen jener Jahre gehörte.

Der eine war Sebastian Haffner, der die Rolle des Kalten Kriegers mit solcher schroffen Unnachsichtigkeit wahrnahm, daß ihn einer meiner Rundfunkkollegen stets «Sebastian den Schrecklichen» nannte. Als Gegenspieler trat Richard Löwenthal auf, dem es trotz aller Besonnenheit nicht selten die Sprache über Haffners Bereitschaft verschlug, den Kalten Krieg wenn möglich in heißer Form fortzusetzen. Bei Gelegenheit zur Rede gestellt, erwiderte Haffner, er habe den Beruf des Journalisten nicht zuletzt deshalb gewählt, um seiner Neigung zur Übertreibung «in aller Unschuld» nachgeben zu können; immer würden auch Gegenstimmen laut, die das Gleichgewicht herstellten, und überdies wisse er inzwischen, daß dem politisch Richtigen durch nichts so viel Gefahr drohe wie durch Zaghaftigkeit. Mit «Rix» Löwenthal war er beruflich verbunden, da beide vor einiger Zeit die Plätze getauscht hatten. Löwenthal, mehrere Jahre lang Deutschland-Korrespondent des «Observer», war nach London gewechselt und Haffner an seiner Stelle nach Berlin gegangen.

Allmählich erfuhr ich nun auch genauere Einzelheiten über Haffners Lebensweg, die unterdessen freilich mehr oder minder bekannt sind. Zu hören war zudem, daß die enge, im Lauf der Jahre ins Familiäre ausgeweitete Freundschaft mit David Astor nicht länger bestand. Politische Meinungsverschiedenheiten hatten die ehedem vertraute Herzlichkeit schon seit geraumer Zeit heruntergekühlt. Aber gewichtiger war offenbar, daß David Astor 1948, nach seiner Entlassung aus dem Kriegsdienst, in die Redaktion des «Observer» zurückgekehrt war und als Eigentümer sowie Chef des Blattes wie selbstverständlich wieder das letzte Wort haben wollte, das in den zurückliegenden Jahren Sebastian Haffner beansprucht hatte. Einige Zeit lang war der Konflikt dahingeschwelt. Dann hatte Haffner die stumme Spannung nicht ohne Starrsinn zur Entscheidung getrieben. Andeutungen darüber, wenn auch niemals mehr, ließ er mitunter bei einem gemeinsamen Freund im Grunewald verlauten, wo ich ihm seit der zweiten Hälfte der fünfziger Jahre gelegentlich begegnete.

Er war der beherrschende Gast dieser Gesellschaften. Was immer an solchen Abenden Konversation ist, endete augenblicklich, wenn er mit seiner hohen, immer etwas gepreßten Stimme in die Unterhaltung eingriff. Nicht selten schien es, er wende sich nicht nur den Anwesenden zu, sondern plädiere vor dem eigenen Innern, um die Widerstandsfähigkeit eines fast absurd waghalsigen Einfalls zu erproben. Mit einem souveränen Überblick, der die Beweisführungen gern mit historischen Ereignissen schmückte und stützte, trug er zunächst die Lage vor, wog dann die materiellen wie die psychischen Kräfte der Parteien ab und zog anschließend mit einer seltsam kalten Flamboyance die politischen Folgerungen. Es waren starke, immer auch mit einem Sinn für große Wirkungen inszenierte Auftritte, wenn er das Wort nahm, und einmal, bei einer dieser Tischrunden, habe ich David Astor stille Abbitte dafür geleistet, daß ich seine Entscheidung für Sebastian Haffner häufig ironisiert hatte. Sie war nicht nur der Einfall eines Witzboldes.

Auch persönlich kam ich in dieser Zeit Sebastian Haffner etwas näher, und wie immer lieferten Nebensachen die Anknüpfungspunkte. Nicht nur glichen sich Herkunft und Beruf der Väter mitsamt den Maximen, die hier wie da in Geltung gestanden hatten, und eines Abends sprachen wir lange über Nutzen und Nachteil des Ersten preußischen Gebots, das von der berühmten «Pflicht» handelte und den Satz einschloß, daß man sich niemals dem «genre sentimental» ergeben dürfe. Vielmehr kamen wir bald auch auf die

26

gemeinsame Vorliebe für Thomas Mann, und Haffner berichtete, er habe sein erstes Buch in England nicht zuletzt deshalb Fredric Warburg angeboten, um im gleichen Verlag wie Thomas Mann vertreten zu sein. Zu Beginn, setzte er hinzu, habe er sich übrigens kaum als Journalist gesehen. Sein Berufswunsch sei eine unklare Verbindung von Beamter und Schriftsteller gewesen. Die Beamtenlaufbahn hätten ihm die Nazis kaputtgemacht, in deren Dienst er nie treten wollte. Und von den Schriftstellerträumen blieb die Mitarbeit an einer Frauenzeitschrift. «Na ja!», meinte er achselzuckend, «das ist der Lauf der Welt: Man beginnt als Genie und endet als Redakteur für die Rätselecke.»

Dennoch, fuhr er fort, erinnere er sich aufs genaueste, wie glücklich er Mitte der dreißiger Jahre über sein Talent zu schreiben gewesen sei. Wann immer er mit einem einstigen Studienkollegen zusammentraf, habe er so etwas wie Mitleid empfunden. «Denn mir», ergänzte er, «eröffnete die Literatur (Mein Gott, was für ein großes Wort!) die Möglichkeit, neben dem ganzen Nazischwindel herzuleben.» Am Ende unserer Unterhaltung stellten wir sogar fest, daß ich in der gleichen Straße nahe dem Breitenbachplatz wohnte, in der er, nur drei Häuser entfernt, während der dreißiger Jahre zu Hause gewesen war.

Den Bau der Berliner Mauer und Chruschtschows Ultimatum nahm Haffner, meinem Eindruck zufolge, ziemlich gelassen hin. Denn sie bestätigten alles, was er über die nicht nur ideologische, sondern strukturelle Aggressivität des Kommunismus je geäußert hatte. Überdies setzte die verlegene Ohnmacht, mit der Kennedy, Adenauer und sonstwer noch die Herausforderung ausgeschlagen und sich dem Gang der Dinge gefügt hatten, seinen Dauervorwurf über die «Untreue und Feigheit» des Westens ins Recht.

Viel tiefer aber und geradezu im Kern traf ihn im folgenden Jahr die «Spiegel»-Affäre. Einige Tage nach der Verhaftung Augsteins und während Adenauer sich noch den Kopf darüber zerbrach, wie man «einen Mann aus Tanger» herausholen könne, begegnete ich

Haffner an meinem neuen Wohnort Hamburg, und er glühte sozusagen in präzeptoralem Zorn. Er verglich den Vorgang mit dem Überfall auf den Sender Gleiwitz, der den Zweiten Weltkrieg eröffnet hatte, und sagte außer sich, Adenauer habe mit diesem Handstreich seinem eigenen Volk den Krieg erklärt. Mein Lachen quittierte er mit dem Vorwurf, das sei die schlimmste Erfahrung dieser Tage: daß niemand ihm seine Empörung abnehme. Aber diesmal handle es sich um die Essenz. Auf meine Erwiderung, ich pflichtete ihm in der Sache durchaus bei und hielte nur seine Vergleiche und Metaphern für reichlich hochgeraten, meinte er, die Deutschen kämen nun mal mit der Demokratie nicht zurecht, immer stoße man «unter der schönen demokratischen Larve» entweder auf den «alten Rohrstock oder die gekrümmten Rücken». Er schien auffallend deprimiert und ließ weder die allgemeine Aufgebrachtheit noch die Demonstrationen, die überall stattfanden, als Hoffnungszeichen gelten. Er denke seit einiger Zeit daran, ein zweites Mal zu emigrieren. «Das mit der Obrigkeit sitzt zu tief», sagte er beim Auseinandergehen; er sei «auch mal Optimist gewesen». Aber wer das sei, falle in Deutschland «unweigerlich auf die Nase».

Ich habe ihn bald darauf zu der einen oder anderen Sendung des Fernsehens herangezogen, und als es 1964 zur Einführung der Dritten Programme kam, wurde alle vierzehn Tage ein Abend unter dem Titel «Die neue Bibliothek» literarischen und politischen Neuerscheinungen gewidmet. Eine Gruppe ausgewählter Rezensenten beurteilte, was ihnen selber oder der Redaktion wichtig schien. Zu den regelmäßig herangezogenen Autoren zählten unter vielen anderen Johannes Groß und Arnulf Baring, Rüdiger Altmann, Günther Blöcker, Thomas von Randow, Harry Pross und eben Sebastian Haffner. Von den Rezensionen, die nicht selten ohne Manuskript, mit dem jeweiligen Buch in der Hand, in freier Rede vorgetragen wurden, ist kaum etwas erhalten. Aber eine bewegte und zugleich bewegende Besprechung Haffners über eine einbändige Werkauswahl Heinrich von Kleists habe ich damals vom Band abschreiben lassen.

Haffner begann mit einer Inhaltsangabe und bemängelte, daß die Auswahl kein persönliches Dokument enthalte, nicht einmal «das Unvergeßlichste, was Kleist geschrieben hat»: die Briefe mit dem Ausbruch trotzigen Todesjubels aus Stimmings Wirtschaft am Kleinen Wannsee. Denn das Leben Kleists, bemerkte er, sei zugleich dessen Werk, «dieses verpfuschte Leben mit dem ungeheuren Ende». Anschließend führte Haffner einige Arbeiten des Dichters an, die das lebenslange Motiv der «selbstzerstörenden Rache» abwandeln und, wie er ausführte, bis in die deutsche Geschichte gewirkt haben. Den aus dem Stegreif formulierten, zwischen Abwehr und Hingerissensein schwankenden Schluß der Besprechung muß man in ganzer Länge zitieren:

«Ich glaube, man kann die ganze Nazi-Episode Deutschlands viel besser verstehen, wenn man Kleist liest. Man hat immer gefragt, wie kommt es, daß das Volk Goethes und Schillers solche Judengreuel hervorbringt wie unter Hitler. Na ja, das Volk Goethes und Schillers nicht. Aber es ist eben auch das Volk Wagners und Kleists, und zwar Kleists noch viel mehr als Wagners. Wenn Kleist Auschwitz gekannt hätte, die Massenmorde als Pointe einer verkorksten deutsch-jüdischen Liebesgeschichte: der hätte das schreiben können, und zwar so, daß man nicht gewußt hätte, was man dazu sagen soll.

Sie sehen schon, ich bin nicht ausgesprochen pro Kleist … Aber natürlich, Kleist hatte bei aller fürchterlichen Verkorkstheit ungeheures Genie, und zwar ein Genie, das immer wieder wider Willen mitreißt: ‹Und bohrten gleich zwölf Kugeln Dich jetzt in Staub, nicht halten könnt' ich mich, und jauchzt und weint und spräche: Du gefällst mir!› Na also, wer da nicht kapituliert! Es ist ja an sich was Furchtbares, jauchzt und weint ist schon hysterisch. Und das nun bei einer drohenden Hinrichtung – aber dann als Pointe (Nataliens Liebesbekenntnis): ‹Du gefällst mir!› Diese preußische

Nüchternheit als Äußerstes, da kann man auch wieder nur jauchzen und weinen und sagen: ‹Du gefällst mir!›

Das geht mir immer wieder so. Ich weiß, wenn ich mich mit Kleist einlasse, dann flirte ich mit der Hölle. Ich tue es nicht gern … Wenn ich es aber tue, dann kommen mir eher als bei dem edlen Schiller und dem weisen Goethe und dem prächtigen Lessing leider die Begeisterungstränen. Aber zustimmen tue ich eher den Jahrhunderten, die bestimmt kommen werden: Wenn die Menschheit sich nicht wie Kleist zum Selbstmord verführen läßt; wenn Leute diese Welt bevölkern, die überhaupt nicht mehr verstehen werden, was wir an diesem Verrückten fanden, und die über Kleist die Achseln zucken werden.»

Schon damals schien mir, die Huldigung decke so viel von Kleist wie von Haffner auf: von der Bereitschaft des eher für seine advokatorische Nüchternheit bekannten Kritikers beispielsweise, sich poetisch überwältigen zu lassen, auch von seiner fast reflexhaften Neigung zur historischen Spurenlese sowie seinem Angerührtsein durch den noch im Delirieren herzbewegenden Preußenton Heinrich von Kleists. Und in jeder dieser wie in manchen weiteren Auffälligkeiten natürlich von des einen Abgründen und des anderen Faszination gerade davon.

Unverkennbar war jedenfalls, daß alle exzentrischen, in irgendeine Bodenlosigkeit reichenden Eigenschaften, die so oft mit dem Herausragenden einhergehen, eine unwiderstehliche Macht auf Haffner ausübten. Er komme, sagte er einmal auf Befragen, nicht los vom eigenartig Verwachsenen so vieler außerordentlicher Menschen, die die Welt krank, verdreht und zugleich interessant machten: die ein ewiges Rätsel darstellten, dessen unwiderstehlicher Reiz in seiner Unauflösbarkeit liegt. Ein andermal, als er über manche Absonderlichkeiten im Charakter Bismarcks fast schwärmerisch zu reden begann, hielt ich ihm entgegen, er solle es mit der Bejubelung nicht übertreiben; schließlich sei es die Normalität im Öffentlichen wie im Privaten, die wir alle benötigten; das Monströse hingegen errege nur unser Interesse. Er widersprach jedoch und meinte, «nur» dürfe ich nicht sagen.

Überhaupt sah Haffner die Welt mit Vorliebe als Bühne voller Shakespearescher Charaktere. Die moderne, vom Marxismus angestoßene Lehre von der Geschichte als Sozialwissenschaft hielt er für nichts anderes als «verführerischen Unfug». Nie habe die Historie sich einem Gesetz gefügt, sagte er: Sie sei immer von Menschen gemacht worden. Aber «Herren der Geschichte» seien die Menschen dennoch nicht. Und «groß» nenne man einen Akteur dann, wenn er aus den vorgegebenen Möglichkeiten mit Geschick, Einfallsreichtum, Zähigkeit und was sonst noch eine anteilweckende Szene zu machen gewußt habe. Als Rudolf Augstein seine ziemlich abwertende Biographie über «Preußens Friedrich» veröffentlichte, bekannte Haffner während eines Streitgesprächs im offenen Affront gegen Augstein und den Zeitgeist, er sei «ein Bewunderer großer Männer», und unter den zahlreichen Biographien über Winston Churchill ist seine schmale Skizze über den Mann, der «England aufs Spiel setzte, um Hitler zu besiegen», noch immer ein Musterfall historisch einfühlsamer Verehrung.

Über Jahre trug sich Haffner mit der Absicht, eine Biographie Hitlers zu verfassen. Denn Hitler habe, sagte er einmal, nicht nur das Bild der Welt von Grund auf verändert, sondern auch seinem persönlichen Lebensweg eine nie vorhergesehene Richtung gegeben. Individuelle Beweggründe solchen Gewichts zählten nach wie vor zu den überzeugendsten Motiven für einen Biographen. Leider scheue er, fuhr Haffner fort, die unendlichen Mühen der Quellenarbeit, die Langwierigkeit des Vorhabens sowie die dauernde Nötigung zu den Einzelheiten. Zwar habe er großen Respekt vor dem Material, es öffne sozusagen den Durchgang zur Erkenntnis. Aber er sei so ungern in dessen Gefangenschaft und leide buchstäblich unter dem Zwang, den die Aktenhaufen jenem freien Gedankenspiel antun, das er über alles liebe. Das größte Hemmnis für ihn sei aber, daß er im Blick auf das Ganze keinen Vorgang und bei den führenden Akteuren des Regimes keinen einzigen Charakterzug entdecken könne, «die mir Spaß machen».

Das Gespräch fand in der zweiten Hälfte der sechziger Jahre statt, als ich auf Vorschlag eines renommierten amerikanischen Verlags mit dem Gedanken umzugehen begann, eine Hitlerbiographie zu schreiben. Haffner redete mir freundschaftlich zu, vorausgesetzt allerdings, daß ich mir zutraute, «die Sache materiell und vor allem seelisch» durchzustehen. Er hatte auch sogleich einen dramaturgischen Vorschlag zur Hand: Das Leben Hitlers, meinte er, verlaufe bekanntlich anfangs im Leeren, steige dann steil in fast schwindelnde Höhen und stürze nach kurzem Schwanken auf dem Scheitelpunkt ebenso steil wieder ab. «Ich habe mir», ergänzte er, Hitlers Weg stets in Form einer Leiter vorgestellt: ein paar Stufen jäh nach oben, dann gleich wieder lotrecht abwärts. Und nach dem Ende ist da erneut die Leere des Beginns und Hitler in die Anonymität zurückgekehrt, die so etwas wie sein wirkliches Zuhause war. «Na», setzte er nach einer kleinen Pause hinzu, «vielleicht ein bißchen zu literarisch für Ihr Vorhaben.»

In den annähernd fünf Jahren, die über der Arbeit an dem Buch vergingen, spielte es sich ein, daß Sebastian Haffner alle paar Monate von Reinbek, wo er damals wohnte, zu mir nach Flottbek kam, um ein oder zwei inzwischen fertiggestellte Kapitel abzuholen. Gleichzeitig brachte er das jeweils Gelesene zurück und trug sein Urteil oder einige Anregungen dazu vor. Natürlich waren ihm viele Einzelheiten, zumal soweit sie Hitlers Aufstiegsjahre betrafen, unbekannt. Anderes, wie die Revolution von 1918 mit dem «Verrat» der Sozialdemokratie oder die «bayerische Provinzfinsternis von 1923» waren ihm zu «schonend» dargestellt. Nur zögernd jedenfalls nahm er meine Auffassung hin, daß die Biographie, die mir vorschwebe, nicht der Ort sei, politische Kontroversen auszutragen.

Viel häufiger waren, zumal in den übergreifenden Fragen, die

Übereinstimmungen. Keineswegs, meinte Haffner in einer der frühen Unterredungen, als es noch um allgemeine Erwägungen ging, sei Hitler das gewissermaßen zwangsläufige Ergebnis der deutschen Geschichte, wie der «gutmeinende Unverstand unserer Tage» behaupte. Ein andermal, im Verlauf eines ausgedehnten Abendgesprächs, einigten wir uns nicht ohne Vorbehalt des einen wie des anderen darauf, daß es ein großer Irrtum sei, Hitler als Klassenpolitiker zu betrachten. Seine neue, ungeheuer mobilisierend wirkende Idee sei es gerade gewesen, den zeitgenössischen Klassengedanken aggressiv zurückzuweisen und als der Verkünder der «Volksgemeinschaft» aufzutreten. Das sei das Zauberwort gewesen, meinten wir und führten immer neue Belege dafür an, wie die Macht dieses Begriffs aus einem tief deprimierten Volk binnen kurzem nicht nur eine von großem Aufbruchsenthusiasmus erfüllte Gesellschaft gemacht, sondern alle gegnerischen Kräfte gelähmt habe. Der Erfüllung des vom Kaiser ausgerufenen Wunsches, keine Parteien mehr zu kennen, ist Hitler in kurzer Zeit sehr nahe gekommen. Damals gab es schon einmal ein «deutsches Wunder», meinte Haffner.

Doch nicht nur das. Mit Hilfe des magischen Begriffs der «Gemeinschaft» habe Hitler eine Revolution in die verkrustete Gesellschaft des Reiches gebracht. Im Grunde fürchteten die Deutschen die Revolution. Aber die Umwälzung, zu deren Wortführer sich Hitler machte, empfand keiner als Schrecken, sondern nahezu jeder, von oben bis unten und links so gut wie rechts, als Aufbruch und sogar «Verbrüderungsfest». Wie wenig sich Hitler, trotz aller anachronistischen Züge, der altvergangenen Welt zugehörig fühlte, ging für uns auch daraus hervor, daß er nicht wiederhergestellt hatte, was vom Gang der Geschichte einmal entmachtet oder beseitigt worden war. Im Gegensatz zu allem, was zumal die linken Ideologen behaupteten, versicherte Haffner, habe Hitler das «Kernstück» aller modernen Revolutionen, den Prozeß der gesellschaftlichen Gleichschaltung, der seit der Mitte des 19. Jahrhun-

derts zusehends an Fahrt gewann, mit äußerster Ungeduld weiter-
getrieben.

Dem Hinweis, daß Hitler diesen Prozeß zumindest hinter Fach-
werkkulissen verborgen und doch auch eine Anzahl altertümlicher
Vorlieben gehabt habe, begegnete Haffner mit den Worten: Vielleicht sei «alles nur Trickserei» gewesen. Aber das mindere Hitlers
«Genie» in keiner Weise: Mit dem Traditionstheater, das er land-
auf, landab veranstaltete, habe er die konservativen Helfershelfer
aus dem Spiel gekegelt. Und mit seinem Sozialismus, der viel weniger Theater enthielt, als heute gesagt wird, und eines seiner ernst-
gemeinten Vorhaben war, sei die Linke von den Kommunisten bis
hin zur Sozialdemokratie ausgeschaltet worden. Er erinnere sich
sehr gut an das Frühjahr 1933, sagte er: «Es war, als hätte sich
plötzlich die Erde aufgetan und diese nichtendenden revolutionären Heerhaufen, die noch gestern furchtverbreitend durch die
Straßen gezogen waren, einfach verschluckt.»

Auf den Einwand, daß alle politischen Gegenmächte welcher
Richtung auch immer versagt hätten, erwiderte Haffner, die Linke
habe vier Generationen lang ein wildes Kampfgeschrei ange-
stimmt. «Als Hitler auftrat, war es plötzlich aus damit.» Der Führer der NSDAP hat aller Welt offenbar gemacht, daß die Rhetorik
von den «Völkersignalen» und dem «Letzten Gefecht», das Europa bis dahin in Angst und Schrecken versetzt hatte, nur ein «Maul-
heldentum» war, das «schon von Marx herkam». Für Hitler sei die
ganze Weltrevolution nicht mehr als ein «mittleres Polizeipro-
blem» gewesen. «Ein bißchen kläglich für die Revolutionäre, denken Sie nicht?», schloß er.

So kamen wir vom einen zum anderen, und natürlich gab es
häufig auch Meinungsverschiedenheiten. Haffner versicherte beispielsweise, die Mehrheit der Wähler habe schon 1933 Hitlers
Kriegspläne befürwortet, die Stimmen, die er gewann, seien stets
auch ein Votum gegen den «schlappen Pazifismus» der Epoche gewesen. Doch nach meinem Empfinden handelte es sich da, wie

34

vielfach sonst, um eine der Stimmungsthesen, die Haffner mit Vorliebe gegen die Quellen ausspielte. Im ganzen aber argumentierte er scharfsinnig und nicht selten bis zum Bruchpunkt. Als ich ihm einmal vorhielt, daß er sichtlich gern am Abgrund entlang balanciere, meinte er: «Ach wissen Sie, unsereins fällt doch nicht tief!» Fraglos besaß er den historischen Blick, einen Sinn für die Pfade abseits des akademischen Zunfttrotts sowie stilistisches Empfinden und gab mir manchen nützlichen Anstoß.

Leider viel zu selten. Denn zu meiner nie verwundenen Bekümmerung fiel die Arbeit an dem Hitlerbuch in die Jahre von, wie ich es damals nannte, «Haffners Durchgängerei». Ich habe, von einigen mehr oder minder vagen Vermutungen abgesehen, nie herausgefunden, was der Anstoß dafür gewesen war. Meist begannen unsere Unterredungen bei den schwierigen Fragen der Organisation der Stoffmassen, gingen dann etwa zu den politischen Kräfteverhältnissen der Weimarer Jahre über und von dort zu einigen biographischen Zuordnungen. Doch ehe ich mich's versah, waren wir bei dem, wie Haffner behauptete, gezielten Abbau der demokratischen Institutionen der Bundesrepublik, bei der «Springerpresse» oder dem «neuen Faschismus», der, seiner Überzeugung nach, die von einer offiziell reumütigen Nation akzeptierte Form des Nationalsozialismus sei. Im Tod des Studenten Benno Ohnesorg erkannte er den Beginn einer Welle von Intellektuellenpogromen, «so was wie die Reichskristallnacht, weil die Akademiker von heute, anders als ihre Väter und Vorväter, einigermaßen verläßliche Demokraten» seien.

Bei nahezu jedem Zusammentreffen wartete Haffner mit neuen Alarmnachrichten auf. In dem Modernisierungsprozeß der Bundesrepublik entdeckte er die absichtsvolle Zerstörung vorhandener Sozialstrukturen, um die Massen fügsamer zu machen, gewahrte eine «Strategie» der Entmachtung des Parlaments zur Vorbereitung der Diktatur, stieß auf verborgene «Gleichschaltungsprozesse» und meinte, wer immer sich dem Weg zum «monopolistischen

Machtstaat» widersetze, sei «zur Vernichtung» vorgemerkt. Er, dessen Stilempfinden stets gegen die unscheinbarste Anwendung irgendeines Politjargons rebelliert hatte, verwendete tatsächlich die verbrauchtesten marxistischen Formeln sowie Vokabeln, die durch die Hitlerjahre einen eigenen Schreckensklang hatten. Das Unschuldsprivileg ging sehr weit. Es war haarsträubend.

Eine Zeitlang versuchte ich, der unvermeidlich aufsteigenden Gereiztheit während unserer Treffen durch politikfremde Themen vorzubeugen. Einmal, als wieder ein Empörungsgrund gleichsam in der Luft lag, überfiel ich ihn schon an der Wohnungstür mit der unvermittelten Frage, wieviel Rubato die Musik Mozarts erlaube und vertrage. Da Haffner ein Mann des breiten Interesses war und beim «Observer» mitunter Musikkritiken verfaßt hatte, ließ er sich ohne weiteres Zureden aufs lebhafteste darüber aus und skizzierte mit einem Fingerklimpern einige Interpretationsunterschiede zwischen Backhaus, Rubinstein sowie Emil Gilels, den er für den bedeutendsten Pianisten der Zeit hielt. Ein andermal brachte ich den Märchenton in Thomas Manns Werken bis hin zum «Erwählten» zur Sprache, wobei Haffner geistvollerweise die politische Essayistik des Schriftstellers, angefangen von den «Betrachtungen eines Unpolitischen» bis hin zu den Reden der Kriegs- und Nachkriegsjahre, nicht ausnahm: Es sei alles Märchenprosa, meinte er, wie immer, wenn deutsche Dichter an die Politik gerieten. «Die Wirklichkeit verschlägt ihnen platterdings den Verstand», sagte er, «bei ihrem Anblick können sie lediglich halluzinieren.» Unvergeßlich bleibt mir, wie er bei jeder Erwähnung eines zeitgenössischen Gedichts fragte, ob von einem «richtigen» oder einem «modernen» Gedicht die Rede sei; er habe sich diese Unterscheidung vor Jahren zu eigen gemacht und sei aufs beste damit gefahren.

Aber irgendwann war er dann wieder bei den «Chimären, seinen lieben lasterhaften Hausgenossen», wie ich zu sagen pflegte. Er nahm die Ironie solcher Einwürfe mit der altmodischen Höflichkeit, die ihm eigen war, wenn auch mit einer leicht besserwisserischen Miene hin. In den historischen Streitpunkten jedoch war er, zumindest mir gegenüber, jederzeit weitgehend frei von ideologischen Voreingenommenheiten, und als ich einmal mein Erstaunen darüber zum Ausdruck brachte, welche Freiheit des Urteilens er, ganz im Gegensatz zu seinen «Befangenheiten» hinsichtlich des politischen Geschehens, im Blick auf die Vergangenheit zeige, erwiderte er wie abschließend und in fast feierlichem Ton: «Die Geschichte ist die Geschichte.»

Einig waren wir uns, was das Tagesgeschehen betraf, lediglich im Blick auf die militanten Umtriebe an den Universitäten. Beide kannten wir Ulrike Meinhof und empfanden sogar eine gewisse persönliche Sympathie für sie. Aber den Aufruhr, mit dem sie und ihre Freunde von sich reden machten, hielten wir übereinstimmend für «bloße Kinderei», und Haffner verschärfte sein Urteil gelegentlich noch durch eine unüberhörbare Verächtlichkeit, von der nur Rudi Dutschke, lange Zeit jedenfalls, ausgenommen blieb. Über Andreas Baader meinte er bei Gelegenheit, wie lange einer wohl das Leben als «Gespensterbahn auf dem Brezelmarkt» betrachten könne, war aber schon mit dem nächsten Satz wieder bei seinen Obsessionen: Diese jungen, ahnungslosen Leute seien in ihrer Aktionsbesessenheit die «Steigbügelhalter des heraufziehenden Faschismus», setzte er mit verständnislosem Kopfschütteln hinzu, und, sich noch steigernd: die «Papens der Gegenwart – nicht mehr im Gehrock, sondern, wie sich's inzwischen gehört, in Jeans».

Doch ein paar Tage später wiederum empfahl er mir den Lehrer von Baader, Ensslin und Rabehl, Herbert Marcuse, als «erhellende Lektüre». Dieser Philosoph, sagte er, sei nicht nur einer der bedeutendsten Gesellschaftsdenker des Jahrhunderts. Aus der «Distanz, die allem Urteilen guttut», sei er durchaus mit Kant, Hegel oder Schopenhauer zu vergleichen, ihnen «in gewisser Hinsicht sogar überlegen», da er die ganz und gar «undeutsche Gabe» besitze, den herrschenden Verhältnissen nicht den geringsten Tribut zu leisten. Ich muß wohl sehr bestürzt, womöglich gar bekümmert gewirkt haben. Jedenfalls fügte Haffner begütigend hinzu: «Na, vielleicht nicht ‹überlegen›. Was Kant angeht, wenigstens eine Stufe darunter!»

Vermerkt werden sollte wohl die Episode, die gleich zu Beginn unserer Gespräche über das Hitlerbuch beinahe zum Bruch geführt hätte. Eines Tages überraschte Haffner mich beim Betreten der Wohnung mit der in hoher Besorgnis vorgebrachten Mitteilung, der «Aufmarsch der faschistischen Kommandos» sei nach zuverlässigen Informationen nahezu beendet. Täglich könne der Befehl zum Losschlagen erfolgen, und er empfehle mir nicht nur äußerste Wachsamkeit, sondern auch den gelegentlichen Wechsel des Aufenthalts und der Übernachtungsstätten. Fassungslos wollte ich wissen, wer denn den Befehl erteilen werde und an wen? Und wie es sich mit Willy Brandt verhalte, mit Wehner, Helmut Schmidt, Adolf Arndt? Ob die alle mit von der Partie seien? Auch Lambsdorff und Augstein? Mit großem Ernst wies Haffner mich zurecht: Ich solle nicht spotten! Er habe dergleichen schließlich schon einmal erlebt und wisse, daß es in Deutschland Fachleute gebe, die ein Unrechtsregime hinter ein paar perfekt gezimmerten demokratischen Kulissen verbergen könnten.

Ich konnte oder wollte seine Aufgeregtheit nicht ernst nehmen, so daß das Treffen in ziemlicher Verstimmung endete. Haffners Humorlosigkeit tat ein übriges, und bald schleppte sich das Gespräch im Mühsamen, einigermaßen Verlegenen dahin. Anders als üblich, beschlossen wir den Tag nicht mit einem Abendessen. Der Abschied war kühl, und als Haffner in der Folgezeit länger als gewohnt nichts von sich hören ließ, rief ich ihn an. Um die Spannung zu mildern, beabsichtigte ich zunächst, das Gespräch mit einem Scherz zu eröffnen: «Lieber Herr Haffner», wollte ich beginnen, «hat in Reinbek der Faschismus schon die Macht ergriffen? Hier in Flottbek jedenfalls herrschen bis zur Stunde noch die bekannten scheindemokratischen Verhältnisse.» Am Ende ließ ich davon ab. Engere Freunde Haffners versicherten mir, die Bemerkung werde zu einem unheilbaren Bruch führen.

Nach dem Erscheinen der Hitlerbiographie bewies Haffner, trotz der gelegentlich aufgetauchten Meinungsverschiedenheiten, jene Vornehmheit, die sein Wesen war. Er veröffentlichte gleich mehrere, überaus beifällige Besprechungen, die dem Gegenstand immer neue Gedanken abgewannen. Der einzige Vorbehalt, der ein paar Rückstände unserer Kontroversen aus den vergangenen Jahren widerspiegelte, betraf eine, wie er meinte, dann und wann bemerkbare «Unentschiedenheit des Verfassers»: Ich sei zu wenig Partei, ergänzte er in einem längeren Gespräch vom September 1973, zu sehr auf seiten des Bestehenden gegen die «Nazi-Rabauken». Im Grunde sei meine Darstellung ein typisches Produkt deutscher Gelehrsamkeit auch insoweit, als sie weithin unpolitisch und ohne ein ständig präsentes Gegenbild argumentiere. Während der nochmaligen, im Zusammenhang absolvierten Lektüre sei ihm erstmals bewußt geworden, wie merkwürdig visionslos meine Vorstellung von der Gesellschaft sei.

Meine Entgegnung, man müsse lediglich die Visionäre des Jahrhunderts Revue passieren lassen, um von ihren Rezepten abgestoßen zu sein, wehrte er kaum ab und zeigte unerwartet großes Verständnis: Er habe diesen Einwand, sagte er, auch nirgendwo geschrieben oder sonstwie öffentlich gemacht. Mitunter beschleiche ihn sogar der Verdacht, man müsse genau so, im Bunde mit der vernünftigen Ordnung und den guten Regeln sein, um eine halbwegs begreifbare Hitlerbiographie zu schreiben. Doch behalte er diesen Verdacht gern für sich. Nicht verheimlichen hingegen wolle er seine Einwände gegen die «Zwischenbetrachtungen», die ich im Fortgang der Lebensbeschreibung eingeschaltet hätte. Denn sie sagten nichts über die Person Hitlers, sondern lieferten nur Anmerkungen zur inneren Verfassung der Epoche, zu ihrer Typologie, den Strategien der bestimmenden Figuren und anderes mehr.

Sie sollten, erweitert und gelegentlich durchaus zugespitzt, gesondert veröffentlicht werden. In einer Biographie seien sie ein entbehrliches, auch schriftstellerisch störendes Zugeständnis an den «ins Soziologische vernarrten Zeitgeist».

Begreiflicherweise war ich sehr verblüfft, als einige Jahre darauf Haffners «Anmerkungen zu Hitler» herauskamen. Denn zweifellos waren sie mindestens ebenso «historisch» und «unpolitisch» wie meine Darstellung sowie ganz und gar «visionslos». Einige Zeit vor der Veröffentlichung des Buches hatte sich Haffner telefonisch gemeldet und gesagt, ich solle etwas früher als alle Welt erfahren, daß er nun doch noch, wenn auch «unter Schmerzen», mit dem «schrecklichen Hitlerthema zu Stuhle gekommen» sei. Das Hauptverdienst daran gebühre Helmut Kindler, der ihn zu der Sache überredet habe. Aber ein bißchen dürfe auch ich mir das Zustandekommen des Buches zugute halten. Nicht nur hätten ihn unsere Gespräche immer wieder zur Sicht auf Hitler angestoßen. Vielmehr könne man nach dem Erscheinen meiner Biographie beim Leser auch eine Kenntnis von Person und Politik des Mannes voraussetzen, die es zuvor nicht gegeben habe. Die sei aber für seine verspielt essayistischen Stücke notwendig. Im Grunde habe er es sich ziemlich einfach gemacht: Er setze sich gewissermaßen auf den Zaun meines Buches und pfeife ein paar Töne dazu. Glücklich sei er darüber, daß er an dem «Leiter-Schema» festgehalten habe, das ich mir nicht zu eigen machen wollte oder konnte. Manche «Ungewöhnlichkeiten», die er sich auch diesmal wieder erlaubt habe, träten auf diese Weise nicht nur schärfer hervor, sondern würden, wie er glaube, auch annehmbarer.

In den Gesprächen mit Helmut Kindler, fuhr er fort, habe auch der im vergangenen Jahr fertiggestellte Film «Hitler – eine Karriere» eine Rolle gespielt. Sicherlich sei mir bekannt, daß Kindler kein Freund des Streifens sei. Doch habe er mir schon am Abend der Premiere gesagt, wie wichtige Einblicke ihm der Film verschafft habe: der sozusagen «mediale» Hitler enthülle sich zur

Gänze erst im Medium des Films. Zum Beispiel sei ihm niemals so schlagend klar geworden, welche tief erotische Beziehung es zwischen Hitler und den Deutschen gegeben habe: «Das Bild der wie von einer Epiphanie überwältigten, durchschauert in ihre Taschentücher beißenden Frauen vor dem Festspielhaus von Bayreuth werde ich immer vor Augen behalten», ergänzte er. «Es war ein Akt der öffentlichen Kopulation wie bei vorzeitlichen Volksstämmen. Aber, mußte ich ständig denken, dies war Deutschland. Ich will, wie man das gern tut, nicht mit großen Namen kommen, mit Lessing, Goethe, Beethoven bis zu Fontane und Thomas Mann. Statt dessen will ich nur die vernünftigen und bescheidenen Leute nennen, die den Charakter des Landes prägen. Meinen Vater zum Beispiel, ein paar Freunde aus der Berliner Zeit in ihrer Nüchternheit. Die waren doch eigentlich Deutschland! Und nun dieser ‹Hausfrauensabbat›», erregte er sich. «Ich werde die Bilder nicht los!» Infolgedessen sei er auch am Ende der «Anmerkungen» auf die seltsame Liebesbeziehung zwischen Hitler und seinem Volk eingegangen. Es handle sich bei den paar Sätzen um einen kleinen Tribut, weil der Massenorgasmus, den der Film zeige, ihm eine Erkenntnis vermittelt habe.

Ein paar Wochen darauf kam Haffner nach Frankfurt und übergab mir ein gewidmetes Exemplar seines Buches. Als Autor sei er nach wie vor nicht unzufrieden, sagte er dazu, aber der Verkauf sei überaus schleppend; die Öffentlichkeit wolle entweder nichts mehr von dem Thema oder nichts von ihm wissen. Vielleicht habe er im «Stern» oder sonstwo zu viele «Knallfrösche» direkt unter den Nasen der Leute springen lassen. Aber schwerer wiege wohl, daß ihm zum Bücherschreiben die darstellerische Breite fehle. Man brauche dafür einen «langen Atem»; er hingegen könne nur «hecheln».

Wenig später eroberten die «Anmerkungen zu Hitler» aber doch alle Bestsellerlisten. Als ich Haffner nach den Gründen für den Erfolg fragte, entgegnete er, er könne nur mit dem Witz antworten, den seine Frau, Christa Rotzoll, darüber machte. Das Buch, behauptete sie, sei deshalb so verspätet eingeschlagen, weil den Lesern erst im nachhinein aufgegangen sei, daß man darüber mitreden könne, selbst wenn man es so wenig oder falsch verstehe wie alles, was Haffner je geschrieben habe. Den Hinweis, daß mir in Erinnerung an manche unserer Gespräche, zumal in der zweiten Phase meiner Arbeit, erhebliche Auffassungsänderungen aufgefallen und seine Überlegungen im ganzen weit beruhigter geworden seien, nahm er mit einem kleinen Kopfschütteln hin. Als ich die Bemerkung nachschob, er schreibe an einer Stelle sogar, wer die Bundesrepublik mit dem Regime der Hitlerjahre in eins setze, wisse nicht, wovon er rede, und auch in seinen Kolumnen zur aktuellen Politik äußere er sich seit einiger Zeit nach meinem Eindruck weit ausgewogener und ohne den hektisch-verzweifelten Ton vergangener Jahre, unterbrach er mich fast ungehalten: «Na und?», warf er ein. «So was passiert, solange man lebt. Es ist sogar ein Beweis dafür, daß man da ist. Und niemand wird mir doch vorhalten wollen, daß ich noch nicht unter der Erde bin.»

Dennoch ließ Haffner die Rolle des einzelgängerischen Querkopfs, die er so lange Zeit mit provokanter Laune gespielt hatte, im Fortgang der Jahre zusehends hinter sich. Er war so gern «umstritten» gewesen. Nun verzichtete er mehr und mehr auf die Widersprüche und unvermittelten Auffassungsbrüche, mit denen er das Publikum immer wieder aus der Fassung und einige seiner Freunde zur Verzweiflung gebracht hatte. Und mit der Berechenbarkeit wuchs zugleich sein Ansehen.

Als ich ihn Anfang 1988, kurz nach seinem achtzigsten Geburtstag, in Berlin besuchte, meinte er mit einem dünnen Lächeln, ihm drohe «das Schlimmste», was einem Unruhestifter wie ihm widerfahren könne: Er werde auf ein Postament gestellt, und unter ihm wimmle eine Legion ungerufener Geister, die ihn immer noch etwas höher stemmten: «Die Würdigungen, die mir von allen Seiten zuteil wurden», sagte er, «waren überaus freundlich. Lauter Net-

tigkeiten! Ganz unverdient! Und nicht einer aus der Gratulanten-
schar hat die ziemlich krassen Irrtümer erwähnt, die mir im Gang
der Jahre unterlaufen sind, zu schweigen von den Kobolzen, die
ich sozusagen geschossen habe!»

Ich wandte ein, daß ein hoher Geburtstag nicht der Anlaß für
kritische Vorhaltungen sei, doch unterbrach er mich fast ungeduldig: Diese Art Pietät, meinte er, habe für ihn etwas ungemein
Kränkendes; als sei er «raus aus der Partie». Als ich beharrte und
sagte, er dürfe die Empfindlichkeiten nicht, wie früher manche seiner Auffassungen, ins Exzentrische treiben, wurde er plötzlich belehrend: «Sie denken zu kurz!», verwies er mich. «Und zu freundlich!» Er selber habe einen weit schrecklicheren Verdacht: «Die
Leute haben die Entgleisungen, die doch zu meinem Leben gehören, nie richtig wahr- oder gar ernst genommen. Aber das, was
richtig war und Bestand haben sollte, auch nicht. Weg ist das eine
wie das andere.» Und dann, nach einem kurzen Blick ins Leere:
«Man kann auch sagen, es ist alles umsonst gewesen!»

Die Äußerung bekam erst einige Monate später ihre volle, Haffner tief erschütternde Bedeutung. Im Frühjahr 1989 berichtete ich
ihm von dem überraschenden Zulauf, den ein von mir gehaltener
Vortrag über «Die ungelöste deutsche Frage» in einem halben
Dutzend Städte gefunden hatte. Erstaunt, mit einem leichten Befremden in der Stimme, fragte er, ob ich mir noch immer Hoffnun-
gen machte; auch er sei, wie jeder wisse, viele Jahre lang ein «Verei-
nigungsmatador» gewesen. Jetzt liege seine Flinte gewissermaßen
im Korn. Schon der Titel meines Vortrags sei grundfalsch. Tatsächlich sei die sogenannte deutsche Frage «gelöst», nur ein paar Träu-
mer redeten noch davon. Den Hinweis auf das außerordentliche
Publikumsinteresse tat er mit dem Satz ab, die Deutschen seien
nun mal «Wolkenkuckucksheimer».

Nicht lange darauf brach mit dem Fall der Mauer für Haffner
eine Welt zusammen. Das ganz und gar Verrückte sei eingetreten,
kam er mir im Dezember 1989 in Berlin entgegen, er fühle sich «lä-

cherlich» gemacht und müsse mit der «entsetzlichsten Niederlage» zurechtkommen, die ihm je widerfahren sei. Zeitlebens habe er die Politik nach rationalen Kriterien betrachtet – wenn man so will, als eine Art Tauziehen. Die Spielregeln erlaubten den Beteiligten beinahe alles: das Vertrauen in die rohe Kraft, Irreführung, das Ausnutzen einer gegnerischen Schwäche, Hinterlist. Nur eines sei immer außerhalb des Denkbaren, man könne fast sagen, «verboten» gewesen: daß die eine Partei einfach ihr Ende des Seils aus der Hand lasse, weil sie den Spaß verloren hat. Ebendas werfe er Gorbatschow vor. Was jetzt ende, sei die Möglichkeit politischen Urteilens: «Ich bin überflüssig. Das hat nicht einmal Hitler erreicht. Aber der Herr Generalsekretär, den alle Welt so sympathisch und umgänglich findet – dem ist es gelungen.»

Ich verstünde, hielt ich ihm entgegen, kein Wort. Immer seien wir uns einig gewesen, daß alle Geschichte unberechenbar sei. Anders als die derzeit herrschende sozialhistorische Schule hätten wir weder Gruppen noch Strukturen als die ausschlaggebende Schubkraft historischer Prozesse angesehen. Alles, was die Geschichte an Reizen biete, habe für uns immer damit zu tun gehabt, daß sie von Menschen gemacht wird. Er sei sogar, weit mehr als ich, der Anwalt der Einzeltäter gewesen. Nun habe wieder mal einer von ihnen die Szene betreten und auf vielleicht verrückte, jedenfalls unkalkulierbare Weise ins Spiel eingegriffen – und schon verlange ausgerechnet er, Sebastian Haffner, die Beachtung von Regeln. Von welchen Regeln rede er überhaupt? In allen unseren historischen Kontroversen hätte ich mich stets mit ihm in der Einsicht verbunden gefühlt, daß die einzige Regel geschichtlicher Abläufe die Regellosigkeit sei.

Während ich noch weiterredete, unterbrach er mich unvermittelt. «Sie haben ja recht», sagte er, «ja, ja – lassen Sie's endlich gut sein!» Und etwas später reichte er als eine Art Erklärung nach, er sei nur ratlos. Die letzten Monate hätten ihm beigebracht, daß er im Grunde nichts mehr zu sagen habe. Er besitze nicht die geringste Vorstellung davon, wie es weitergehen sollte. «Oder», hängte er nach kurzem Besinnen an, «wie es überhaupt weitergehen könnte.» Auf dem Rückweg kam mir der Gedanke, daß Haffners Verlegenheit vielleicht einen unauflösbaren Widerspruch zum Vorschein brachte: Ausgangspunkt seiner Geschichtsauffassung war, daß alles Geschehen am Ende, trotz unendlicher Wirrheiten, mit der Rationalität eines Schachspiels ablaufe. Gleichzeitig jedoch bewunderte er die «großen Männer», deren Ruhm nicht selten gerade daher kam, daß sie Methoden und Ziele jenseits aller Vernunft verfolgten und zuzeiten sogar das Brett mitsamt den Figuren umstießen.

Ich stand Haffner in den folgenden Jahren nicht mehr nahe genug, um zu beurteilen, ob und wie konsequent er sich aus der Welt zurückzog. Er blieb der «fremde Freund», als den ich ihn einmal bezeichnet hatte. Dann und wann telefonierten wir, einige Male besuchte ich ihn in Berlin, wohin er inzwischen umgezogen war. Ende 1994 erhielt ich überraschend einen Brief von David Astor, der irgendeine Auskunft über den deutschen Widerstand gegen Hitler erbat und ein persönliches Treffen vorschlug. Bald darauf sind wir uns bei einem Aufenthalt in London begegnet, er war ein nachdenklicher, vielseitig informierter Auskunftgeber mit verläßlichem Gedächtnis. Gewiß, sagte ich, erinnere er sich nicht mehr an die Begegnung aus dem Jahre 1950. Doch wüßte ich gern, ob er es für möglich halte, Churchill, de Gaulle und Sebastian Haffner in gleichsam einem Atemzug als die drei eindrucksvollsten Persönlichkeiten benannt zu haben, denen er begegnet sei.

David Astor lachte und fand seine Zusammenstellung von einst «ziemlich originell». Zwar erinnere er sich an den erwähnten Abend nicht, sagte er, doch halte er die Bemerkung keineswegs für ausgeschlossen. Tatsächlich habe er Haffner grenzenlos bewundert und nie davon abgelassen, auch nicht, als ihre Wege zwar nicht auseinanderliefen, doch nicht mehr ganz so selbstverständlich nebeneinander hergingen. «Und nichts davon schien verloren», fuhr Astor fort, «als Sebastian die Trennung betrieb und mir in den frühen fünfziger Jahren wie aus heiterem Himmel einen Brief schrieb, den ich einmal als ‹Kündigungsschreiben aus lauter Umarmungen› bezeichnet habe. Jedenfalls versicherte er mir so zusagen im gleichen Satz, daß er mir Liebe und Dank schulde, aber die Sachen hinwerfe, weil er ‹klare Verhältnisse› brauche. In Wahrheit war alles wirr und emotional und machte die Dinge zwischen uns noch unklarer. So deutsch, lautete die einzige Erklärung, die ich damals fand oder mir zurechtmachte, war er nach der langen Zeit in England immer noch: daß er von ‹klaren Verhältnissen› redete, während er alles durcheinander brachte!» Dennoch habe er sich die Jahre ihrer Freundschaft stets zurückgewünscht, setzte David Astor hinzu, sie seien für ihn wie für den «Observer» nicht nur die erfolgreichste, sondern auch die persönlich «glücklichste Zeit» gewesen, und beides käme so selten zusammen. Beim Abschied trug er mir mit unverkennbarem Sentiment die besten Grüße an den «Freund von damals und von heute noch» auf.

Unmittelbar nach meiner Rückkehr rief ich Haffner an, erzählte ihm von der Bewunderung, die David Astor noch immer für ihn empfinde, von der Wärme, mit der er über ihre gemeinsamen Jahre gesprochen habe, und richtete ihm die Grüße aus. Haffner schwieg unausdenkbar lange und sagte dann nur: «So?» Als er weiter stumm blieb, fügte ich hinzu, daß Astor gesagt habe, wie sehr er sich die Jahre ihrer Freundschaft zurückwünsche, eine offene Verstimmung habe es ohnehin nicht gegeben, er wisse bis heute nicht recht zu sagen, ob es eher persönliche oder politische Gründe waren, die sie getrennt hätten. Mein Eindruck sei, daß David Astor sehr glücklich wäre, wenn sie sich nun, als alte Männer, wieder versöhnten.

Während ich in Erwartung einer Antwort innehielt, verharrte Haffner wiederum für einige Zeit schweigend, und als ich hinzufügte, «Versöhnung» sei ein großes, vielleicht zu großes Wort, womöglich reichten schon ein paar erinnernde Briefzeilen, brachte Haffner schließlich wiederum nicht mehr als das trockene, unendlich entfernt klingende «So?» hervor. Geraume Zeit habe ich mich nach den Motiven für seine abwehrende Reaktion gefragt. Empfand er meine Worte als Einmischung? Hatte es eine Verletzung gegeben, die weit über das mir Bekannte hinausging? Als ich später Astor bemüht beiläufig berichtete, wie der verlorene Freund seinen Wiederannäherungsversuch aufgenommen habe, wurde ich auch von ihm mit einer dieser Vergeblichkeits-Sentenzen abgefunden, die ich dann und wann schon von Haffner gehört hatte: «Ja, so ist es wohl! Man bekommt nichts zurück.»

Im Blick aufs Ganze gleicht das Leben Haffners einem Puzzle, dessen Teile nicht zusammenpassen. Er selber hat seine zahlreichen Meinungsbrüche auf die Vorurteilslosigkeit zurückgeführt, zu der er von frühauf zu Hause und «draußen auf den Straßen von Berlin» erzogen worden sei. Die Schülerjahre habe er zwischen Prenzlauer Berg und Alexanderplatz verbracht und später, infolge einer Versetzung des Vaters, in Lichterfelde. Auf diese Weise habe er zwei überaus unterschiedliche Milieus kennengelernt: eine ehrgeizige, sozial hungrige Kleinleutewelt mit einem hohen Anteil jüdischer Mitschüler auf der einen Seite und auf der anderen eine Klasse von Bürgersöhnen, deren Väter vornehmlich Offiziere, höhere Beamte und mittelständische Unternehmer waren. Er habe sich, hat Haffner gern gesagt, unter den einen so gut aufgehoben gefühlt wie unter den anderen und deshalb die «Modetorheit der Epoche», das Denken in sozialen Feindschaften, niemals mitgemacht.

Ein kurzer Zusatz darf nicht fehlen. Während der Jahre in Berlin-Mitte, hat Haffner sich erinnert, sei er «ziemlich links» gewesen und in Lichterfelde umstandslos nach «rechts» übergegangen. Der Wechsel habe ihm nicht zu schaffen gemacht. Er war wohl weitaus beweglicher in seinen Überzeugungen, als er je zu erkennen gegeben hat, und womöglich war die oftmals radikale Vehemenz seiner Äußerungen nicht zuletzt der Versuch, im Wald des Lebens das Mißtrauen gegen sich selbst wegzupfeifen. In den rund fünfzig Jahren seiner journalistischen Tätigkeit hat er sich irgendwann einmal jede umlaufende Meinung zu eigen gemacht, den Naziwahn ausgenommen. Er hat die imperialistische Karte bis zum Bruch mit David Astor gespielt und anschließend die des Kalten Kriegers, der für einen «Partisanenaufstand» in der DDR plädierte; er stritt für die Wiedervereinigung und für eine europäische Friedensordnung auf der Grundlage der deutschen Teilung, verglich den «widerwärtigen» Ulbricht mit Hitler und nannte ihn einige Jahre später einen «Politiker ersten Ranges», bezeichnete die Bundesrepublik als Bastion der Rechtsstaatlichkeit und dann als ein Gemeinwesen, das nach «Peitschenleder» und «Pogrom» roch.

Richard Löwenthal hat Haffners häufiges Schwanken als Ausdruck einer Künstlernatur gedeutet, die vom Augenblick beherrscht und für alle Festigkeit im Grundsätzlichen zu leicht erregbar gewesen sei. Tatsächlich gab Haffner sich vornehmlich kühl, doch blieben dem genaueren Blick die Affekte nicht verborgen, die in ihm arbeiteten. Er war von größerer Reizbarkeit, als es je den Anschein hatte, man kann auch sagen: das Konvulsivische war seine Natur, die Gelassenheit dagegen eine für den zivilisierten Umgang mit der Welt erlernte Tugend.

Manche meinten sogar, ein Element von Schauspielerei sei auch dabei gewesen, die Lust an der commedia dell'arte des Lebens und an den Masken, die sie jedem Auftrittswilligen bot, an der Verblüffung ringsum, wenn er die Rolle des grämlich besorgten Pantaleone mit der des erzürnten Dottore und manchmal sogar des Arlecchino im Bürgerrock vertauschte. Nicht selten hatte man den Eindruck, Haffner begrüße jeden politischen Szenentausch schon deshalb, weil er dadurch die lange überfällige Verkleidung abwerfen und das alte Textbuch loswerden konnte, das ihn allmählich zu langweilen begann. Insofern war die «Spiegel»-Affäre von 1962 tatsächlich, wie man gesagt hat, seine «größte

Stunde». Denn damals zog er, nach annähernd zwanzig Jahren, nicht nur eine neue Karte, sondern warf gleichsam das ganze abgegriffene Blatt auf den Tisch.

Bei alledem hat Haffner die Weltverhältnisse mit großer Vehemenz und gleichzeitig immer mit kaltem Sinn verfolgt. Die eigentümliche Verbindung von Leidenschaft und Ausgekühltheit hat seine Beziehung zu den Dingen wie zu den Menschen überhaupt bestimmt. Zu sich selber ebenfalls. Mitte der achtziger Jahre, als er in einer seiner Lagebeschreibungen die Legitimität des anderen deutschen Staates wortreich verteidigte, fragte ich ihn, ob seine großen Weltrechnungen einen mitfühlenden Gedanken für die Millionen Menschen unter dem elenden DDR-Regime erlaubten. Zunächst blickte er nur skeptisch überrascht auf. Dann ergänzte ich meinen Einwand durch den Hinweis, als Emigrant der dreißiger Jahre müsse er die Lage des Fremdlings im eigenen Land eigentlich kennen, und zu berücksichtigen sei außerdem, daß er sich den Nazistaub sozusagen von den Schuhen schütteln konnte, ohne durch einen «Todesstreifen» daran gehindert zu werden.

Bis dahin hatte Haffner geschwiegen, und für einen Augenblick schien es mir, mein Vorbringen verfehle seinen Eindruck nicht. Dann aber entgegnete er ohne auch nur die Stimme zu heben: Der politische Gedanke erlaube keine Sentiments. Die Weltordnung vertrage so wenig Gefühlseinmischungen wie die Staatsräson. Wer sich auf das Feld des Politischen begebe, müsse einen «trockenen Verstand» haben, zumindest müsse er ihn «trockenlegen» können. Er habe immer gewußt, daß die Formel vom «sentimentalen Kopf» eine contradictio in adjecto enthalte. Und so noch vieles. Aber irgendwann unterbrach ich ihn mit der Frage, wie oft er in seinen Analysen oder seinen Beschreibungen historischer Ereignisse gegen diese Grundsätze verstoßen habe. Er erwiderte nicht ohne Ernst, gerade weil das Gefühl sich in jede Überlegung eindränge, müsse man sich zur Kälte zwingen. Alle

Tumulte dieser Welt, die Kriege wie das Unglück überhaupt, kämen aus der Hitze.

In Haffners letzten Jahren kehrte zusehends die Beherrschtheit von einst zurück, die «Pragmatische Lektion», die ich einmal in einer öffentlichen Diskussion sein großes «Mitbringsel aus England» genannt habe. Dann verwunderte er sich über seine Ausfälle von einst und bat manchmal auch, ihm das Gespräch darüber zu ersparen. Nur mitunter fiel er in die alten Durchgängereien zurück wie etwa 1991 bei der feierlichen Umbettung Friedrichs II. nach Sanssouci. Zeitlebens war er «fritzisch gesinnt» gewesen und hatte den König gern «den Großen» genannt, weil er Mut, Unerschütterlichkeit und Haltung auch im Unglück bewiesen hatte. Nun aber verlangte er in grellen Einwürfen vom ohnehin «zu groß gewordenen Deutschland» eine Entscheidung darüber, ob es wieder die «Pickelhaube» aufsetzen und «Deutsches Reich» spielen oder endlich in der Gegenwart ankommen wolle. Wer auf die Untertöne achtete, mochte schon das klingende Spiel beim Aufzug der Garde wahrnehmen und das Echo von Marschtritten unter einem Himmel, über den alle Gespenster der Vergangenheit irrlichterten, während aus Millionen Kehlen der Schrei kam: «Zu Befehl!» Er war wieder zu seinen teuren Hausgenossen, den Chimären, zurückgekehrt und erwiderte auf eine entsprechende Vorhaltung, er werde sich freuen, wenn ich recht behielte. Doch zu seinem Leben gehöre nun mal, nie mehr ganz sicher zu sein.

Tatsächlich war zu fragen, welche Bedeutung das Trauma von 1933 für ihn gehabt hat, und als wir in einem unserer letzten Gespräche darauf kamen, erwiderte er, er habe die Weimarer Republik nie geliebt und auch nichts zu ihrer Verteidigung getan. Wie jedermann in diesen «seltsam unernsten Jahren» habe er nur leben und vergnügt sein wollen; aber einen «Knacks» hätten sie alle dennoch mitbekommen. Ich erinnerte ihn an die fünfziger und frühen sechziger Jahre und sagte: «Da war kein Knacks!» Vielmehr habe er damals, wenn auch oft mit reichlich wilder Übertreibung, das

50

Notwendige gesagt. Erst in der Folgezeit habe er dann die Bodenhaftung nicht nur verloren, sondern geradezu triumphierend preisgegeben. Ich kennte niemanden, der sich einen Vers darauf machen könne. «Ach, wissen Sie», sagte er, «vielleicht drückte das nur aus, daß ich mich wirklich zurückgekehrt fühlte. Denn jeder Deutsche ist nun mal etwas weltfremd und radikal obendrein. Ich bin es viele Jahre lang, als studierter Engländer sozusagen, nicht gewesen. Nun wollte ich es wieder sein, weil ich zuguterletzt wieder im Land meiner Herkunft angekommen war. Womöglich habe ich da etwas übertrieben», setzte er ironisch hinzu.

Er saß in seinem gewaltigen Ohrensessel, klein, eingesunken und zerbrechlich wirkend. Was er am Körper hatte, schien durchweg ein paar Nummern zu groß. Statt zu antworten, sprach er von den «Malören des überlebten Alters», und als die Krankenschwester kam und ihn ins Eßzimmer hinübertrug, mühte er sich unausgesetzt, den inzwischen mächtig hervortretenden Kopf auf dem ins Zwergenhafte verkümmerten Rumpf aufrecht zu halten. «Wer hat schon auf alles eine Antwort?», nahm er das Gespräch wieder auf. «Ich glaubte das mal zu haben. Aber jetzt nicht mehr!» Er habe seinen Frieden gemacht, sagte er, vielleicht nach zu vielen Seiten; und gleich darauf bekräftigend: «Bestimmt nach zu vielen Seiten!»

Sogar mit diesem Land, setzte er etwas später hinzu, habe er keine wirklich offenen Rechnungen mehr. Die Institutionen der Bundesrepublik seien einigermaßen stabil, es herrsche Wohlstand, Rechtsstaatlichkeit und ein Geist der Liberalität, den er den Deutschen niemals zugetraut hätte. Manchmal denke er sogar, er sei tatsächlich angekommen. «Obwohl ...», wollte er fortfahren, unterbrach sich aber sogleich. «Über die ‹Obwohls› wollen wir jetzt nicht reden. Wir haben es lange genug getan.»

Anschließend sprachen wir über Literarisches, noch immer bewunderte er Thomas Mann über die Maßen, las aufs neue Fontane, Stendhal, Tolstoi – «richtige» Romane, wie er sich gern erinnern ließ, keine «modernen»; er sei nun einmal hoffnungslos konservativ. Auch in der Musik habe er sich wieder seinen Lieben von ehedem zugewandt. Nic werde er ganz verwinden, den mehrfach geplanten Essay über das Ende der Musik nicht geschrieben zu haben: «Fünfhundert Jahre!», sagte er. «Und eine unendliche Zahl überwältigender Werke mit unausgesetzt neuen Glückserlebnissen – immerhin! Ich selber habe meinen Anteil gehabt.» Aber im Schöpferischen sei es mit der Musik jetzt vorbei, meinte er: «Der Topf ist leer.» Gustav Mahler und Richard Strauss markierten «den Tod der Musik und ein bißchen die Verklärung». Schönberg und alle, die ihm folgten, spielten sich noch als Erben auf. In Wirklichkeit aber gehörten sie «nicht zur Familie». Sie seien schon jenseits der Schattenlinie und Opfer des «schrecklichsten Lobes», das die Musikkritik zu vergeben habe: Verfasser «interessanter Werke» zu sein. Beim Abschied spottete er wie schon einige Male über die «Verehrung, die mir neuerdings entgegenschlägt – und manchmal mitten ins Gesicht».

Das Puzzle hat keine Lösung, sagte ich am späteren Abend zu einigen Freunden, mit denen ich verabredet war, und ließ es dabei. Die Runde sprach darüber, ob die Vergangenheit für Haffner nicht von größerem Gewicht sei als alle Gegenwart. Am ehesten ließe er sich als ein ins Politische verschlagener Historiker verstehen, einigte man sich. Ich selber ging einen Schritt weiter und behauptete, daß er mehr noch als Schriftsteller gesehen werden müsse, der sich mit so viel Intuition wie dramatischem Sinn ein Bild von der einstigen wie von der derzeitigen Welt zurechtmache: Es sei alles ein gewaltiger Romanstoff, und das Gewesene bedeute ihm womöglich mehr als das Treiben ringsum, weil es den einzigartigen Vorteil besitze, keine Überraschungen zu bieten. Die Drehbücher der Geschichte liegen vor, und die Tragödie, auf die es immer hinausläuft, kann von der Eröffnung über die Peripetie bis hin zum Sturz zu Ende gebracht werden. Erst was abgetan sei, setze den Autor, als den Haffner sich verstehe, ganz in sein Recht. Bezeichnenderweise ergänze er seine Bemerkung, daß der Mensch keineswegs der Herr der Geschichte sei, gern durch den Zusatz: «Aber der Historiker – der ist es in gewissem Sinne!» Aller Stoff sei für ihn nicht mehr, wie das berühmte Wort lautet, Jubel und Jammer, sondern Spielmaterial von Erkenntnis und phantasievoller Gedankenverkettung.

Aber diesem Bedürfnis Haffners, dachte ich am folgenden Tag, stand sein Auftrittsverlangen im Wege. Er drängte lebenslang immer auch ins Rampenlicht und war nicht der Mann, sich mit dem bloßen Nachdenken zu begnügen. Er liebte die großen Themen und die großen Szenen. Erst das Scheinwerferlicht, in dem er sich als der Schauspieldirektor, der er auch war, mit erkennbarem Behagen bewegte, gab seinem Auftreten Beachtung und Gewicht. Seine Emigration aus Deutschland im Jahre 1938, spann ich den Gedanken fort, hatte vorab gewiß mit den Motiven zu tun, die er genannt hat: der Unerträglichkeit des Lebens in Deutschland mitsamt der Gleichschaltung und ewigen Mobilmachungswut, ferner mit der Liebe und Treue zu seiner jüdischen Frau und manchem anderen. Aber gänzlich abzuweisen war die Erwägung nicht, daß er zu genau erfaßte, es werde in diesem Land, wie es war, für ihn niemals ein Scheinwerferlicht geben. Und in düsteren Stimmungen mag er als Mitarbeiter von Unterhaltungsblättern wie der «Koralle» oder der «Dame» mitunter bereits geahnt haben, daß er eines Tages doch noch als Redakteur der Rätselecke enden werde. Das war nicht sein Weg.

Eigenartig zu denken, überlegte ich auch, was seine Landsleute an ihm so sehr schätzten: An vorderster Stelle gewiß seine rhetorische Brillanz. Dann aber auch die Radikalität seiner Auffassungen mitsamt der Neigung, selbst im Abseitigen weiterzulaufen; die Vorliebe für das Denken im sozusagen freien Raum und ohne die ewig schweren Kettengewichte der Realität an den Füßen – darin erkannten sie sich wieder. Und zuletzt, immer aufs neue, stimmten sie auch im Bewußtsein der großen Brüche überein, mit dem Ableugnen oder Vergessen dessen, was gestern gewesen war.

Alles zusammen, dachte ich weiter, macht zu einem Gutteil jene «deutsche Labilität» aus, von der so häufig gesprochen worden ist. Sebastian Haffner hat sie, kritisch wie kaum ein anderer, beschrieben. Fast ebensooft ist er selber ihr erlegen.

Das Pathos des Unzeitgemäßen:

Anmerkungen über den Aphoristiker
JOHANNES GROSS

Er stand, schon nach Statur und Auftreten, immer etwas abseits, wie sehr ihn die Erinnerung auch als umdrängten Mittelpunkt aufgeräumter Herrenrunden bewahrt. Als er einmal, nach einer Diskussion vor großem Publikum, auf die Mißfallensbekundungen hingewiesen wurde, die seine knapp zugeschärften Einwürfe gefunden hatten, und einer der Anwesenden meinte, er habe nie geahnt, wie fremd Johannes Groß im eigenen Lande sei, bekam er zur Antwort: «Fremd nicht. Sondern als unzugehörig empfunden bei Claquen und Coterien. Aber wer will da schon mit von der Partie sein?»

Er jedenfalls wollte es nicht und hatte mit vorrückender Zeit das Empfinden, «bloß dabeizusein, aber nicht dazuzugehören». Die Leute ertrügen ihn, weil sie ihn für einen ganz anderen hielten, meinte er; den aber spiele er ihnen nur vor. Einmal natürlich würden sie ihm auf die Spur kommen. Und da sie lediglich Einverständnisse duldeten, würden sie ihm sein Außenseitertum gehörig heimzahlen.

Spätestens bei seinem plötzlichen Tod im Herbst 1999 bewahrheiteten sich solche Ahnungen. Die Nachrufe sprachen zwar von der Bewunderung, die ihm entgegengebracht worden sei, versagten sie ihm aber zugleich durch ihre entgeisternde Belanglosigkeit. Er hatte viele Jahre lang mit Scharfsinn gegen das Falsche und Platte angeschrieben, jetzt deckte man ihm das Grab damit zu. Offenkundig fiel zu einer Erscheinung wie ihm niemandem etwas ein, nicht einmal seinen erklärten Feinden. Einer von ihnen, immerhin, vermutete ihn jetzt verdientermaßen «in der Hölle», doch die ungezählten anderen, die seit langem als Anhänger oder auch Wortführer der «Streitkultur» aufgetreten waren, hatten sich niemals auf eine Auseinandersetzung mit ihm eingelassen und sahen nun einfach weg. Schon annähernd zwanzig Jahre zuvor hatte ein nicht mehr ganz junger Schriftsteller, dessen bis dahin größter Erfolg es gewesen war, der Öffentlichkeit für geraume Zeit den Eindruck zu vermitteln, er sei eine Hoffnung, Johannes Groß in einer Fernsehsendung entgegengehalten, daß Deutschland erst «erträglich» werde, wenn Leute wie er «beseitigt» seien; und nur nach einigem Drängen hatte er sich wenigstens das Zugeständnis abringen lassen, sein Gegenüber müsse «nicht totgemacht werden; mundtot genüge schon».

Man möchte solche Äußerungen als Einzelstimmen abtun. Doch in der Sache drückten sie aus, was eine Mehrheit empfand. Denn auch die intellektuellen Platzhalter des Landes haben Groß nach Möglichkeit von sich ferngehalten. Jedenfalls ist er zeitlebens in keine Akademie gewählt, nur ein einziges Mal mit einer der nach vielen Tausenden zählenden literarischen Auszeichnungen bedacht worden, und die einzige Ehrendoktorwürde, die ihm je verliehen wurde, kam von einer Universität im Süden der Vereinigten Staaten.

Niemand kann sagen, wie leicht oder schwer er die Vorbehalte von so vielen Seiten genommen hat. Verborgen geblieben sind sie ihm nicht. Mit heiterer Gelassenheit sprach er mitunter von den Kupfermünzen, die man für die innere Unabhängigkeit zu entrichten habe. Wer genau denke und die Widersprüche der Welt nicht mit gutmeinendem Gerede zudecke, äußerte er, zähle in Deutschland zum ungeliebten oder sogar verhaßten Typus des Zynikers. Von dem glaubt der niedere wie der höhere Volkswitz zu wissen,

56

Johannes Groß

daß er keine Moral besitze, mehr Verstand als das im Deutschen immer vorrangige Verständnis aufbringe und folglich auch jenen pädagogischen Ernst vermissen lasse, den das eigene Volk wie kein anderes auf der Welt benötige. Bezeichnenderweise, meinte einer seiner Kritiker einmal, bevorzuge Johannes Groß die zwangsläufig ungerechte Kurzangebundenheit des Aphorismus; auf diese Weise verweigere er schon formal den Dialog. Als zudem gesagt wurde, jeder der Sätze, die er von sich gäbe, klinge wie ein Dekret, erwiderte er, daß er gern vom Sinai herab spreche; seine Prosa mache sich, wie er wisse, von hoch ausgewiesenen Orten her besonders eindrucksvoll.

Er liebte es, sich über die Welt und die Menschen lustig zu machen, und nahm die eigene Person dabei nicht aus: Auch das trennte ihn von seinen Landsleuten. «Die eigene Vortrefflichkeit nicht wahrnehmen zu können», notierte er, «zeigt einen Mangel an Urteilsvermögen.» Und wenn er öffentlich gelobt wurde, rief er mitunter amüsiert zum Rednerpult hinauf: «Bitte mehr! Und bitte lauter!» Auf Befragen erwiderte er, die Bescheidenheit sei auch ein Laster, nahe verwandt der Heuchelei, und eine eingestandene Schwäche sollte eigentlich jedermann versöhnlich stimmen. Natürlich sei er eitel. Aber nur ausgemachte Narren würden ihm nach solchen Zwischenrufen seine Eitelkeit vorhalten.

Er war von kleinem Wuchs, keine ein Meter sechzig groß, und manche führten die immer leicht schaustellerisch dargebotene Würde seines Auftretens darauf zurück. Darüber hinaus war auch die Auffassung verbreitet, daß seine gesamte Lebensleistung in den Kompensationsbedürfnissen des Kleingeratenen begründet und weit weniger anstrengungslos zustandegekommen sei, als er glauben machte. Aber er hatte eine überlegene Art, damit zurechtzukommen, und einmal, als er nach der Einweihung einer Radiostation der Deutschen Welle aus dem tiefen Afrika zurückkehrte, legte er eine Anzahl großformatiger Fotos vor, die ihn als Riesen im Kreis ehrfurchtsvoll herandrängender Pygmäen darstellten.

Schon die Alten hätten entdeckt, bemerkte er dazu, daß alles relativ sei. Und ein andermal kam er beim Gang durch das Weimarer Haus am Frauenplan an die Vitrine mit dem blauen, vom russischen Sankt-Annen-Orden geschmückten Hofrock Goethes. Als sein Begleiter sich erstaunt über die geringe Körpergröße des Dichters zeigte und später am Ausgang noch einmal darauf zurückkkam, bat ihn Johannes Groß, seine Verwunderung schon aus Gründen ihrer Freundschaft zu zügeln. Jeder wisse, daß er für die belebende Bosheit, auch unter Freunden, Verständnis habe. Und dann, unter nicht ganz ungezwungenem Gelächter: Leider sei der stets verbotene Schritt in die Gedankenlosigkeit überaus klein und unseligerweise wieder einmal nicht vermieden worden.

Tatsächlich fand er, daß die Bosheit viel häufiger, als weithin vermutet, gerechtfertigt und nicht nur ein tiefes Bedürfnis und ein Vergnügen sei; vielmehr gingen Bosheit und Humanität sehr gut zusammen. Auch spreche manches dafür, daß das kaustische Wesen mehr zur Beförderung von Menschlichkeit und guten Sitten beigetragen habe als alles freundliche Zureden. Kaum einer folgte ihm darin. Die Leute begriffen den vergnügten Freimut seines vielfach entblößenden Urteilens zuvorderst als anstößig. Aus den Paradoxien, die er zum besten gab, hörten sie einzig den Sarkasmus heraus und mahnten, die Weltlage sei viel zu ernst für die Späße des Kobolds, in denen er brillierte. Jedenfalls verstanden sie seinen Witz nicht als Mittel, mit den zahllosen Ungereimtheiten des Daseins zurechtzukommen. Statt dessen fühlten sie die vermeintliche Ordnung der Dinge durch den herabgesetzt, der sich ihnen nicht stumm oder sogar stammelnd ergab.

Das bevorzugte Exerzierfeld für die zeitgemäße Form der deutschen Stammelei boten natürlich die Hitlerjahre, und die Zeitgeistverwalter haben Johannes Groß niemals den Hohn über die «Gewissensgeschädigten» verziehen, die sich mit ihren Verletztheiten brüsteten und sie als kostbarstes Erbe der immerwährend jüngsten Vergangenheit hüteten. Im Grunde seien die Deutschen «verkehrte

Clowns», schrieb er, die sich im Gegensatz zu den Zirkuskomikern in den entlegenen Künstlergarderoben hochvergnügt und bester Dinge aufführten, doch vor dem Publikum den Griesgram herauskehrten. Jedermann wetteifere unter den Augen der Öffentlichkeit im «wunschlosen Unglücklichsein». Und an anderer Stelle: «Die Unfähigkeit zu trauern» werde einmal als «eine der größten Eseleien des 20. Jahrhunderts» betrachtet werden.

Er machte bei alledem nicht mit, sondern blieb einfach bei Verstand und versuchte, Herkunft und Motive jener moralischen Großmäuligkeit aufzudecken, die in den sechziger Jahren zur neuen deutschen Ideologie wurde: Ein Wilhelminismus neumodischen Zuschnitts, schrieb er, der noch einmal enthüllte, wie treffend der allgemein verpönte Kaiser Herz und Sinn seiner Landsleute ausgedrückt hatte. Aber auch ein gewisses Maß ethischer Schlaumeierei war, wie Groß fand, aus den öffentlichen Bußübungen herauszuhören. «Ich kenne Leute», hielt er in einer seiner Notizen fest, «die außer Trauerarbeit noch nie einen Handschlag getan haben. Aber davon können sie gut leben.»

In solchen Einsichten war er einzigartig, und wer die Vorbilder benennen will, verweist am besten auf die lange, bis zu Paul Valéry reichende Überlieferung des französischen Moralismus. In Deutschland hat diese Mischung aus Beobachtungsgabe, Entdeckungslust und schneidender Psychologie keine Tradition, dagegen standen stets die Gründlichkeit, Wirklichkeitsferne und spekulative Laune des Denkens. Wer einen Anknüpfungspunkt sucht, wird die ganze Strecke bis zu Jean Paul und vor allem zu Georg Christoph Lichtenberg zurückgehen müssen, und davor ist wieder nichts von dieser Art. Wie alle Moralisten, deren Bezeichnung ja, anders als vielfach angenommen, nicht vom Begriff der Moral herkommt, sondern von den «Mores» und die folglich die Sitten und vorherrschenden Lebensgewohnheiten kritisch beobachten, hat Johannes Groß, einer Bemerkung seines Freundes Rüdiger Altmann zufolge, «die Gemeinplätze mit kalter Aufmerksamkeit überquert» und sich dabei nichts entgehen lassen: die übermächtigen Vorurteile so wenig wie die in raschem Wechsel aufeinander folgenden ideologischen Vernarrtheiten und auch die gedankenlos weitergeschleppten Redensarten nicht.

Durchsetzt sind die dreieinhalbtausend aphoristischen Stücke, die er verfaßt hat, von Bekenntnissen zu den eigenen Vorlieben. Und für jeden der Themenbereiche in den vier Notizbänden, die neben einem glanzvollen essayistischen Werk die Mitte seiner literarischen Hinterlassenschaft bilden, gibt es Dutzende von Beispielen. Wer einmal zu zitieren beginnt, hat Mühe, aufzuhören. Johannes Groß formuliert allgemeine Lebensregeln wie beispielsweise, daß auf dem Markt der Meinungen die falsche Münze soviel wert sei wie die echte, verwundert sich darüber, daß unter Deutschen der «Klugscheißer» ebenso verhaßt wie der «Moralscheißer» angesehen sei, oder stellt die Politiker bloß, die nach einer Wahlniederlage heuchelnd einräumen, daß es ihnen leider nicht gelungen sei, ihre «frohe Botschaft» an die Wähler zu bringen. «Natürlich», fährt er fort, «ist das Gegenteil richtig. Es war ihnen gelungen.» Mit besonderer Vorliebe läßt er sich Inversionen verbreiteter Redensarten einfallen. «Wer schläft, sündigt nicht», notiert er. «Die Umkehrung hat auch was für sich: Wer nicht sündigt, schläft.»

Und auch das noch: Mit Blick auf die sechziger Jahre, die nach seinem Urteil eine Zeit der zerrinnenden Projekte ebenso hochzielender wie kindsköpfiger Gesellschaftsveränderer waren, fragt er ratlos: «Warum, in aller Welt, die dümmsten Revolten von Studenten ausgehen?» An anderer Stelle verweist er auf die «linken Utopisten, die mit ihrem Latein noch schneller am Ende waren, als sie es in den Schulen abschaffen konnten», holt Schillers irdenferne Idee, daß alle Menschen Brüder werden sollten, als «Traum eines Einzelkindes» gleichsam auf die Erde zurück oder notiert: «Wer einmal lügt, dem glaubt man nicht. Das ist richtig. Wer aber immer lügt, hat ganz gute Chancen.» Bei Gelegenheit verschafft er dem Leser sogar einen Einblick in die Werkstatt des Aphoristikers:

«18. März 1988. Wie ein Bonmot verfertigt wird: Ein guter Freund teilt amüsiert die Bemerkung eines Franzosen als ein Bonmot mit: Wer eine Millionärin kennenlernt und sich nicht sogleich in sie verliebt, ist lebensuntüchtig. Nein, denke ich, ein Bonmot wird daraus, wenn man sagt: Wer eine reiche Erbin kennenlernt und sich nicht gleich in sie verliebt, der hat kein Herz.»

Es gibt, alles zusammengenommen, kaum ein wirkungsvolleres Verfahren als solche ubiquitäre Scharfzüngigkeit, um bei jedermann Anstoß zu erregen, und aus wohlerwogenen Gründen, so heißt es einmal, hätten Georg Christoph Lichtenberg und Jean Paul verfügt, ihre Einsichten erst postum zu veröffentlichen. Wer erinnerte sich nicht der allgemeinen Empörung, die der berühmten Notizbuchbemerkung über Adornos Dictum folgte, daß «nach Auschwitz kein Gedicht mehr geschrieben werden könne». Groß hatte dazu geäußert: «Die Wahrheit ist die, daß Adorno auch vor Auschwitz kein Gedicht schreiben konnte.» Wer es erlebt hat, weiß von dem schallenden Gelächter, in das viele beim ersten Hören ausbrachen. Doch gleich darauf würgten sie das Lachen herunter, weil es allzu offen dem Comment der politischen Korrektheit widersprach. In unvermitteltem Tonwechsel war dann von «Geschmacklosigkeit» die Rede, und eine bekannte Publizistin sprach sogar von einer «unerhörten Entweihung». Als Johannes Groß davon erfuhr, warf er nur ein: «Um so besser! Die einigermaßen beliebige Verwendung von Begriffen wie ‹Auschwitz› oder ‹Holocaust› ist schon lange unerträglich. Selbst Adorno wollte mit dem Schreckenswort bloß ein bißchen Aufsehen für sich machen. So klein ist er übrigens gar nicht, daß er derartige Krücken nötig hätte – auch wenn er zuletzt einen Stil schrieb, der zugleich die Parodie seiner selbst war.»

Er habe keine dramatische Vita vorzuweisen, hat Johannes Groß in seinen Fünfzigerjahren geschrieben, und tatsächlich verlief sein Weg, von dem einen oder anderen Bruch wie in jedem Leben abgesehen, ohne alle Turbulenz. In einem nordhessischen Nest als Sohn einfacher Leute geboren, hat er in Marburg Rechtswissenschaften studiert und dort schon bald mit dem zehn Jahre älteren Rüdiger Altmann eine fast lebenslange Freundschaft geschlossen. Gemeinsam gaben sie die Studentenzeitschrift «Civis» heraus, deren ebenso offener wie einfallsreicher Konservatismus binnen kurzem weit über den universitären Bereich hinaus Aufsehen erregte. In dem Gesprächszirkel, der sich um die Zeitschrift bildete und so unversöhnlich wirkende Namen wie Wolfgang Abendroth, Arnold Gehlen und Carl Schmitt vereinte, wurde in immer neuen Anläufen «die Lage» erörtert. Das kritische Augenmerk richtete sich insbesondere auf die vom Hitlerregime bewirkte Zerstörung der Strukturen, die Egalisierung der Gesellschaft sowie die fortbestehenden Einebnungstendenzen: Statt einer gegliederten Gesellschaft im überlieferten Sinn existiere in der Bundesrepublik nur noch ein unzureichend geordnetes Neben- und Gegeneinander der sprichwörtlichen «Mitbürger».

Über mancherlei Zwischenstufen gerieten Altmann und Groß im Verlauf der sechziger Jahre an die intellektuellen Führungskreise der CDU und verbanden sich schließlich mit Ludwig Erhard nach dessen Wahl zum Kanzler als programmatische Stichwortgeber. Der Staat, so meinten sie, der unter Adenauer und dem von ihm aus opportunistischem Kalkül beförderten Wuchern der Verbände und Partikularinteressen zusehends sein leviathanisches Aussehen eingebüßt und, nach einem Wort Arnold Gehlens, die Züge einer «Milchkuh» angenommen habe, sei dabei, alle Handlungsfähigkeit zu verlieren. Die Antwort müsse teils einen Einhalt dieser Entwicklung, teils einen Ersatz für den verabschiedeten Staat formulieren, und Rüdiger Altmann fand die nach seiner Auffassung treffende Formel dafür in Schillers «Geschichte des Abfalls der vereinigten Niederlande»: die «formierte Gesellschaft». Natürlich würden die Wohlmeinenden, fügten er und gelegentlich auch Groß in zahlreichen Stellungnahmen hinzu, angesichts dieser Formel «das totalitäre Gras wachsen» hören. Doch diese Gefahr drohe auf absehbare Zeit nicht. Der wirkliche Gegner sei, heißt es einmal in Anlehnung an Carl Schmitt, die eigene Frage in unerkannter Gestalt.

Das Programm, das sie dem Land empfahlen, vereinte weit mehr, als ihnen womöglich bewußt war, die Vorzüge und Schwächen ihres im Grunde unpolitischen Vormannes Ludwig Erhard: die Fähigkeit zu scharfsinniger Diagnose, ein unerschrockenes, mitunter ins Utopische ausgleitendes Wunschdenken sowie einen unverkennbaren psychologischen Instinktmangel. Jedenfalls enthielt ihr Gesellschaftsentwurf für das mehrheitliche Bewußtsein zuviel an Ausrichtung und sogar Reih' und Glied, um den erwarteten Widerhall zu finden. Die Lust am Unzeitgemäßen, die sowohl Altmann wie Groß so inspirierend wie verlockend erschienen war, gewann kaum Mitstreiter, und spätestens mit dem Scheitern Ludwig Erhards kam auch das Ende der von der Öffentlichkeit nie ernsthaft angenommenen und zuletzt in einem Gewirr von Verdächtigungen erstickten Debatte über die formierte Gesellschaft.

Im Verlauf der Auseinandersetzungen hatte Johannes Groß nicht nur den Zwang, sondern auch den für ihn selber unwiderstehlichen Reiz gleichsam deckungsloser Auftritte verspürt: die Freiheit von Ideologien, Vorurteilen, Parteien oder Moden im, wie der Verfasser ihm einmal in ironischer Anerkennung entgegenhielt, «Sternbild der Vernunft». Seither hat Groß von seinem Einzelgängertum nicht mehr lassen wollen oder können. Auch die Erfahrung, daß selbst in einem Land, das sich viel auf seine Liberalität zugute hielt, der Freiheit zuweilen reichlich enge Grenzen gezogen und an allen Abseiten Verbotsschilder aufgestellt waren, hat ihn nicht beirrt.

Jedenfalls entschloß sich die SPD und, halbwegs in deren Schlepptau, auch die CDU zur Zeit der großen Koalition, dem unterdessen zum Chefredakteur und Stellvertretenden Intendanten der Deutschen Welle avancierten Johannes Groß gleich vier

Aufpasser an die Seite zu stellen. Zwar versuchten die Urheber der Machination ihm weiszumachen, daß mit der aufgebotenen Phalanx von Stellvertretern auch Rang und Gewicht des ersten Mannes erhöht würden. Doch war Groß inzwischen in den praktischen Machtfragen allzu bewandert, um derart durchsichtigen Irreführungen Glauben zu schenken. Statt des Bedeutungszuwachses, von dem die Rede war, nahm er nur das enge Zaumzeug wahr, das ihm angelegt werden sollte. Damals machte er erstmals gesprächsweise die später verschiedentlich wiederholte Bemerkung, er habe den Entschluß gefaßt, sich niemals mehr in irgendein Bockshorn jagen zu lassen. Einem Freund gegenüber fügte er hinzu, er sei für den linken Zeitgeist schon deshalb verloren, weil es ihm an Weinerlichkeit und an der Gestik «triefenden Selbstmitleids» fehle. Kurzentschlossen kündigte er bei der Deutschen Welle und verließ den Sender, dessen Personalpolitik nicht nur den wachsenden Übermut der großen Parteien offenbart hatte; vielmehr war ihm von deren Seite auch eine Art Bestätigung nachgereicht worden, wie treffend seine These von dem unter die allezeit räuberischen Verbände gefallenen Staat war.

Der Ruf, der Johannes Groß als brillanter, umfangreich kundiger Beobachter umgab, war zu dieser Zeit längst so gefestigt, daß er 1974 unter mehreren Möglichkeiten wählen konnte. Nach kurzem Bedenken entschied er sich, die Leitung des Wirtschaftsmagazins «Capital» aus dem Haus Gruner und Jahr zu übernehmen. Nicht nur die vielbeachtete Kolumne, mit der er seither jedes Heft eröffnete, sondern mehr noch die redaktionelle Straffung und gleichzeitig verabfolgte Ausweitung des Themenspektrums machten das Blatt alsbald zur führenden Wirtschaftszeitschrift des Landes. Einer seiner Freunde vermerkte damals, Johannes Groß zähle zu den seltenen Menschen, die in nahezu jedem Sattel zu reiten verstünden: Bis zu seiner Berufung an die Spitze von «Capital» habe er von Teambildung, vom Blattmachen und vor allem von der Wirtschaft im Grunde keinen Schimmer gehabt. Aber er müsse ein

Amt nur übernehmen, und Gott überhäufe ihn von einem Tag zum anderen mit allem Verstand, der dafür nötig sei – sowie am Ende sogar mit noch etwas mehr.

Ebendies war es womöglich auch, was sich einige Jahre später das in Bedrängnis geratene Haus Gruner und Jahr sagte. Im Frühjahr 1983, nach dem Skandal um die gefälschten Hitler-Tagebücher, ernannte der Verlag Johannes Groß zusammen mit seinem Freund Peter Scholl-Latour zum Chefredakteur der Illustrierten «Stern». Doch ehe noch die Amtsübernahme erfolgt war, kam es zu einem erbitterten Aufstand der Redaktion. Groß passe aus vielen oder, genauer, aus eigentlich allen Gründen einfach nicht zum «Stern», lautete, auf die knappste Formel gebracht, das Argument seiner Gegner. Am Ende des bis zur regelrechten Kampagne gesteigerten Kollers gab die Konzernleitung nach. Johannes Groß hat später eingeräumt, daß sowohl der Verlag mitsamt dem Begründer des Blattes, Henri Nannen, als auch er selber einem Irrtum erlegen seien: Für eine so wendige «Stimmungspostille» wie den «Stern» sei er immer allzu resistent gegen die Einflüsterungen des Tages gewesen. Aber hinzufügen wolle er auch, daß ihm ein ähnlich verblendeter Fehlgriff wie der millionenschwere Ankauf der vermeintlichen Hitler-Aufzeichnungen niemals unterlaufen wäre. Das widerfahre nur einer Redaktion, die aus Hochmut, Selbstgerechtigkeit und aufgeklärter Bigotterie eine Art publizistischer Freikorpsmentalität entwickelt habe. Leute, die sich für «große Aufräumer» hielten, bildeten, wie von der Redaktion richtig erkannt worden sei, nicht die Gesellschaft, mit der er zusammenpasse.

Die Vermutung ist nicht hergeholt, daß ihm die nahezu geschlossene Zurückweisung durch eine Mehrheit im einzelnen höchst achtenswerter Kollegen gleichwohl nicht unerheblich zu schaffen gemacht hat. Doch ebenso zutreffend ist seine selbstbewußte Behauptung, daß er auf die Hitler-Fälschung nicht hereingefallen und hochrangigen «Experten» aufgesessen wäre, wo die

Wahrheit fast mit Händen zu greifen war. «Kunstleder?», hatte Hitlers einstiger Luftwaffen-Adjutant, Nicolaus von Below, nach einer Fernsehreportage unter Hinweis auf den billigen Einband eines der über sechzig Bände der vermeintlichen Tagebücher gesagt: «– beim Führer nie!» Aber solche und ähnlich lautende Einwände kümmerten die vom investigativen Wahn erfaßte Redaktion keinen Deut. Und ebenso gewiß hätte Johannes Groß nicht annähernd zehn Millionen Mark für eine Blase vergeudet. Anders als die neureichen Windmacher, sagte er damals, die das Land in Mengen hervorbringe und unterdessen zum auffälligsten oder doch lautesten Sozialtypus der Bundesrepublik gemacht habe, könne er an vielen Fenstern vorbeigehen, ohne fremder Leute Geld mit beiden Händen hinauszuwerfen.

Dagegen stand bereits sein «Quivive», das immer hochgespannte Wesen, das er zu einem untrüglichen Sinn für alles Falsche oder bloß herdenhaft Zeitgemäße entwickelt hatte. Er entdeckte es in jeder der politischen oder gesellschaftlichen Gruppierungen. Da die verbreitete Gemütsrichtung nach den Hitlerjahren ins ungenau Linke zielte, wo zu allem hin auch noch mancher innere Freistellungsbescheid winkte, widmete er seine kritische Aufmerksamkeit dieser Neigung in besonderem Maße: Er entdeckte darin ebenso die verblichenen Reste der Volksgemeinschaftsparolik, die Hitlers Erfolge mitgetragen hatte, wie Spuren von jenem «Sozialdemokratismus der deutschen Seele», der einem Beobachter der zwanziger Jahre aufgefallen war. «Links zu sein bedarf es wenig», dichtete er eine Volksliedzeile einmal um und fügte hinzu, auch und gerade in der Abänderung biete sich der Text als Kanon in leiernder Wiederholung an.

Nicht weniger hingegen irritierte ihn das, wie er fand, verwaschene, fast immer ins Bodenlose rutschende Rechte. Die vielgehörte Behauptung, daß er politisch «rechts» einzuordnen sei, fand er nur «albern». Tatsächlich war sie vor allem dem borniertem Lagerdenken der Intellektuellen des Landes zuzuschreiben, die alles, was sich ihren Vorgaben oder Sprachregelungen nicht fügte, ins Anrüchige verwiesen und seit den sechziger Jahren auch noch in die «faschistische Ecke» stellten. Dagegen Johannes Groß mit der Freiheit des überlegenen Kopfes: Die viel gehörte Redensart, daß einer links rede und rechts lebe, offenbare gleich einen doppelten Irrtum: daß die Linke etwas Substantielles zu sagen habe und daß man sich unter den Leuten von rechts auf den Lebensgenuß verstehe.

Von dem ideologischen Rauschbedürfnis, das sich nach den kurzen, skeptischen Jahren der frühen Bundesrepublik, ausgehend von den Universitäten, wieder zu verbreiten begann, trennte ihn eine Welt. Was politisch notwendig war, meinte er, lehre am eindringlichsten die Wirklichkeit mitsamt den normativen Regeln, die immer dazugehören. Gerade die vielbeschworene Hitlerzeit, deren Trümmer noch allenthalben, auf den Straßen wie in den Köpfen, anzutreffen waren, machte ihm überdeutlich, welche Folgen die Flucht aus der Realität in irgendwelche theoretischen Vorgefaßtheiten hatte. Aber die große, wirklich beherzigenswerte Lektion jener Jahre war, wie er fand, nicht angenommen oder doch nach allzu kurzem Wachsein ausgeschlagen worden. Im Verlauf der sechziger Jahre, angesichts von Ostermärschen und außerparlamentarischen Umtrieben, bemerkte er einmal: «Der Schlaf der Vernunft ist wieder dabei, Ungeheuer zu gebären! Mal sehen, wie sie sich diesmal kostümieren! Von Braunhemden droht derzeit nichts! Palmwedel sind nach all der Nazitoberei gar nicht schlecht. Aber da wird noch was nachkommen!»

Mitunter mochte man glauben, er sähe, wohin er blicke, nur Tummelfelder von Scharlatanen und deren glaubenssüchtigem Anhang: alle auf der Suche nach einer Zauberformel, dem Katzengold einer Utopie oder mindestens einem überpersönlichen Motiv, mit dem sie sich in Wahrheit nur über ihre individuelle Leere hinwegbetrügen wollten. Die Wirklichkeit war ihnen immer zu wenig und jedenfalls nichts, womit man sich abfinden durfte. Für Groß hingegen war sie ein unerschöpfliches Feld schlendernder Beobachtung, und ein ums andere Mal hat er sich über die deutschen Intellektuellen mokiert, die ihre Wahrnehmungsschwäche gern als reine, von keiner Realität befleckte oder korrumpierte Weltsicht ausgaben. In Wahrheit waren sie dem Status nicht gewachsen, den sie laut und aufdringlich in Anspruch nahmen: eng, mit Vorliebe apokalyptisch gestimmt und jedenfalls ohne die Freiheit gegenüber dem Meinungsmarkt, die aus der Kenntnis von Welt und Menschen kommt. «Kleine Leute», notierte er, «befürchten immer das schlimmste. Die Intellektuellen darunter befürchten zudem, daß es nicht eintrifft.»

Was der politische Mensch statt dessen und im Widerspruch zu den vorherrschenden Tendenzen vor allem kennen müsse, hielt er demgegenüber fest, sei «das Leben, wie es ist», und mit Recht hat ein geistvoller Beobachter von seinem «Pepysmus» gesprochen. In der Tat gehört Samuel Pepys, der vielseitige, unterhaltsame Flaneur im London des 17. Jahrhunderts, in seine engere Verwandtschaft: Wie jener verfügte er über eine schonungslose Beobachtungsgabe, ein phantasievolles Entkleidungsgenie sowie den grimmigsten Sarkasmus in Betrachtung der nichtendenden Torheiten von Mensch und Gesellschaft.

Johannes Groß hat einmal bemerkt, das Schicksal habe es gut mit ihm gemeint, als es ihm gerade diese Zeit und diese Lebensumstände zuwies. Wie immer, wenn eine Epoche zu Bruch gehe, biete sich derzeit sowohl dem durchschauenden Ernst wie der schlichten Lust an der Lästerei die reichste Anschauung. Niemals sonst komme das in geordneten Zeiten meist verdeckt Menschliche so unverhohlen zum Vorschein, und auf die eine oder andere Weise spiele jedermann, so fand er, eine Rolle im Theater der kollektiven Tartüfferie, das in Deutschland auf allen Programmzetteln stehe: dem Land, das soeben noch gewissermaßen schockweise Helden hervorgebracht hatte und nun, ohne viel Zeit im Schminkraum zu vertun, ein weiches, friedfertig-schwammiges Wesen hervorkehrte.

Als zu Beginn der neunziger Jahre eine Umfrage ergab, daß über achtzig Prozent der Bevölkerung allen Ernstes «Angst vor den neuen Postleitzahlen» hätten, vermerkte er höhnisch: «Da gibt's doch nur eines: Lichterketten!»

Er war psychologisch bewandert genug, um das Unheimliche und sogar Furchteinflößende dieser abrupten Wandlung seiner Landsleute ins Milde und Umgängliche zu erkennen. Es gibt keine Verläßlichkeit bei Nationen, äußerte er einmal, wo jeder wie auf Kommando von einem Narrenseil zum anderen wechsle. Und in seinen Notizen vermerkte er Anfang der achtziger Jahre seine Beunruhigung über die plötzlich aufgekommene habituelle Leisetreterei seiner Landsleute: «Es sind Neonazarener; sanfte Gesten, demütige Blicke, jeden Anlaß zur Entschuldigung begierig wahrnehmend, mit Verständnis für alles Menschliche, wenngleich es ihnen fremd ist. Es erscheint die Generation, die sich so sehr im Recht weiß, wenn auch sonst nicht viel, und die so sicher auf der Seite des Guten steht, daß sie jeden Gegner ohne Hemmung unter ihren Sandalen zertreten und jeden Lauen aus ihrem Mund ausspeien könnte. Aber sie braucht es nicht. Das Establishment seufzt ihr mit geöffneten Armen entgegen.»

Man kann Johannes Groß einen Konservativen nennen, doch war er es vor allem, weil niemand sonst sich dazu bekannte. Auch hielt er sich frei von jenen pessimistischen Düsternissen, die gemeinhin zur konservativen Ausstattung gehören. Viel eher war er ein Skeptiker gegen jedwede Erscheinung und Auffassung. Immerhin liebte er viel Vergangenes und beklagte den Verlust so ungezählter Erinnerungsfarben. Aber anders als die verbreitete Vorstellung vom Konservativen meint, war er ohne Abscheu vor der Gegenwart und bejahte die «Vergünstigungen», die sie, unabhängig von allem Verdienst, mit generöser Geste über Hoch und Niedrig austeilte. In einem Brief schrieb er, wie töricht es sei, die Vergangenheit zurückzuwünschen; die sprichwörtlich gute alte Zeit habe es nur redensartlich, als Hirngespinst sentimentaler

Köpfe, gegeben, und legte dazu die Abhandlung eines renommierten Kulturhistorikers bei, der die Entstehung des Begriffs als Reflex eines archaischen Denkmusters deutete, wonach alle Paradiese im Rückwärtigen, Verlorenen liegen.

Es gab, so war er sich mit seinen Freunden einig, vor allem eine Überlegung, die das Gewesene bewahrenswert machte: der Blick auf die Weltveränderer, die ewigen Quälgeister der vermeintlich schönen neuen Welt. Ebenso gedankenleer wie pietätlos machten sie sich über alles Bestehende aus keinem anderen Grunde her, als weil es, einer Verfügung des Zeitgeists zufolge, das «schlechte Bestehende» war. Wie die neue, bessere Welt beschaffen sein sollte, durfte nicht gefragt werden. Nie drückte einen der Veränderer eine Beweislast, weil solche aus dem Recht entwickelten Begründungszwänge ja ebenfalls zum «schlechten Bestehenden» gehörten. In Wahrheit, hat Johannes Groß gelegentlich angemerkt, machte sich in den Umtrieben des von der Gesellschaft mit soviel nachsichtiger Sympathie betrachteten Aufbruchs der sechziger Jahre nur jener Zerstörungsdrang Luft, der seit Generationen das stärkste Bedürfnis der Moderne war. Aus dem gleichen Grund hielt er einige Zeilen von William Butler Yeats für die wichtigsten Verse des Jahrhunderts: «Things fall apart; the centre cannot hold; / … Anarchy is loosed upon the world … / The best lack all conviction, while the worst / Are full of passionate intensity.» Eine Art Übersetzung lieferte er in einer früheren Notiz: «Es muß eine schreckliche Zeit, ein schlimmes Land sein», heißt es da mit einem Anflug von Resignation, «wenn die Dummen gegen das Bestehende sind.» Was er meinte, waren die eigene Zeit und das Land, in dem er lebte.

In einer Gesellschaft der permissiven Beliebigkeit war sein Konservatismus gestützt durch die Neigung zum Widerspruch. Seinem Wesen nach war er der geborene Häretiker, und vielleicht hatte es damit zu tun, daß er zeit seines Lebens die frühen Kirchenlehrer und ihre oftmals erbitterten Fehden studierte. Wer sich in ein Gespräch mit ihm darüber einließ, stieß alsbald auf seine Vorliebe für die Apostaten, und im Arianismusstreit über die Dreifaltigkeit war ihm der unterlegene Arius weit näher als dessen später zur Ehre der Altäre erhobene Gegenspieler Athanasius.

Manche freilich meinten, Groß folge mit dieser wie mit anderen, ausgesucht wirkenden «Marotten» nur dem Bild des Sonderlings, zu dem er sich stilisierte: der «Gentleman-Nöck», den einer seiner Freunde in ihm erkannte. Aber wie tief der Zweifel an allem von frühauf in ihm angelegt war, geht aus einer Episode aus Kindertagen hervor. Sein Patenonkel, ein nicht nur sparsamer, sondern auch überaus gottesfürchtiger Mann, pflegte das Mittagessen mit einem langen, nicht selten selbstverfaßten und mit großer Innigkeit vorgetragenen Gebet zu beginnen. Eines Tages warf sein vorlauter Neffe ein, die «verbetete Zeit» wäre besser auf die Zubereitung der reichlich nachlässig angerichteten Speisen verwendet worden. Groß fügte hinzu, er habe das Erstarren am Tisch noch mehr genossen als die Angst, die er bei seiner Bemerkung empfand.

Doch wie alle wirklichen Häretiker wußte er auch, was er der Orthodoxie verdankte. Bezeichnenderweise hörte er es, trotz allen altprotestantischen Sonderbewußtseins, nicht ungern, wenn man ihn einen «heimlichen Katholiken» nannte, schon weil die römische Kirche seinen elitären Ordnungsbildern, seinem Institutionenrespekt sowie einigen seiner theologischen Auffassungen entgegenkam. Noch wichtiger war ihm womöglich, daß die grundkatholische Verbindung aus pessimistischem Menschenbild und weltzugewandter Offenheit mit der Dreiheit von Genuß, Reue und Sündenvergebung alles enthielt, was dem immer etwas herben Protestantismus abging. In seiner verbreiteten Gestalt, so beobachtete er mit Sorge, entfernte dieser sich stetig weiter von der einfachen Frömmigkeit, die ihn ausgemacht hatte, und verkam zusehends mehr zu einer Art Sozialpredigertum mit Gott als nur noch dekorativ mißbrauchter Wohlfahrts-Attrappe.

Um so nachdrücklicher bekannte Johannes Groß seine tiefe, aus früher Jugend herkommende Zuneigung zur Glaubenslyrik von

Paul Gerhardt oder, obwohl die Musik ihm weithin verschlossen war, sein unverkennbares Ergriffensein durch die protestantische Kirchenmusik der Schütz, Händel und vor allem Bach. In den gleichen Zusammenhang gehört seine zweifellos auf Carl Schmitt zurückgehende Gewohnheit, der Politik theologische Begriffe anzulegen oder auch der an wichtigen Stellen immer wieder durchhörbare Kirchenbuchton seiner Prosa. Er redete gern über Glaubenssachen. Wer dazu nicht in der Lage sei, meinte er, sei ein «unvollständiger Mensch».

Bei alledem war Johannes Groß keineswegs «das Sonntagskind der deutschen Publizistik», wie der Schriftsteller Horst Krüger nicht ohne beneidenden Unterton geäußert hat. Denn hinter den hellen Stimmungen, in denen er der Gesellschaft gegenübertrat, verbarg sich ein Melancholiker, der sich für seine oftmals niedergedrückten Zustände durch das Licht schadlos hielt, hinter das er alle Welt führte. Die kürzeste Notiz, die er je verfaßt hat, besteht aus einem einzigen Wort, das durch die veränderte Schreibweise, die er ihm gab, eine Tageszeit in eine depressive Gemütsverfassung verwandelte: «Morgen – Grauen». Gesprächsweise meinte er, die Eintragung wäre besser unveröffentlicht geblieben, sie sei «zu intim» für ein breites Publikum. Es gebe für ihn seither auch ein «Tages-Grauen»: Das stelle sich ein, sooft er von einem Kollegen, einem Restaurantgast am Nebentisch oder sonstwem mit vertraulich-besorgter Miene nach seiner augenblicklichen Seelenverfassung gefragt werde.

Wie war solchen Zudringlichkeiten zu entkommen? Wenn er von den Leichenbittern, die das Land bevölkern, in die Unterhaltung gezogen und mit sogenannten ernsten Fragen traktiert werde, so hat er bekannt, pflege er «Tiefsinn über die Züge» zu legen und «mit Hilfe ernsthafter Blicke und ausweichender Antworten» sein «schändliches Geheimnis» zu verbergen: daß er mit keinem der Wildfremden, die ihm da tagaus, tagein über den Weg liefen, ein Gespräch zu führen bereit sei. Diese Leute hätten lediglich Anspruch auf ein «bißchen Feuerwerkerei», meinte er. «Oder erwartet wirklich irgendwer, daß ich dem Innungsmeister X. oder dem Designer Y. im Verlauf einer Zufallsbegegnung Auskunft über die Zukunft der Demokratie oder die jüngste Enzyklika des Papstes gebe?»

Die Erörterungen über solche und viele andere Gegenstände, denen sein immerwaches Interesse galt, waren sehr wenigen Weggefährten vorbehalten. Aber auch ihnen gegenüber hielt er sich, zumal soweit Persönliches ins Spiel kam, nach Möglichkeit zurück. Was er allenfalls preisgab, verbarg er, wenn es schon sein sollte, in einem Aperçu, das bereits durch seinen Glanz Distanzen herstellte. Denn Stil schuf, wie er es sah, immer auch Abstände, und vollkommene Seiten, falls sie je gelangen, erzeugten sogar eine Art Abwehrzauber. Wenn er vermerkte, er lasse sich weder von Hoffnung noch Furcht beunruhigen oder stimulieren, gab er immerhin zu erkennen, wie stark ihm das eine wie das andere zusetzten. Wer mußte mehr über ihn wissen?

Kaum ein anderer Schriftsteller hat die Brillanz so bewußt als Versteck erkannt und genutzt wie Johannes Groß. «Le style c'est l'homme», habe Buffon behauptet, sagte er einmal, und das heiße «nichts anderes, als daß die Prosa die verschwiegensten Geheimnisse eines Menschen» verrate. Was der «kluge Freund von ehedem» aber nicht bedacht habe, setzte er hinzu, sei, daß der Stil auch ein ideales Versteck biete, ein Labyrinth mit unendlich vielen Nischen und Vexierwegen, auf die der kundige Autor jeden Leser locken könne. Ihm selber gelinge das mitunter sogar unbeabsichtigt. Erst kürzlich habe ihn ein Gast gefragt, ob die Behauptung zutreffe, er habe den an seinem vierzigsten Geburtstag gefaßten Vorsatz, «keine Angst mehr zu haben, niemals bereut». Mit einem merklichen Ton des Verweises habe er geantwortet: «So ist es! Aber nur flüchtige oder unaufmerksame Leser schließen daraus, daß ich die Angst losgeworden sei.»

Er war gern für sich. Der Beleg für die Flasche Jahrgangs-Champagner Dom Perignon, den er beim Rechnungswesen von

Gruner und Jahr mit der Begründung einreichte, er habe niemand anderen als die eigene Person im «Selbstgespräch» bewirtet, war nicht nur der Scherz, der bald überall herumerzählt wurde, oder, wie er selber zum besten gab, der Versuch, die Aufmerksamkeit der Buchhaltung zu überprüfen. Vielmehr fand er sich selbst die unterhaltsamste Gesellschaft. Alle Vorstellung menschlichen Glücks, schrieb er einmal, vereine sich für ihn in der Gewißheit, die kommenden vierundzwanzig Stunden nicht vor die Tür zu müssen.

Doch das war nur eine Pointe. Zu seinen Lebensproblemen zählte, daß er es nie so lange hinter der Tür aushielt. Unablässig war er unterwegs, in den Vereinigten Staaten oder im Fernen Osten, in Taipeh, Rio, Dubai, San Diego oder Teheran, und kam er von der einen Reise zurück, holte er schon die Informationen für die nächstfolgende ein. In den gleichen Zusammenhang gehören die zahlreichen Wohnsitze, die er hatte: die Zweitwohnung in Köln und das kleine Haus in Berlin, die Quartiere in Paris und das Landhaus in der Provence, er suchte ein Flat in London sowie zeitweilig eines in New York und stellte sich gern vor, er fahre vom einen zum anderen: immer unterwegs und doch stets bei sich.

Man mußte nicht einmal genau hinhören, um die Unrast in alledem zu spüren, das Getriebensein und die Angestrengtheit, die er sich bis zur Erschöpfung abverlangte. Mitunter verließ er mitten im Gespräch eine Freundesrunde mit der flüchtigen Entschuldigung, er müsse «für ein paar Augenblicke allein» sein. Erst nach oftmals einigen Stunden kehrte er dann zurück oder ließ sich für den Rest des Tages nicht mehr sehen. Manche meinten sogar, er führe ein zweites Leben, und liebten es, die ironischen Andeutungen, die er sich darüber gern entlocken ließ, in halbem Ernst weiterzuspinnen: Geschichten aus irgendwelchen Blaubartzimmern oder ganzen Fluchten davon, wo er in der Rolle des allmächtigen Dompteurs auftrat, der vom erhöhten Platz aus Scharen dienstwilliger Sklaven und sinnenscharfer Sklavinnen zu Paaren trieb.

75

Nur das Gebot der Contenance, das ihm in einer Zeit der osten-
tativen Haltlosigkeit und Larmoyanz wichtig war, veranlaßte ihn
zu der bisweilen etwas zu auffällig vorgeführten Munterkeit, die er
sich, sobald er unter Menschen kam, abverlangte. Gelegentlich allerdings benötigte er Ausweichveranstaltungen, um sich über die
einfallenden Bedrückungen hinwegzuhelfen. Bei einem New-
York-Aufenthalt, während des abendlichen Drinks, klopfte mindestens alle zehn Minuten einer der Hotelboys mit oftmals hoch-
gestapelten Einkaufsschachteln an der Zimmertür. Später, vor
dem Aufbruch in eines der ausgesuchten Restaurants, deren je-
weilige Kunstfertigkeiten Johannes Groß kennerisch zu beschreiben wußte, waren acht Reisekoffer in allen Größen, fünf oder
sechs Paar Schuhe für unterschiedliche Wetterlagen, ein Kasch-
mirmantel, mehrere Hemden und mindestens ein Dutzend Krawatten über den Raum verteilt. Zudem hatte er wieder einmal vergeblich Jagd auf die legendäre «Muskatnußtaschenreibe» gemacht,
die er vor Jahren bei Tiffany's entdeckt und seither, schon des absurden Namens wegen, in sein Herz geschlossen hatte. Nichts davon benötige er, ließ er wissen, wichtig sei ihm nur der Kaufakt,
der aber erst in der ebenso hastigen wie sinnlosen Übertreibung
Befriedigung verheiße. Der sprichwörtliche Kaufrausch sei, wie er
sagen könne, das nahezu einzige und jedenfalls «zuverlässigste
Mittel gegen Depressionen».

Er überließ sich solchen Verdrehtheiten, die so wenig zu ihm zu
passen schienen, aber nicht nur, um «die Hausdämonen zu vertreiben». Wie bewußt auch alles war, was er tat oder unterließ, hatte er
doch ein nicht selten ganz unreflektiertes, fast naiv anmutendes
Vergnügen an allem Genießerischen. Er unternahm ausgedehnte
Exkursionen, um die Vorzüge einer vielgerühmten Gaststätte zu
überprüfen, und erwähnte man gesprächsweise ein Provinznest in
Oberitalien, eine Kleinstadt im Burgund oder an der Atlantik-
küste, wußte er aus dem Stegreif ein abgelegenes Lokal zu nennen,
das der Gourmet kennen oder unbedingt meiden mußte. Er ver-

achtete alle Diätfreunde oder Biokostphilosophen. Die Verzichte, meinte er, die da gepredigt würden, folgten sämtlich der Regel: «Wenn das Leben schon gar keinen Spaß mehr macht, soll es wenigstens lange dauern.» Sooft sich einer seiner Freunde über seine «Küchenweisheiten» lustig machte, erwiderte er mit der ironischen Gravität, die er gern hervorkehrte, er gehe in allen Lebensdingen: bei Tisch, in der Literatur, im Theater oder sonstnochwo seit längerem nie mehr unter ein gewisses Niveau.

Infolgedessen überraschte es kaum, als er eines Tages verkündete, er habe sich zum Abschied von der zeitgenössischen Literatur, zumal der deutschen, entschlossen. Die ewige Introspektion kleiner Leute in kleine Bewandtnisse habe ihn noch nie interessiert, doch habe er jetzt erst die Trennung vollzogen: Böll und Grass würden nach ein, zwei Generationen genauso vergessen sein wie heute Paul Heyse oder Carl Spitteler. Mitgewirkt habe bei seinem Entschluß die Erkenntnis, daß in neuer Zeit überdies in fast jedem Literaten ein politischer Dummkopf stecke, dessen öffentliches Engagement genauso hoch zu schätzen sei wie das literarische Engagement der Politiker: «Die politische Prosa von Günter Grass», schrieb er, sei «den Erzählungen von Rainer Barzel ebenbürtig.» Hinzufügen müsse er auch «die häufig gemachte Erfahrung, daß die Historiker, die Politologen oder Philosophen vielfach nicht nur eine weitaus bessere Geschichte zu erzählen hätten als die Schriftsteller, sondern auch gedanklich und stilistisch den Belletristen hoch überlegen» seien. Vor Jahren hatte er in einem Antiquariat die sechzehnbändige Inselausgabe der Werke Goethes erworben und sich einen exakt ausgemessenen Lederkoffer dafür anfertigen lassen. Den nahm er jetzt auf seinen Reisen regelmäßig mit.

Mit Goethe, den er lebenslang verehrte und als unerschöpfliche Fundgrube immer neuer, meist an entlegener Stelle erlangter Einsichten schätzte, hatte auch eine Unternehmung vom Ende der achtziger Jahre zu tun. Zusammen mit zwei, drei Freunden gründete und organisierte er in den Tagen der zusammenbrechenden DDR die Weimar-Feste, die noch vor der Vereinigung, im April 1990, erstmals stattfanden. Vorträge, Lesungen und Musikveranstaltungen waren darin zu einem Klein-Festival verbunden, dessen Charme zum erheblichen Teil aus dem Vereinigungsglück herrührte, das alle Mittellosigkeit und improvisierte Notdurft überwand. In seiner ursprünglichen Form hat es ein paar Jahre lang überdauert, bis die Gesetze des Kulturbetriebs der Veranstaltung schrittweise entzogen, was ihren schönen Ausnahmecharakter begründet hatte.

Der Entschluß, gleichsam aus dem Nichts ein mehrwöchiges Festival auszurichten, hatte, wie Johannes Groß mehrfach bemerkte, neben der Magie des Namens Goethe vor allem mit der tiefen Genugtuung zu tun, die ihn angesichts des in Gang geratenden Vereinigungsprozesses erfüllte. Endlich einmal hatte die Weltgeschichte Kassandra ins Unrecht gesetzt, sich einmal wenigstens, worüber er sich früher oft mokiert hatte, zu fast so etwas wie dem Weltgericht verstanden. Anders als die Politiker und die überwiegende Öffentlichkeit hatte er sich mit der Teilung des Landes nie abgefunden und war, im Unterschied zumal zu den Intellektuellen, bereit, das Zusammenkommen der beiden Teilstaaten nicht nur hinzunehmen, sondern das Seine dafür zu tun. Die DDR hatte er seit je aufgrund ihrer Geschichtswidrigkeit und hanebüchenen Wirtschaftsordnung für ganz und gar zukunftslos gehalten; er entsetzte sich über das offene Unrechtsregiment der von manchen «kommod» genannten Diktatur und verachtete das sozialistische System, das überall, wo es zur Macht gelangt war, «ein graues Schmutztuch der Langeweile und Vulgarität ausgebreitet» hatte, als das getreue Abbild seiner trostlosen Führungsfiguren. Zur «Effizienz des Marxismus» lautete eine Notiz aus dem Frühjahr 1990: «Honecker mußte siebzehn Millionen Menschen unterdrücken, um so leben zu können wie ein westdeutscher Handwerker, der siebzehn Leute beschäftigt.»

Um so fassungsloser verzeichnete er die sich alsbald mehrenden, in Ost wie West angestellten Versuche zur Ehrenrettung des dahingegangenen Regimes machtgieriger Dilettanten. Im Anschluß an eine der damals zahlreichen Debatten, in deren Verlauf einige unbelehrte Linke noch einmal die von allen sozialistischen Wirklichkeiten unter welchem Himmelsstrich auch immer erledigte These vom «Sozialismus mit menschlichem Antlitz» vertreten hatten, hielt er verwundert fest, warum in aller Welt kein Hitleranhänger 1945 auf die Idee gekommen sei, einen «Faschismus mit menschlichem Antlitz» auszurufen.

Wie immer, wenn er die Untaten der Hitlerherrschaft in die unendliche Liste menschlicher Barbareien einordnete und dem in Deutschland verbreiteten Bedürfnis nach dem Platz des obersten Weltbösewichts nicht Genüge tat, stieß auch diese Äußerung auf empörte Kritik. Im Herbst 1990 hat Groß dazu notiert: «Die Große (Oktober-) Revolution hat in zwei Jahren mehr Menschen umgebracht als die Heilige Inquisition in zweihundert. Die Kirche muß sich die Schandtat noch immer vorhalten lassen, der Revolutionsbewegung ist längst verziehen. – In der dunkelsten Ecke der Intellektuellenköpfe steckt noch das unterschiedliche Urteil über Hitler und Stalin – der eine habe doch Millionen umgebracht, um die Menschen zu unterjochen, der andere, um sie zu befreien. Wann wird die Welt kapieren, daß die Motive gleichgültig sind, daß es mehr auf die Mittel ankommt als auf die Zwecke?»

Mit der Vereinigung begann ein neues Kapitel der Nachkriegsgeschichte, und Johannes Groß gehörte zu den ersten, die sich mit einigen wichtigen Überlegungen darin einschrieben: In einem schmalen Buch mit dem Titel «Die Begründung der Berliner Republik» führte er aus, daß das vereinigte Land nicht nur größer, sondern auch von Grund auf anders und nunmehr der Nationalstaat geworden sei, als den es sich in der Vergangenheit niemals wirklich verstanden habe: endlich, nach so vielen verstolperten Schritten in irgendein weltpolitisches Abseits, an den Stufen zur

«Normalität» angelangt. Er fügte allerdings hinzu, daß die Normalität für die ruhelosen Deutschen erfahrungsgemäß das Allerschwerste sei. Jeder nur halbwegs Verständige wisse, daß der brüchiger gewordene Boden und die dünnere Luft den politischen Akteuren noch erheblich zu schaffen machen würden. Dennoch war er im ganzen keineswegs pessimistisch, sofern vor allem außenpolitisch die Kontinuität gewahrt bleibe und im Innern die Verschleuderung des Erreichten durch die immer neu entdeckten oder erfundenen Nöte endlich aufhöre. Einer aus der Freundesrunde merkte damals an, Johannes Groß habe einen lauten Pfiff aus dem Wald der deutschen Ungewißheiten getan.

Auch dieses Buch war wiederum keine hochbestückte Abhandlung, sondern eine Folge thematisch gegliederter, bis zur Verwegenheit geistvoller Essays. Er liebte diese Form, weil sie seiner intellektuellen Experimentierfreude entgegenkam. Wer umfangreiche, sich in komplexen Zusammenhängen ausbreitende Werke verfasse, meinte er, müsse zwar nicht an den Weltgeist oder ein lenkendes Prinzip glauben. Doch einen Sinn in allem Geschehen sollte er erkennen oder sich notfalls erfinden. Ihm sei das nicht gegeben. Er sehe überall nur Zufall am Werk, Verkehrtheit und Durcheinander, und habe sich als Autor die dafür passende Form zu eigen gemacht. Mitunter wurde ihm entgegengehalten, er scheue einzig den Aufwand, den jedes geschlossene Buchwerk erfordere. Doch dann erwiderte er, er stoße, wohin er sich wende, auf Bruchstücke einer großen Konfusion und sei lediglich «eine Seele», wie es einmal heißt, «die sich fragmentarisch zu den Fragmenten ausspricht, die wir Wirklichkeit nennen». Sollten seine stets so entmutigend gründlichen Landsleute darin eine Schwäche erkennen, wolle er gern das Mögliche tun, seine Schwäche wie eine Stärke erscheinen zu lassen. Mit einem sogenannten Sinn werde er auch dann nicht dienen.

Mit Anbiederungen auch nicht. Seine Aphorismen seien, ließ er wissen, häufig «mit dem Rücken zum Publikum» und zumal zum

Zeitgeist geschrieben: Da lag ein endlos freies, unbetretenes Gelände, das ihm, wie er war, zugleich den Wunsch nach anhaltendem Alleinsein befriedigte. Erst der Abstand zu den Menschen und den Dingen verschaffte ihm die Unvoreingenommenheit, die ihm beim Schreiben alles bedeutete.

Er war sich bewußt, daß er irgendwen immer kränkte – und nahm das in Kauf. Aber nirgendwo wird man selbst in seinen schärfsten Bloßstellungen ein Ressentiment entdecken, Mißgunst oder blinde Aufgebrachtheit. Als einer seiner Freunde angesichts des palavernden Antifaschismus ringsum anmerkte, er lerne mit Verwunderung, einem Volk wenn auch leider zu spät geborener Helden anzugehören, fertigte Johannes Groß daraus die Sentenz: Der Widerstand gegen den Nationalsozialismus wachse seit 1945 von Tag zu Tag. Den Friedensdemonstranten gab er zu bedenken: «Pazifismus heißt meistens: Ich habe nichts, für das sich zu kämpfen lohnt, und mag's nicht leiden, daß anderen anders zumute ist.» Er sprach von der Mühe, die es ihm bereite, «einen tiefgebräunten Menschen ernst zu nehmen», oder von den ungezählten Menschen, die «nach dem ewigen Leben dürsten», obwohl sie bereits an einem einzigen «Regensonntag nichts mit sich anfangen können».

Zu seinen hell durchleuchteten Gedanken wollte er eines Tages das Gegenstück verfassen: die «Sammlung hohen Unfugs», für die er bereits Lesefrüchte vom Baum der blanken Unkenntnis sowie der hochgestochenen Schwafelei zusammentrug. Die in Deutschland so unvermeidliche, selbst nach Jahrzehnten des unausgesetzten Mißbrauchs noch immer nicht abgenutzte Sozialsuada der Politiker und aller sonstwie öffentlich Besorgten sollte darin ebenso einen Platz haben wie das anheimelnd leere Dichtergeraune, die Gedenktagspomposität bestallter Würdenträger sowie allerlei schwerblütiges Philosophenkauderwelsch. Eine Ehrenloge war Rainer Maria Rilke reserviert, eine andere Alfred Weber und Martin Heidegger, wieder eine den Psychologen und Sozialpädagogen aller Richtungen. Und weiter unten saß, umgeben von den Seilschaften der herrschaftslüsternen Kommunikation, Jürgen Habermas, der, wie Groß meinte, «die Aufmerksamkeit des Feuilletons» so wenig überleben werde wie zahlreiche andere Notablen des wortreichen Unfugs.

Das war das eine Vorhaben, dem er sich in der verbleibenden Lebensfrist zuwenden wollte, sofern das Ende sich rechtzeitig warnend bemerkbar machte. Das andere, von dem er gelegentlich sprach, waren seine Erinnerungen, auch sie nicht als voluminöses Erzählwerk geplant, sondern als Chronik von ausdeutungsfähigen Erlebnissen oder zum Bonmot verdichteten Einsichten – aber das eine wie das andere geordnet unter drei getrennten Aspekten: «So wie es wirklich gewesen», schrieb er in einem Freundesbrief ironisch erläuternd dazu, «so wie es nach dem göttlichen Entwurf hätte sein sollen und so wie es hätte sein können, wenn der Satan über mich hätte Macht gewinnen dürfen.» Er sei, fügte er hinzu, seit einiger Zeit dabei, Materialien und Gedanken dafür herbeizuschaffen.

Doch das Ende kündigte sich nicht warnend an. Zwar hatte er über die Jahre hin mit der einen oder anderen Krankheit zu tun, doch änderte er, entgegen dem Rat der Ärzte, seine verausgabende Lebensweise nicht: Er dachte sich wohl, sagte mancher später, das Schicksal werde ihm – warum denn nicht gerade ihm? – wie seit so vielen Jahren auch weiterhin wohlgesinnt sein. Die längste Zeit blieb er, trotz vieler alarmierender Signale, sowohl bei den Zigaretten wie beim Bordeaux und den weiteren Gratifikationen des Genießerischen: Das Leben sollte doch, hatte er als Umkehrschluß nahegelegt, Spaß machen, selbst wenn es kurz dauerte. Auch seine Geistesgegenwart und die bisweilen melancholisch melierte Heiterkeit endeten nicht.

Zwar warf er noch immer bissige Aphorismen aus. Aber seine Lust an der polemischen Zuspitzung machte jetzt mitunter einer Milde Platz, die sich damit zufrieden gab, die Menschen und die Dinge zu durchschauen, ohne sie zu attackieren. Er sei zu alt, sich länger noch bestimmten Themen zu widmen, ließ er gelegentlich hören, etwa den unter seinen Landsleuten so beliebten Schuldfragen – die Garderobe mit den vielen Büßerhemden und härenen Säcken, die er nie sonderlich geschätzt habe, sei unterdessen ausgemustert. Desgleichen langweilten ihn die Umweltthemen sowie der unsägliche «Dritte-Welt-Kitsch». Vielleicht sollte die kürzlich ins Amt gelangte rotgrüne Koalition, ließ er sich im Frühjahr 1999 vernehmen, die soviel Expertenvertrauen habe, eine Kommission mit dem Auftrag einberufen, dem Publikum neue Modethemen mit einer Haltbarkeit von mindestens sechs Monaten zu beschaffen.

Doch immer häufiger schlugen verdunkelnde Ahnungen durch. Der plötzliche Tod des Sohnes traf ihn im Innersten und minderte das Lebensvergnügen, das ihm immer wieder über die Stimmungsverfinsterungen vergangener Jahre hinweggeholfen hatte. Gegen alle zeitweiligen Selbstbezichtigungen und das Gerede ringsum hielt er daran fest, daß es nicht der übermächtige Schatten des Vaters gewesen war, der den Sohn das Leben gekostet hatte. Zu einem Freund äußerte er im Spätsommer beim Auseinandergehen, nachdem sie beide Pläne für ein folgendes Zusammentreffen erörtert hatten, in der zeremoniellen Manier, die er liebte: «Sagen wir einstweilen, was wir am besten können, nachdem wir es ein Leben lang geübt haben: Adieu!»

Kurz darauf kam die Nachricht von seinem Tod. Den Berichten der Angehörigen zufolge war er allein im Haus, als ein Gehirnschlag ihn niederwarf. Mit äußerster Anstrengung erreichte er das Telefon, um seinen Arzt zu benachrichtigen, und konnte anschließend noch vorsorglich die Haustür öffnen. Als der Arzt eintraf, fand er ihn hinter der Tür liegend in tiefer Ohnmacht. Er lebte noch fast vier Wochen, ohne das volle Bewußtsein wiedererlangt zu haben. Vermutlich wäre er nicht unglücklich darüber gewesen, daß ihm das Wiedererwachen erspart blieb. Der Krankenhausaufenthalt, hatte er kurz zuvor vermerkt, habe etwas merkwürdig Degradierendes. In den Notizen stand mit spöttisch-elegischem Unterton: «Patient ist kein Beruf für einen gentleman.»

Er war nicht der «Spaßvogel» und «politische Entertainer», von dem einige Nachrufe sprachen. Dazu besaß er zuviel Erkenntnisernst sowie auf das Gemeinwesen bezogenes Verantwortungsbewußtsein. Auch das Pathos des Unzeitgemäßen, das keinem genaueren Beobachter entgangen ist, rückt ihn weit weg aus der Welt des bloß Unterhaltenden. Jede seiner Lebensstationen zeigt, wie politisch er war. Bezeichnenderweise galt sein Interesse vorab den Institutionen und den Menschen. Das eine war für Staat und Gesellschaft so wichtig wie das andere. Alles weitere würde sich, wenn die Dinge insoweit in der Ordnung waren, von selber finden.

Aufs ganze gesehen hat er mit seinen Veröffentlichungen sichtbar gemacht, wie der vermeintlich ausgelebte, im Grunde aber unvergängliche, von Generation zu Generation sich erneuernde Konservatismus in der Gegenwart fortleben kann: Als ein Nonkonformismus, der keiner der unausgesetzt wechselnden Tagesparolen folgt, sondern im Widerstand gegen den korrumpierenden Zeitgeist unverdrossen auf die Unterscheidungsmacht der Vernunft baut; der dem Zweifel stärker vertraut als aller vorgeblichen Gewißheit und folglich dem Außenseitertum mehr abgewinnt als den Zusammenrottungen unter irgendeinem morgen schon vergessenen Feldzeichen; der souverän genug ist, sich und die Welt mit jener Prise Ironie zu betrachten, die das Zusammenleben von Menschen erst möglich macht; der selbst in den Grundsätzen, die ihm heilig sind, niemals aufdringlich wird.

Johannes Groß hat sich an diese und ein paar weitere Maximen stets gehalten und sich jedenfalls den feierlichen Verkündigungston, den noch die kälteste politische Berechnung gern anschlägt, immer untersagt. Die Sprache, in der er ein Meister war, hat er nicht nur als eine Kunstform, sondern zugleich als Ausdruck der herrschenden Gesittung angesehen. Zahlreiche Notizen bezeugen seine Auffassung, daß die Sprache die moralischen Standards einer Gesellschaft widerspiegele. Die höhere oder geringere Geltung der Syntax sei ein ziemlich verläßliches Indiz für die Menschlichkeit oder für die Barbarei, auf die man sich einzustellen habe. Den rundum üblich gewordenen Jargon mit all den saisonal auf- und alsbald wieder abtauchenden Sprachscheußlichkeiten, angefangen vom «Umfeld» über das «Zeitfenster» bis hin zum unsäglichen «Ich sag' einfach mal ...», das bis heute in jeder Fernsehrunde ein halbes Dutzend Mal zu hören ist, hielt er schlechthin für eine Beleidigung. «Schopenhauer», schrieb er, «hätte einen, der ihn zu ‹hinterfragen› unternommen hätte, einen Lumpen genannt.» Und auch noch: «Ich hielte es ebenso!»

Die deutsche Öffentlichkeit hat weder den schriftstellerischen Rang noch den politischen Ernst seines Werkes erkannt. In keinem anderen zivilisierten Land wäre es einem Mann von seiner Verstandesschärfe, seinem Erkenntnisvermögen und dieser Begabung zu den «ernsten Scherzen», aus denen alle Literatur besteht, so ergangen. Der herrschende Egalitarismus wußte mit soviel heiter anmutender Überlegenheit nichts anzufangen. Seine Landsleute, hat er verschiedentlich bemerkt und geschrieben, hätten sich im Jammertal so häuslich wie heuchlerisch eingerichtet und ließen sich's bei einer Art demonstrativer Übellaunigkeit gutgehen. Wer vor die Öffentlichkeit trete, fühle sich sowohl zur Selbstanklage wie zur ewig gleichen Litanei der schwärzesten Besorgnis verpflichtet, doch dienten beide nichts anderem als der Lüge und dem Schweigen. Dem könne der Vernünftige nur durch Gelächter entkommen. Er jedenfalls lasse sich nichts dadurch verderben, wie unzugehörig er dadurch auch empfunden werde.

Mit der Mischung aus kalter Beobachtungsgabe und leidenschaftlicher Anteilnahme gehörte er tatsächlich nicht zu den Meinungsführern. Ein Veranstaltungsmanager hat denn auch die Anregung, Johannes Groß zu einem Vortrag einzuladen, mit der Bemerkung abgetan: «Was? Groß? Kommt bei den Leuten nicht an!» Und die Verwalter der politischen Korrektheit hatten noch ganz andere Gründe der Abweisung, weil er seine Urteilsfreiheit niemals einer Richtung geopfert hat. Die Formel vom «politischen Entertainer» oder wie dergleichen immer lautete, war nur ein weiteres Verfahren, ihn doch noch, wie von seinem Debattengegner einst gewünscht, «mundtot» zu machen. Er selber hatte mit den Jahren zunehmend das Empfinden, überfällig zu sein und «im eigenen Epilog» zu leben. Keiner seiner Feinde müsse sich sorgen, äußerte er einige Zeit vor seinem Tod, nur kurze Zeit noch, und er werde, wie alles auf der Welt, «vom Maul des Vergessens geschnappt» sein.

Diesen Ton wohltemperierter Gefaßtheit hat er sich immer bewahrt. Doch war sein Unangefochtensein, wie er eingeräumt hat, nur gespielt. Er fühlte sich sehr fern im eigenen Land und mehr denn je «nur noch dabei». Die Eintragung, die den letzten Band seiner «Sudelhefte» beschließt, lautet in Anlehnung an ein Wort des ins Exil verbannten römischen Dichters Ovid: «Niemand ist vor seinem Tode glücklich zu preisen. Nach dem Tode auch nicht. Niemand kann wissen, wie glücklich oder unglücklich einer gewesen ist.»

Genie der Vernünftigkeit:

Eine Nachschrift auf
DOLF STERNBERGER

In der Gegenwart weniger Menschen habe ich mich über die Jahre hin gleichsam so bei mir selber gefühlt wie im Zusammensein mit Dolf Sternberger. In dem berühmten Haus, das viele Wohnungen hat, waren es gewiß nicht dieselben Räume, in denen wir uns eingefunden hatten, und auch das Mobiliar kam von woanders her. Aber dicht benachbarte Appartements waren es immerhin, und auf demselben Stockwerk lagen sie auch. Wir tauschten uns häufig aus. Die Mischung aus Gesprächslust, gedanklicher Treue und Charme machte ihn unwiderstehlich. Zudem vermochte er wie kaum ein anderer seinem Ernst die Aura des Freundschaftlichen zu geben. Er führte sich nie als etwas Besonderes auf; aber jeder wußte, daß er es war.

Der Zufall wollte es, daß ich zu dem Freundestreffen, das Sternberger 1987 aus Anlaß seines achtzigsten Geburtstags veranstaltete, von England kam und den Tag zuvor im Garten von Sissinghurst gewesen war. Dort hatte ich eine Sorte namens «Sternbergia lutea augustifolia» entdeckt, und in dem kleinen Toast, den ich, wie viele andere auch, auf den Jubilar ausbrachte, verlas ich eingangs die Beschreibung des Gewächses, die sich wie eine Folge von Anspielungen ausnahm: «The species Sternbergia lutea is the best garden variety. For it continues to produce many flowers from September into November. It flowers with its leaves and is very weatherproof.

The bulbs should be planted four to six inches in distance and should be left undisturbed.»

Die paar Anschlußworte, die ich hinzufügte, ergaben sich wie von selbst, und Sternberger sagte in seinem Dank, den Hinweis auf den ungestörten Abstand, den einer wie er benötige, hätte er gern ergänzt gesehen durch die Freundesnähe, die ihm ebenso wichtig sei. Besonders habe ihn natürlich die Erwähnung der Wetterfestigkeit gefreut. Die Zuschreibung, daß die Sternbergia zu ihrer vollen Blütenpracht im Herbst gelange, deute er an einem Tag wie diesem, der aus lauter schönen Worten und guten Wünschen bestehe, als Versprechen für die kommenden Jahre. Zu mir sagte er später, die Bescheidenheit, von der in dem gärtnerischen Steckbrief zwischen den Zeilen die Rede sei, habe es ihm vor allem angetan. Es handle sich da, wie seine Freunde wüßten, um eine Bürgertugend, ohne die kein Gemeinwesen vorstellbar sei, und daß die Pflanze als «the best variety» gelte, habe gewiß damit zu tun.

Er war die in Deutschland so überaus seltene Verbindung von Gelehrtem und Schriftsteller, ein politischer Philosoph und ein publizistisches Temperament zugleich. Und noch seltener war womöglich das weltmännische Auftreten, das alle Provinzialität, zu der er sich bis ins Sprachliche hinein gern bekannte, vergessen machte, seine unangestrengte, ins Seigneurale reichende Würde. Wer sich nur einige Titel seiner Veröffentlichungen vor Augen ruft, erkennt die Spannweite seiner Aneignungen sowie seiner vorgegebenen oder erarbeiteten Interessen. Er schrieb über die Wurzeln der Politik und die Probleme der Herrschaft, über die Idee der Schönheit, über Aristoteles, Charlie Chaplin und Marlene Dietrich. Gedankliche Strenge vereinte er mit literarischer Leichtigkeit, und wo immer er sich dem Dunklen oder zumindest schwer Durchschaubaren widmete, machte er die Sachen vollkommen hell.

Er hatte eine Neigung und ein großes Talent zur Bewunderung. Als er kurz nach dem Krieg im Zürcher Hotel Baur au Lac, so hat

Dolf Sternberger

er selbstironisch erzählt, erstmals Thomas Mann gegenübersaß und um Feuer gebeten wurde, sei es ihm im Glück der Aufregung passiert, daß unversehens das ganze Streichholzheft in Flammen stand. Das Gespräch hatte sich bis dahin stockend dahingequält, fuhr er fort; aber nun, angesichts der hochschlagenden Stichflamme, habe Thomas Mann belustigt gefragt, ob er da nicht etwas übertreibe – und mit einem Mal sei ihrer beider Befangenheit in geradezu ausgelassenem Gelächter zergangen und die Unterhaltung endlich aufs Natürlichste in Gang gekommen. Parodierend hat Sternberger hinzugefügt, so mache Bewunderung Menschen aus uns allen.

Doch verlangte er für die Würdigung stets nach Gründen. «Weniges hat mich in der Nazizeit so leiden gemacht», hat er einmal bemerkt, «wie der dumme Jubel für die Gemeinheit überall, mit dem die Menschen sich, genau besehen, in die eigene Katastrophe hineinschrieen.» Es seien «verordnete Huldigungen» gewesen, die einen «Liebhaber begründeter Verehrung» wie ihn in oftmals tiefe Verzweiflung gestürzt hätten. Um so ungewöhnlicher bleibt, daß Dolf Sternberger die Jahre der vom Zeitgeist durchweg verlangten und streckenweise auch erzwungenen Bewunderung für das eine und das andere zeitlebens ohne jeden Fehlgriff zugebracht hat. Allzu viele haben sich unter wechselnden Umständen, auch vor und nach Hitler, zu allerlei geheuchelten Verbeugungen verstanden. Er hingegen hat ungezählte Stücke und unter dem Titel «Gang zwischen Meistern» ein eigenes Buch über Personen sowie Gegenstände seiner Bewunderung veröffentlicht. Doch hat er nie ein Wort zurücknehmen müssen.

Den Schritt ins Politische, ins Nachdenken über den Staat, über Macht- und Verfassungsfragen, mit dem er sich den großen Namen machte, hat Sternberger erst spät getan. Ursprünglich hatte er Theaterregisseur werden wollen und in Kiel mit dem Studium der Germanistik sowie einiger einschlägiger Nebenfächer begonnen. Aber auf den universitären Stationen, die er vor der Promotion von 1932 bei dem Philosophen Paul Tillich durchlief, hatte er an der Heidelberger Universität in dem Arztphilosophen Viktor von Weizsäcker einen «geliebten Lehrer» gefunden und bei Karl Jaspers, «hingegeben, erschüttert und verzaubert», wie er sich emphatisch erinnerte, an einem philosophischen Kolleg sowie einem Seminar über Kant und Hegel teilgenommen.

Damals schlug «der Blitz» ein, schrieb er. Er war zwanzig Jahre alt und gab, der Philosophie unvermittelt «mit Haut und Haaren» verfallen, von einem Tag zum anderen die jugendlichen Regisseursträume auf: «Ich hatte, wie ich mir nicht ohne frühreifen Hochmut einredete, ein Damaskuserlebnis gehabt und fragte mich, wer das schon von sich sagen konnte?» Was ihm seither vorschwebte, war eine akademische Laufbahn mit der Philosophie im Mittelpunkt, eine Art Rückzug in eine exklusive Welt, die bevölkert war von lauter Damaskusrittern. «Nichts erschien mir damals ferner und abstoßender als die Politik», hat er rückblickend gesagt. So turbulent die Jahre der wankenden und bald von den Strudeln der Weltwirtschaftskrise erfaßten Weimarer Republik auch waren, hat er von seinen Lehrern, insonderheit von Karl Jaspers, ein politisches Wort weder gehört noch erwartet oder vermißt. «Die Politik und ihre Verrücktheiten erreichten uns nicht. Und wenn ich einmal geschrieben habe, daß der Jux damals mit dem Unheil tanzte, so heißt das auch, wir tanzten auf unsere etwas steife, unwissende Weise mit.» Vielleicht hatte es mit dieser Achtlosigkeit gegenüber der politischen Welt zu tun, daß ihm, wie er lebenslang gern bekannte, in jenen Heidelberger Tagen «einmal doch das Glück begegnet» war.

«Es harrte aber, wie immer, nicht lange aus», hat Sternberger bisweilen hinzugesetzt. Denn schon bald mußte er einsehen, daß der Bruch aller politischen Verhältnisse, der sich 1933 ereignete, ihm die akademische Laufbahn verwehrte. Zwei Jahre zuvor hatte er Ilse Rothschild geheiratet, wobei die seit den Heidelberger Tagen mit Sternberger befreundete Hannah Arendt als Trauzeugin dabei gewesen war. «Jüdisch versippt», wie Sternberger insbesondere seit dem Gesetz zur Wiederherstellung des Berufsbeamtentums vom April 1933 war, hatte er keine Aussicht mehr auf eine Habilitation oder gar die Berufung auf einen Lehrstuhl. Die Lehrer und Freunde machten sich alsbald auf, in «alle denkbaren Exile» fortzugehen, und schon Ende des Jahres war, so hat Sternberger in einer Erinnerungsrede rund fünfzig Jahre später vermerkt, «die große Epoche der Heidelberger Universität radikal beendet».

Als Redakteur für Bildung und Hochschulfragen trat er daraufhin in die «Frankfurter Zeitung» ein, die «letzte Heimat der Liberalität», wie er gesagt hat, und etwa zur gleichen Zeit stieß eine Anzahl der unterschiedlichsten, unvermittelt heimatlos gewordenen Journalisten zu der Zeitung wie Wilhelm Hausenstein, Walter Dirks, Carl Linfert oder Paul Sethe. Doch der ruhelos vorangetriebene Ausbau der Diktatur traf Sternberger schon kurze Zeit später auch hier wieder. Seit dem 1. Januar 1934 galt das sogenannte Schriftleitergesetz mit der Bestimmung, daß Juden oder jüdisch verheiratete Journalisten nicht mehr oder nur auf Antrag beschäftigt werden durften, und auch das nur für jeweils befristete Zeit. Es zeugt vom taktischen Geschick der Zeitung oder doch von der Manövrierkunst ihrer Leitung, daß ihr dies in mehreren Fällen, auch demjenigen Sternbergers, über Jahre hin mit Hilfe immer neuer Winkelzüge gelang.

Wie kein anderer entwickelte und beherrschte Dolf Sternberger alsbald die «Swiftsche Kunst», in Verschlüsselungen zu schreiben, durch Gleichnisse, doppelsinnige Redewendungen oder Fabeln eine Art politischer Flaschenpost an die Leser zu versenden. Schon an die äußerste Grenze ging er mit der ironischen Betrachtung über eine Weihestunde für siebenhundert BDM-Führerinnen im Hof des Berliner Pergamonmuseums, als er bemerkte, man habe sich da eine «stimmungsvolle Bühne» ausgewählt, doch bleibe zu bedenken, daß «das Leben der Bühne das des Scheins» sei. Im Leitartikel zu Hitlers fünfzigstem Geburtstag am 20. April 1939 brachte er das Kunststück fertig, den «Führer» unerwähnt zu lassen, und ein weiterer Leitartikel unter dem Titel «Der Wert des Menschen» spielte überdeutlich auf die Ermordung der Geisteskranken an.

Sternbergers wichtigste Veröffentlichung in dieser Zeit war 1938 das Buch «Panorama oder Ansichten vom 19. Jahrhundert». Es unternahm eine Ehrenrettung für die bis ins Redensartliche verkannte, von der modernen Spießerwelt ins Spießige heruntergeredete Epoche, und alles, womit Sternberger diese Blickverkehrung erreichte, war die ungewohnt genaue, selbst die vielfach übersehenen Einzelheiten erfassende Wahrnehmung. Für ihn selber war das vieldiskutierte und hochgelobte Werk nicht zuletzt ein Ausweg aus den kommandierten Vorgaben der nahezu allgegenwärtigen Aufpasserei. Einzig Walter Benjamin, der im Pariser Exil an seinem thematisch verwandten «Passagenwerk» arbeitete, sah sich durch das Buch nicht nur in seiner ewigen Plagiathysterie bestärkt, sondern entdeckte darin auch eine Anpassung an die politischen Erwartungen der Reichsschrifttumskammer. Der in New York erscheinenden «Zeitschrift für Sozialforschung» hat er damals eine Rezension zugeleitet, in der, wie Sternberger fünfzig Jahre später schrieb, «ein böser Ingrimm» herrschte, als «fühle Benjamin sich geistig beraubt», obwohl doch keine Zeile von dessen «Passagenwerk» damals veröffentlicht war. Adorno und die Redaktion der Zeitschrift haben sich denn auch nicht entschließen können, die Attacke zu drucken. Als sie Jahre später in den «Gesammelten Schriften» Benjamins auftauchte, hat Sternberger sie «wie einen Fluch aus dem Grabe» empfunden.

Eine andere seiner Arbeiten, «Figuren der Fabel» von 1941, löste in der Zeitung die größten Verbotssorgen aus, doch hatte Sternberger das Manuskript mit Bedacht erst unmittelbar vor dem Andrucktermin in der Setzerei abgeliefert, so daß ein Austausch nicht mehr möglich war. Der Essay erzählte im Anschluß an La Fontaine von der furchtbaren Pest im Tierreich und wie alle Tiere in verlogenen Reuebekenntnissen ihre Mitschuld am Ausbruch der Krankheit einräumen. Nur der im Grunde unschuldige, aber einfältige Esel weiß nichts Entlastendes vorzubringen, so daß er verurteilt und hingerichtet wird. Die Nacherzählung endet mit einem «fabula docet», das einen unüberhörbaren Vorwurf an die Adresse der eigenen Landsleute enthält: «Der arme Esel? Nein, der Esel. Der Esel von einem Esel. Die Fabel duldet kein Mitleid. So ist eben der Charakter des Esels, das ist seine Rolle in der Fabel und in der Welt, die muß er zu Ende spielen, bis zum schrecklichen Ende. Die Fabeln bilden … einen Katalog von Charakteren oder Rollen, die wir in der menschlichen Gesellschaft spielen können. Wir selber, wir Individuen, sind bald Wolf, bald Schaf, bald Löwe, bald Fuchs und bald Esel. Je nachdem.» Wir Deutsche, lautete die damals von jedem wachen Kopf begriffene Lektion des Stücks, sind mit der Entscheidung für das Naziregime Esel gewesen, sind es zu großen Teilen noch immer und müssen es nun bleiben bis zum «schrecklichen Ende».

Der Beitrag blieb ohne Folgen, und Sternberger hat rückblickend vermutet, er sei damals zu seinem und der Zeitung Glück an einen flüchtigen oder begriffsstutzigen Zensor geraten. Viktor von Weizsäcker schrieb ihm: «Es tut so gut, wenn jemand in der Zeit schreibt, ohne über die Zeit zu schreiben und zu lügen.» Doch Sternberger selber hat später bekannt, er habe nicht selten «zu viel aufs Spiel gesetzt»: keineswegs nur sich selbst, sondern auch das Schicksal der Zeitung und vor allem anderen das seiner Frau. Im Frühjahr 1943 war die Geduld der Machthaber zu Ende. Zusammen mit Benno Reifenberg, Wilhelm Hausenstein und Otto Suhr mußte er die Zeitung verlassen, was einem Berufsverbot gleichkam. Seit dieser Zeit, die er als Mitarbeiter eines nahe gelegenen Industriebetriebs überlebte, trugen er und seine Frau ständig eine Giftkapsel bei sich. Einige Monate darauf wurde die «Frankfurter Zeitung» verboten.

Sternberger hat die Hitlerzeit später «eine einzige Höllenfahrt» genannt und mitunter die Auffassung vertreten, daß keine lediglich rationale Erforschung ihren sozusagen transzendenten, ins finsterste Jenseits weisenden Charakter erfassen könne. Die Jahre seien «wahrhaftig des Teufels» gewesen, sagte er, sooft die Rede darauf kam, doch der Spieler, der er unglaublicherweise zuzeiten sein wollte, kam zum Vorschein, wenn er das eine und andere Mal hinzufügte, daß ein Leben in der Nachbarschaft all dieser philisterhaften Luzifers, Urians und braungestiefelten Beelzebubs auch seinen Reiz gehabt habe. Er denke manchmal nicht ungern, wenn auch mit halbwegs schlechtem Gewissen, an diese «Pandämoniumszeit» zurück, als man mitunter glaubte, Breughel sei als eine Art Generalausstatter wiedergekehrt. Und einmal dabei, wolle er auch gestehen, daß die ständige Bedrohung und der Ausschluß von allem öffentlichen Wirken das private Dasein, die Freundschaften sowie überhaupt die Intimität des Menschlichen ungemein bereichert habe. «Mit allem Verstand dieser Welt wird man solchen Erfahrungen nicht beikommen», meinte er abschließend, «Thomas Manns ‹Doktor Faustus› wird jeder historischen Darstellung allezeit überlegen und immer weit mehr in der Wahrheit sein als die gelehrtesten Wälzer. Etwas zugespitzt ließe sich sogar sagen», wandte er sich in der kleinen Runde dann an mich, «daß das wissenschaftliche Ethos, dem Sie sich mit Ihrem Buch über Hitler nun mal unterworfen haben, Ihnen zumindest bei diesem Thema den Zugang zur Wahrheit erschwert oder sogar versperrt hat.»

Dabei blieb er. Selbst der Hinweis, daß das Teufelsmotiv in den Entlastungsmanövern der ersten Nachkriegsjahre eine so willkommene und bequeme Rolle gespielt habe, daß ich in der Hitlerbiographie sogar den bloßen Begriff des «Dämonischen» vermieden hätte, konnte ihn zu keinem Zugeständnis bewegen. Auch das Argument, daß es sichtlich zwei Wege zur Deutung der Zeit gebe und womöglich sogar geben müsse: einen wissenschaftlichen und einen literarischen, dann auch ins Metaphysische übergreifenden Zugang, wollte ihm nicht einleuchten. Und schließlich konnte ihn auch die Überlegung nicht umstimmen, daß Thomas Mann selber vor der Teufelsausrede gewarnt und seinen Landsleuten sogar empfohlen hatte, mit dem Begriff des «Tragischen» behutsam umzugehen, weil alles, was eine freie, wenn auch hirnlose Entscheidung war, dadurch den Charakter einer großen Unvermeidbarkeit erlange und gleichsam im nachhinein geistig geadelt werde.

Das ausgedehnte Hin und Her, das sich bei vielen dieser Auseinandersetzungen ergab, kann hier unerörtert bleiben. Erwähnenswert ist aber die ungewohnte Heftigkeit, mit der Sternberger auf eine meiner Äußerungen reagierte, weil sie ihn auf seiner eigensten Domäne attackierte. Mit derartigen Teufelsbeschwörungen, sagte ich, resigniere man im Gedanklichen und suche Zuflucht in der Irrationalität. Unvermeidlicherweise gerate man damit zwar nicht in der Sache, wohl aber methodisch allzu nahe an die zahllosen Strömungen der ersten Jahrhunderthälfte, die an der Vernunft verzweifelten und sich schließlich von ihr lossagten. Er wisse doch besser als sonstwer, daß dies das Versagen zwar nicht von ihm, aber von seiner Generation gewesen sei. Da werde er mich folglich nie an seiner Seite finden. Und dann, zusammenfassend: Mit dem Versuch, die ganze Naziperiode zu einem Akt der «welthistorischen Aufhockerei» zu machen, verweigere man sich dem Erkenntnisproblem, das sie uns auferlege. Statt dessen werde man, wie unfreiwillig auch immer, zum Wegbereiter künftiger Aufhockereien. Alle Diabolismen machten mich überaus mißtrauisch, hielt ich ihm vor: «Es waren früher fromme und sind inzwischen nur noch faule Ausreden.»

Einen Augenblick lang schien Sternberger sprachlos. Es bezeichnet aber den freundschaftlichen Freimut, der selbst in den strittigsten Fragen zwischen uns die Oberhand behielt, daß er nach einer kurzen Pause, nicht ohne ein paar ironische Schnörkel, seiner Hoffnung Ausdruck gab, daß ich weder Thomas Mann noch ihn selber «zu den Anwälten des Blocksbergs» rechnete. Als ich ihm am Tag darauf von meiner Vermutung berichtete, er habe die so wenig zu ihm passende Behauptung von der Hitlerzeit als «Teufelswerk» nur vorgebracht, um nach Wochen des Einvernehmens wieder einmal einen Streit zu entfesseln, erwiderte er: «Nicht ganz so. Aber natürlich habe ich mit den Dämonen, auch was die widerwärtigen zwölf Jahre betrifft, nichts im Sinn.» Und nach einer kurzen Überlegung: Die Hitlerbiographie werde er dennoch nicht lesen – weil er es nicht über sich bringe. «Sie müssen verstehen: Ich kann einfach nicht.»

Von einer Verstimmung jedenfalls war keine Spur, weil er den Widerspruch als den Sinn und das Salz jeder freundschaftlichen Beziehung ansah. Aber Hitler war, wie er gelegentlich sagte, «die Abseite», von der man sich besser fernhielt, sosehr er die leidenschaftliche, auf «Biegen und fast bis zum Brechen» geführte Auseinandersetzung auch liebte. Mitunter äußerte er, daß sein Schreiben nur eine andere, konzentriertere Art des geistvollen Streitens sei. Jedenfalls finde man in seinen Schriften keine Zeile, die er nicht an ein vorgestelltes Gegenüber gerichtet habe. Die ideale Gesprächssituation, die er suchte und immer wieder, über alle mitunter scharfen Streitpunkte hinweg, herzustellen verstand, hat er als «Widerspiel von Bezauberung und geistiger Abwehr» beschrieben. Er bewundere jeden gewitzten, sogar abgefeimten Einwand, sagte er, und wenn er in schlagender Formulierung daherkomme, müsse er darauf achten, nicht selber vorschnell aus dem Feld geschlagen zu werden.

«Die Diktatur hat uns alle verwandelt», hat Sternberger im Rückblick auf die Nazijahre bemerkt, und gewiß kaum irgendwen so umfassend wie ihn. Die Wechselfälle der Zeit haben ihm den schon mehrfach geänderten Lebensplan gewissermaßen noch einmal zerschlagen. Von der Literatur und der Kunst war er zunächst zur Philosophie übergegangen und, als ihm die akademische Laufbahn verwehrt blieb, zum Journalismus. Jetzt endlich, nach der glücklich überstandenen Zeit des Hitlerregimes, wollte er zum freien Beobachten und Beschreiben gelangen, die institutionellen Umstände, so vertraute er, würden sich gewiß einstellen. Statt dessen fühlte er sich durch die zurückliegenden Erfahrungen zunehmend genötigt, zum gleichsam «gebundenen» Denken der Politik, und das hieß: zur Reflexion über die Freiheit und deren verfassungsmäßige Sicherung überzugehen. Zwar hat er sich auch jetzt noch dann und wann den ungebundenen Themen gewidmet, «Ausflüge» nannte er die Beschäftigung damit. Aber im Vordergrund stand die Begründung des Zusammenhangs von Bürgerrechten und Bürgerpflichten, vom Nutzen und Nachteil der Wahlsysteme oder dem Frieden als Aufgabe aller inneren und äußeren Politik. Hitler habe ihn, so meinte er, «ex negativo doch noch die Politik» gelehrt.

Der Übergang ist Sternberger, wie er verschiedentlich bekannt hat, nicht leicht gefallen. Denn jederzeit war ihm bewußt, wie intellektuell reizlos und mit einem unvermeidlichen Grauschimmer überzogen die Position des politisch Vernünftigen ist. Aber wenn man sich das Unausdenkbare vornahm und aus der Geschichte lernen wollte, mußte man nach den «Erfahrungsgewittern» der vergangenen Jahrzehnte zu «den alten und immer neuen Einsichten» zurückkehren und die ganz einfachen, aber für das Zusammenleben der Menschen unabdingbaren Unterscheidungen wiedergewinnen. Zuallererst hieß das, den verlorengegangenen oder wegdisputierten Sinn für die scharfe Trennlinie von Gut und Böse aufs neue zu wecken. Die Epoche der Diktaturen, schrieb er, habe «das Phantasma einer moralischen Emanzipation gründlich und endgültig widerlegt. Jenseits von Gut und Böse ist in Wahrheit nichts anderes zu erfahren als noch mehr Böses.» Und an anderer Stelle steuerte er in unüberbietbarer Einfachheit gleich die Erklärung des Bösen bei, so wie das Jahrhundert es jedes intakte Bewußtsein gelehrt hatte. Es sei, schrieb er, nichts anderes als «Wahrheitshaß und Zerstörungswille».

Eine Zeitlang war er sich gleichwohl seiner Sache unsicher. Zusammen mit einigen Freunden, deren Beistand dazu beigetragen hatte, die Bedrängnisse der Hitlerjahre zu überstehen, trug er sich unmittelbar nach dem Ende des Krieges mit der Absicht, die einstige «Frankfurter Zeitung» wieder ins Leben zu rufen. Doch diesem Plan widersetzten sich die amerikanischen Besatzungsbehörden, die keinen früheren Titel zulassen wollten. Eine Lizenz für eine Neugründung, die ihm angeboten wurde, lehnte er ab. Statt dessen verabredete er mit Karl Jaspers, dem Kultursoziologen Alfred Weber und dem Romanisten Werner Krauss eine Monatsschrift unter dem Titel «Die Wandlung» herauszubringen, die sich bald zu einer der meistbeachteten Kulturzeitschriften jener Jahre entwickelte. Eine zusammen mit Gerhard Storz und Wilhelm E. Süskind in der «Wandlung» veröffentlichte Serie über die Sprachverwahrlosung unter der Diktatur vereinten die Autoren später zu dem berühmten Sammelband «Aus dem Wörterbuch des Unmenschen».

Die Unschlüssigkeiten endeten, als Sternberger 1947 von der Heidelberger Universität den nach so vielen Aufenthalten und Umwegen erhofften Lehrauftrag erhielt. Er machte alsbald einen einzigartigen, inzwischen zum legendären Bestand der Universitätsgeschichte zählenden Anziehungspunkt daraus. Seine Schüler haben auf nicht selten überschwengliche Weise berichtet, wie er seine Heidelberger Anwesenheiten teils als Auftritt, teil als Clubtreffen inszenierte. Jeweils am Mittwochvormittag ließ er sich am Hauptbahnhof von dem einen und anderen seiner Studenten erwarten, erledigte anschließend, beginnend mit der Sprechstunde und der Fakultätssitzung, seine administrativen Obliegenheiten und traf sich danach mit Freunden und bald auch mit ehemaligen Schülern zu den geliebten Canasta-Abenden. Der folgende Tag gehörte den Vorlesungen und Prüfungen sowie am Abend wieder der Geselligkeit, und der Freitag war dem Seminar für Fortgeschrittene vorbehalten. Der Zugang zu dem gelehrten Colloquium, aus dem zahlreiche wichtige Arbeiten hervorgegangen sind und das in der engen Dachstube über der Anatomie stattfand, wurde wie eine Auszeichnung vergeben und allenthalben so auch verstanden.

Bezeichnenderweise hat Sternberger keine Schule gebildet, und denkbar ist, daß dieser Befund zum Vermächtnis von Karl Jaspers gehört. In den politischen Fragen, für die er den Lehrauftrag und später die Professur erhalten hat, konnte er an seinen Lehrer ohnehin nicht anknüpfen, weil dessen Denken, wie Sternberger bei Gelegenheit gesagt hat, zu allen öffentlichen Angelegenheiten «in einem windschiefen Verhältnis» stand. Darüber hinaus lautete eine der Hauptmaximen von Jaspers, daß es keine Philosophie, sondern nur ein stetes Philosophieren gebe, das sollte heißen, ein unausgesetzt bewegtes Denken, das sich niemals zu kompakten Einsichten verfestigen dürfe.

Ganz in diesem Sinne hat auch Sternberger, von den Ideen der Freiheit, der Ordnung und des Friedens abgesehen, niemals eine streng umrissene Politikvorstellung entwickelt. Er haßte Denkgebote. Die eigentliche Aufgabe bestehe statt dessen darin, sagte er, den immerwährenden Wandel der Welt zu definieren. Dazu benötige man einen nüchternen, zu phantasievollem Fragen befähigten Kopf. Wenn Sternberger infolgedessen auch keine Schule begründet hat, ist doch eine Vielzahl bedeutender, in politischen, publizistischen und akademischen Ämtern zu Macht und Einfluß gekommener Schüler aus seinem Dachstubenseminar hervorgegangen.

Was ihm zugute kam, so hat er oft hervorgehoben, war die in den frühen Nachkriegsjahren verbreitete Stimmung des Neuanfangs. «Wir (Deutschen) wissen nicht, was wir sind», schrieb er damals in einer seiner Lagebeurteilungen, «es gibt nahezu nichts, kein Ziel, keine Form des gemeinsamen Lebens. Auf jeder möglichen Gestalt liegt ein Schatten.» Er hatte keinen Zweifel, daß der Schatten über allen Lösungsansätzen lange nicht zu vertreiben sein würde. Aber dessen Ursachen und den eigentümlichen Charakter der Finsternis auszumachen, den er verbreitet hatte, sowie den demokratischen Institutionen Integrität zu verschaffen war in dieser historischen Stunde, wie er fand, die vordringlichste Aufgabe. Zugleich ging es darum, jede politische und gesellschaftliche Vorkehrung für die Sicherung des im Entstehen begriffenen Staatswesens zu treffen. Das war, so lassen sich seine Einlassungen über jene Zeit zusammenfassen, das im Wortsinn Notwendige – für ihn wie für jeden Einzelnen.

Er war, seinem Lebensweg zufolge, ein Intellektueller, doch hatte er mit dem verbreiteten Typus kaum etwas gemein. Ihm fehlte sowohl der pastorenhafte wie der kleinbürgerliche Zug, der sich in Deutschland mit dem Begriff verbindet, und auch der Hang zur anbiedernden Verwahrlosung, der seit den späten sechziger Jahren in Mode kam, war ihm gänzlich fremd. Seine anstrengungslose Autorität teilte sich jedem Beobachter mit. Hinzu kam sein herrenhaftes Auftreten, das sich weder im Umgang noch in der Kleidung eine Achtlosigkeit durchgehen ließ. Was er war, war er sehr bewußt, und selbst die kleinen Flüchtigkeiten setzte er überlegt ein. Als ich bei Gelegenheit seine Kleidung, unter Hinweis auf seine auffallend locker gebundene Wollkrawatte, «lässig» nannte, warf er dazwischen: «Sagen Sie bitte ‹gekonnt nachlässig›. Das paßt, wie Sie zugeben werden, besser zu mir!»

Vom vorherrschenden Typus des Intellektuellen unterschieden ihn aber nicht nur Auftreten und Haltung. Vielmehr hat er an den öffentlichen Angelegenheiten niemals das schrecklich amateurische Interesse gezeigt, das den Verhältnissen mit ebensoviel gutem Willen wie Wirklichkeitsblindheit zu Leibe rückt. Auch die wechselnden Tagesparolen waren ihm fremd, weil in den Moden, wie er einmal sagte, «nicht einmal jenes Körnchen Richtigkeit und Vernunft» stecke, das alle humane Politik verlange. Was immer er politisch geäußert hat, kam aus der genauen Kenntnis der weit zurückreichenden politischen Philosophie wie der umgebenden

Realität. «Wo nur die Theorie herrscht», hat er dazu bemerkt, «wird die Politik zum Glasperlenspiel, und wo einzig die Praxis den Ton angibt, einem großen Wort Tocquevilles zufolge, zur Barbarei.»

Die beiden zentralen Begriffe seines Politikverständnisses lauteten «Bürger» und «Staat». Sternberger hat gern von dem Gefühl der Überwältigung erzählt, als ihm 1948 Theodor Mommsens unveröffentlichtes Testament vor Augen kam mit dem Bekenntnis des großen Gelehrten: «Ich wünschte, ein Bürger zu sein», und der daran anschließenden, bitteren Einsicht: «Das ist nicht möglich in unserer Nation, bei der der Einzelne, auch der Beste, über den Dienst im Gliede und den politischen Fetischismus nicht hinauskommt.» Der in der «Wandlung» abgedruckte Text wurde leidenschaftlich debattiert, und Sternberger hat dazu bemerkt, der Fund habe der Zeitschrift «noch einmal so etwas wie ein Programm geliefert».

Kaum weniger bewegt war Sternberger, als er Jahre später am Bremer Rathaus in Fortschreibung der altrömischen Formel die Buchstabenfolge SPQB entdeckte, Senatus Populusque Bremensis. Als Erinnerung an republikanischen Hochsinn, Pflichtbewußtsein und Bürgerehre bedeutete ihm Rom unendlich viel, und zeitlebens hat er sich einiges darauf zugute gehalten, als Rheinhesse aus dem Einzugsgebiet des Imperium Romanum zu stammen, nicht aus Leitmeritz oder Lemberg. Als er einmal nach Flensburg mußte, fragte er nicht ohne Koketterie, wie er sich auszurüsten habe, er komme so selten in solche «entfernten Landstriche». Auf meine Gegenfrage «Entfernt von wo?» verwies er auf «Wissbaden», wie er mit hessischem Knarrton zu sagen pflegte. «Das liegt nämlich im Diesseits des Limes», setzte er erläuternd hinzu, «meinem Limes», wie er nicht ohne Ironie beteuerte, «für den ich jenen Stolz empfinde, den man für jede unverdiente Auszeichnung aufbringt.»

Der andere Hauptbegriff seiner Politikvorstellung war der «Staat», unter dem er nichts anderes verstand als den weitge-

102

spannten Entfaltungsraum von Freiheiten und von Pflichten unter ordnenden Spielregeln. Er liebte den von Schiller herkommenden Begriff des «Staatsfreundes», und als ich gelegentlich
dagegenhielt, so ohne jede nuancierende Bestimmung gehe der
kritische Ur-Gegensatz verloren, der zwischen Staat und Bürger
auch gesetzt sei, brauste er geradezu auf: «Weit vor solchen
Gegensätzen steht das Ur-Einvernehmen», polterte er los, «alles
andere ist deutschintellektuelles Backenaufblasen. Daran ist
schon die Weimarer Republik kaputtgegangen, und jetzt wird
Hitler damit Tag um Tag aufs neue besiegt. Sie wissen doch: Alles nur Zirkusnummern, was die vermeintlich kritischen Köpfe
da aufführen, alles ohne Ernst.»

Die Auseinandersetzung endete ergebnislos, und womöglich
hatte es damit zu tun, daß Sternberger bald danach noch einmal auf
das Thema zurückkam. Er begann mit England und dem, was ich
einmal das «Genie der Vernünftigkeit» genannt hätte, das dort be-
heimatet sei. Es entstehe durch die Praxis der immerwährenden
Debatte, die für ihn zu den «Hochbegriffen» der politischen Zivili-
siertheit rechne. So wie das ebenfalls aus England kommende
Mehrheitswahlrecht auch, für das er vor Jahren eine rasch gescheiterte Bürgerinitiative gegründet habe. Auf die kürzeste Formel gebracht, sei sein Ehrgeiz selbst in den hochtheoretischen Werken
nie auf anderes oder mehr gerichtet gewesen als auf den Ruf, «ein
Lehrer des Common sense» zu sein.

Die sogenannten britischen Vettern, sagte Sternberger in diesem
Zusammenhang auch noch, die im Politischen «leider nur ganz
ferne Verwandte von uns sind», haben auch noch eine andere
Überlegenheit ausgebildet. Im Gegensatz zu allen anderen europäischen Ländern sei ein «Spleen» in England nichts anderes als
ein «Spleen»; in Deutschland dagegen blähe sich dergleichen
schnell zu einer Verheißung auf. Was jenseits des Kanals der
Unterhaltung diene und ein geselliger Spaß sei, verwandle sich
hier zu einem prophetischen Gaukelbild mit Massengefolgschaft.

103

Warum nur, frage er sich oft, dränge es die Deutschen unablässig zur Suche nach irgendeinem vermeintlichen «Gral»? Sie sollten doch wissen, wohin sie dabei geraten und daß am Ende, wenn alles in Brand steht, das Geheimnis des Grals nichts anderes als eine Verrücktheit ist. Sternberger führte anschließend einige Motive an, die vor allem in Deutschland zur Verfehlung des politisch Zuträglichen führten.

Die erste Gefahr, meinte er, entstamme dem Wunsch, der «Monotonie des bloß Vernünftigen und seiner Gedankenblässe» zu entkommen, «originell» zu sein statt immer nur pragmatisch und wirklichkeitsverhaftet. Mit der theologischen Tendenz des deutschen Denkens habe zu tun, daß politische Zielsetzungen sich im Handumdrehen in «Heilsbotschaften» verwandelten. Bezeichnenderweise erkenne kaum einer, daß solche Botschaften stets unpolitisch seien und eher in den Bereich der Religion und sogar der Psychiatrie als in den der Politikwissenschaft gehörten. In diesem Zusammenhang nannte er Horkheimer und Adorno «moderne Schwarmgeister».

Wir sprachen anschließend über das gewaltige Echo, das die beiden fanden und daß sie vielleicht nicht ganz absichtslos die Sirenen des Odysseus als ihre Hausgöttinnen ansahen. Ich führte ihre für Philosophen erstaunliche Popularität auf die für das deutsche Gemüt nahezu unwiderstehliche Formel von Romantik und Welterlösung zurück, auf die Verbindung von Karl Marx und Befreiungsrhetorik: Horkheimer und Adorno bliesen gleichsam «die Internationale auf des Knaben Wunderhorn – wem ginge da unter Deutschen nicht das Herz auf?», sagte ich. «Ein bißchen grobianische Ermächtigung, Gewalt und Genickschießen», hat Sternberger, meinen Vermerken zufolge, in einem späteren Gespräch hinzugesetzt, sollte zur Not auch dabei sein, weil jede schlechte Gegenwart auf dem Weg in die bessere Welt durchs Feuer der Revolution müsse. Er wolle nicht den Rang, die Gedankenschärfe und vor allem das Charisma der beiden Gelehrten, insbesondere

Adornos, in Frage stellen. «Aber ein bißchen leichtfertiger Höllenspaß und ebenso leichtfertiges Revoluzzergeschwätz, wenn auch immer in feinen Worten, sei auch dabei gewesen.»

Als eine Gruppe von Studenten «Teddy» Adorno während einer Vorlesung über Goethes «Iphigenie» unter Verbeugungen und artigen Knicksen einen Plüschbären überreichte, war Sternberger gleichwohl empört, und auch den «Busentanz» dreier Studentinnen, die Adorno unter höhnischen Knutschereien mit Blüten bestreuten, bis er im Schutz seiner Aktentasche aus dem Hörsaal floh, fand er «überaus widerwärtig». Aber zugleich war ihm eine gewisse Befriedigung anzumerken, und auf eine entsprechende Frage hat er erwidert: «Schon möglich, daß ich nicht nur abgestoßen war. Denn es ist so selten, daß ein Intellektueller mit den Konsequenzen dessen konfrontiert wird, was er vertreten hat. ‹Geht einmal Euren Phrasen nach bis zu dem Punkt, wo sie verkörpert werden›, heißt es in Büchners ‹Danton›: ‹Blickt um Euch, das alles habt Ihr gesprochen.› Adorno trat das Gesprochene in Gestalt entblößter Krawallmädchen entgegen, und sein melancholisch-treuherziger Versuch, sich ins Reich der ewig unschuldigen Theorie zu retten, wo, wie er sagte, keine Molotowcocktails explodierten, ist mir nie überzeugend gewesen.» Am Ende unseres kurzen Spaziergangs über die Darmstädter Rosenhöhe kam er noch einmal auf den Zusammenhang zurück: «Wie konnte Adorno mit seinem messerscharfen Verstand nicht ahnen, daß die Theorie, wenn sie auf die Straße geht, eine vulgäre Fratze annimmt und den Gedanken, noch dazu den feinsinnigen, jederzeit hinter sich läßt?»

Einen von mir beiläufig geäußerten Einwurf aufgreifend, sagte Sternberger etwas später: «Ein begabter Dramatiker sollte einen Einakter verfassen unter dem Titel ‹Adorno – ein Lehrstück›. Aber ich weiß, dergleichen wird es nicht geben, weil niemand sich in diesem Lande Adornos Schicksal zur Lehre werden läßt.» Anschließend ergänzte er: «Ich konnte bei seinem Tod, 1969 und später, das ständige Gerede von dem ‹gebrochenen Herzen› nicht mehr hören, an dem Adorno, angeblich der Studentenrowdys wegen, gestorben ist.» Das alles sei nichts anderes als die widerwärtige linke Selbstbeweinung, die er immer unerträglich gefunden habe. Bevor Adorno, den er einmal den Mann mit den «traurigen Augen und der immer etwas allzu pompös daherkommenden Weltverzweiflung» genannt habe, an gebrochenem Herzen starb, habe er durch den von ihm mit «Freibriefen ausgestatteten Seminarpöbel» eine ganze Anzahl anderer Herzen gebrochen. «Das waren Tote, von denen nie die Rede war. Die kamen kurz in den Nachrichten vor und in den Traueranzeigen. Sonst nicht.» Auch Adorno selber habe nie ein Wort des Bedauerns für das gefunden, was er, wie indirekt auch immer, angerichtet hat. «Er achtete nur darauf, daß seine Augen noch etwas melancholischer dreinsahen. Aber der Mund blieb verschlossen.»

Sternberger kam während der gesamten siebziger Jahre und auch später noch bei vielen Gelegenheiten auf den studentischen Aufruhr zurück. In immer neuen abfälligen Bemerkungen nannte er Adorno den «Paradefall des professoralen Revolutionsspießers» und fand zahlreiche Beispiele für die kaum ausmeßbare Wirklichkeitsblindheit, die ihm nach schlimmster deutscher Tradition eigen war. Fassungslos vermerkte er die besorgte Frage, mit der Adorno sich nach der Besetzung des Frankfurter Instituts, die doch den Kern seines Lebenswerks zerstörte, allen Ernstes an die nach kurzer Verhaftung wieder freigelassenen Studenten gewandt hatte: «Sind Sie gefoltert worden?» Mit sarkastischem Hohn reagierte er auf die Nachricht, daß das Adorno-Archiv am selben Ort untergebracht werde wie die Drogenberatungsstelle der Stadt Frankfurt und sprach von einer «Gemeinschaftsunterkunft» in jedem Sinne. «Nein!», schloß er nicht selten seine Darlegungen über Adorno mit einer Betonung, die einen Schlußpunkt setzte: «Er war, wie sehr ich ihn auch als anregenden Kopf schätzte, ein großes Unglück.»

Sternberger war konsterniert, als ich widersprach. Nichts von dem, hielt ich ihm entgegen, was ich während meiner Frankfurter Zeit im Hörsaal oder bei den Begegnungen im Haus von Marie Luise von Kaschnitz gehört hatte, erlaubte ein derart hartes Urteil. Vielmehr fand ich Adornos Einlassungen fast durchweg scharfsinnig, und was mich allenfalls irritierte, war der preziöse Gestus seines Redens. Der studentische Freundeskreis, dem ich angehörte, hielt es im ganzen ebenso. Zwar nahmen wir Anstoß an seinem Marxismus, belustigten uns aber eher darüber und nannten ihn «das Zartbitter in Adornos Schokoladenladen». Einig waren wir uns darin, daß die Widerlegungsversuche, die wir an manchen Lehrmeinungen vornahmen, selten so anstrengend, aber auch so lohnend waren wie gegen Adornos blendende Verdüsterungen.

Ein Unglück jedenfalls, schloß ich, könne ich in alledem nicht sehen. Das Unglück seien eher die Studenten, die unterdessen nach Glaubensgewißheiten verlangten. Doch Sternberger blieb unbeirrt. Die Studenten, meinte er, hätten einen Anspruch auf unideologische Lehrer, und um den habe Adorno sie betrogen. Dann lachte er erneut über die Laune, die das Adorno-Archiv und die Drogenberatungsstelle zusammenführte. «So geistreiche Fußtritte», sagte er, «verteilt das Schicksal sonst nie.» Und dann, in wiederum abschließendem Ton: «Das Bild vom Chocolaterie-Besitzer ist amüsant. Aber es trifft nicht. In Wirklichkeit war Adorno ein Drogist. Einer mit ausladendem Giftschrank. Und die naiven Studenten fraßen ihm das marxistische Strychnin sozusagen aus der Hand, weil er es, Stück für Stück, in edelstes Seidenpapier verpackt hatte.»

Er müsse noch einmal auf seine Weigerung zurückkommen, das Hitlerbuch zu lesen, äußerte Sternberger Mitte der achtziger Jahre; denn das sei für einen Mann, der einen Lehrstuhl für Politik innehatte, immerhin ungewöhnlich. Obwohl er in den Monstern, wie Hitler eines war, allezeit eine Möglichkeit des Menschen gesehen habe, sei ihm «dieses eine stets allzu ekelerregend» gewesen. Er habe sich des öfteren gefragt, wie es einem Schreibenden möglich sei, den «Dauerabscheu» zu überwinden; es gebe doch, was er die «Psychodramaturgie des Schaffensprozesses» nenne: Der Verfasser eines Werkes habe «Höhen und Tiefen zu durchmessen, Engpässe und große Ausblicke», während der Hitlerbiograph sich unausgesetzt durch den «Schlamm» kämpfen müsse. Wie komme man damit zurecht?, fragte er: «Wie konnten Sie, um alles in der Welt, das durchhalten?»

Ich berichtete ihm einiges über die Techniken des Bei-der-Sache-Bleibens, sprach von den drei oder vier, dem Autor die Arbeit erleichternden Ebenen, die eine moderne Biographie im Unterschied etwa zu der «klassischen» britischen Lebensdarstellung verlange, erwähnte auch die «Ermüdungspunkte», an die man beim Blick auf Hitler unvermeidlicherweise gerate, und verwies am Ende auf das «Ethos des Zuendekommens», auf das sich Thomas Mann so gern berufen habe. Als ich abschließend sagte, er habe irgendwo dem Sinne nach geäußert, alle gelungene Geschichtsschreibung sei eine Art «Schritt ins Freie», und er habe das Hitlerbuch nicht lesen müssen, weil er stets im Freien gewesen sei, war er fast gerührt: Gegen kluge Komplimente, erwiderte er nicht ohne Selbstironie, sei er stets machtlos gewesen und sei es in diesem Fall besonders gern, weil es seinen Widerwillen und ein wenig auch seine Bequemlichkeit rechtfertige.

Ausgangs- und Endpunkt aller Denkbemühungen Sternbergers war der Einzelmensch, und zeitlebens hat er sich geweigert, dessen Verabschiedung aus den Geisteswissenschaften mitzumachen. Im Grunde ist sein ganzes Werk ein einziges Plädoyer für die Einsetzung des Menschen in den vorigen Stand. Die ideale Verkörperung des Bildes, das er von ihm hatte, war der Bürger, und er bewunderte Aristoteles allein für die Kühnheit der Behauptung, daß die Lebensform des Bürgers der humane «Naturzustand» sei. Der Bürger, heißt es bei Sternberger nicht weniger verwegen, sei im Menschlichen «das wahre Ziel aller Politik».

Man mochte sich bisweilen über solche Eingebungen, zu denen ihn der eigene Überschwang forttrug, mokieren und einwenden, der Gedanke vom Bürger als Ziel aller Politik sei ebenso naiv wie die andere These vom Staat als «Freundschaftsverband». Da sei er, Dolf Sternberger, hielt ich ihm einmal entgegen, geradezu in Gefahr, «originell» zu werden, was niemand, wie er alle Welt gelehrt habe, sein durfte und strenggenommen nicht einmal sein könne, weil es niemals neue Ideen, sondern einzig neue Vokabeln für alte Ideen gab. Mit Freunden jedenfalls, so lautete mein Einwand, sei sozusagen in jedem Sinne kein Staat zu machen, zu viel Rivalität, Ehrgeiz, Machthunger, Neid und was noch alles stünde dagegen; und auch zu viele gegensätzliche Auffassungen vom Leben, von der Welt und der eigenen Rolle darin.

Das verderbe nichts, widersprach Sternberger, sofern man die Menschen nicht nach Lagern «sortiere». Er habe, alle politischen Fragwürdigkeiten einmal außer acht gelassen, die größte Achtung vor dem Denker Martin Heidegger, sagte er einmal. Er bewundere und liebe geradezu Ernst Bloch, verneige sich vor dem «metallischen» Ernst Jünger und der nachdenklichen Kraft Walter Benjamins: «Kann es unterschiedlichere Geister geben?» Aber sie alle gehörten «ins Miteinander eines Staates: den Staat nach meinem Bilde».

So war es in der Tat, und man mochte sich mitunter fragen, ob Sternberger weit häufiger, als er je zugestanden hat, der gedanklichen oder auch sprachlichen Brillanz des einen oder anderen geistvollen Kopfes erlegen ist. Ernst Bloch gegenüber verhielt es sich jedenfalls so. Sternberger tadelte «die ärgerlichen, ja höchst fatalen Flecken», die der Philosoph seinem Werk durch Anpassung zugefügt habe, so daß selbst «die große ariose Melodie» seiner Prosa dann und wann zum «tonlosen Keuchen» verkommen sei. Fast im selben Satz verteidigte er Bloch jedoch gegen alle, die, wie er unglaublicherweise sagte, mit der «Terrorvokabel vom Inhalt» Front gegen ihn zu machen versuchten. Und obwohl er dem «großen

Sprachmagier» vorwarf, auf die «schwerste Vernachlässigung» von Marx zurückzufallen und eine «Utopie ohne Liebe» zu entwerfen, hielt er ihm gegenüber an dem Leitsatz fest, daß alle humanen Gedanken miteinander verwandt und die Antworten, die sich der Wahrheit nähern, nur gemeinsam zu finden seien.

Die Grenzlinie verlief infolgedessen dort, wo die Möglichkeit des Meinungsstreits endete. Er werde, sagte Sternberger einmal, niemals Carl Schmitt zu seiner Welt zählen. Und das nicht allein der Freund-Feind-Lehre wegen, die jeder Auseinandersetzung einen buchstäblich tödlichen Ernst verleihe. Auch nicht auf Grund der opportunistischen Ausfallschritte, mit denen sich «der Staatsrat Schmitt» durch die Nazijahre manövriert habe. Vielmehr sei es, im Reden wie im Schreiben, der immer durchhörbare «kalte Kanzelton» Schmitts, der aller Welt signalisiere, daß er keine abweichende Auffassung ertragen könne oder wolle. Dabei komme es gerade auf die Gewähr des Widerspruchs an. «Warum redet man sonst?», fragte Sternberger in rhetorischer Fassungslosigkeit. «Weil die Menschen nun mal aus Rechthabern und Zweiflern bestehen», war die Antwort. «Und zu den wenigen zweifelsfreien Gewißheiten gehört, daß die Zweifler immer in der Minderheit sein werden.» Dann müsse man mehr für die Zweifler tun, entgegnete Sternberger ohne langes Nachdenken.

Darin blieb er unnachgiebig. Vom Zweifel ausgenommen waren für ihn lediglich die Idee der Freiheit, das Bild des Bürgers und die Vorstellung vom Staat als Gemeinschaftsverband. Nur die Frage der Verwirklichung des einen oder anderen erlaubte und gebot sogar den Meinungsstreit. In einem unserer späten Gespräche erinnerte er an eine Auseinandersetzung, die 1988 auf einer Redaktionskonferenz der Zeitung ausgebrochen war. In jenen Wochen war viel die Rede von den Erschütterungen des Sowjetreiches und den ersten Bruchstellen, die sich in den imperialen Machtstrukturen auftaten. Ein Redakteur, der manche doppelseitigen Erfahrungen hatte, nannte es illusionär und unverantwortlich, den Frei-

110

heitssinn der Menschen im Osten aus sicherer Deckung zu ermuti-
gen; denn was in der wirklichen Welt zähle, seien einzig die Macht,
die Waffen und die Gewalt. Die werde die Sowjetunion rücksichtslos einsetzen und alle großen Worte als Gewäsch bloßstellen.
«Nichts also von ‹Freiheit› mehr!», schloß er.

Aufgebracht und mit Zornesröte im Gesicht hielt Sternberger
dagegen, das Oben und das Unten seien nie das letzte Wort, die
nackten Machtverhältnisse bedeuteten nichts, und wer das elementare Freiheitsverlangen leugne, sei entweder eine sklavische Natur
oder ein Zyniker. Unversehens war die Grundsatzfrage aufgeworfen. Und obwohl die große Mehrheit der Anwesenden sich auf
Sternbergers Seite stellte, zeigte er sich tief bestürzt darüber, daß
eine derartige Debatte überhaupt möglich war. Vorzeitig verließ er
die Konferenz und äußerte später, er habe nie vermutet, soviel
Freiheitsverachtung, wie vereinzelt auch immer, je in «meiner Zeitung» anzutreffen. Es war die letzte Redaktionsversammlung, an
der er nach annähernd dreißig Jahren regelmäßiger Anwesenheit
teilgenommen hat.

Er sei mit zunehmendem Alter, entgegen aller «Küchenpsycho-
logie», ständig unduldsamer geworden, hat Sternberger im Anschluß an diesen Vorgang bemerkt, den er als tiefen Lebensein-
schnitt empfand. Zwar habe er schon früh mit dem Satz, daß es
keine Freiheit für die Feinde der Freiheit geben dürfe, Aufsehen erregt. Aber heute ziehe er die Grenze enger, sagte er, und ertrage das
leichtfertige Gerede über die Freiheit und ihre Aussichtslosigkeit
nicht mehr. Geradezu tageweise gehe ihm deutlicher auf, ein wie
halsbrecherisches Unternehmen ein demokratisches Gemeinwesen
sei, zumal wenn es, wie die Bundesrepublik, nicht die geringste «er-
mutigende Emphase» verbreite: «Wer weiß schon, warum es ein
Privileg ist, in diesem Land zu leben?», fragte er. «Was ist das für
ein Staat, der nicht einmal mehr den Nachtwächter macht, sondern
nur als fetter Küchenmeister mit der Menükarte herumläuft und
Ansprüche einsammelt, mit dem Neid als neuem Menschenrecht?»

Nichts anderes als das von jedem Klardenkenden vermißte Bürgerbewußtsein habe er vor fast zehn Jahren mit dem Begriff des «Verfassungspatriotismus» schaffen wollen. «Ihr Einwand damals», wandte er sich an mich, «es handle sich um ‹eine richtige Professorenidee›, hat mich mehr getroffen, als ich zu erkennen gab.» Natürlich habe der Begriff keine Herkunft, keine Tradition und keine selbstverständliche Autorität. Aber irgendetwas müsse unternommen werden, um ein Bewußtsein dafür zu schaffen, daß der Staat jedermanns Sache sei: «Die Hände im Schoß und sich lustig machen, kann jeder», sagte er mit einiger Schärfe, und deshalb halte er an seinem Gegenvorwurf fest: Bei gleichem Befund sei mir auch nichts Besseres eingefallen. Niemand jedenfalls, setzte er nach einigem Überlegen hinzu, werde ihm je ausreden, daß vor allen Ansprüchen des Einzelnen ein Pflichtenkatalog steht; der müsse endlich formuliert und gelehrt werden. Denn keiner kenne ihn! Jeder in diesem Land beharre auf seinen Rechten, und der feige Staat bestärke ihn darin. «Aber die totale Freiheit», schloß er, «die so viele schwatzende Fürsprecher hat, endet stets in irgendeiner Form totaler Herrschaft.» Nach einer kurzen, grüblerischen Pause sagte er noch: «Wer das nicht weiß, weiß gar nichts.»

In unseren letzten Gesprächen Anfang 1989, schon im Krankenhaus, neigte er zu weit ausholenden Rückblicken. Der Mensch habe immer ein Janusgesicht gezeigt, sagte er einmal: Mit dem «schönen, von den Kanzeln der Frommen wie neuerdings auch der Gottlosen beschworenen Trieb zum Guten» sei es nicht weit her. Im Grunde habe sein gesamtes Reden und Schreiben dem Versuch gegolten, die abstoßende Gesichtsseite wegzudrehen. Wenn das nicht gelinge, gehe es weiter wie bisher, meinte er, wo man beim Blick auf den Weltengang entweder vom Gelächter oder vom Entsetzen geschüttelt werde. Das klinge wie eine Alternative, sei aber keine. Man müsse andere Wege einschlagen.

Er habe nicht gewußt, kam Sternberger später darauf zurück,

wie schwierig das sei. Denn die Versuchung lasse keinen los, sich die Dinge leicht zu machen. Im politischen Denken könne das auf zweifache Weise geschehen: Entweder, indem man auf das leergedroschene Stroh des tausendmal Gesagten ein weiteres Mal einschlage. Oder aber mit Hilfe kühn gebastelter, utopischer Konstruktionen von einem Reich des Friedens und womöglich gar des Überflusses. Der unermeßliche Vorteil solcher erdachten Welten sei, daß sie nicht funktionieren müßten. «Papier muß nie funktionieren», sagte er. «Das gibt dem Geschriebenen den Schein der Überlegenheit.» Er habe der einen wie der anderen Versuchung zu widerstehen versucht. Aber das sei nur eine persönliche Genugtuung. «Etwas wenig für ein ziemlich langes Leben», setzte der mehr als Achtzigjährige lächelnd hinzu.

Dies war die Einsicht, die ihm in späteren Jahren zusehends zu schaffen machte. Dennoch tritt Sternberger in meiner Erinnerung, bei aller natürlichen Noblesse, fast durchweg in jener aufmerksamen Zugewandtheit auf, die sein Wesen war. Als seine Frau, die sich in jungen Jahren schriftstellerisch hervorgetan, während der Hitlerjahre aber das Schreiben aufgegeben hatte, siebzig Jahre alt wurde, bat er mich, eines ihrer frühen Feuilletons in der Zeitung abzudrucken. Es sollte sie überraschen und ihr zugleich ins Gedächtnis zurückrufen, was gewesen, verloren und vielleicht auch gewonnen war. Am Geburtstag selbst rief sie an und meinte, sie habe in ihrem «schrecklich langen Leben» nie ein aufmerksameres Geschenk erhalten. Das Bewegende sei stets der Gedanke, den ein Geschenk erkennbar mache, und sie wolle alle Beteiligten wissen lassen, wie gerührt sie sei.

Daneben ist Sternberger denen, die ihm verbunden waren, bei aller angeborenen Gravität, überwiegend gutgelaunt in Erinnerung, zum Gelächter aufgelegt und zuweilen gar mit einer Neigung zur intelligenten Alberei. Seit er meine Vorliebe für Limericks entdeckt hatte, «regalierte» er mich, wie er das nannte, eine Zeit lang mit selbstverfaßten, das Deutsche mit dem Englischen selbstherrlich mischenden Proben seines poetischen Witzes. Eines dieser Versstücke, das ich in Erinnerung habe, lautet: «Charlotte von Stein / went to bed at nine / and nobody knew / whether she went allein / or Goethe went too.»

Ein anderer Quell immer neuer Vergnügungen waren für ihn komisch einprägsame Wortbildungen wie «verballhornen», «doppelt moppeln» oder «verbumfideln». Im Fortgang der Zeit legte er eine ausgedehnte Sammlung solcher «Allotriabegriffe» an und ging ihrem etymologischen Ursprung nach. Im weiteren Sinne zählte dazu etwa der Einwurf, mit dem der halbgebildete Berliner Kleinbürger, wie ich ihm erzählt hatte, das umgangssprachliche, immer etwas vulgäre «Denkste!» ins vornehme, vermeintlich englische «Thinkste!» umwandelte. Sternberger konnte sich über dergleichen ausschütten vor Lachen. Von dem Wort «plietsch», dem Hamburger Ausdruck für schlau, gerissen oder ausgekocht, fand er heraus, daß es ursprünglich «politisch» bedeutete, und er hielt diesen Zusammenhang für so bezeichnend, daß er begann, literarische Zeugnisse für das Wort zu suchen, ohne je ganz damit zu Rande zu kommen. Als ich ihn auf die Vergeblichkeit seines Bemühens hinwies, meinte er: «Oh, es ist nicht vergebens! Denn es macht mir, auch ohne jedes Ziel und sozusagen als die reine Verbumfidelei, unendliches Vergnügen.»

Bei so vielem, was uns, angefangen von den politischen Grundfragen bis hin zu den Limericks, freundschaftlich verband, blieben wir uns in einem Punkt alle Jahre hindurch fremd: in seiner energisch verteidigten Weigerung, das Böse in seinen vielfältigen Erscheinungsformen als hintergrundlose Kälte, als Haß, Roheit, Gier und was sonst noch alles zu verstehen. Im Lauf der Jahre hatten wir häufig Anlässe gehabt, darüber zu streiten, ohne je zu einer Einigung zu gelangen. Wie sehr auch ihn die unerledigte Auseinandersetzung beschäftigte, wurde deutlich, als er bei einem unserer letzten Gespräche, im Frühsommer 1989, unvermittelt darauf zu sprechen kam. Der Irrtum sei bereits, sagte er, das Böse überhaupt begreifen zu wollen. Denn es entziehe sich, mit einiger Vereinfachung gesprochen, der Vernunft. Man müsse es vielmehr «mit wachem Sinn ausmachen und dann niederhalten oder bekämpfen». Jede Gedankenmühe über die Herkunft oder die Bedeutung des Bösen im Einzelfall führe unvermeidlicherweise zu einer Einbuße an Entschlossenheit.

Wie dann und wann schon hielt ich ihm entgegen, daß man das Böse aber verstehen müsse, um es halbwegs aussichtsreich bekämpfen zu können. Für grundfalsch jedenfalls hielte ich seine Annahme, daß der blutigen Tendenz der Epoche nur wirksam entgegenzutreten sei, sofern man alle begreifende Anstrengung preisgebe. Denn es gehe doch nicht bloß darum, mit dem Leben davonzukommen, sondern auch zu wissen, warum man die überlegenen Gründe habe. Die erste Aufgabe sei, die Spielformen des Bösen kennenzulernen, die Maskeraden zu beschreiben, die seinen Auftritten in der «comédie humaine» soviel Szenenapplaus einträgen. Hitler sei nicht zuletzt ein Kostümproblem gewesen. Das habe die Generation, der er angehöre, nicht rechtzeitig durchschaut, und schon deshalb sei sie unterlegen. Aber natürlich, schloß ich, sei das alles für die einige Jahre Jüngeren besser zu erkennen, «weil wir, wo immer auch, aus lauter zerstörten Rathäusern kommen». Er nahm das kleine Verständigungsangebot, das meine Bemerkung enthielt, bereitwillig an und beschloß unseren jahrelangen Streit mit dem Satz: «Vielleicht ist es so, daß auch die Wahrheit ein flüssiges Element ist und jede Generation ihre eigenen Antworten hat.»

Dolf Sternberger sah sich gern in der Tradition der französischen Moralisten, deren Denken nicht eine Welt des Glücks verhieß, sondern nur eine Welt des verminderten oder gelassener ertragenen Unglücks. Mit ihnen verband ihn das Vergnügen am Lebendigen und die Einsicht, daß es keine banalen Erscheinungen, sondern nur banale Wahrnehmungen gibt. Den tieferen Grund für die Katastrophen der Geschichte, zumal des endenden Jahrhunderts, erkannte er in der Unfähigkeit so vieler Menschen, mit den unveränderbaren Gegebenheiten der Welt zurechtzukommen. Sie wollten die Schöpfung korrigieren. Die Moralisten hingegen hatten sich zum Ziel gesetzt, das Bestehende in seinen Grundbedingungen hinzunehmen, wie es war, und aus der Einsicht Erträglichkeiten zu gewinnen. Von diesem unverrückbaren Punkt her wollten sie die Menschen die immerwährenden Regeln und damit das Leben lehren.

Und das Sterben auch. Es war der Gedanke, der Sternberger womöglich ausnehmender als alles andere beschäftigt hat. Gesprächsweise hat er bemerkt, das Leben sei im Grunde lediglich die Suche nach den zwei, drei Wahrheiten, die selbst im Tod noch standhielten. Er selber habe sie nie gefunden. Am Tod scheitere alle Philosophie, er sei das Rätsel ohne Antwort oder Trost. Wie sehr ihm die Gewißheit des Sterbenmüssens von früh auf zu schaffen machte, geht aus dem ungewöhnlichen Umstand hervor, daß er sich bereits mit Anfang zwanzig, bei der Wahl seines Promotionsgegenstandes, zu einer Arbeit über dieses Thema entschloß. Unter dem Titel «Der verstandene Tod» setzte er sich in seiner Dissertation kritisch mit Martin Heidegger auseinander.

Sternberger selber hat die Unvermeidlichkeit des Todes weder verstanden noch verstehen wollen. Er hielt die Gewißheit, daß der Mensch sterben müsse und damit alles ausgelöscht sein werde: ein ganzes, noch in den armseligsten Verhältnissen erfülltes Leben mit ungezählten Eindrücken, Bildern, Erinnerungen und allem jemals Empfundenen für die «tiefste vorstellbare Kränkung», das «schlechthin Unbegreifliche», mit dem sich «kein denkendes Wesen abfinden» könne.

Der Tod ist denn auch in allem, was er geschrieben hat, anwesend, selbst wo er nicht beim Namen genannt wird: Unsichtbar sitzt er in gleichsam jeder Zeile mit am Tisch oder lauert hinter dem Vorhang, der wie auf ein Stichwort hin zerreißt und ihn als Steinernen Gast auf die Szene bringt. Unversehens drängt er sich in eine Betrachtung Sternbergers über den Windsor-Knoten, mischt sich in eine Rezension über den Film «Sunset-Boulevard» oder unterbricht die Idylle eines Spaziergangs bei Eltville, wo plötzlich von «einem Abendrot wie aus dem Jenseits» die Rede ist, das ein «schmerzhaftes Gefühl der Verlorenheit» wecke.

Sternberger kannte die entlegensten Hinweise über die Unsinnigkeit des Todes. In der Tischrede an seinem achtzigsten Geburtstag zitierte er den englischen Arzt Thomas Browne, einen Zeitgenossen Miltons, mit der Bemerkung: «The long habit of living indisposes us for dying.» Er bewunderte Montaigne bereits für den Satz, den er einem Kapitel des ersten Buches seiner «Essais» vorangestellt hat: «Philosophieren heißt sterben lernen.» Zugleich mit Pascal jedoch mißbilligte er die Gefaßtheit, um die sich der Edelmann aus dem Périgord dem Tod gegenüber ständig bemüht hat. Denn aller Stoizismus, meinte er, sei nichts anderes als ein Versuch, das Übel des Endes zu leugnen, die Niedertracht und den Schmerz. Er werde deshalb nicht aufhören, die Bosheit des Schöpfungsgedankens anzuprangern.

Er berief sich dabei auf Eideshelfer von überall her. Einer freundschaftlichen Runde trug Sternberger eines Tages eine unerschöpfliche Anzahl literarischer, oftmals herabsetzender Zeugnisse über den Tod vor. Als ich ihn beim Aufbruch fragte, warum er eine der bewegendsten Textstellen nicht erwähnt habe und ihm auf seine Frage hin die vier Schlußzeilen aus einem der Sterbensmonologe des Prinzen von Homburg zitierte: «Zwar eine Sonne, sagt man, scheint dort auch, / Und über buntre Felder noch als hier: / Ich glaubs; nur schade, daß das Auge modert, / das diese Herrlichkeit erblicken soll» – da wurde sein Blick plötzlich wäßrig. «Unübertrefflich!», brachte er heraus, «ich habe das nicht im Kopf gehabt.» Und gleich darauf, schon im fast hastigen Abgehen: «Der arme Kleist, wie mein Deutschlehrer immer sagte. Und dann das! Unübertrefflich!»

Auch einer unserer letzten Meinungsausträge hat sich am To-

desthema entzündet. Auf eine Bemerkung Sternbergers über die
«Schöpfungswidrigkeit» des Todes hatte ich, fast etwas beiläufig und um seiner Streitlust, wie ich zuweilen sagte, «einen
Happen hinzuwerfen», entgegnet, man dürfe die andere Seite
nicht übersehen: Dem Gedanken der Sterblichkeit verdanke die
Welt paradoxerweise eine Vielzahl unsterblicher Werke. Die
Romantiker, von den Ruinenmalern über Novalis bis hin zu
den Musikern, hätten sich vom Tod wie von der Vergänglichkeit
ungemein inspirieren lassen. Da er Richard Wagner nicht aus-
stehen könne, setzte ich hinzu, führte ich Schubert an, dessen
gesamtes Werk, von der Kammermusik bis zu den Liedern, ein
einziges, unter wechselnden Vorzeichen verfaßtes, unendlich
anrührendes Todesstück sei.

Natürlich war den Kenntnissen wie dem Gesprächsgeschick
Sternbergers mit solchen Gelegenheitseinwürfen nicht beizukom-
men. Als die Auseinandersetzung fast schon ins Heftige zu kippen
drohte, äußerte ich, daß ein vorbereiteter, mit Montaignes «visage
ordinaire» erwarteter Tod fast eine Art Menschenrecht sei. Hitlers
abscheulichstes Verbrechen habe für mich stets darin bestanden,
den in seine Vernichtungsmaschinerie Geratenen mit dem Leben
auch noch das Recht eines sozusagen menschlichen Todes zu nehmen. Entwürdigter als die zuvor entkleideten, zu den Massengräbern oder in die Gaskammern getriebenen Menschen sei bis dahin
kaum irgendwer umgekommen. Und auf ähnliche Weise habe Hitler auch die Verschwörer im Umkreis des 20. Juli umbringen lassen: Vor laufender Kamera halbnackt zur Hinrichtungsstätte geführt, hob der Henker den Kopf des Verurteilten in die Schlinge
aus Klavierdraht, und während er auf ein Zeichen hin den Körper
fallen ließ, zog er dem Opfer in einer äußersten Demütigung die
Unterhose herunter und wartete gleichgültig die letzte Zuckung
ab.

Anschließend ließ Sternberger sich nicht ganz unabsichtlich, wie
zu vermuten war, weitab in einen Exkurs über die vielen Bedeu-

tungen des Wortes «verschlagen» forttreiben. Vor Jahren einmal hatte ich sein Wesen als skeptische, von hohem Ernst durchsetzte Liebenswürdigkeit beschrieben. Die kam jetzt, während er sprach, zögernd und nicht ohne Befangenheit zurück.

Der Eindruck blieb aber, daß sein ganzes Vorbringen eine andere Art des Verschweigens oder zumindest des «Nicht-darüber-reden-Wollens» war. Der Zufall hatte es gefügt, daß vor Beginn der Teerunde, in der dieses Gespräch stattfand, die Unterhaltung auf das berühmte zeitgenössische Porträt Macchiavellis gekommen war, und Sternberger hatte bemerkt, das geheimnisvolle Lächeln des großen Florentiners auf diesem Bild verberge mehr, als es verrate. Es sei die Maske eines Mannes, der alles durchgemacht habe und zu der Einsicht gelangt sei, das Wichtigste für sich zu behalten, weil das Wichtigste für keinen Menschen mitteilbar ist.

Einen Augenblick lang schien mir, Sternberger habe das vor allem für sich selbst gesagt. Aber wie ging das zusammen? In allen Jahren war er mir, mehr als irgendwer sonst, als gleichsam offenes Buch vorgekommen. Er war, der er schien. Selbst seine «Gravitas» und der «Staatsernst», den er mit dem ihm eigenen altmodischen Pathos «die Schuldigkeit des wahrhaft aufgeklärten Bürgers» zu nennen liebte, waren ohne die geringste Andeutung von Ironie oder sogar Hohn, wie sie im Lächeln Macchiavellis durchschlugen.

Ein paar Tage später brachte mich der Zufall mit einem von Sternbergers alten Freunden zusammen. Ich fragte ihn, was Sternberger verheimliche, die liebenswürdige Außenseite sei womöglich nur dasjenige seiner Verstecke, das er als das unverdächtigste erkannt habe. Der Freund lachte. «Geheimnisse hat doch jeder», sagte er. «Und wenn man so was wie die Nazijahre mit halbem Hängen und viel Würgen doch noch überstanden hat, kennt man vielleicht noch ein paar mehr. Die sollte keiner herausbekommen wollen.»

«Bei Freunden jedenfalls nicht», fügte er später noch hinzu. «Für seine Misanthropien hat jeder von einem bestimmten Alter an mindestens tausend Gründe. Der eine stellt sie aus, der andere vergräbt sie im tiefsten Herzensgrund. Das zu entscheiden, hätte Sternberger gesagt, gehört auch zu den Freiheiten des Bürgermenschen.»

«Ach!»:

Versuch über
WOLF JOBST SIEDLER

Es hat mich immer wieder verblüfft, wie zwei Menschen vom gleichen Jahrgang in derselben Stadt aufwachsen und dennoch völlig
unterschiedliche Erinnerungen haben können; wie die Erfahrungen des einen und des anderen dann aber doch einigermaßen zu-
sammenlaufen und ein zumindest ähnliches Lebensgefühl entstehen lassen.

Vielleicht bestand das Berlin unserer frühen Jahre tatsächlich,
wie Wolf Jobst Siedler gern sagt, aus zwei Städten: aus dem Westen
als der vornehmen Hälfte, die am Apothekenflügel des Stadt-
schlosses endete, und wer einiges auf sich hielt, kam sein Leben
lang über diese unsichtbare Grenze nicht hinaus; und aus dem Gebiet jenseits von Schloßfreiheit und Alexanderplatz, das proleta-
risch war und ganze Stadtfluchten kannte, die durch sogenannte
Kneipenkreuzungen markiert waren, wo an den Schnittpunkten
zweier Straßen vier Bierlokale lagen. Erst weiter hinaus, in den östlichen Randbezirken, wechselte das Bild. Die Quartiere wurden
offener und bürgerlich mit Buchsbäumen in den Vorgärten, Por-
zellanfiguren auf den Vertikos und van Goghs Sonnenblumen an
der Zimmerwand.

Der Westen war Regierungssitz und große Welt, Kurfürstendamm und abgelegene Bars, von denen nur mit gedämpfter Stimme die Rede war. Auch der mit den Eltern befreundete Botschafts-

rat Saverio Aprea, der an der Heerstraße wohnte und uns Eintritts-karten für die Oper und das Sechstagerennen verschaffte, gehörte in die geheimnisvoll unruhige Lichterwelt auf der anderen Stadt-seite. Was wir vom Westen kannten, waren das Marmorpalais und die Sakrower Kirche, wohin die Familie ein- oder zweimal im Sommer einen Ausflug unternahm, oder, etwas weiter entfernt, Paretz und Ribbeck, und mein Vater sagte: «Im Westen sieht es überall aus wie bei uns. Immer nur Gegend mit Wald und Wasser. Aber dann taucht hinter einer Landzunge ein Tempelchen auf oder eine Brücke, und schon wird aus der Gegend, was wir nicht haben: eine Landschaft.»

Mitunter beschäftigte uns, von meinem aufgeweckten älteren Bruder ins Gespräch gebracht, die Frage, worin sich die Menschen im Westen von uns unterschieden. Da mein Bruder in der Neuen Kantstraße zur Schule ging, gab er sich als Kenner aus und erzähl-te, in den westlichen Stadtteilen sei alles ungeheuer elegant, die Ki-nos und die Konditoreien, es gebe Restaurants mit verhängten Fenstern, die feinen Herren trügen Spazierstöcke mit Silberknauf und legten noch im Bett das Monokel nicht ab. Sie lebten mit knal-lig angemalten Damen zwischen alten Möbeln und spreizten beim Tee den kleinen Finger ab. Die meisten seien Präsidenten von ir-gendwas, Geldleute oder Schauspieler und wechselten mindestens einmal am Tag das Hemd. Allen jedenfalls, meinte er, sei die Wich-tigkeit am Gesicht abzulesen, sofern man den Blick dafür habe. Ein paar Mal, als er sich in einem dunklen Hausflur in der fast kleinstädtisch wirkenden Friedrichstraße ein Stück vorgewagt ha-be, sei ihm klar geworden, daß auch die Herren mit den wichtigen Mienen und den Spazierstöcken nur ganz gewöhnliche Leute sei-en. Er verriet aber nicht, was er damit meinte.

Jahre später erst, nach dem Weggang aus Berlin und als die Stadt der Kindertage längst verbrannt war, habe ich einen der rätselhaf-ten Bewohner von der anderen Stadtseite kennengelernt. Wolf Jobst Siedler verkörperte sozusagen den «tiefen Westen», wie wir

Wolf Jobst Siedler

mit leicht ironischem Unterton gesagt hatten, und er förderte, genauer besehen, den Eindruck noch durch manche kleinen Nachhilfen. Er wohnte im Haus seiner Eltern, besaß urbane Formen, Neugier sowie schnellen Witz und auch sonst viel «Weststädtisches», was der Jungenscharfsinn meines Bruders noch nicht hatte wahr- nehmen oder ausdrücken können. Aber warum ich mich seit Beginn unserer langjährigen Freundschaft, sooft wir zu einem Gang um den Grunewaldsee oder sonstwohin aufbrachen, über seinen Spazierstock mit dem Silberknauf belustigte, hat er bis jetzt nicht erfahren.

Mitte der fünfziger Jahre brachte uns ein gemeinsamer Bekannter bei «Ricci» am Lehniner Platz zusammen. Siedler war kurz zuvor Feuilletonchef des «Tagesspiegel» geworden. Wir sprachen über den Ungarnaufstand, der soeben zu Ende gegangen war, und über das erschütternde Interview, das Imre Nagy Stunden zuvor gegeben hatte. Auffallend war, mit wie vielen großen Namen Siedler aufwarten konnte, als wir die journalistischen Vorhaben der kommenden Tage erörterten. Wir beim RIAS hatten nicht viel mehr als eine Gesprächszusage von Georg Solti in Frankfurt sowie von einigen Flüchtlingen aus Budapest zustandegebracht, während Siedler telefonisch in der ganzen Welt unterwegs gewesen war.

Überaus anschaulich und mit geistreich plazierten Spitzen berichtete Siedler, wie er Arthur Koestler, Nicolas Nabokov und ungezählte andere vor einigen Jahren, als Sekretär des Kongresses für kulturelle Freiheit, kennengelernt hatte und seither eine Art kollegialer Bruderschaft mit ihnen unterhalte. Nach mehreren vergeblichen, von den tragödienhaften Ereignissen in Ungarn immer wieder gehinderten Anläufen brachte er die Rede auf seine Wohnung, für die er soeben eine Empire-Kommode erworben hatte, und kam anschließend auf den Werner Heldt in seinem Besitz: eine der auch aus anderen Gemälden Heldts bekannten Stadtlandschaften, diesmal aber mit einem gewaltigen, ohne jede Effektabsicht, doch gerade deshalb überwältigend eindrucksvoll in den Bildvordergrund gesetzten Totenschädel: eine Art Memento mori für das zugrunde gerichtete, ausgepowerte Berlin, wie wir fanden, und sicherlich eines der ergreifendsten Werke im Œuvre des noch immer unterschätzten Künstlers.

Seltsamerweise brach die Verbindung mit Siedler nach dem ersten Zusammentreffen wieder ab, und in den folgenden Jahren sind wir uns nur hier und da durch Zufall begegnet, einmal wohl bei Wolfgang Staudte, dann und wann im Schillertheater oder bei unserem Rahmenhändler in der Eisenacher Straße. Doch ein paar Jahre später, als aus der Bekanntschaft eine Freundschaft zu werden begann, fanden wir heraus, daß jeder die Wortmeldungen des anderen verfolgt und in dessen Vorzugsthemen wie in dessen Denkbewegungen manche verwandte Spur ausfindig gemacht hatte. Die deutsche Geschichte bis hin zum friderizianischen Preußen war ein gemeinsames Interesse, desgleichen Schinkel und das klassizistische Berlin, mit dem der von Rom oder London aus entlegene Osten Deutschlands den Anschluß an die Weltkultur befestigt hatte. Sodann gehörten Thomas Mann und Gottfried Benn dazu, ferner das Italien der Renaissance mit Macchiavelli, Bernini und den Medici als «Heimat von uns allen» sowie die skulpturale Kunst und vieles mehr. Kein Ende eigentlich.

Natürlich gab es auch Fremdpunkte des Interesses, die aber mit Beginn der Freundschaft Austauschthemen wurden. Siedlers Vorliebe für die englische Lyrik gehörte dazu, für Friedrich Meinecke, Auerbachs «Mimesis» und die Anstöße, die von den gemeinsamen Abenden mit dem Historiker Walter Bußmann kamen. Mit Stefan George und mehr noch mit einigen aus seiner immer etwas gereckt daherkommenden Apostelschar hatte ich etliche Mühe, und geradezu abgelegen schien mir Siedlers Vorliebe für die schwerblütigen deutschen Untergangsrhapsoden mit dem «strengen Konzertmeister Spengler am ersten Pult», wie ich spottete, wenn ich von Siedlers «Dauerromanze mit dem Apokalyptischen» sprach.

Lebhafter als die Auffassungen, die wir damals im Gespräch

entwickelten oder gewannen, ist mir die Unbefangenheit in Erinnerung, die nicht zuletzt zur Zeit gehörte und zu der Aufbruchstimmung, die wir als eine Art verdiente Entschädigung für die hinter uns liegenden Schauerlichkeiten der Hitlerjahre ansahen. Sie war aber auch ein Vorzug, der mit unserer Herkunft zu tun hatte. Denn beide waren wir durch unsere Elternhäuser, bei allen West-Ost-Unterschieden und manchem, was sonst noch hinzukam, vom Naziwahn verschont geblieben und folglich nie in Versuchung geraten, die Verlogenheiten und unterdessen rituell gewordenen Reuebekenntnisse abzuleisten, die alle Welt von einem Deutschen unserer Generation erwartete – und nur zu leicht bekam.

Wie bevorzugt wir waren, wurde mir erst ganz bewußt, als ich Siedler eines Tages mit dem Journalisten Dieter Gütt zusammenbrachte, dessen Vater während der Hitlerjahre Staatssekretär im Innenministerium gewesen war und eine maßgebende Figur als Betreiber des sogenannten Erbgesundheitsprogramms sowie der Rassenhygiene. Unvermeidlicherweise kam die Rede auf die ideologischen Wirrnisse jener Jahre, und Gütt berichtete mit zunehmender Aufgebrachtheit, wie sein Vater sich früh «hochgeboxt» und Karriere gemacht hatte, mit Posten und Ehrungen überhäuft worden war und, als das Ende heranrückte, dem inzwischen erlangten hohen SS-Rang entsprechend, noch dem Nichts die Treue bewahrte, ehe er schließlich Selbstmord beging. Jedem seiner Worte war die Verrenkung anzumerken, die von dem Unglück mit dem Vater herrührte. «Warum hat er sich nicht früher umgebracht?», rief Gütt außer sich. «Jedes Datum bis Ende 43 hätte ich gelten lassen.» Aber sein Vater sei, wie alle diese schwarzuniformierten Henker, feige gewesen und habe nie begriffen, daß die Familie «zum Weiterleben verurteilt» war. Was immer Gütt sagte, war fraglos das Ergebnis jahrelanger Gedankenquälerei und zeugte von dem unheilbaren Bruch mitten durch seine Person. Und doch fanden wir, es wirke unterdessen abgebetet, weil auch die Glaubwürdigkeit

126

selbst der Verzweiflung, wie ich später einmal bemerkte, ihre Halbwertzeit hat.

Als Gütt gegangen war, meinte Siedler, man dürfe nicht annehmen, daß die schuldig Gewordenen von der Vergangenheit deformiert seien. Die zeigen als moralisches Passepartout überall die «Pflicht» vor, die sie immer nur getan, und den Gehorsam, den sie allezeit, angeblich unter oftmals schweren Zweifeln, geleistet haben. Von Verbiegungen müsse man vielmehr bei den Söhnen sprechen, die sich das Versagen ihrer Väter nicht verzeihen könnten. Die Freiheit von dergleichen Skrupeln sei das eigentliche Privileg, das die Elternhäuser den einen vermacht und den anderen versagt hätten; man werde nie einen unabhängigen, von Nebenüberlegungen freien Gedanken von jemandem hören, der selber mitgemacht habe oder aus Verhältnissen von Mitmachern stamme. Auf Anhieb nannte er ein halbes Dutzend Namen. Unbewußt betreibe jeder von denen ein immerwährendes «Trümmerbeseitigen». Das sei, fanden wir, die womöglich fatalste Korruption – die nämlich, die aus dem guten Willen kommt.

Jeder von uns hatte manche Einwände gegen die Auffassungen des anderen, doch gerade die Kontroversen, die sich daran knüpften, haben unsere freundschaftliche Verbindung erst hergestellt und alsbald gefestigt. Gegenstand unseres Interesses und denkbarer Streitpunkt war nahezu alles. Wir stritten über Ludwig Erhard und den sozialstaatlichen Parasitismus, der in offenem Widerspruch zu den paar Grundsätzen stand, die Erhard für eine florierende Wirtschaftsordnung verlangt hatte, und der gerade zusehends ungenierter um sich zu greifen begann; ein andermal sprachen wir über die poetae minores von Johann Christian Günther über Lenz bis Platen, für die wir eine gemeinsame Vorliebe hatten, oder über die Neigung der Deutschen, unausgesetzt nach den Schuldigen zu fragen statt nach der Schuld. Siedlers Verdacht der geradezu zwangsläufigen Korrumpiertheit allen, wie indirekt auch immer vom Hitlerregime infizierten Denkens, war mir zu sehr von den sozialen Verhältnissen und zu wenig vom Einzelnen her gedacht. Ebenso verhielt es sich mit dem Widerstand oder jedenfalls dem Widerstehen. Siedler vertrat im ganzen die Ansicht, daß Herkünfte, Traditionen oder Zugehörigkeiten ausschlaggebend gewesen seien. Ich dagegen war der Auffassung, daß alle Ideologien von links bis rechts sowie religiöse Bindungen oder Maximen versagt und durchweg nur Charaktere die Bewährungsprobe jener Jahre bestanden hätten. Wir hatten, der Zeit verhaftet, wie wir waren, mehrere Debatten darüber. Aber bezeichnend war auch, daß Siedlers unruhiger Kopf irgendwann nach einem anderen Gegenstand verlangte und er das Thema kurzerhand wechselte.

Oder es ins Anekdotische abbog. Die «richtige Familie», hielt er mir entgegen, müsse man schon wählen. «Es gibt da», fuhr er dann mit einer seiner Lieblingsgeschichten fort, «die Episode über den alten Bentham, den Goethe einen ‹radikalen Narren› genannt hat, weil er im England des 18. Jahrhunderts allenthalben irgendwelchen Mißbräuchen nachspürte. Er selber habe das nie verstanden, sagte Goethe. Jedenfalls würde er an Benthams Stelle den herrschenden Mißbrauch, wo immer möglich, zum eigenen Vorteil genutzt haben. Und als einer aus der Tischrunde sich ein Herz faßte und Goethe entgegenhielt, er könne doch nicht ausschließen, als Sohn armer Tagelöhner zur Welt gekommen und aufrührerisch gesinnt gewesen zu sein, überlegte Goethe nicht lange, sondern wies sein Gegenüber in heiterstem Zynismus zurecht: ‹Sohn armer Tagelöhner? Ich? Wo denken Sie hin! Nicht jeder, mein Allerbester, ist für das große Los gemacht. Glauben Sie denn, daß ich die Sottise begangen haben würde, auf eine Niete zu fallen?›»

Siedler hat die für Goethes Lebenssicherheit so bezeichnende Episode oft erzählt, und immer klang dabei mit, daß auch er sich sozusagen in das «große Los» hineingeboren fühlte. Er sagte gern, daß seine Familie seit zehn Generationen oder länger in Berlin ansässig sei und eine Anciennität besitze, die manche Eifersüchte hervorrufe: «Als die Hohenzollern gerade Mühe hatten, Könige zu werden», versicherte er einem Reporter mit dem Freimut eines Berliner Uraltbürgers, «war ich schon lange hier.» Und von dem kostbaren Mobiliar seiner Wohnung oder des Büros konnte er schon sagen, es stamme von seinem Vorfahren Gottfried Schadow, sofern es nicht von dem Goethefreund Zelter, auch er ein Ahnherr Siedlers, über die beste Berliner Verwandtschaft an ihn gelangt war. «Irgendwelche Antiquitäten kann jeder zusammenkaufen», ließ er dann ohne die geringste Unsicherheit verlauten, «ich dagegen sitze am Schreibtisch meines Großvaters.»

Den Krieg hat Siedler als Marinehelfer auf Spiekeroog mitgemacht. In dem thüringischen Internat, das 1943 auf die Nordseeinsel verlegt worden war, hatte er enge Freundschaft mit dem Sohn Ernst Jüngers geschlossen, und beide waren von der «Popligkeit» der Nazis, ihrem grobianischen Auftreten vor der Welt und ihrem prahlerischen Verbrechertum gleichermaßen angewidert. In einer Gruppe ausgewählter Kameraden hatten sie ihrer Verachtung reichlich unverhohlen Ausdruck gegeben und waren schon bald von einem der Beteiligten angezeigt worden. Während sie noch im Gefängnis von Wilhelmshaven auf das Verfahren warteten, kam eines Tages Ernst Jünger in Uniform und mit allen Orden, darunter auch dem Pour-le-Mérite, den er als Stoßtruppführer im Ersten Weltkrieg erhalten hatte. Auf die verwunderte Frage des Gefängniskommandanten, ob der Aufzug, in dem er erscheine, wohlüberlegt sei, erwiderte Jünger: «Ja. Das ist in diesen Zeiten die einzige Gelegenheit, da man seine Orden anlegen darf: wenn man seine Söhne in der Zelle besucht.»

Trotz aller Befürchtungen, die der Verfahrensgang geweckt hatte, verurteilte das Gericht die beiden «Rädelsführer» nicht nach dem Militärgesetzbuch, sondern, da sie zur Zeit der Tat noch keine achtzehn Jahre zählten, nach dem weniger rigiden Jugendstrafrecht. In der Besorgnis, das Urteil könne aus diesem Grund kassiert werden, machte sich Ernst Jünger ins Marinehauptquartier auf, um bei Dönitz «von Kamerad zu Kamerad» zu intervenieren.

Doch im Zugabteil kam er, wie er selber gern erzählt hat, mit einem Offizier ins Gespräch, der ihm den Rat gab, eine Dienstreise des Großadmirals abzuwarten. Denn Dönitz werde, aller Erfahrung zufolge, auch diesmal wieder auf der Höchststrafe und möglicherweise sogar auf einer Verschärfung des Urteils bestehen. Am Ende wurden die beiden Freunde zur Frontbewährung verurteilt. Der Sohn Ernst Jüngers fiel schon bei seinem ersten Einsatz in den Marmorbrüchen von Carrara, Siedler selber wurde wenig später verwundet und geriet in englische Gefangenschaft.

Die Erfahrungen der Hitlerzeit haben Siedler nicht nur stärker geprägt, als er je eingestanden hat, sondern ihn überhaupt erst aus unpolitischen Jugendjahren zur Politik gebracht. Der Anblick des Ruinenhaufens, den Berlin bei seiner Rückkehr bot, tat ein übriges. Und da er von frühauf einen Hang zu auffallenden Rollen besaß, zog er eine Folgerung, mit der er weithin allein stand: Er wurde konservativ. Herkunft und Veranlagung geboten den Entschluß ohnehin. Der Verruf, unter den er mit diesem Vorzeichen geriet, kümmerte ihn nicht, und die Behauptung, die Konservativen hätten angesichts der Heraufkunft Hitlers gründlicher als andere gesellschaftliche Gruppen versagt, hielt er für einen Trick der Linken, deren Väter von der mit ihnen ziehenden «neuen Zeit» zwar gern gesungen, vor der alten Hitlerwelt jedoch kläglich kapituliert hätten: Der Phrase verpflichteten Gesangsvereinen gehöre er nicht an, sagte Siedler, als wir in einer unserer frühen Unterredungen über seinen, wie ich fand, etwas allzu herrenhaft herausgekehrten Konservatismus sprachen. Bei anderer Gelegenheit entgegnete er auf meine Belustigung über seinen Hochmut mit der jungenhaften Überhebung, die er damals gern ausspielte, die Arroganz sei «ein fröhlicher und fröhlich machender Zustand, was zum Glück aber nur die Arroganten» wüßten.

Natürlich hatte seine Entscheidung für einen nach allen Seiten offenen Konservatismus mit noch vielen Gründen zu tun, die sowohl in seinem Verständnis von der Welt wie von der eigenen Partie darin zu tun hatten. Schon in jungen Jahren war er überzeugt, für das Besondere ausersehen zu sein, und «fortschrittlich» gab sich schließlich «jeder Eckensteher», meinte er: «Wer will das unter diesen Umständen schon sein?» Geradezu überschwenglich stimmte er zu, als ich einmal den Egalitarismus der Bundesrepublik, der die Gleichheit nicht nur als Ausgangspunkt, sondern als Ziel aller Gesellschaftspolitik betrachte, das weiterwirkende Vermächtnis Hitlers nannte und von dieser Art Gleichmacherei als dem heimlich bewahrten «Nazi-Glück» der Bundesrepublik sprach.

Ein anderer Schub für Siedlers Konservatismus kam aus der unter Deutschen seit je verbreiteten, nach der NS-Zeit verstärkt hervortretenden Neigung zur Verdammung ganzer zurückliegender Epochen. Er selber stand statt dessen in tiefem Einvernehmen mit der Vorväterwelt und erfuhr, so hat er jedenfalls versichert, in nicht mehr ganz jungen Jahren überrascht, daß die Jugend um 1900 aus dem Aufstand gegen das Gestern gelebt hatte: In der eigenen Familie, hielt er dagegen, hatte es dergleichen nie gegeben. Alle Vergangenheit umgab für ihn fast unwillkürlich ein Schimmer der Verklärung. «Mit Sehnsucht» las er hier und da von der später so verächtlich bewerteten «Systemzeit», als Berlin noch groß, lebendig und anziehend war. «Ach, hätte man das Damals zurück!», entnimmt der Leser vielem von ihm Geschriebenen, und selbst die Nachkriegsjahre mit Stromsperren, Hungerrationen und Luftbrücke, aber eben auch mit der Hoffnung auf die Wiederkehr vergangenen Glanzes, lebten in seiner Erinnerung lange als eine «goldene Zeit» fort.

Sein Thema wurde alsbald, wohin er sich wandte, der Untergang jenes bürgerlichen Europas, das allen die größte Freiheit verschafft und doch durchweg nur Feindschaften hervorgerufen hatte: vorab die der Kommunisten und der braunen Heerhaufen, dann die der Literaten, der Architekten sowie des bunten Gewimmels der Moderne mit ihren immer neuen Manifesten – und weit und breit niemand, der ein Wort für alles das einlegte, was Europa einzigartig gemacht hatte. Bis auf ihn. Siedler hat die Rolle eines Verwalters der europäischen Reminiszenz sehr bewußt übernommen; der Zeitpunkt sei absehbar, variierte er bei wechselnden Gegenständen, da selbst die Erinnerung an den alten Kontinent versunken und nur noch aus verblassenden Geschichtsbüchern zu erfahren sein werde, was es damit auf sich hatte. Karthago überall.

Das ist die Lebensstimmung der in dem Buch «Die gemordete Stadt» vereinten Essays, mit denen Siedler erstmals ein breiteres Aufsehen erregte. Anfangs erbittert angefeindet, wurde der schmale Band einige Jahre später, nachdem das Thema der von Architekten und Planungsämtern einvernehmlich betriebenen Stadtzerstörung durch Alexander Mitscherlich, einem der Mundstücke des hohen Zeitgeists, gleichsam abgesegnet worden war, als Musterbuch ahnungsvoller Zukunftsbesorgnis gefeiert. So ging es immer wieder. Über Preußen schrieb Siedler lange vor dessen lärmender Wiederentdeckung, und über Bäume, als es die Grünen noch nicht gab.

Die Vorbehalte gegen seine unzeitgemäße Betrachtungsweise blieben folglich bestehen: Konservativ wollte niemand sein, skeptisch nicht und auch nicht voller Zweifel in die schöne neue Welt. Im Gegenteil kamen Ende der fünfziger Jahre bereits neue Gläubigkeiten in Umlauf, nachdem die alten soeben erst in die Katastrophe geführt hatten. Die verheißungsvollen Zukunftsbilder, die da vor flimmernden Horizonten hochstiegen, verlangten erst einmal die Beseitigung des Bestehenden. Das war der weiterwirkende, von allzu vielen Kathedern verkündete Furor des Landes: Die tiefe deutsche Sehnsucht nach der Tabula rasa hatte nicht einmal die große Zerstörungsmaschine von Naziherrschaft und Krieg stillen können. Was jetzt hochkam und immer neue, blutige oder unblutige Kindereien aushecke, erwuchs auf dem Boden einer tiefsitzenden Abgestumpftheit, die sich als neue Empfindsamkeit ausgab.

Siedler hat seine Irritation über das neudeutsche Barbarentum, das entweder selbstvergessen vor sich hinlebte oder alle herkömmlichen Ordnungen und Gesittungsmaximen als Unterdrückungsinstrument der herrschenden Klasse begriff, in einer Betrachtung unter dem Titel «Trauer um den verlorenen Schmerz» formuliert. Darin stimmt er die Klage an über die seelische Dumpfheit im Nachkriegsdeutschland, das die Verluste an Menschen, Provinzen und Überlieferungen hingenommen und damit endgültig abgeschrieben habe. Die Deutschen, lautete sein Befund, hätten sich selber verloren und seien ohne Würde. So wie gestern in der nationalen Ausschweifung, verhielten sie sich heute in der betäubten Kälte. In die Schocks der Geschichte hätten sie sich mit der emotionalen Erstorbenheit von Heloten hineingefunden. Durch die Abtötung eigener Empfindungen versuchten sie, sich von den Leiden zu entlasten, die sie anderen zugefügt hatten; das seien die beiden Seiten der gleichen Gefühlsverarmung.

Siedler hat dieses Leitmotiv seines Schreibens an immer anderen Gegenständen festgemacht: am unbemerkten Verschwinden der städtischen Plätze, am Untergang der alten Handwerkskultur, dem Verlust des Schönheitssinns oder zivilisierter Umgangsformen und weiterer Einbußen ähnlicher Art. Schon an den frühen Arbeiten ist seine Fähigkeit bemerkt worden, Alltäglichkeiten und, wie er gern sagte, «Bagatellhaftes» als Symptom kommender, womöglich schon in Gang geratener Epochenbrüche wahrzunehmen. Beim Gang über einen Trödelmarkt, aus dem Wechsel von Wohnungseinrichtungen, Fernsehmoden oder neuartigen Lesegewohnheiten entwickelte er oftmals überraschende, von allen ignorierte und dennoch geistvoll überredende Deutungen von Gegenwart oder Zukunft. Er bekannte seine Sympathie für Kriegslieder, begründete seine Reserven gegenüber Nabokovs «Lolita» oder vermerkte nicht ohne Melancholie den Untergang des einer anderen Zeit zugehörigen Typus des «Helden».

Hinter dem selbstbewußten Konservatismus Siedlers stand folglich durchweg mehr als reaktionäre Laune, soviel davon auch im

Spiel war. Der womöglich stärkste Beweggrund für den Widerspruch gegen den Zeitengang, der uns aufs engste verband, war vielmehr die Auffassung, daß kaum etwas törichter sei als das unentwegte, von allen Seiten angestimmte Geschrei nach Veränderung sowie die Behauptung, daß das Weitertreiben der gesellschaftlichen Prozesse nicht nur unvermeidlich, sondern geradezu ein moralisches Gebot sei. Seit dem frühen 19. Jahrhundert, so fanden wir, einander bestärkend, habe die Zeit eine ungeheuere Beschleunigung erfahren, und wer die Orientierungsverluste betrachte, die von den Unwettern der Entwicklung herkämen, durfte dieser Tendenz nicht noch Vorschub leisten.

Die unübersehbare, vom schlichtesten Augenschein vermittelte Lehre der Epoche lautete statt dessen, daß das Verlangsamen dieses Prozesses die Aufgabe der Stunde sei. Das Unvermögen zumal der linken Intellektuellen zu dieser Einsicht, bemerkte ich in einem unserer «Spaziergespräche» im Grunewald, dränge sie in jene anachronistische Rolle, die paradoxerweise gerade den Konservativen angekreidet werde. Und in Siedlers Betrachtungen heißt es sinngemäß immer wieder, die wahrhaft verstockte Reaktion bildeten derzeit die Anwälte des gesellschaftlichen Fortschritts. Zwar werde jeder Verständige einräumen, daß es rund zweihundert Jahre lang die Aufgabe der Intellektuellen gewesen sei, die Dinge voranzutreiben, gedankenlos mitgeschleppte Annahmen und Strukturen in Frage zu stellen und Schranken aller Art wegzuräumen. Doch müsse man sehr blind sein, um nicht zu sehen, daß unterdessen das Gegenteil vonnöten sei: das Bewahren und das Weitergeben der von den Turbulenzen der Epoche verschonten Restbestände des zivilisierten Daseins – damit nach so vielen Untergängen nicht alles und jedes von jenem Sturm weggerissen werde, der dem Engel der Geschichte, einer berühmten Metapher zufolge, ins Gesicht bläst.

Das Echo, das Siedlers thematisch ausgreifende Arbeiten fanden, ob er nun, neben manchem schon Erwähnten, über Ernst Jünger, gesellschaftliche Formen als Inhalte menschlichen Daseins oder die neuen «Wohnstädte» schrieb und ein andermal den gutmeinend-dreisten Politikbegriff der Gruppe 47 verhöhnte, war innerhalb aller intellektuellen Modeszenen begreiflicherweise offen abweisend. Eine Zeit lang wurden seine Einlassungen unwillig beiseite getan. Doch seit er 1955 das Feuilleton des «Tagesspiegel» übernommen und mit nicht selten ebenso schroffem wie elegantem Sarkasmus das kulturpolitische Geschehen begleitet hatte, wurde ihm auch ein Einfluß zugeschrieben, der sich auf Dauer schwerlich übersehen ließ.

Erstaunlich war, daß Siedlers Attacken ihm kaum die Feindschaften eintrugen, die für jene Zeit charakteristisch waren. Zu oft formulierte er das Ungedachte und war, wie er einmal von Friedrich Sieburg gesagt hat, auf linke Weise rechts. Oder womöglich auch auf rechte Weise links. Er nahm solche altbackenen Spitzmarken nicht ernst, und wir bestärkten uns nachdrücklich darin. Der ideologische Simplizismus der Jahre jedenfalls hatte seine Mühe mit soviel Freimut, und die geläufigste Reaktion auf Siedlers kühl provozierende Gedanken waren die sprachlos offenen Münder ringsum. Wer sich umhörte, stieß nicht selten auf die Bemerkung, man wisse sich keinen Vers auf Siedler zu machen.

Die Ratlosigkeit über diesen Konservativen, der sich offen nach allen Seiten und so entschieden im Grundsätzlichen gab, zudem auf jene Geschwollenheit verzichtete, die auf der rechten Seite als üblich galt, spiegelte nicht zuletzt die Schwierigkeiten der deutschen Provinz mit dem urbanen Spätbürger aus Berlin. Noch verwirrender machte die Dinge, daß Siedler offenkundig nicht nur am Vergangenen interessiert war, sondern hinter seinen einschlägigen Überlegungen die erheblich weiterreichende Frage nach der Vergänglichkeit auftauchte: wie Dynastien, Ideen, Staaten oder Reiche entstehen, wie sie Macht erlangen, glanzvoll werden und zum Sterben kommen.

Anders als beim herkömmlichen Konservatismus gab es für

Siedler auch kein resigniertes Hausen im Dahingegangenen. In seltsamem Gegensatz zu der melancholischen Diktion seiner Arbeiten, dem «allerwehmütigsten Oboenton», wie die mokanten Freunde sagten, war er von robustem Ehrgeiz. Er stand gern im Mittelpunkt und führte ein großes Haus. Zuzeiten konnte man bei ihm jedem begegnen, der in Berlin, und häufig darüber hinaus, über Namen, Ansehen oder jenen Glamour verfügte, dessen Glitzern alle seine Lebensgeister weckte. Selbst in erschöpften Zuständen lief er dann von einem Augenblick zum anderen zu hoher Form auf und machte anschaulich, wie wichtig ihm Zuhörer und Publikum und Beifall waren.

Obwohl Siedler unausgesetzt das Bröckeln des gesellschaftlichen Untergrunds beschwor und den Mächtigen oder zumindest Einflußgebietenden ins Gewissen redete, hat er niemals erwogen, eines der politischen Ämter anzunehmen, die ihm im Lauf der Jahre angetragen wurden. So gern er, wie er selber häufig sagte, «an der Tete ritt», fühlte er sich insoweit im Hintergrund wohler. Mitte der sechziger Jahre hielt ich ihm zu seiner Erheiterung einmal vor, er betrete, gemessenen Schritts aus dem Dunkel der Hinterbühne hervorkommend, die Szene, lasse die Scheinwerfer aufflammen, räuspere sich in das erwartungsvoll verstummende Parkett hinunter, als mache er eine befremdende Entdeckung, und sage nach einer wohlberechneten Pause mit wirkungsvoll angerauhter Stimme nur: «Ach!» Dann erwarte er den Applaus.

In der Tat waren es durchweg Abgesänge, die Siedler anstimmte. Was seiner Rückwärtigkeit jedoch den besonderen Charakter gab, war der unweinerliche Ton seiner Nachrufe. Niemals verfiel er ins Lamentieren. Johannes Groß, der zu seinen Freunden zählte, pflegte zu sagen, der Autor Siedler suche unablässig neue Seufzerbrücken auf der Welt. Von dort sehe er die Unwiederbringlichkeiten aus besseren Zeiten in irgendwelchen «Lagunennebeln» entschwinden und winke ihnen, «Stefan George, Joseph Roth und vielleicht noch Carlo Schmid zur Seite», weil «ein politisches Lampion nun mal wichtig und dem Interesse förderlich sei», in männlich gefaßter Haltung hinterher. Und wie Siedler sich keine Larmoyanz gestattete, vermied er auch jene verlogenen Selbstbeschwichtigungen, mit denen sich die Wortführer der Moderne die von ihnen selber losgetretenen Abgänge schönredeten. Immer blieb er überzeugt, daß die angerichteten Verluste endgültig und keine Erstattungen von wo auch immer zu erwarten seien.

Das eine oder andere Gegenbild, immerhin, erschuf er sich. Wie einige seiner Freunde habe ich ihm gelegentlich ironisch vorgehalten, sein Preußen existiere, wie manches, was er feiere, nur in seiner Vorstellung, und womöglich sei keine seiner zahlreichen Gaben «preußischer» als die Fähigkeit, Mythen zu erfinden; denn das sei «Preußens eigentlich überragendes Genie» gewesen. Jedenfalls habe Siedler sich aus lauter anziehenden Partikeln mit soviel Erfindungsgabe wie begnadetem Witz ein Preußen zurechtgemacht, das aus Schönheitssehnsucht, Seelenadel sowie unmartialischer Tapferkeit bestehe und in der Verbindung aus alledem einen silbrig arkadischen Glanz verbreite: so, als sei dieser ebenso sandige wie ehrgeizige Kunststaat nur Schlüter, Potsdam und Schinkel gewesen und nicht viel mehr auch und vor allem Juchtenleder und Jammer.

Aber es war nicht nur der Schönheitsstaat Preußen, mit dem sich Siedler über die Mißlichkeiten der Gegenwart hinweghalf. Die andere selbstverfertigte und in höchste Höhen getriebene Legende war Berlin: Dem Siedlerschen Phantasma zufolge hatte kein geringerer als der Weltgeist persönlich zwischen 1780 und 1830 an der Spree Heimstatt genommen und mit dem großen Friedrich, mit Kleist, Hegel, den Romantikern, Fichte und vielen anderen einem neuen Zeitalter die Tore geöffnet. Rund ein Jahrhundert später, in den glanzvollen zwanziger Jahren, habe dieser Weltgeist eigenartigerweise noch einmal nach Berlin zurückgefunden. Dann allerdings hätten die «Nazi-Rabauken» ihn vertrieben und die Stadt kulturell wie menschlich auf eine Weise entleert, die in den fünfzig

Jahren seither nicht ungeschehen gemacht werden konnte und vermutlich viele Generationen lang anhalten werde.

Der Untergang, den Siedler am Beispiel Berlins wieder und wieder diagnostiziert hat, war aber nicht nur das Schicksal dieser Stadt. Zumindest in Deutschland gab es nach der revolutionär betriebenen Zersetzung aller Verhältnisse durch das Hitlerregime, nach den Verheerungen des Bombenkrieges, dem Flüchtlingschaos und den zahllosen weiteren Erdbeben des Jahrhunderts die Gesellschaft nicht mehr, deren Ausdruck die Städte waren. Man sehe falsch, meinte Siedler, oder mit verkümmertem Blick, wenn man eine Stadt lediglich als ein wie immer geordnetes Ensemble von Bauten, Straßen und Plätzen wahrnehme. Eine Stadt verweise stets noch auf anderes, als der bloße Anblick hergebe, und bringe immer auch die Idee zum Vorschein, die sie von sich habe. Insofern sei Gutbrods Kunstgewerbemuseum in Berlin weit mehr als eine bürgerverhöhnende Unsäglichkeit. Eine Stadt, die sich derartiges leiste oder bieten lasse, habe sich aufgegeben, äußerte Siedler. Meine Ergänzung lautete, sie betrachte sich als Mülldeponie, für die sie sich mit Gutbrods Bau sozusagen schon den Verwaltungssitz geschaffen habe.

Man durfte sich nicht beirren lassen. Die Reisen, die wir seit der zweiten Hälfte der sechziger Jahre nach Italien unternahmen, hatten, für Siedler zumindest, vorab berufliche Gründe. Zugleich folgten sie aber auch der Absicht, sich der in Deutschland verlorengegangenen oder willentlich weggeworfenen baulichen Maßstäbe am Urbild zu vergewissern. Jede italienische Stadt, so fanden wir manches Mal, mache wie am Muster sichtbar, wofür die Magistrate, Architekten und Bürger der grandiosen, zumal oberitalienischen Stadtstaaten ihre Gründung einst entworfen und durch strenge Bauvorschriften gesichert hatten: für den Ruhm eines großen Geschlechts, das Glück der Bewohner, die Schönheit oder Ehre der Stadt und anderes mehr. Während das Deutschland zumindest der Gegenwart seine Gebäude für die Modernitätsmarotten geschichts-

loser Bauherren oder für ein vorteilhaftes Abschreibmodell errichtete.

Auf die Reisen nach Italien begaben wir uns viele Jahre lang,
sie waren so etwas wie eine stete Vergewisserung der gegenseiti-
gen Freundschaft und deren belebteste Phase: «Unsere Grand
Tour», wie wir in Anlehnung an die Reisenden vergangener Zeiten zu sagen pflegten, und mitunter meinten wir geradezu die
Gewinne zu spüren, die wir dabei einstrichen: Sie kamen von der
überlieferten Herkunftsempfindung in einem Land mit eher
fremdem Lebensgefühl, von der unerschöpflichen Vielfalt der
Kunst- und Landschaftserlebnisse, der schönen Aufdringlichkeit
des Daseins und was es sonst noch gab.

Natürlich wählten wir anfangs die Route über die großen Städte,
von Verona und Mailand über Florenz nach Rom. Aber zusehends
häufiger schlugen wir Umwege ein und fuhren über kleine, mit
beispiellosem Bühneninstinkt geradezu komponiert errichtete,
von einem schwer beschreibbaren Zauber erfüllte Ortschaften
nach Süden: Vigevano, Bevagna und Spello, Caprarola, Civita Ca-
stellana oder Ninfa sind Namen, die sich mir unter vielen anderen
für immer eingeprägt haben und irgendwo, abseits der überlaufe-
nen Touristenstrecken, in der geschichtsreichen Landschaft Italiens
in halber Vergessenheit dahindämmern. Für andere Eindrücke sorg-
ten die Begegnungen, die durch die Vermittlung des einen oder anderen Freundes zustandekamen und uns lehrten, daß die uralte
Mechanik des Landes noch immer wirksam war, wonach eine Verbindung mindestens hundert weitere schafft. Auf diese Weise trafen wir mit Giorgio di Chirico und Giuseppe Ungaretti zusammen,
mit Guttuso, Moravia und Fabrizio Clerici, mit Indro Montanelli
oder Giacomo Manzù, der auf einem flachen Hügel über Ardea
wohnte, unter sich, wie alle sagten, einen fabulösen Reichtum an
ungehobenen etruskischen Kunstschätzen.

Zahllos sind denn auch die Denkanstöße, die aus diesen Begegnungen kamen. Mit illusionslosem Scharfsinn wartete Montanelli

auf, für Kritisches war Moravia zuständig, anderes klang eher überraschend, mitunter auch skurril. Ich erinnere mich der Neigung di Chiricos, uns wieder und wieder von seiner lebenslangen Bewunderung für Friedrich Nietzsche zu erzählen, oder zweier Universitätsprofessoren, die während eines Abendessens irgendwo am Meer die Frage nach dem größten Deutschen aufwarfen und anschließend in einen nahezu erbitterten, in ziemlicher Verstimmung endenden Streit darüber gerieten, ob Goethe oder Theodor Mommsen der Vorzug gebühre. Manzù wiederum hatte zu später Stunde, unter dem Feigenbaum neben seinem herrschaftlichen Haus, sozusagen mitten im Satz, eine Erscheinung der Madonna, mit der er, ohne seine Gäste länger zu beachten, einen längeren, von zeitweilig beglücktem Stöhnen unterbrochenen Gedankenaustausch führte.

Dergleichen versorgte uns mit immer neuem Gesprächsstoff, zumal im Grunde kein Tag ohne starke, oftmals ins Nachdenkliche, dann aber auch ins Kuriose oder Überspannte reichende Eindrücke vorüberging. Aus alledem und insbesondere später, als wir zunehmend häufiger in die noch weitaus fremdartiger anmutende Welt des tiefen Südens und bis nach Sizilien gelangten, entwickelten wir die Absicht, einiges vom Erlebten oder auch Erörterten schriftlich festzuhalten, da uns viele Wahrnehmungen, angesichts der Überfülle der Befunde, rasch verlorengingen. Einmal wußten wir nach Tagen bereits nicht mehr zu sagen, welche Überlegungen wir beim Rundgang durch Cremona über die moderne italienische Bildhauerkunst geäußert hatten, in Arezzo über die Fresken Fra Angelicos oder was uns ein Angehöriger des Geschlechts der Tasca, auf den Hügeln über Palermo, von der sagenumwobenen, unglücklichen Prinzessin Draguna erzählt hatte.

Das waren Vergeßlichkeiten. Aber eine Entschädigung boten die unaufhörlich neu andrängenden Erlebnisse eines jeden Tages und die immer anderen Themen, die sie uns verschafften: die Erinnerungen und Assoziationen, die der Gang über das Kapitol wachrief, die einzigartigen Landschaftseindrücke, sei es bei den Castelli Romani, sei es in den nie ganz geheuren Wäldern Calabriens oder dann auf Sizilien, wo eine Sondergenehmigung uns den Ätna hinauf zwischen die in träger Zerstörungswut zu Tal fließenden Lavamassen brachte. Die Gegenstände und Gedanken flogen uns gleichsam von allen Seiten zu: durch merkwürdige Begegnungen in Neapel oder den Blick von der Brücke in Cosenza auf das tief ins Gestein gebrochene Flußbett des Busento. Die Schwermut über ausgedehnten Landstrichen zwischen Rom und Syrakus brachte uns auf das folkloristische Trugbild, das die Oper von den Menschen Italiens erzeugt hat, dann wiederum, beim Blick auf eine der vielen hochgelegenen Gebirgsansiedlungen, kamen wir zur Stadt auf dem Berg, später auf Vergil, Lampedusas Santa Margherita, und irgendwann begegneten wir auch einem melancholischen Mafioso, der die «Kultur» der Ehrenwerten Gesellschaft im Kriminalismus der modernen Welt versinken sah. Die inspirierenden Eindrücke und Anstöße nahmen kein Ende.

Schon als sich die ersten Gedächtnislücken bemerkbar machten, begann ich, erinnernswerte Begegnungen oder Gedanken in Stichworten festzuhalten, und Siedler, als Verleger immer auf Verwertungen bedacht, wartete kurze Zeit später mit dem Vorschlag auf, gemeinsam ein Reisebuch zu verfassen. Einige Tage lang war es uns ernst damit. Dann gab Siedler das Vorhaben auf: Er habe, meinte er, kein Zutrauen in unser Durchhaltevermögen. Infolgedessen führte ich die Aufzeichnungen ohne sein Hinzutun fort. Denn die Beschreibung einer bilderreichen Welt, die nahe und entlegen zugleich war und, wie mir schien, auf mancherlei Weise im Gegenlicht lag, war zu verlockend, um sie so leichthin aufzugeben.

Das Buch hatte zudem, wie ich fand, mit der Frage unserer Generation zu tun, wie und warum Reiche zugrundegehen. Überlegungen darüber hatten uns vielfach beschäftigt, und Siedler hatte mich gelegentlich sogar überreden wollen, das Thema in einem Großessay oder gar einer historischen Darstellung abzuhandeln.

Jetzt sagte ich ihm, ich kehrte, sollten meine Notizen je zu einem Buch geraten, nur zu dem älteren Vorhaben zurück. Vielleicht vermittle Italien mehr als irgendein anderes Land eine Ahnung davon, was Europa bis unlängst gewesen war. Wir seien gewissermaßen die letzten, die noch einmal etwas von seiner Lebendigkeit, seinem Glanz, seinen unaufrichtigen Imperativen und seiner «Douceur de vivre» erlebten, ehe auch das der Zerstörungslaune der Moderne zum Opfer falle.

Das Stimmungssentiment, das für Siedler wie für mich bis heute über jenen Reisen liegt, hat natürlich auch mit den vergleichsweise jungen Jahren zu tun, in denen wir uns damals befanden. «Die Jugend macht sogar den Teufel schön», liebte Siedler zu zitieren, ihr Blick verwandle alles, und tatsächlich waren unsere Überlandpartien, wie wir manchmal sagten, für jeden von uns ein zweites Zusichselberkommen. Ein besonderer Gesprächsreiz, den wir bald zusehends geübter anwendeten, lag in Siedlers Neigung, die Dinge, die ihn zornig oder auch verächtlich stimmten, mit vergnügtem Mutwillen auf den äußersten Punkt zu treiben, während mir dann die Rolle des vernunftgeleiteten, mitunter auch spöttischen Zwischenrufers zufiel. Von Zeit zu Zeit, wenn sein Klagen allzu ausdauernd anhielt, wies ich ihn darauf hin, daß seine «Passionswege» die Bezeichnung strenggenommen nicht verdienten, weil sie ohne den Umweg über irgendein Golgatha direkt zur Glorie seiner Auferstehung führten; man fange an, zu vermuten, daß dies das wahre Motiv für seine Zeitverdrossenheit sei. Siedler nahm solche Einwürfe, mitunter noch bekräftigend, mit jener Selbstironie hin, die zu seinen einnehmendsten Eigenschaften zählt.

Auffallenderweise gab er sich in seinen öffentlichen Äußerungen bekümmerter, als er im persönlichen Umgang war. Jedenfalls ließ er im Gespräch weit weniger von seinen Besorgnissen durchblicken, es sei denn, sie gaben eine unterhaltsame, womöglich sogar hallende Pointe ab. Statt dessen brillierte er in geistreicher Ausgelassenheit, vermied jede langweilige Mißgelauntheit und alle

Pathetik. Die hochgedrehte Tonlage, sagte er bei Gelegenheit, sei eigentlich eine Rhetorik fürs Personal. Als ich ihm daraufhin entgegenhielt, er komme nun mal von seinem, berlinisch gesprochen, «Puschel» nicht los, daß die Welt strikt in Herrschaft und Dienstboten geteilt sei, erwiderte er mit belustigter Lakonie: «So ist es! Weil es eben kein ‹Puschel› ist, sondern die reine Wahrheit!» In den gleichen Zusammenhang gehört die Kontroverse zwischen uns, daß der Nationalsozialismus eine «Partei von Hausmeistern» und Hitler unter den «kleinen Leuten» am erfolgreichsten gewesen sei. Obwohl ich stets die Auffassung vertrat, daß das Klischee von der Nazipartei als Sammelbewegung des Bürgertums von geradezu alberner Voreingenommenheit sei, waren doch mehr honorige Bürger dabei, als Siedler glauben machen wollte: Beamte, Unternehmer, Militärs – «Herrschaft» eben, die so grundsatzlos oder jedenfalls verwirrt dachte wie das Personal im Souterrain.

Den Umgangston im Kreis der Freunde, die Siedler nach seiner Berufung zum Chef des Propyläen- und später auch des Ullstein-Verlags um sich versammelte, bestimmte am hörbarsten ein Ton scharfzüngiger Herzlichkeit. Klaus Scholder und Waldemar Besson, die beide früh verstarben, gehörten dazu, ferner Johannes Groß, Joachim Kaiser, der Verfasser und, wie er selber zu spotten pflegte, «als liberale Galionsfigur im Ankerkettenraum, hinterstes Unterdeck», Hans Schwab-Felisch. Vielleicht war Siedler zu keiner Zeit so eins mit sich selbst wie als Mittelpunkt dieses späten Salons, eine «männliche Rahel», wie einer der Freunde ihn einmal nannte, der sein Mittlertum ebenso genoß wie die Möglichkeit, vor versierten Köpfen zu glänzen. Auf den monatlich anberaumten Sitzungen brachte er die Genannten mit einem jeweils wechselnden, ausgewiesenen Gast zusammen, um das Verlagsprogramm zu erörtern, moderierte den Meinungsaustausch und führte ihn meist zu einem verwertbaren Vorhaben.

Es war ein gewinnendes, frei entfaltetes und zeitweilig mit einer ganzen Handvoll Salz belebtes Einvernehmen. «Amicitia est mater inventionis», äußerte unser «Prädikatslateiner» Johannes Groß, Gedanken entstehen im freundschaftlichen Gespräch. Dergleichen verlangt Toleranz, den Verzicht auf intellektuelle Eitelkeit, Distanz zu sich selbst und eine gewisse Zustimmungsbereitschaft bei jedem Einzelnen. Das kleine Wunder war, daß alle Beteiligten, wenn auch nicht immer ohne Mühe, das erforderliche Maß davon aufbrachten. Zu meinen bewahrenswerten Erfahrungen zählt in der Tat, daß dies einmal wenigstens und dazu noch in einer derart «pittoresken Runde» möglich war.

Vielleicht hatte, was den «Beirat» glücken ließ, auch damit zu tun, daß jeder aus der Gruppe die Fähigkeit besaß, den freundschaftlichen Zusammenhalt über die eigene Person zu stellen. Alle hatten gewiß ihre Verletzlichkeiten. Aber keiner versuchte, damit Gesprächsvorteile zu erlangen. Auch kannte jeder seine Schwächen und räumte sie bisweilen sogar ein. Die der anderen ebenso. Siedler machte da keine Ausnahme. Als ich ihm einmal von meinem Bruder ausrichten sollte, er neige neuerdings dazu, bei seiner Vorzugsrolle des «Doctor Tristitius» allzu viele Glyzerintränen über seine Prosa rinnen zu lassen, antwortete er in entwaffnender Erheiterung: «Ach, lassen Sie ihn doch wissen, daß ich mit meiner falschen Traurigkeit vermutlich glücklicher bin als er mit seiner richtigen Vergnügtheit.»

Mit dem Übergang ins Verlagsgeschäft hatte Siedler seinen Autorenehrgeiz nicht aufgegeben, jedoch gleichsam dessen Aggregatzustand gewechselt. Zwangsläufig jedoch trat er zunehmend seltener mit Geschriebenem hervor. Den Weg vieler Verleger, angesichts der schärfer werdenden Kalkulationszwänge zum bloßen Produzenten und Vertriebsmanager von Gedrucktem zu werden, ist er aber niemals mitgegangen. Desgleichen hat er es stets abgelehnt, ein Verlagsprogramm aus lediglich spektakulären Namen zusammenzukaufen. Statt dessen hat er für die Fragen, über die er als Autor geschrieben hat und die seit je für sein Erkenntnisinteresse anstoßgebend gewesen waren, geeignete Verfasser gesucht.

Er sei nahe dem Ziel, erklärte er in übermütigen Zuständen, weil er endlich seine Bücher von anderen schreiben lassen könne. Denn wegen des ihm eigenen Wissensdurstes reiche sein Leben trotz des enormen Fleißes, der ihm zu Recht nachgesagt werde, nicht aus.

Die Denkmühe Siedlers war, von Beginn an, ganz wesentlich durch die Frage in Gang gesetzt worden, wie Irrtum, Blindheit, Gier und die fatalen Kurzschlüsse aus alledem das eine und das andere Land ins Unglück gestürzt hatten. Davon kam er auch als Verleger nicht los. Das Interesse, das er diesen Gegenständen zuwandte, überhaupt seine Neugier ins Gewesene, war von Beginn an ein elementarer Bestandteil seiner Verlagsstrategie.

Denn gegen die Zeittendenz, zu deren vielberedeten Merkmalen der «Verlust der Geschichte» zählte, hielt er daran fest, daß die Kenntnis des Vergangenen ebenso zum Wesen des Menschen wie zum modernen Kulturbegriff gehöre. Allem geschichtsmüden Gerede zum Trotz könne die Historie nicht verlorengehen, sondern allenfalls eine Zeitlang von den Moden überdeckt werden. Ohne langes Zögern hat Siedler als Verleger daher auf die Rückgewinnung des aufgegebenen Terrains gesetzt und selbst umfangreiche, nicht selten riskante Vorhaben in Angriff genommen wie gleich zu Beginn die von Golo Mann und Alfred Heuß herausgegebene Propyläen-Weltgeschichte, der im Fortgang der Jahre noch ein halbes Dutzend weiterer, vielbändiger Sammelwerke folgte. Daneben erschien eine bald kaum übersehbare Zahl von Darstellungen meist zur neueren Geschichte, und irgendwann tauchte, beim Blick auf das Ganze, jeder Historikername von Rang in Siedlers Verlagsprogrammen auf.

Das war weit weniger selbstverständlich, als es auf den ersten Blick anmutet. Denn es mußte gegen das akademische Vorurteil durchgesetzt werden, wonach der wissenschaftliche Ruf eines Geschichtswerkes mit dessen buchhändlerischem Erfolg abnimmt: Je höher die Auflage, desto geringer der Rang einer Veröffentlichung.

Zwar denkt kein Historiker diese Auffassung folgerichtig zu Ende und weist das höchste Prestige der Arbeit zu, die unveröffentlicht im Schreibtisch verschlossen bleibt. Für nicht wenige jedoch hat aller Publikumserfolg etwas Anrüchiges. Weit öfter, als man denkt, nagt an vielen der stille Skrupel vor den strengeren Kollegen, die nicht zu Markte gehen, um gleichsam Linsengerichte feilzubieten, sondern in jener Entsagung vor dem Beifall der Menge verharren, die alle ernste Wissenschaft verlangt. Theodor Mommsen hat einmal bemerkt, der Historiker, der sich an eine breitere Leserschaft wende, benötige den Mut zur «Unbefangenheit und Unverschämtheit». Womöglich war es Siedlers bedeutendste und bleibende verlegerische Leistung, daß er zahlreiche Historiker aus dem selbstzufriedenen Dasein in ihren Papiertürmen geholt und zur Öffentlichkeit überredet hat.

Der sehr persönliche Zuschnitt seiner Verlagsprogramme kam auch in alledem zum Ausdruck, was er vernachlässigt hat. Fast gänzlich fehlte die zumal deutsche Gegenwartsliteratur, die ihm mit Ausnahme von Hans Scholz, Gregor von Rezzori und ein paar anderen Außenseitern immer fremd geblieben ist. Und obwohl Siedler mit nicht wenigen der bekannteren Autoren auf zumindest geselligem Fuße stand, haben ihre Hervorbringungen ihn eher in Verlegenheit versetzt. Dann pries er es als Glück, im Hause Springer tätig zu sein, das von den zeitgenössischen Schriftstellern boykottiert werde: Selbst der Verruf könne einem, sagte er mitunter, zum Vorteil werden.

Jedenfalls registrierte er mit aller hochmütigen Manier, über die er gebot, daß ihm die Ablehnungsschreiben erspart blieben, die er anderenfalls zu formulieren hätte. «Wer mit Heimito von Doderer, Thomas Mann oder Marcel Proust seine literarischen Maßstäbe entwickelt hat», schrieb er einmal, «und keinen Grund erkennen kann, sie fortzutun, wird mit dem auch literarisch ewig polternden Günter Grass oder dem an der deutschen Misere unermüdlich leidenden, doch seinem Leiden sprachlich nicht gewachsenen Heinrich Böll schwerlich zurechtkommen.» Und weil er die Arroganz nach wie vor als fröhliches Laster ansah, fügte er solchen Verdikten mitunter hinzu, daß die neue deutsche Literatur mit ihrer Vorliebe für «Hausmeister und Postbeamte» in einem Milieu angesiedelt sei, das er weder kenne noch jemals kennenlernen wolle.

Die großen Themen der Epoche jedenfalls hatten, darin waren wir uns überwiegend einig, keinen Autor, und weit und breit war niemand zu sehen, der sie angemessen hätte behandeln können. Noch immer seien der «Zauberberg», der einen der ideologischen Gegensätze der Zeit in eine große Parabel übersetzt hatte, oder Arthur Koestlers «Sonnenfinsternis» moderner als die gesamte deutsche Literatur des Nachkriegs. Statt vom bundesrepublikanischen Lobekartell hochgeschriebene Tagestalente als Jahrhundertgrößen zu befeiern, finde man sich besser mit der Einsicht ab, daß in aller Kunst von Zeit zu Zeit Erschöpfungsphasen eintreten wie im 19. Jahrhundert nach Goethe und Heine; dann seien die Geibel, Spitteler und Wildenbruch an der Reihe und die Kritiker oder Verleger, die ihnen gleichen. Man halte sich da besser abseits, meinte er. Und ergänzte: Der Lebenserfahrung nach gerate ein jeder unweigerlich auf das Niveau, mit dem er sich abgebe. Ein Samuel Fischer wäre derzeit nicht möglich; und ein Friedrich Sieburg auch nicht. Statt dessen auf Schritt und Tritt «seltsam zufriedene, einzig durch ihre Dreistigkeit auffallende Wüstenbewohner».

Mitte der achtziger Jahre verließ Siedler nach einem Zerwürfnis, dem wie meist eine schwer überschaubare Mischung von Ursachen zugrunde lag, das Haus Springer. Die Verlagsneugründung mit einem befreundeten Teilhaber scheiterte innerhalb kurzer Zeit. Anschließend verband Siedler sich mit dem Bertelsmann-Konzern, dessen Verlagsgruppe damals noch unter dem Ruf einer Lieferwerkstatt für den hauseigenen Buchclub litt und den Namen «Siedler» als Ausweis für einen gehobenen Anspruch nutzen wollte.

Infolgedessen konnte er sein Programm unverändert fortsetzen:

historische Studien, Memoiren, Biographien und Sammelwerke. Auch thematisch blieb er bei den Fragen, die er jahrelang bevorzugt hatte: Berlin, Preußen, Stadtarchitektur, die Welt von gestern oder, wie Siedler bezeichnenderweise sagte, «die Welt der Eltern», die immer auch die seine gewesen war. Und sooft er selber sich ans Schreiben machte, kamen immer noch, wie ich es gelegentlich nannte, «Requien in Prosa» zustande. Sie widmeten sich, so schien es jedenfalls, häufiger als früher den Zuständen, vor denen ihm grauste: der egalitären Gesellschaft mit ihren falschen Anbiederereien, der Vulgarität der Umgangsformen, der demonstrativen Häßlichkeit von Gesichtern, Bauten, Kunstwerken und vielem noch, was man unter dem Begriff des hochtrabenden Plebejertums vereinen könnte.

Den elegischen Ton behielt Siedler trotz aller bisweilen durchschlagenden Ungehaltenheit bei. Nach wie vor reizte ihn das Schreiben nur, um dem Ungedachten oder dem aufgrund der allezeit übermächtigen Mitläuferei Ungesagten Gehör zu geben. Und weiterhin kannte er nur den «allerpersönlichsten Blickwinkel». Das Soziale war für ihn kein Argument, sondern ein Wirkungsplatz. Manche Rezensenten haben seinen Arbeiten entnommen, daß er nur Probleme und Gedanken wahrzunehmen vermöge und auffallend blind für Menschen sei. Selbst für seinen «engsten Freund», den Sohn Ernst Jüngers, habe er in seinen «Erinnerungen» viele Absätze lang nicht ein einziges anschauungvermittelndes Adjektiv gefunden. Was die Zukunft betraf, gestand er inzwischen ein, daß man Veränderungen hinzunehmen habe. Er selber jedoch sei nicht «romantisch» genug, sich gegen das Kommende zu stellen. Viel lieber berufe er sich auf den Vater seines Jugendfreundes, der einmal geschrieben habe, daß man die heraufkommende Zeit zwar annehmen müsse. Niemand jedoch könne ihm weismachen, daß er verpflichtet sei, sie auch zu lieben.

Und dann Deutschland. Wieder einmal sei das Land dabei, urteilte Siedler, sich Hals über Kopf den flüchtigsten Torheiten der

Zeit zu ergeben, als suche es noch im nachhinein das Wort wahr-
zumachen, daß Hitler, neben so vielem anderen, seine Seele zerstört habe. Es sei ein Land ohne Kontur sowie ohne Gefühl und
denke keine ungedachten Gedanken mehr, schrieb er einmal. In
einem unserer lang zurückliegenden Gespräche hatte ich das
Deutschland des 19. und der ersten Hälfte des 20. Jahrhunderts
einmal eine Art Laboratorium philosophischer, staatspolitischer
sowie ästhetischer Ideen genannt. Alle prägenden Figuren im Großen wie im Fatalen seien zu dieser Zeit aus der Schule des Landes
gekommen, von Wagner bis Freud und von Nietzsche über Ein-
stein bis Hitler – es war ein deutsches Jahrhundert gewesen. Einige
Zeit lang überlegten wir sogar, aus dem essayistischen Einfall ein
Buchprojekt zu entwickeln. Jetzt lagen die Laborräume verlassen,
und wer sich das Bild der Deutschen vor Augen rief, bekam als erstes ein paar Frührentner beim Bier in den Blick, Dauerstudenten
und Leistungsbedrückte. Dergleichen, so hatten wir festgestellt,
war in Zeit und Geschichte nicht dagewesen: Das Land war sich
eine Langweiligkeit geworden. Und der Welt auch.

Gedanken über den deutschen Selbstverlust kamen noch einmal
auf, als ich Ende 1993 von einem Mitarbeiter des Verlags überredet
wurde, eine Darstellung des deutschen Widerstands zu verfassen.
Zu meiner Verwunderung blieb Siedler angesichts dieses Themas,
das immer sein lebhaftes Interesse wachgerufen hatte, ungewohnt
zurückhaltend. Zwar waren wir uns stets in der Auffassung einig
gewesen, daß das Vermächtnis des Widerstands vertan sei und
untergegangen in jenem Morast der Empfindungslosigkeit, von
dem Siedler in manchen Essays geschrieben hatte. In einem Gespräch gelangten wir zu der Ansicht, daß sich daran allenfalls in ein
oder zwei Generationen etwas ändern werde. Doch zog ich eine
andere Folgerung aus dem Befund. Mehrfach hatte ich über die
bestimmenden Akteure der Hitlerzeit geschrieben. Jetzt wollte
ich mich, einmal wenigstens, der Gegenseite zuwenden, der causa
victa, deren Beschreibung meist mehr zur Erhellung eines Ge-

schichtszusammenhangs beiträgt als die Darstellung der vermeintlich siegreichen Sache.

Erst am Ende, als das Buch fertiggestellt war, rückten unsere Überlegungen wieder zusammen. Die eigentliche Tragödie des Widerstands habe damit zu tun, sagte ich, daß die Oster, Tresckow oder Stauffenberg ein Land retten wollten, das seinen Bewohnern nach den nationalsozialistischen Ausschweifungen der zurückliegenden Jahre zusehends gleichgültig geworden war. Da mit dem Attentat nichts zu bewirken war, unternahmen sie im Grunde eine symbolische Tat und starben nur für sich selbst. Stauffenbergs Ruf vor dem Peloton im Hof des Bendlerblocks: «Es lebe das heilige Deutschland!» habe einer soeben, gleichsam mit seinem Schrei untergehenden Sache gegolten; und falls der Ausruf, wie eine andere Version behauptet, dem «ewigen» Deutschland gegolten haben sollte, so war diese Ewigkeit gerade vorbei. Die fortdauernde Gleichgültigkeit der deutschen Öffentlichkeit im Blick auf den Widerstand habe damit zu tun. «Wozu also die ganze Mühe?», lautete die Frage, die unausgesprochen zwischen uns stand. Ich glaubte, einen ungewohnten Ton fast wegwerfender Resignation zu vernehmen: Weil von der Tat und wie es dazu gekommen sei, einmal die Rede sein müsse, ließ sich darauf erwidern; auch weil die Akteure vorgemacht hätten, daß man mitunter selbst gegen die gänzliche Ausweglosigkeit ein Zeichen zu setzen habe. Worauf wiederum zu fragen war, wozu man den Landsleuten längst gleichgültig gewordene Vorbilder aufdrängen sollte, wo sie doch Heinz Erhardt, Willy Millowitsch und Udo Lindenberg liebten.

Vielleicht kann man trotz allen Ansehens nicht so lange in der gehobenen Einzelgängerei verharren, ohne von Anwandlungen der Teilnahmslosigkeit erfaßt zu werden. Vielleicht war es auch die langwierige Krankheit, die Siedler seit Ende der achtziger Jahre zu schaffen machte und die er mit einer Ungerührtheit ertrug, als gehöre dergleichen zu den Schlägen, die das Leben nun einmal versetzt und klaglos hinzunehmen verlangt. Eine Zeitlang bewahrte er sogar, gegen sein ungeduldiges und herrisches Temperament, die einstige Gelassenheit. Doch die Last lag auch diesmal wieder, einer preußischen Lebensregel aus dem Siebenjährigen Krieg folgend, «in der Länge».

Jedenfalls fand mancher, daß Siedler die geistreiche Laune, die ihm über die Jahre hin so glanzvoll zu Gesicht gestanden hatte, allmählich abhanden kam. Den Bruch mit einem Freund aus alten Tagen, dem irgendwelche Nichtigkeiten zugrunde lagen, ließ er sich nicht mehr ausreden, die Freundesrunde des «Beirats» zerfiel unter aller Augen, nie für möglich gehaltene «Mißverständnisse» setzten dem Zusammengehörigkeitsgefühl zu, und als Johannes Groß einmal wissen wollte, wo Siedlers neue Strenge herkäme und jene nie an ihm gekannte Übelnehmerei, meldete sich noch einmal der Freund von einst zu Wort. Er war ein glänzender Briefschreiber und ließ sich jetzt in jenem Ton enttäuschten Grolls vernehmen, der dem schärferen Blick eine Bewunderung verrät, von der es kein Loskommen gibt: «‹Da laßt mich mal ran!›, möchte ich in Abwandlung einer berühmten Eröffnung sagen. Unser Freund konnte stets so einzigartig dosieren, die Klage mit dem Scharfsinn verbinden, keiner kam ihm darin gleich. Jetzt hat mir seine Prosa zuviel Atü an Edeltrauer. Was mir insonderheit fehlt, ist die allesversöhnende Ironie, mit der er mich die Jahre über, wie er wollte, auf die Knie brachte. Damals nannte er das Pathos einen ‹Kunstgriff für Subalterne›. Jetzt wendet er ihn selber so ungeniert an, daß ich ihn unlängst, mit einem Griff in die Botanisiertrommel, als ‹Dahlemer Tränenwurz› bezeichnet habe. Wo sind überhaupt seine barschen Geistesblitze geblieben? Mein Eindruck ist, Siedler möchte neuerdings, wie der von ihm früher geschmähte Günter Grass, wie der unsägliche Staeck und manche anderen linken Flügeladjutanten, daß man vor seinen Verkündigungen strammsteht. Ich stehe nicht stramm. Aber wie schade!»

Der Hingang der Freundesrunde weckte noch einmal die ironische Phantasie derer, die ihr angehörten. Daß der Zerfall ohne großes Entgegenwirken erfolgt war, hatten sie sich, wie einige einräumten, vorab selber vorzuwerfen. Mancher faßte dieses Ende aber auch als Beleg für Siedlers Überzeugung auf, daß alles Bestehende seine Zeit habe und zum Untergang bestimmt sei. Johannes Groß erinnerte an den Fatalismus des Freundes, der als Publizist stets nur die Verluste registriert und darauf gehofft hatte, die bloße Beschreibung eines Niedergangs rufe die Gegenkräfte wach. Joachim Kaiser gab ein befeuertes «Moment professoral» über musikalische Schlüsse zum besten, die entweder in einer gewaltigen Coda ausklingen könnten, «fahl verdämmernd», «poetisch weiterträumend» und was sonst noch alles, oder, wie Mozarts Klavierkonzert Nr. 13 in C-Dur, einfach aufhören, weil nichts mehr zu sagen ist. Ich selber erinnerte an die einst skizzierte Szene, wie Siedler auf die Bühne tritt und nach einer befremdlichen Wahrnehmung einfach nur «Ach!» ins Publikum hinunter sagt. Manchmal, setzte ich diesmal hinzu, sage er aber nicht einmal mehr das. Oder er spreche es nur unhörbar vor sich hin.

Trotz mancher Vorbehalte, wie sie jeder scharfumrissenen Persönlichkeit gelten, beneideten ihn während der längsten Zeit alle: für sein selbstbewußtes Auftreten; für die Freiheit, mit der er sein Leben lang die öffentliche Meinung der Verachtung preisgegeben und alle Vorurteile durcheinandergeworfen hatte; für seinen Hohn gegen das Fortschrittsgerede, weil ihm zu genau bewußt war, daß alle Gewinne stets überteuert zurückgezahlt werden müssen; für seinen blendenden Witz, der auch sich selber nicht schonte. Doch am meisten beneideten sie ihn wohl für die Antwort, mit der er die Frage eines Interviewers beschied, ob er sich je im Leben geirrt habe. Lächelnd und knapp hatte er da erwidert: «Ich glaube, nein!»

Über HANS PELS-LEUSDEN:

Ergänzungen zu einer ungeschriebenen Biographie

Die Berliner Kunstszene ist stets von einflußreichen Händlerfiguren geprägt worden. Für die zwanziger Jahre stehen dafür Namen wie Cassirer, Flechtheim, Nierendorf oder Ferdinand Moeller. Für die erste Nachkriegszeit steht Hans Pels-Leusden. Doch während seine Vorgänger am legendären Ruf der vermeintlich «goldenen» Jahre teilhaben und zum Gegenstand zahlreicher Darstellungen wurden, sind über ihren legitimen Nachfahren nur ein paar spärliche Erinnerungstexte greifbar. Man fragt sich, wie das kommt, zumal angesichts einer ungemein produktiven, aber ständig themenverlegenen kulturhistorischen Publikationspraxis.

Das überwältigende Bildungserlebnis Hans Pels-Leusdens war der deutsche Expressionismus, in dessen weiterem Umkreis er groß geworden ist. Von ihm hatte er die Maßstäbe, die ihn ein Leben lang leiteten. Für die Unterscheidung zwischen bedeutender, aus der Masse der Hervorbringungen herausragender Kunst und allem übrigen hatte er eine bezeichnende Formel: Wirkliche Kunst müsse «dröhnen». Was diese Rangbezeichnung verdiene, habe, durch die schönste Oberfläche hindurch, einen Erschütterungston hörbar zu machen und einen Blick in jene Abgründe zu öffnen, die sich hinter allem Menschlichen auftun. Was dergleichen vermissen lasse, fügte er mitunter hinzu, sei am Ende nur einem spielerischen Talent zu danken. In den Glücksfällen, die sich gar nicht so selten

einstellten, könne man in diesen Hervorbringungen einem einnehmenden, vereinzelt sogar beglückenden Kunstgewerbe begegnen.
Aber immer bleibe es Kunstgewerbe. Mehr nie!

Aus keinem anderen Grunde beeindruckten ihn in der Malerei
seines Jahrhunderts, über die Expressionisten hinaus, Edvard
Munch, Lovis Corinth und Käthe Kollwitz. Und sooft er sich in
eine der Begeisterungen hineinredete, in denen ihm einzig wohl
war, entdeckte er die Stigmen des Untergründigen sogar in einer
der Hinterhofszenen mit ein paar berlinernden Gören von Heinrich Zille. Den Einwand, daß ein derart pathetischer Werkbegriff
zugleich alles Liebenswürdige aus der Kunst verbanne, ließ er in
seiner selbstberückten Rage nicht gelten.

Einmal am Zuge, verwarf er dann zumindest für dieses Mal sogar
Watteau und Ingres, Joseph Anton Koch, Overbeck, Schnorr von
Carolsfeld oder Ludwig Richter, die doch, wie ich ihm entgegen-
hielt, entweder die naive Idylle, die reine Linie oder den Zauber von
Jahrmarktbuden vor seine gefeierten Abgründe gerückt hätten.
«Das Leichte hat auch seinen Reiz», stimmte er leicht widerwillig
zu und nannte Klee, Feininger, Macke oder Calder. Aber es sei ein
Reiz fürs Wohnzimmer, meinte er, schwebend heiter eben, wo-
gegen gewiß nichts einzuwenden sei, vergänglich wie alles bloß
Hübsche, «bis hin zu den phantasievollen Rauchkringeln der Zigarre hier in meinen Händen». Offenbar glaubte er, daß die wirkliche
Kunst fürs Wohnzimmer nicht tauge. Vergeblich auch der Einwand, daß kein Mensch mit bewahrtem Empfinden die Tage und
Nächte hindurch das «Dröhnen» aushalte. Die Sache war für ihn
abgetan. Im Tempelbezirk der Kunst ließ er sich auf keinen Handel
ein.

Sein kennerischer Enthusiasmus war, was ihn als Kunsthändler
so überaus erfolgreich gemacht hat. Mit seiner leidenschaftlichen
Suada fing er die Besucher der Galerie ein, steckte sie an, und ehe
sich's mancher der häufig bloßen Zufallsgäste versah, hatte Pels-
Leusden ihn zu einer Kirchner-Skizze, einer Federzeichnung von

Hans Pels-Leusden

Hegenbarth oder einer Radierung von Max Beckmann überredet. Denn bei aller Lust am eigenen Vortrag besaß er ein ausgeprägt pädagogisches Temperament und meinte bei Gelegenheit, man müsse das Publikum notfalls auch «in die Wahrheit hineinbetrügen». Der guten Sache wegen dürfe man schon mal vor unlauteren Mitteln nicht zurückschrecken. Auf den Einwand hin, daß der Zweck niemals die Mittel heilige, wurde er einen Augenblick lang nachdenklich. Aber dann stieß er mit triumphierendem Aufleuchten in einer typischen Geste dem Gegenüber die Faust vor die Brust und entwaffnete ihn mit dem Ausruf: «Das sage ich auch immer! Aber die Kunst ist die Ausnahme von der Regel. Da gilt der Satz nicht! Die Kunst ist der Zweck, der jedes Mittel heiligt!»

Überhaupt ließ er sich, wo er überzeugt war, von niemandem und keinem Gegenargument irremachen. Als er einmal auf ein schwer übersehbares Ungeschick in der Linienführung des von ihm bewunderten Paul Holz hingewiesen wurde, entgegnete er schlagfertig: «Ja, am Können hapert's bei ihm das eine oder andere Mal, wie jeder weiß. Aber das Können ist fürs Talent. An der Kunst dagegen hapert's bei Paul Holz nie! Und die ist fürs Genie.»

Seiner Überzeugungsmacht bin ich selber einmal, gegen allen Sinn und Verstand, wie mir damals schien, erlegen. Mitte der sechziger Jahre hatte ich in Hamburg eine Janssen-Radierung erworben, «Selbst dramatisch». Sie zeigt das von Verletzungen und Wundnarben übersäte Leidensgesicht des Künstlers und hatte mich gleich beim ersten Anblick als Ausdruck von Janssens hochübersetzter Bizarrerie, seiner kreatürlichen und metaphysischen Angstbesessenheit ungemein beeindruckt. Sowohl künstlerisch als auch technisch und in der fast zudringlichen Authentizität, die es offenbarte, war es so überzeugend, daß ich es trotz ständiger Geldverlegenheit erwarb.

Nun, rund zwei Jahre später, stand ich mit Pels-Leusden vor dem gleichen Blatt, über dessen Rang wir uns augenblicklich einig waren. Aber ihm schien das sichtlich nicht genug, er geriet ins Reden, vom Reden ins Schwärmen, und schließlich nannte er es, vom eigenen Überschwang zusehends fortgetragen, die erschütterndste Darstellung des Ecce-homo-Motivs aus mindestens hundert Jahren Kunst, geschaffen nicht nur zum Ansehen, sondern, sofern man es aushalte, zum Nacherleben und Nacherleiden. Janssen sei, wie er da auf dem Blatt erscheine, gewiß kein ansehnlicher Mensch, fett, sogar plump in seiner Dickhalsigkeit und überdies noch zerquält grimassierend, was, wie man sich von jedem Künstler sagen lassen könne, der Darstellung überaus heikle, nur von einem Genie zu bewältigende Probleme bereite.

«Aber dieser Verrückte da: der ist eben ein Genie!», fuhr Pels-Leusden nach einem hastigen Zug aus der Zigarre fort, «er versteht es, uns mit seinem Leiden zu beglücken.» Zumindest auf diesem Blatt sei es Janssen gelungen, seinen Ausdruck so überwältigend ins Allgemeinmenschliche zu verwandeln, daß jeder Betrachter sich oder doch etwas von dem Leiden, das auch zu seinem Leben gehört, darin wiedererkenne. Er könne, fuhr er ohne Unterbrechung fort, das nicht genug bewundern, müsse geradezu an sich halten, um seine Begeisterung zu zügeln, sagte etwas von «diesem Teufelskerl mit seinem Todesernst» und so immer weiter, pausenlos, unerschöpflich, obwohl er mich doch, wie er wußte, nicht zu überzeugen hatte. Aber er wollte oder mußte seine eigene Ergriffenheit bei irgendwem loswerden. Kurzum: Am Ende kaufte ich die Radierung, die ich schon besaß, ein zweites Mal, und später habe ich alle aufkommenden Zweifel mit dem Gedanken beschwichtigt, daß ich die Kaufsumme wohl eher für die mir gebotene Szene entrichtet hatte. Tatsächlich war der Auftritt seinen Preis wert.

Alle, die Hans Pels-Leusden kannten, haben erst spät, wie nahe sie ihm auch standen, von der anderen Seite seines Daseins erfahren: von den Lehrjahren bei Willy Jaeckel, den ersten Erfolgen und dem Ausstellungsverbot, das ihn während der Nazizeit unvermittelt traf. Abseits der Öffentlichkeit hatte er anschließend in offenbar rastloser Weiterarbeit handwerklich wie künstlerisch voranzukommen versucht, bis der Krieg den Fortgang seiner Entwicklung noch einmal abbrach. Als das Regime schon sichtlich in den Untergang geriet und das auch als Soldat notdürftig weitergeführte Doppelleben mit seinen Heimlichkeiten, seinen Ausflüchten und immer neuen Lügengeschichten dem Ende entgegenging, war ihm in gleichsam letzter Stunde das gesamte Lebenswerk bei einem der Luftangriffe auf Berlin zerstört worden.

Keiner wußte von der Katastrophe, die ihn ereilt hatte, niemand war eingeweiht. Und vielleicht war ihm über die Jahre hin das zweite, im Verborgenen geführte Leben so zur Gewohnheit geworden, daß er es nach dem Ende des Krieges bei dem Versteckspiel seines Daseins beließ. Einem kleinen Kreis aus seiner engeren Umgebung war einzig bekannt, daß er sich Jahr für Jahr auf irgendwelche vermeintlich geheimnisvollen Urlaube begab, doch wußte niemand zu sagen, wohin er reiste und was er da trieb. Vom Tessin war die Rede, einmal auch von einem namenlosen Flecken auf einer Mittelmeerinsel, aber wer glaubte das schon? Jedenfalls nahm das Rätselraten darüber, was es mit seinen ausgedehnten Abwesenheiten auf sich habe, gegen Ende der sechziger Jahre unablässig zu.

Aberwitzige Gerüchte machten die Runde. Als erstes stellte sich, wie immer in dergleichen Fällen, eine bewegende Romanze ein, die Geschichte einer großen Liebe irgendwo im Süden, wo die großen Lieben bekanntlich zu Hause sind und die seine seit annähernd dreißig Jahren in verzweifelter Treue ausharrte. Andere wollten von einer lebenslang verhehlten Tochter wissen, die er abgöttisch liebe, wieder andere brachten die Vermutung vor, er schreibe in irgendeiner einsamen Schweizer Hütte an einem voluminösen Erinnerungswerk über die verlorenen, in den politischen und künstlerischen Tumulten der Zeit untergegangenen Freunde von einst: die Kirchner, Schmidt-Rottluff, Rohlfs, Nolde und wie sie alle hießen, von deren oftmals schwierigen Lebensumständen während der Hitlerjahre er anekdotenreich und temperamentvoll zu erzählen wußte. Er selber machte sich ein Vergnügen daraus, die umlaufenden Vermutungen durch gelegentlich eingestreute Andeutungen zu beleben.

Schließlich, Anfang der siebziger Jahre, kündigte er sogar an, sein Lebensrätsel als Auftritt darzubieten, und annoncierte seine Selbstenthüllung zu einem bestimmten Datum: Auf einer Veranstaltung der Galerie werde am 6. November 1972 das vielberedete Geheimnis um Hans Pels-Leusden aufgedeckt werden. Kurz zuvor kam ein phantasiebegabter Beobachter fast auf die richtige Spur: Pels-Leusden, erklärte er, sei ein talentierter Zeichner und vor allem Bühnenbildner, der in den dreißiger Jahren verschiedentlich am Covent-Garden Opera House, in Stockholm und einmal sogar an der Mailänder Scala gearbeitet habe, ehe die politischen Wirren seiner Karriere ein Ende machten. In den zurückliegenden Jahren habe er, gleichsam als Ersatz für sein in Stücke gegangenes Lebenswerk, ein riesiges Konvolut von Milieustudien aus dem untergehenden Berlin sowie aus der Zeit des ersten Nachkriegs geschaffen: die würden am genannten Tage der Öffentlichkeit unter dem Titel «Requiem in Ruinen» vorgestellt.

Alle Welt nahm dieses Hörensagen, wie manches voraufgegangene schon, halb nachdenklich, halb belustigt zur Kenntnis. Immerhin schien es nicht ganz unplausibel, weil jeder wußte, daß Pels-Leusden mehr als ein Kunsthändler war. Keinem war entgangen, daß er im Unterschied zur großen Zahl seiner Kollegen eine sowohl intime als auch seltsam exaltierte Beziehung zu den Werken vor allem der sogenannten klassischen Moderne hatte. Zu seiner Besonderheit gehörten auch die poetisch formulierten, oftmals geradezu redensartlich werdenden Titel, unter denen er die sorgsam arrangierten Ausstellungen seiner Galerie dem Publikum vorstellte. Die vermeintliche Auflösung des Rätsels, die als letzte Version umging, brachte sein Künstlerwesen mit der Passion nicht nur für Heinrich Zille und die Kollwitz, sondern auch mit dem Pathos eines von der Epoche zerstörten Lebens auf einen einleuchtenden Nenner, und vom Hintergrund her rief der dritte Favorit aus Pels-Leusdens Kunstkammer, Lesser Ury, die nässeglitzernde Melancholie des untergegangenen Berlin in die Erinnerung zurück.

Dann endlich war es so weit, daß er mit seiner Lebensgeschichte herausrückte. Vor einer feierlich gestimmten Versammlung in den Räumen der Galerie, deren Wände mit Werken von seiner Hand behängt waren, verkündete Hans Pels-Leusden mit einer Art Selbstergriffenheit, daß er als Künstler begonnen und sogar, über den Kreis der Freunde und lokalen Kritiker hinaus, als «Hoffnung» gegolten, sogar als eine Art «Genieversprechen» jener Zeit in der ersten Hälfte der dreißiger Jahre zweimal bei Nierendorf ausgestellt habe. Dann aber sei durch die Kampagne gegen die «Entartete Kunst» erst er selber in seiner Entwicklung aufgehalten und später durch eine einzige Bombennacht alles, was er sich in einsamen Stunden erkämpft habe: das ganze, vor den «Nazi-Kunstwarten» verheimlichte, aus Hunderten von Arbeiten bestehende Werk zerstört worden und sozusagen «nicht ein Fetzen bemalter Leinwand» übriggeblieben.

Pels-Leusden machte nach diesen Worten ein längere, von mühsamem Schlucken unterbrochene Pause. Dann fuhr er fort, das Unglück jener Jahre und des einen Tages habe ihn ins Herz getroffen. Bei der Rückkehr aus der Kriegsgefangenschaft sei er nach langen inneren Kämpfen zu dem Entschluß gelangt, die Malerei aufzugeben. Weil er aber nicht gänzlich von seiner Lebensidee Abschied nehmen konnte oder wollte, habe er begonnen, sich erst im Buchantiquariat und später in der Galerie eine zumindest «kunstnahe» Existenz aufzubauen.

Nach schweren Jahren zwischen Apathie und Resignation sei er eines Tages indessen doch wieder zur Kunst zurückgekehrt oder richtiger: die Kunst mit der Gewalt, die sie ihren Adepten gern antut, aufs neue in sein Leben eingebrochen. Jedenfalls habe er gelegentlich und anfangs zögernd zu Stift, Pinsel und Palette gegriffen.

Eines Tages jedoch sei er «urplötzlich» von dem jedem Künstler angeborenen «Raptus» erfaßt worden und habe nach einiger Zeit bemerkt, daß seit 1965 «kein Tag ohne Malen» vergangen war: alles in dem Bemühen, das ihm gestohlene Leben wiederzuerlangen und, falls möglich, nachzuholen. Auch seine geheimnisvollen und vielberedeten Abwesenheiten seien nichts anderes als eine Art «Rückkehr auf die Galeere» seiner eigentlichen Berufung gewesen. Das Ergebnis sei an den Wänden zu betrachten. «Das da», sagte er mit einer weit ausholenden Bewegung, «ist mein Leben oder der aus der Erinnerung wiedergewonnene beziehungsweise neu errungene Teil davon.»

Wer es erlebt hat, erinnert sich der Sprachlosigkeit, die alle erfaßte. Die Bilder ringsum offenbarten, wie er sich abgemüht hatte, die Stationen seines künstlerischen, von der Zeit zunächst behinderten und dann abrupt beendeten oder geradezu ausgestrichenen Weges noch einmal Schritt für Schritt zu durchmessen: ein anmaßendes, eigentlich tollkühn-naives Vorhaben. Karl Hofer hatte Ähnliches unternommen, und vielleicht war von ihm der Anstoß gekommen. Doch Hofer war dreißig Jahre älter als Hans Pels-Leusden und sein Entwicklungsgang bei Ende des Krieges abgeschlossen. Überdies hatte er lediglich eine Anzahl fertiger, ihm besonders wichtiger Werke aus der Vorstellung rekonstruiert, weil die unseligen Wortführer der «Entarteten Kunst» sowie der Krieg nicht das letzte Wort haben sollten. Pels-Leusden dagegen holte, wie es seiner stürmisch ausgreifenden Art entsprach, viel weiter aus: Er wollte den «atemberaubenden Anstieg zu den Höhen der Kunst», wie er bei Gelegenheit sagte, noch einmal gehen, so weit er eben kommen würde. Und diese Absicht verlangte, sich ein zweites Mal in die Unfertigkeiten der frühen Jahre zu versetzen und etappenweise dem Kunstanspruch gerecht zu werden, zu dem er inzwischen gelangt war.

Es war unvergeßlich. Die Bilder an den Wänden gaben eines wie das andere den Blick in eine stumme, verbissen ausgefochtene und mit jeder Arbeit neu bekräftigte Tragödie frei. Es waren viele ansprechende, auch technisch gelungene Werke dabei, und keinem schärferen Blick blieb verborgen, welcher Begabung da rund fünfunddreißig Jahre zuvor der Weg versperrt worden war. Von Zeit zu Zeit trat er an den einen oder anderen Besucher heran, wies mit leuchtenden Augen auf eine Linienführung, einen Farbkontrast oder eine eigentümliche Stimmung hin und redete, erläuterte und beteuerte. Zuweilen mochte man glauben, er sähe den Bruch oder wenigstens die feinen Haarrisse nicht, die über seine Arbeiten liefen und von den unvermeidlichen Verlusten zeugten, die ihm erst das Leben und dann der Entschluß zur Wiedergewinnung der geraubten Jahre zugefügt hatten.

Seine Stimme war bei alledem noch eine Spur eindringlicher als ohnehin, sein Lachen verräterisch lauter als sonst, und einmal kam mir der Gedanke, daß der mitunter etwas einfallslose Volksmund nur von den Ängstlichen weiß, die im Walde pfeifen; manche aber, dachte ich da neben dem fast übermütig auf mich einredenden Pels-Leusden, lachen statt dessen gegen ihre Ängste an, und das so weithin hallend, daß es bis ins entfernteste Werweißwohin dringt. Als Triumph immerhin durfte er die Ausstellung empfinden: Ganz aus Eigenem hatte er seine Kunst und damit im Grunde sich selber gegen die Willkür des Geschichtsgangs behauptet. Nicht zuletzt das war es, was er aller Welt endlich bekannt machen wollte, und da er immer seine ganze Kraft einsetzte, war ihm dieser Auftritt, wie alles, was er tat, zum Posaunenstoß geraten.

Aber er kannte auch den Preis, den er zu entrichten hatte, und wie die Summe Schritt für Schritt höher kletterte. Man konnte allenfalls ahnen, wie ihm der Gedanke daran zu schaffen machte. Dennoch setzte Hans Pels-Leusden auch in den Folgejahren das Malen unentwegt fort. In den Tagen nach der Ausstellung habe ich mir ein ums andere Mal vorgestellt, wie er bei Beginn einer Arbeit vor der präparierten Leinwand oder dem Aquarellbogen saß und mit allem Ungestüm hoffte, daß plötzlich, wie auf ein geheimes Sesamwort hin, die Tore sich öffneten und jenes «Dröhnen» hörbar würde, mit dem die wahre Kunst, wie er zu sagen liebte, überhaupt erst begann.

Bisher waren die Bilder, wie er sich wohl verzweifelt eingestehen mochte, stumm geblieben, obwohl er alles bis dahin Erreichte: Erfolge, Ansehen, Ehrungen, für einen einzigen Laut von ihnen hergegeben hätte. In den Tagen der Ausstellung sprach ich darüber mit Wilhelm Kewenig, der zu den Freunden Hans Pels-Leusdens zählte. Ich fragte, ob er die Schrecknisse eines Künstlers nachempfinden könne, der Werk für Werk auf ein von fern sich ankündigendes, noch sehr unbestimmtes Grollen warte, ehe sich ihm einmal mehr die Einsicht aufdrängte, daß er wiederum nicht über das hinausgelangt war, was in seinen überschwenglichen Begriffen als «Kunstgewerbe» durchging.

Kewenig war sicher, daß Pels-Leusden sein ständiges Scheitern wahrnehme. «Wie sollte es anders sein?», sagte er. «Aber er hat nun mal den Traum vom Künstler und der großen Kunst. Dem hängt er gegen alle Rückschläge unentmutigt an. So ist es immer gewesen, und so muß es sein.» Das Besondere an Pels-Leusdens Fall sei lediglich, daß er sich nachträglich gegen die Zeit auflehne, die seinen Traum erst zu einem Irrlicht gemacht und dann beinahe ausgeblasen habe. Er empfinde den höchsten Respekt vor diesem immer erneuten Anlaufen gegen das Unabwendbare. In hochgreifenden Stimmungen sehe er so etwas wie ein Sinnbild darin.

Niemand vermag zu sagen, ob Pels-Leusden das ersehnte «Dröhnen» vor seinen eigenen Werken je vernommen hat. Einstweilen blieb ihm nur, es im Werk derer, die er für herausragende Künstler hielt, für einige ausgewählte Besucher mit nicht gänzlich tauben Ohren vernehmbar zu machen.

Was er da suchte und oft auch gefunden hat, zeigte sich aufs Selbstverständlichste in seinem Auftreten: Er «dröhnte» gleichsam als Person. Das hat ihm zahlreiche Freunde gewonnen. Viele im Berlin jener Jahre kamen in die Galerie nicht zuletzt dieses unge-

163

wöhnlichen Mannes wegen, von dem so farbig die Rede war und den sie, einmal wenigstens, in leibhaftiger Gestalt in Augenschein nehmen wollten. Manche sind Mal ums Mal wiedergekommen und haben sich, verführt vom Zauber seiner niemals nachlassenden Emphase, erst ihm und dann auch der Kunst verbunden gefühlt. In das «Dröhnen» hinein, das die Erinnerung mit seiner Erscheinung verbindet, drängt sich immer wieder die Vorstellung eines vielfach übersehenen und geradezu tragischen Mißgeschicks. Die Zeit und die Jahre, die ihr folgten, waren voll davon.

Emphase und Skepsis als Tugend:

Kurzer Tusch auf
ARNULF BARING

Freundschaften gibt es nur als «alte Freundschaften». Besteht eine Verbindung aus Zuneigung und wechselseitigem Respekt lange genug, hat sie zudem über die Jahre hin manche der unvermeidlichen Eintrübungen überstanden, können Monate vergehen, ohne daß man zusammenkommt. Man muß nur wissen, daß der andere da ist, daß man auf ihn und sein Wort rechnen kann. Erst durch verläßliche Dauer verdient sich eine Beziehung den Begriff der Freundschaft.

Ich kann nicht mehr sagen, wann ich Arnulf Baring kennengelernt habe. Es muß in den frühen oder mittleren sechziger Jahren gewesen sein, als ich noch beim Fernsehen tätig war, und die Freundschaft, die uns von da an verband, entstand nicht als allmähliche Annäherung, wie es doch die Regel ist. Vielmehr war sie von einem Tag zum anderen einfach da. Baring selber hat mit der Spontaneität ja ohnehin keine Mühe. Und mir war schon nach wenigen Begegnungen bewußt, wie nahe wir uns im Grundsätzlichen waren, wie viele historische und selbst persönliche Erfahrungen wir teilten oder prägend hatten werden lassen und wie viele gleichartige Lehren wir, nach suchendem Beginn, aus unterschiedlichen Lebensläufen gezogen hatten.

Denn die fünf Jahre, die uns trennen, sind im Blick auf die Zeit, die uns formte, fast ein Generationsunterschied. Seltsamerweise ist mir das bei Baring kaum je spürbar gewesen. Vielleicht hat es mit dem Krieg zu tun, der an sich die biographische Grenze ist. Ich habe ihn gerade noch als Soldat mitgemacht, Baring nicht. Doch ist er mindestens so tief hineingeraten wie irgendwer sonst. Als Berliner vor der Dauerbedrohung des Bombenkrieges nach Dresden geschickt, hat er den barbarischen Luftangriff vom Februar 1945, der die Stadt auslöschte, erlebt und mit nicht geringer Not überlebt. Kaum nach Berlin zurückgekehrt, rückte die Rote Armee an und eroberte die Stadt: zwei traumatische Erlebnisse, die er nie losgeworden ist. Was allenfalls noch ausstand und den soldatischen Ohnmachtserfahrungen die besondere Farbe gab, hat Baring durch Phantasie und Einfühlungsvermögen ersetzt – zwei Eigenschaften, die der historisch Denkende weit mehr benötigt, als den meisten bewußt ist. Die Misere der Zunft hat, wie man weiß, zum erheblichen Teil damit zu tun.

Was uns zusammenführte, war natürlich undenkbar ohne die Ereignisse, die historisch hinter uns lagen und vieles von unserem Denken bestimmten. Auch die Folgerungen, die wir daraus zogen, bestärkten unser Einvernehmen. Dazu zählte vorab, wie wir in etlichen Gesprächen erörterten: daß die Politik mehr Wirklichkeitssinn verlangt, als gerade die Deutschen wahrhaben wollen, zumal alle fünf Regime des Landes im Verlauf des zwanzigsten Jahrhunderts, vom Kaiserreich bis hin zur DDR, am deutschen Urlaster des Realitätsverlusts gescheitert sind; daß die Kraft zum Träumen und zur Utopie, anders als viele glauben, immer nur das Ideal oder, in der Hochsprache der deutschen Philosophie, die «regulative Idee» meinen darf, niemals die Verwirklichung; daß Pragmatismus und Skepsis die eigentlich demokratischen Tugenden sind und die Bundesrepublik, politisch wie kulturell, um den Preis ihrer Existenz zum Westen gehört; auch daß die Regime im Osten inhuman und widerwärtig sind, was bei allen taktischen Annäherungen immer bewußt bleiben müsse. Heute ist vor aller Augen, wie oft das vergessen wurde und wie sehr sich noch vor kurzer Zeit diejenigen, die es vergaßen, ebendies zugute hielten.

Arnulf Baring

Zu einer wirklichen Freundschaft gehört immer auch ein Element verdeckter Eifersucht. Worum ich Arnulf Baring stets beneidet habe, hat wiederum mit unserem Generationenabstand zu tun. Während ich gleichsam die akademische Ochsentour an drei deutschen Universitäten absolvierte, weil sich einem Studium jenseits der Grenzen damals noch erhebliche bürokratische Hindernisse sowie ökonomische Schwierigkeiten in den Weg stellten und zudem der allesbeherrschende Zeitdruck dagegenstand, hat Baring seine Lehrjahre an den Hochplätzen der politischen Wissenschaft verbracht: von der Columbia University über Speyer und Berlin bis nach Harvard, und später noch, schon jenseits der Studienzeit, in Washington, New York, Princeton und Oxford.

In allen diesen Jahren veröffentlichte er vielbeachtete Bücher zu politischen und zeitgeschichtlichen Themen: über die Erhebung vom 17. Juni 1953, die Außenpolitik Adenauers und dann, 1982, das Werk, das seinen Namen über die Grenzen des Fachs hinaus bekannt werden ließ und ihm hohe Autorität verschafft hat: «Machtwechsel. Die Ära Brandt – Scheel». Der damalige Bundespräsident Walter Scheel hatte es erreicht, ihn für diese Arbeit von seinen Lehrverpflichtungen in Berlin freizustellen, und drei Jahre lang residierte Baring daraufhin statt in der Dahlemer «Rostlaube» im «Palmenhaus» des Präsidialamts. Er hatte Zugang zu wichtigen Aktenbeständen und, mit wenigen Ausnahmen, zu den ausschlaggebenden Politikern jener Wendezeit. Gleichwohl hält das Buch persönlich wie sachlich jene Distanz, aus der die historiographische Glaubwürdigkeit stammt, und erzählt das dramatische, streckenweise schwer enträtselbare und oftmals gespenstisch intrigenreiche Geschehen mit einer Meisterschaft, die es zu einem der Schlüsselwerke zeithistorischer Forschung gemacht hat.

An einem derart stationenreichen Weg liegen stets zahlreiche Abseiten, die für einen so vielseitigen und neugierigen Menschen wie Baring eine nicht unerhebliche Versuchung waren, zumal sie

seinem politischen, auf den Tag bezogenen Temperament ent-
gegenkamen. Schon Anfang der sechziger Jahre war er für einige
Zeit politischer Redakteur beim Westdeutschen Rundfunk gewesen. Später ergaben sich andere Angebote. Ich habe manches Mal
bedauert, daß nicht zustandekam, was Gerd Bucerius uns 1970 vorschlug: die gemeinsame Leitung der unzweifelhaft wichtigsten und
einflußreichsten politisch-kulturellen Zeitschrift der fünfziger und
sechziger Jahre, des gerade in den Status der Legende übergehenden
«Monat». Wir hatten beide auch Vergnügen an der Vorstellung,
tauschten schon die vermutlich beherrschenden Fragen der bevorstehenden Jahre und die Namen von Mitarbeitern und Autoren
aus, die wir gern bei uns sähen. Aber jeder war in zahllose andere
Verpflichtungen eingebunden, und vielleicht dachte auch der eine
wie der andere, daß es Verlockungen gebe, die man besser nur in
Gedanken auskostet.

Baring hat sich mit seinem Insistieren auf jenen Grundeinsich-
ten, von denen die Rede war, viele Gegner gemacht. Aber das hat
er nie gescheut. Fast übermütig wirkte er, wenn er sich wieder einmal auf einen seiner «Streifzüge contra mundum» begab, wie ich
das bisweilen nannte. Ich traf ihn einmal am Hamburger Kloster-
stern und sagte, er sähe so «befeuert» aus, daß ich mich unwillkürlich fragte, ob er gerade eine neue Gegnerschaft entdeckt habe?
«Eine neue ist nicht nötig», erwiderte er lachend, die alten seien ja
noch durchweg da. Carl Jacob Burckhardt berichtet irgendwo von
einem deutschen Dichter, der in einer französischen Runde äußerte: «Ihr Franzosen fechtet immer alles in der Realität aus. Ihr seid
vor der Welt und ihren Anforderungen wie der Herzog von Guise,
der sich gegen seine Feinde verteidigen mußte mit zwei Schritten
zur hinteren Wand, einen Schritt zur Rechten, einen Schritt zur
Linken und keinen mehr. Wir Deutschen aber, wir können im letzten Augenblick bisweilen nach hinten durch die Wand hindurch-
gehen, als ob sie Luft wäre.»

Arnulf Baring hat sich nie auf diese Weise aus der Welt gestohlen und gar seinen Gegnern entzogen. Er hat wieder und wieder bei mutwillig offenem Visier mit dem Rücken zur Wand gestanden und seine Sache durchgefochten. Zu den Eigenschaften, für die ich ihn gern lobe, gehört die Lust an der Auseinandersetzung, am Widerstand vor allem gegen den immer korrupten Zeitgeist und dessen Zumutungen, zur notfalls auch überschießenden Polemik. Er gegen alle, oder gegen fast alle: Arnulf Baring hat dafür jedes Jahr aufs neue das eine und andere spektakuläre Beispiel geliefert. Dem Moderator einer Talkshow hat er bei Gelegenheit Ohrfeigen angeboten und Hans Modrow, dem ehemaligen, inzwischen in den Bundestag gewählten Ministerpräsidenten der DDR, öffentlich bescheinigt, er sei «eine Schande für das Parlament». Wo immer er die Prinzipien des Gemeinwesens aufs Spiel gesetzt sieht, treibt es ihm die Galle ins Blut, und mitunter fährt er sogar bei leichteren Unüberlegtheiten eines Gegenübers aus der Haut. Jeder, der ihn näher kennt, hat im Lauf der Jahre schon ganze Heerscharen von Engeln durch den Raum gehen gesehen, wenn Baring seine Streitlust vom Zaum ließ, ringsum auf jeden erreichbaren Fuß trat und die Runde unversehens ins Schweigen fiel.

Manche meinen sogar, in der Gradlinigkeit Barings, die in den Hauptfragen nicht mit sich handeln läßt, etwas «Zeitfremdes» zu entdecken. Jedenfalls legte mir das ein gemeinsamer Bekannter unlängst dar. Er nannte Barings «gegenwartsabgekehrte», in einer konsensuellen Gesellschaft ganz und gar außenseiterische Lust an Widerspruch, Zuspitzung und sogar «Aufruhr» das hervorstechende Merkmal. Dann aber gehöre dazu auch, meinte er, «das Jugendbewegte» an ihm, das alterslos Emphatische, auch im Widerspruch auf schwer definierbare Art Begeisterte. Natürlich ist Baring unschwer als Vortragender an Pult oder Katheder vorstellbar. Aber ungleich charakteristischer schienen auch mir immer die Studienreisen, die er mit seinen Schülern unternahm: über irgendwelche Gletscher, wenn möglich bis in den Himalaya, aber vorwiegend in die Regionen des östlichen Europa: In jene nicht ganz ge-

heuren Landstriche des alten Kontinents in unser aller Rücken gewissermaßen, der sich mit jedem Längengrad noch etwas weniger
geheuer ausnahm, weil die Völker Europas, der altüberkommenen
Spruchweisheit zum Trotz, die Sonne der zumindest politischen
Verheißung nie im Osten aufgehen sahen. Das Licht, von dem die
Wortführer der verbesserten Welt sprachen, kam in Wahrheit immer aus dem Westen.

Bezeichnenderweise brach Baring aber stets in die Gegenrich-
tung auf. Jedenfalls weiß ich von keinen Reisen in die Welt, die unser aller Herkunft ist, nach Delphi, Paestum oder Castel del Mon-
te. Statt dessen hörte ich ihn immer wieder von der Krakauer
Altstadt schwärmen, von Masurenwanderungen und irgendwelchen Endlos-Weiten im unbekannten Osten. Das war womöglich
der auffallendste Unterschied zwischen uns: Ich suchte auf den
Reisen nach der Wiederbegegnung mit dem halbwegs Unbekannten, dem aus Elternhaus, Schule oder sonstwoher nur vermittelt
Gewußten, er hingegen nach dem Fremden und Fremdartigen, das
zudem das Abenteuer nicht ausschloß. Im Grunde, habe ich mitunter gedacht, hat er eine Neigung zur Pfadfinderei in jedem Sinne. Seinem Wesen nach fühlt er sich ständig auf Wege gelockt, die
kein Richtungsweiser anzeigt.

Das war ein beträchtlicher Unterschied. Aber ein paar Grundsätze und Regeln waren für ihn wie für mich unverrückbar. Und
deshalb muß man eine Ergänzung vornehmen. Denn die «Gegen-
wartsabgekehrtheit» Barings kommt, so schien mir immer, auch
noch aus etwas anderem. Tatsächlich steht er einige Grade quer zu
einer Zeit, in der «alles geht» und folglich nichts wirklich wichtig
ist. Wer die Verfallsgeschichten studiert, in die jede der europäischen Hochphasen früher oder später überging, wird wahrnehmen, daß die wachsende Gleichgültigkeit gegenüber den Werten
und Verbindlichkeiten der Aufstiegsepochen das übereinstimmen-
de Kennzeichen müde gewordener, nur noch durch Resignation
und Selbstsucht verbundener Zeiten ist.

Mit unserem Bekannten, dem ich diese Überlegung vortrug, war ich mir bald einig, daß es zur seltenen Eigenart Barings gehört, stets wie ein Mensch des Anfangs zu wirken, und das heißt zugleich, ebenso überzeugt wie wißbegierig zu sein, vieles zu kennen und dennoch staunen zu können. Tatsächlich vermag er mit ebensolcher, in seinem unterdessen erreichten Alter geradezu jugendlichen Hitze bewundern und dann wieder aus nachdenklichen Zuständen in die unverhohlenste, auch laute Radikalität hinüberwechseln. Daher bedarf fast jedes Urteil über ihn der Ergänzung durch mindestens das halbe Gegenteil. Die ungewöhnliche Verbindung von reflektierendem Ernst und empörter Entschiedenheit ist eine der Besonderheiten, die ihn ausmachen.

Was aber noch hinzukommt und ihm fast eine Art Ausnahmestellung gibt, hat damit zu tun, daß seine Urteile sich nie zu einer fugendichten Konstruktion vereinen. Er hat, wie nur wenige Intellektuelle ringsum, die Lektion der Epoche gelernt; die meisten, wie weit man sich auch umtun mag und was immer sie sich zugute halten, sicherlich nicht. Was er dem ideologischen Gerede allezeit entgegensetzt, sind jene wenigen Einsichten, die Ordnung und Freiheit zu einem menschenwürdigen Dasein zusammenbinden: Gewißheiten, die der allenthalben, im akademischen Bereich, in den Medien sowie im Kulturbetrieb verbreiteten Neigung zu mancherlei aufgeblasenem Tiefsinn so schwer fallen. In allem übrigen fühlt er sich völlig frei.

So daß Arnulf Barings Zeitfremdheit nichts anderes wäre als die Unabhängigkeit des Denkens, die immer aus aller Zeit tritt. Womöglich resultiert daraus auch die Schwierigkeit, die er mit den Parteien hat, vor allem mit der Partei hatte, der er ursprünglich und viele Jahre lang angehörte. Es ist nur ein weiterer Beleg für seine Unabhängigkeit, daß mir ein führender Berliner SPD-Mann vor Jahr und Tag, als Arnulf Baring mit der Partei über Kreuz geriet, sagte, der «Professor, den er wie jedermann» schätze, sei zwar ein «guter Kopf», doch wisse man nie, «wo er mit dem gerade steht».

Mir ist es, um ein Beispiel zu nennen, in der Wiedervereinigungsfrage sowie auf manchen anderen Politikfeldern oft viel schwerer gefallen zu begreifen, wo die Partei gerade stand.

Ein wie skizzenhaft auch immer entworfenes Porträt Arnulf Barings wäre höchst unzureichend, wenn man nicht die Besorgnis vermerkte, die ihn zunehmend umtreibt. Auch die zählt zu den Lektionen der Epoche. Der seit Jahren verantwortungslose Umgang der Politiker mit dem öffentlichen Vermögen, ihre im ständigen Machtkampf erlernte Kunst, Nöte zu erfinden und mit materiellen Versprechungen zuzudecken, hat ihn im Fortgang der Zeit spürbar aufgebracht. Leidenschaftlich hat er die allenthalben wie mit Händen zu greifenden Symptome des Niedergangs benannt: das Besitzstandsdenken und den Mißbrauch des Sozialsystems, den angeblichen Leistungsdruck, die fatale, zur fortschreitenden Erstarrung führende Bürokratisierung, die Reformfeigheit aller Parteien sowie die vielen anderen Signale der wachsenden Wohlstandsverwahrlosung. Erreicht hat er damit so wenig wie die übrigen Warner. Allenfalls haben seine Alarmrufe ihm das Prädikat der «deutschen Kassandra» eingetragen.

Er hat sich von diesem Spott niemals entmutigen lassen. Die Sicherung des wirtschaftlichen Wohlergehens ist ihm zusehends wichtiger geworden. Dahinter stand die wiederum von der Geschichte vermittelte und beglaubigte Erkenntnis, daß die demokratische Stabilität des Landes vor allem vom ökonomischen Erfolg gewährleistet wird. Denn anders als England oder die Vereinigten Staaten besitzt Deutschland keine eigenständige, in Generationen gewachsene und behauptete Tradition der Freiheit. Im Blick auf den Wiedervereinigungsprozeß hat der marxistische Philosoph André Gorz bemerkt, die Ereignisse belegten trotz allem, daß die Idee der Freiheit in Deutschland «keine Heimstatt» hat. «Deutschland was nun?» lautet der Titel des letzten Buchs von Arnulf Baring, das von solchen Bekümmerungen beherrscht ist.

Natürlich fehlen in diesem Freundesbild, wie offen es geraten

173

sein mag, einige wesentliche Züge. Barings Charme wäre vor allem zu nennen, seine oftmals geradezu überwältigende Herzlichkeit oder sein scharfes Unterscheidungsvermögen. Dann aber gehören auch seine außenpolitischen Vorstellungen dazu, die dem Bündnis mit den Vereinigten Staaten, anders als die nachfolgende Generation, den Rang einer «raison d'etre» einräumen bei gleichzeitig immer unverhohlener hervortretendem Skeptizismus gegenüber Frankreich. Wenigstens durch einen knappen Hinweis sollte zudem kenntlich gemacht werden, daß er ungezählte, alsbald öffentlich bemerkbar gewordene Schüler hervorgebracht, aber keine Schule gebildet hat: Dazu war er allezeit zu offen, zu spontan, man kann auch sagen, zu unbefangen er selber. Aus dem gleichen Grund fand er die verschiedentlich aufgeworfene Frage, ob er «rechts» oder «links» sei, überaus albern. Er war einfach dort, wo das jeweils Vernünftige seinen Ort hatte.

Diese wenigen Zusätze zumindest gehörten in ein Porträt mit dem Anspruch auf eine gewisse Vollständigkeit. Ich will freilich einmal noch auf die Unmutsfalte verweisen, die, bei aller Grundfröhlichkeit, auf der Stirnpartie anzubringen ist. Baring hat, was wir alle viel zu oft gedankenlos übersehen oder beschwichtigen, viele gute Gründe, nicht milde zu werden. Dafür lassen sich nicht nur der Opportunismus der Politiker und der Interessenverbände anführen, sondern auch die soziale Unersättlichkeit aller mit Einschluß der breitesten Öffentlichkeit. Zu den Erfahrungen seiner wie meiner Generation gehört, daß eine Ordnung wie die unsere etwas alle Tage Gefährdetes ist, eine halsbrecherische Sache sozusagen und, wie man mitunter glauben möchte, fast wider die menschliche Natur.

Zwar ist das nur selten ein Gesprächsgegenstand zwischen uns gewesen. Aber auch ohne viele Worte war ich immer der Auffassung, unsere Freundschaft beruhe auch auf der Ausgangsüberzeugung, daß ein demokratisches Gemeinwesen niemals von generösen Umständen gewährt, sondern strenggenommen eher unwahrscheinlich ist. Angesichts der Selbstnötigungen, die es jedem abverlangt: der zivilisierenden Normen sowie der Privilegierung von Minderheiten und anderem mehr, hat es im Grunde kaum eine Chance in der Welt, wie sie ist, zumal es für alle diese Auflagen keine befriedigende oder gar stimulierende Rechtfertigung bietet. Nichts jedenfalls, was über das reichlich unsichere Versprechen einer freien und geordneten Alltäglichkeit hinausreichte. Und schon gar nicht wartet eine Ordnung wie die unsere mit der Verheißung eines grandiosen Weltenprospekts von Frieden, Überfluß und Glück auf. Dergleichen hat in der zu Ende gegangenen Epoche bei unterschiedlichen Maskeraden Millionen Verführte und Millionen Opfer gemacht. Was diese Ordnung einzig und nur im Erfolgsfall in Aussicht zu stellen vermag, ist das reichlich gewöhnliche Anerbieten auf ein halbwegs erträgliches Zusammenleben von Menschen mit Menschen. Das ist alles.

Dennoch soll Kassandra nicht recht behalten. Ich hätte gern, daß Arnulf Baring sich des Unterschieds zwischen seinem erfahrungssatten Pessimismus und dem, was bloße Altersverdrossenheit ist, immer bewußt bleibt. Vielleicht wird die Jugendlichkeit, von der unser gemeinsamer Bekannter sprach, ihn davor bewahren. Der Begriff dient ja, von Älteren gesagt, meist dazu, eine gewisse Unbesonnenheit und von Herzen kommende Wirrnis zu entschuldigen. Baring ist der seltene Fall, in dem sich die Jugendlichkeit mit Vernunft und sogar politischer Vernünftigkeit paart. Das soll so bleiben.

Ich will nicht in das andere deutsche Urlaster der apokalyptischen Beschwörerei verfallen, das bekanntlich weniger mit der Wahrheit als mit dem Lustgewinn derer zu tun hat, die sich darin hervortun. Von den alten Griechen hat man gesagt, sie seien im Denken Pessimisten, im Leben dagegen Optimisten gewesen. Das sei, hat man hinzugefügt, zugleich das Schwierigste von der Welt. Aber eigentlich und viel mehr ist es das Allernatürlichste. Das Allerwichtigste ist es sowieso.

Das Mädchen aus der Fremde:

HANNAH ARENDT
und das Leben auf lauter
Zwischenstationen

Der amerikanische Historiker Gordon A. Craig erzählte gern von einer Reise mit der Bundesbahn, auf der die Fahrgäste über den Lautsprecher mit den Worten begrüßt wurden: «Ich heiße Sie herzlich willkommen an Bord des ICE 573 ‹Hannah Arendt›. Wer immer Hannah Arendt war!, wünsche ich Ihnen auf der Fahrt von Stuttgart nach Hamburg eine gute Reise.» Kurz darauf meldete sich die Stimme noch einmal: «Ich habe einen Nachtrag vorzunehmen: Hannah Arendt war, wie ich soeben erfahre, eine erfolgreiche, jüdische Schriftstellerin.» Etwas später gab der Zugschaffner eine weitere Verbesserung durch, die Hannah Arendt als «Politikwissenschaftlerin» ausgab, und schließlich, noch einmal eine Viertelstunde danach, kam eine letzte Auskunft: «Ich höre soeben, wie es sich, der Behauptung eines Fahrgasts zufolge, tatsächlich verhält: Hannah Arendt war eine Philosophin, die 1933 emigriert ist. Ich bitte alle Mitreisenden, von weiteren Berichtigungen abzusehen.»

Die Pointe der kleinen Episode ist, daß die im einzelnen eher schiefen Bezeichnungen aufs Ganze ein ziemlich zutreffendes Bild ergeben. Hannah Arendt war Schriftstellerin, Politikwissenschaftlerin und Philosophin. Trotz aller Entschiedenheit im Auftreten und Meinen ging etwas schwer Bestimmbares von ihr aus. Es äußerte sich in der Breite und Vielfalt ihrer Vorlieben sowie der Er-

176

Hannah Arendt

regbarkeit ihrer Interessen. Sie besaß eine leidenschaftliche Wachheit, die sich bis zum Eindruck ständig gefährdeter, unschwer erschütterbarer emotionaler Balance steigerte. Ihre enge Freundin, die Schriftstellerin Mary McCarthy, hat von Hannah Arendts großer Verletzlichkeit gesprochen, ihrem Getriebensein, dem sie den Anschein zu geben versuchte, sie sei zu ständig neuen Aufbrüchen unterwegs. Gleichwohl ist sie jeweils die ganze Wegstrecke zu Ende gegangen, die ein Gedanke verlangte, und oftmals in provokantem Mutwillen über das Ziel hinaus. «Denken muß man mit Haut und Haaren», äußerte sie in einem unserer frühen Gespräche. «Oder man läßt es bleiben.»

Mit der Mischung aus Scharfsinn, Übermut und empfindungsstarker Verwegenheit hat sie nach vielen Seiten Anstoß erregt und sich nicht nur Gegner, sondern häufig auch Feinde gemacht. Der oftmals gebieterische Ton, in dem sie ihre Überlegungen vortrug, tat ein übriges, bei zunehmend öffentlichem Ruf einen leeren Raum um sie herum zu schaffen. Doch hat sie die Isolierung, in die sie schon früh geriet, als Preis der Freiheit bereitwillig in Kauf genommen. Zu keiner Zeit jedenfalls hat sie sich jener widersinnigen Larmoyanz anheimgegeben, die so viele im öffentlichen Provokationsgeschäft Tätigen offenbaren, wenn die Provozierten sich tatsächlich getroffen zeigen und zur Wehr setzen. Man dürfe, hat sie bei einem Zusammensein bemerkt, niemals aufgrund von Unwahrhaftigkeit in die Vereinsamung geraten; aus Furchtlosigkeit sei es unvermeidlich.

Nach ihrer auffälligsten Eigenschaft befragt, hat ihr Verleger William Jovanovich gesagt, mehr als alles andere bewundere er Hannah Arendts Tapferkeit, und als ihr die Äußerung hinterbracht wurde, hat sie mit der burschikosen Ironie, die sie einmal «mein schönstes deutsches oder eigentlich berlinisches Erbteil» nannte, gesagt: «Ich raufe nun mal gern!» Doch der eigentliche Grund für die Gegnerschaften, die sie wieder und wieder auf sich gezogen hat, kam aus der Unbedingtheit ihres Denkens. Erst in der äußersten Zuspitzung werde der Gedanke er selber, behauptete sie einmal, sonst bleibe er ein bloßes Dafürhalten. Kürzer und zugleich schlagender drückte es Dolf Sternberger aus, mit dem sie eine lebenslange Freundschaft verband: «Sie war zu kühn, um weise zu sein.»

Im «kleinen Eckladen des Denkens», den sie «querab von der Zeit» betrieb, wie sie mit Vorliebe sagte, war sie glücklich über jeden Beistand, der ihr zuteil wurde, doch mußte er aus der Freiheit des Urteilens kommen: «Wo von geistigen Lagern die Rede ist, herrscht meistens der Ungeist», versicherte sie. Sie sei weder links noch rechts, weder liberal noch prinzipienstreng und glaube nicht einmal an irgendeinen Fortschritt – sei es in der Moral, sei es im Blick auf die gesellschaftlichen Verhältnisse. Selbst als Außenseiter habe sie niemals gelten wollen, sondern immer nur vertreten, was ihr das Richtige schien. Aus diesem Grund habe sie keine Theorie entwickelt und werde, zum Kummer vieler Freunde, auch keine hinterlassen. Theorien seien, ergänzte sie ein andermal, «pompöse Masken für dürre Köpfe, die auf dem intellektuellen Karneval herumspringen. Ich gehe da nicht hin. Die Aufgabe, die mich in Anspruch nimmt, lautet ganz einfach: die Welt und die Menschen zu verstehen.» Es gebe da keine Verbotsschilder. Nach allem, was das Jahrhundert der Welt angetan hat, verlange gerade das Böse die ganze Erkenntniskraft. Wer da mit dem Kopf kapituliert, sei auch im Wirklichen nicht weit davon weg.

Wer ihr Leben überblickt, stößt denn auch immer wieder auf abgebrochene, oft in Verstimmung endende Zugehörigkeiten, weil sie nicht bereit war, den Gedanken irgendeiner taktischen Überlegung anzupassen oder gar zu unterwerfen. Nicht wenige hielten sie aus diesem Grund für unberechenbar, und ein gemeinsamer Freund äußerte bei Gelegenheit, sie sei für eine Philosophin allzu launisch. Als Hannah Arendt davon hörte, ließ sie ihm eine Notiz zukommen, wonach der Gedanke, der sich selber treu bleibe, in einer Zeit der alles beherrschenden Opportunismus in der Tat wie eine Laune wirken müsse; sie lasse sich davon aber nicht irremachen.

Doch war das nicht die ganze Antwort, und zu der ungemeinen Anziehung, die Hannah Arendt auf so viele übte, gehörte nicht zuletzt, daß der offene Rest des Rätsels, das sie darstellte, jederzeit spürbar blieb. Ich selber notierte nach unserem ersten, annähernd drei Tage währenden Zusammentreffen im Herbst 1964, daß sie bei aller «selbstentäußernden Verve», wie ich das nannte, einen «seltsam ortlosen Eindruck» mache. Womöglich ging diese Überlegung nicht zuletzt darauf zurück, daß sie im Verlauf unseres ausgedehnten Gesprächs über Heimat, Emigrationsverlust und neu erworbene Heimat sagte, sie sei sich durchaus bewußt, wie tief und unverbesserlich deutsch sie sei: «In meiner Art zu denken und zu urteilen komme ich noch immer aus Königsberg. Manchmal verheimliche ich mir das. Aber es ist so. Amerikanerin bin ich sozusagen nur und zugleich von ganzem politischem Herzen.» Nach einer kurzen Pause fügte sie hinzu: «Genaugenommen war und bin ich, wohin ich auch kam, immer das Mädchen aus der Fremde gewesen, von dem ein Gedicht Schillers spricht – in Deutschland nur ein bißchen weniger fremd als in Amerika. Und hier wie da, am wenigsten noch im geliebten Italien, hat mich die Angst begleitet, ich könnte zuletzt mir selber verlorengehen.»

Die Zusammenkunft ging auf unseren Verleger Klaus Piper zurück. Hannah Arendt hatte im Jahr zuvor ihre Eindrücke vom Eichmannprozeß in Jerusalem sowie ihre Überlegungen dazu veröffentlicht und damit den zweifellos größten Skandal ausgelöst, den ein Buch in Jahrzehnten hervorgerufen hat. Jetzt sollte ihr Bericht in Deutschland erscheinen, und es vermittelt einen Begriff von der Erbitterung der Kontroverse, daß eine Streitschrift mit ganz überwiegend polemischen und mitunter auch persönlich herabsetzenden Beiträgen noch vor ihrem Eichmannbuch in den Buchläden auslag.

Die Überlegung Pipers war, seine Autorin zur Vorstellung und

Verteidigung ihres Buches nach Deutschland kommen zu lassen. Während der Frankfurter Buchmesse gab es eine hocherregte, von Hannah Arendt mit überlegener Schlagfertigkeit durchgestandene Pressekonferenz sowie in den Tagen darauf eine Vielzahl von Einzelinterviews. Ich selber war vom Südwestfunk um ein längeres Gespräch mit Hannah Arendt gebeten worden, und da der Aufnahmetermin ein paar Tage im voraus lag, schlug Hannah Arendt vor, etwas früher nach Baden-Baden aufzubrechen und die gewonnene Zeit mit Unterhaltungen und «schönem Nichtstun» hinzubringen.

Ich habe ihre Verfassung während jener Tage als «gespannte Hochstimmung» in Erinnerung. Sie war überaus offen, auf ungewöhnliche Weise vertrauensvoll und alsbald von einnehmender Herzlichkeit. Nur als ich das eine oder andere Mal auf die sichtlich gesteuerte Empörung gegen sie zu sprechen kam, gab sie sich angriffslustig, winkte aber jedesmal nach wenigen Worten ab: «Das kann warten!», sagte sie. Sie wolle lieber über Goethes Gedichte reden, über Bach und Beethovens Sinfonien, die ihr in Amerika ein wenig verlorengegangen seien, ihr aber wie kaum etwas anderes das Gefühl des Zuhauseseins vermittelten. Sie brachte dann das Gespräch auf Heinrich Heine, später auf Franz Kafka, Bertolt Brecht sowie den armen, «von Gott und seinen Freunden verlassenen Walter Benjamin».

Sie kam zwischendurch auch auf meine Porträts über die Führungsfiguren der Hitlerjahre und bekannte, ihr erster Gedanke beim Erhalt des Buches sei gewesen: «Herrjemine! Was wird das sein! Ein bißchen Verstrickungsgerede, ein bißchen Sigmund Freud und das alles in die unvergleichlich deutsche Verbindung von Verhängnis und Feinsinn verpackt!» Doch schon nach den ersten Seiten habe sie bemerkt, wie voreingenommen sie noch immer auf alles Deutsche reagierte, zumal wenn von der Nazizeit die Rede war, und folglich ihr Urteil rasch geändert.

Ich warf ein, ihre Voreingenommenheit offenbarten auch die

wenigen Absätze des Eichmannberichts über den deutschen Widerstand. Selten sei mir eine gereiztere und folglich ungerechtere Auffassung darüber begegnet. Natürlich habe man es bei Menschen, zumal unter totalitären Verhältnissen, immer mit Anpasserei, Charakterschwäche und Versagen zu tun. Aber nicht alle beugten sich. Einige seien die Ausnahme. Sie selber erzähle in ihrem Bericht die Geschichte von dem Feldwebel Anton Schmidt, der in allem Grauen integer geblieben sei. Er habe, sei bei ihr zu lesen, die einfache Lehre hinterlassen, «daß unter den Bedingungen des Terrors die meisten Leute sich fügen, einige aber nicht». Ich teilte ihr ein paar familiäre Erfahrungen aus jenen Jahren mit, Zufallsgeschichten aus der Nachbarschaft von hier und da, und am Ende sagte sie, nachdenklich geworden, sie werde sich «die Sache noch einmal überlegen».

Dann berichtete sie von 1949, ihrem ersten Besuch bei Jaspers in Basel, und wie sie sich einmal, zu später Stunde, als das Haus zur Ruhe gekommen war, zu dem Hausmädchen Erna in die Küche gesetzt habe, um zu hören, wie es ihr in den schweren Jahren ergangen sei. Zu ihrer grenzenlosen Verblüffung habe die «treue Erna», wie Jaspers gern sagte, statt einer Antwort zu weinen begonnen, und was immer sie herausbrachte, sei im «Schütteln und Schluchzen» untergegangen, bis sie am Ende hervorgestoßen habe: «Ach, liebe Frau Arendt! – Was haben wir bloß angerichtet!» Und, nach einigen Wirrheiten noch: «Wir sind alle so schuldig! Bitte, vergeben Sie uns!»

Zunächst habe sie an sich gehalten, sagte Hannah Arendt; denn unverkennbar war, daß Erna das loswerden mußte. «Aber als sie mit der Bitte um Vergebung kam, platzte mir, wie man in Berlin sagt, der Papierkragen, und ich wurde ganz förmlich: ‹Fräulein Möhrle!›, herrschte ich die Arme an, ‹Sie hören augenblicklich mit dem Gejammer auf! Denn alles, was Sie sagen, ist Unfug.›» Der Professor habe ihr berichtet, wie sie sich für ihn und Frau Jaspers fast umgebracht habe. Und ausgerechnet sie rede von Schuld! «Das könnte den wirklichen Nazis so passen! Die arme Erna», setzte Hannah Arendt hinzu, «hat von meinen Vorhaltungen vermutlich nichts verstanden und noch weniger, warum ich so wütend geworden war. Aber ich mußte das sagen! Denn damals brauchte man nur einen Deutschen zu treffen, der sich schuldig bekannte, und wußte, daß dem nichts vorzuwerfen war. Aber sooft einem irgendwer mit dem besten Gewissen von der Welt entgegentrat und versicherte, allezeit ahnungslos gewesen zu sein, hatte man es ziemlich sicher mit einem ehemaligen Nazi zu tun.»

Die eher beiläufige Begebenheit verdient deshalb eine so ausführliche Wiedergabe, weil sie die Freiheit im Denken Hannah Arendts sichtbar macht, die Direktheit ihres intellektuellen Zugriffs und schließlich auch die mitunter kränkend wirkende Unverblümtheit ihres Vorbringens. Bezeichnenderweise hatte sie sich schon gegen Ende des Krieges gegen die verbreitete Kollektivschuldthese gewandt und manchen Kampf darüber ausgefochten. Sie weiche bekanntlich keinem Streit aus, sagte sie jetzt, als wir die Schwarzwaldstraße ein Stückweit hinaufliefen, und als wir schließlich doch auf die gerade im Gang befindliche Auseinandersetzung über Eichmann kamen, sagte sie: «Die ewige Balgerei kostet mich viel Zeit. Doch zugleich genieße ich den Sturm auch, den Gerhard Scholem, Ernst Simon und die vielen anderen mit ihren Windmaschinen machen.» Und dann, in verschwörerischem Ton: «Aber daß mir die Sache auch Spaß bereitet – das dürfen Sie niemandem sagen und mich vor allem nicht am Mikrofon fragen!» Schon bei der Niederschrift des Buches habe sie sich in einem «depressiven Rausch» befunden, einer Art Levitation – und vielleicht setze das ja ihre Gegner ins Recht mit der Behauptung, daß sie «kein Herz» habe, fügte sie mit rauhem Lachen hinzu.

Den Skandal löste Hannah Arendts Erkenntnis aus, daß Adolf Eichmann kein versessener Ideologe war, kein abnormer oder gar dämonischer Mensch, und das war auch der hauptsächliche

Gegenstand unseres Rundfunkgesprächs. Das gesamte metaphysische Vokabular in der Bestimmung des Bösen, hatte sie erklärt, falle angesichts der hohlen Mittelmäßigkeit Eichmanns in sich zusammen: Was in dem Glaskäfig des Gerichtssaals mit jedem Tag mehr an Umriß gewonnen habe, sei kein Ungeheuer, sondern eine überaus durchschnittliche, eher gesichtslose Person gewesen, die nicht die geringste Vorstellung von den unsäglichen Leiden besaß, die sie Millionen zufügte. Bis dahin hatte Hannah Arendt geglaubt und in einem ihrer früheren Bücher auch geschrieben, daß das Böse insoweit «radikal» sei, als es eine Verderbtheit von der Wurzel her anzeige. Jetzt erkannte sie, daß es in Gestalt eines halbwegs ordentlichen Menschen auftreten konnte, dessen Gedanken zu keiner Zeit über die eigene Karriere hinausgingen. Diese «Normalität», fand sie, sei grauenhafter als alle Dämonie und machte gleichsam das Blut gefrieren. Jedwede überkommene Vorstellung erweise sich als falsch: Die SS-Schergen waren nicht jene modernen Todesboten, deren Spur mitten ins Herz der Finsternis führte, sondern geradewegs in die kleinbürgerliche Wohnküche. Das meinte der Untertitel ihres Buches mit der Formel von der «Banalität des Bösen».

Hannah Arendt hat stets daran festgehalten, daß erst die von ihr gefundene Erkenntnis «die Totalität des moralischen Zusammenbruchs im Herzen Europas» im ganzen Umfang anschaulich mache. Der Rückgriff aufs Theologische, auf die Welt von Himmel und Hölle mit den Bildern des gefallenen Engels, behauptete sie, habe dem Grauen immer noch einen Sinn und dem Schmerz über das Geschehene eine Art Linderung geboten. Doch Eichmann hatte bei allen Leichenbergen, die sich um ihn herum auftürmten, nur an seine Schulterstücke gedacht und nicht die geringste Schuld empfunden. Er war ohne Beziehung zur Welt wie zu den Menschen und daher eher lächerlich als monströs. Doch als Opfer eines «Hanswursts» dazustehen, war eine Kränkung ohne Trost und, wie ihre Kritiker meinten, weder Toten noch Lebenden zumutbar.

Das war die tiefere Ursache des Aufruhrs, der wie auf ein Stichwort hin über Hannah Arendt hereinbrach. Doch den weit greifbareren Anlaß boten ihre kritischen Bemerkungen über die Mitwirkung der sogenannten Judenräte bei der Organisation der «Endlösung». Zwar umfaßte der Passus nur vergleichsweise wenige Absätze. Aber viele der unversehens Bloßgestellten waren unterdessen in einflußreiche Positionen, zumal in Israel, gelangt. Die Wortführer der zunehmend rücksichtslos geführten Kampagne behaupteten, Hannah Arendt sei aus dem Judentum «desertiert» und lasse es an «Liebe zu ihrem Volk» fehlen. Wenig später wurde mit nicht selten erfundenen Zitaten behauptet, sie habe die Opfer verleumdet und Gestapo wie SS entlastet. Am Tag vor unserer Abreise nach Baden-Baden hatten wir in Frankfurt eine Verhandlung des Auschwitz-Prozesses besucht, und Hannah Arendt hatte beim anschließenden Zusammensein erklärt, sie habe nichts zurückzunehmen: Der Eichmannbericht beschreibe nicht einen Einzeltäter, sondern einen Typus. Das sei die Wahrheit, die sich hier bestätigt habe: Auf den Anklagebänken auch vor den Frankfurter Richtern sei sie diesem Typus in mehrfacher Gestalt wiederbegegnet.

Angesichts der Wucht der Verunglimpfungen, die gegen sie laut wurden, zerbrachen bewährte Beziehungen und sogar Freundschaften. Hans Jonas, der seit Studententagen die engste Verbindung zu Hannah Arendt unterhalten hatte, sagte sich ohne ein Wort, einen Brief oder Gruß von ihr los: «Ich bin buchstäblich exkommuniziert», äußerte sie am Abend vor der Rundfunkaufnahme in Baden-Baden. Wie weit ihr Verruf reiche, meinte sie ein andermal, gehe aus dem Umstand hervor, daß niemand Anstoß daran nehme, daß die Zeitschrift «Der Aufbau» ihrer Entgegnung auf die zuvor im gleichen Blatt veröffentlichten Attacken keinen Platz einräumte. Sie hatte die Auseinandersetzung zunächst als belebende Herausforderung aufgefaßt, zumal zahlreiche Anschuldigungen wie etwa die Behauptung, sie habe das jüdische Volk angeklagt, nicht zutrafen. Aber bald wurde behauptet, mit der an Eichmann diagnostizierten «Banalität» spreche Hannah Arendt ihn zugleich frei, und allmählich überwältigte sie, wie sie in einem Brief schrieb, der «Ekel» darüber, daß der ganze «intellektuelle und sonstige Mob erfolgreich mobilisiert» werden konnte, um ein Buch zu erledigen, das «ich nie geschrieben» habe.

Ohne von ihrer Auffassung abzurücken, hat Hannah Arendt Jahre später eingeräumt, daß ihr immerhin die eine und andere Unachtsamkeit unterlaufen sei. So habe sie anfangs allzu lange in der trügerischen Gewißheit geschwiegen, daß «demagogisch hergestellte Erregungen» sich bald erschöpften; daß keine Kampagne gegen die Vernunft für längere Zeit durchzustehen sei; auch übersehen, daß man sich rechtzeitig einflußreiche Verbündete beschaffen müsse. Für dies und vieles mehr benötige man taktische Klugheit, und daran habe es ihr immer gefehlt.

Eine Unbedachtheit, sagte sie in unserer Unterredung auch, sei ihr freilich mit der Formel von der «Banalität des Bösen» unterlaufen. Aber als die Literatin, die sie zugleich sei, habe sie sich augenblicklich in den «finsteren Charme der drei Worte verguckt» und nicht gedacht, daß sie den Grund für ein wirkliches Mißverständnis abgeben könnten. Denn natürlich habe sie weder die Massenvernichtung als «banal» hinstellen wollen, noch gar das Böse an sich. Vielmehr habe sie *dieses* Böse in seiner fürchterlichsten Inkarnation als gedankenleere Erscheinung beschreiben wollen. Was da geschehen sei, habe sie stets als den schlimmsten Angriff auf das Wesen des Menschen bezeichnet. Seither sei die Welt nicht mehr, was sie war: alle die großartigen Andachtsbilder vom homo sapiens lägen zertrümmert am Boden.

Doch für solche Ergänzungen war es schon binnen kurzer Zeit zu spät: «Das vermeintlich Gute», meinte sie, «kann ebenfalls hohl und gedankenleer sein – und unnachsichtig obendrein.» Etwas mehr als fünf Jahre später erlebte ich Hannah Arendt, wie sie, angestrengt lachend und gleichzeitig mit den Tränen kämpfend, sagte, inzwischen versuche man sogar, die von ihr angeblich betriebene Verringerung von Eichmanns Schuld auf ihre privatesten «Verhältnisse» zurückzuführen: Sie habe, so werde verbreitet, den SS-Henker vor allem entlastet, um damit auch von der Nazisympathie ihres Lehrers Martin Heidegger abzulenken und das eigene «Vergehen» lebenslanger Verehrung in milderes Licht zu tauchen. «Dagegen kann ich mich nicht wehren», sagte sie. In der Tat erlangte sie eine Art Vergebung nur von wenigen alten Freunden. Jahrzehnte dauerte es, bis das Eichmannbuch in Israel erschien, und noch dreißig Jahre nach dem Aufruhr «versprach» sich einer ihrer Gegner während einer öffentlichen Konferenz, indem er sie «Hannah Eichmann» nannte.

Nach dem Rundfunkgespräch ließen wir uns hinunter nach Baden-Baden fahren. Sie wolle endlich einmal auf der Lichtenthaler-Allee spazierengehen, sagte Hannah Arendt, im fernen Königsberg sei das der Inbegriff des vornehmen Müßiggangs gewesen. Sie erzählte von ihrem Elternhaus, vom frühen Tod ihres Vaters und wie sie im Alter von vierzehn Jahren Kants «Kritik der reinen Vernunft» gelesen und sozusagen «vom Fleck weg» beschlossen habe, Philosophie zu studieren. Sie lachte über das, was sie ihr «frühreifes Ungestüm» nannte, setzte aber mit einer kleinen Feierlichkeit im Ton hinzu, an diesem Entschluß habe sich niemals etwas geändert. «Das war wirklich ernst!»

Nach einem kurzen Blick zu ein paar eilig hinziehenden Wolken sagte sie: «Die Wolken da oben sind sehr deutsch. Die gibt es in Amerika nicht. So wechselnd, so umrißlos und hastig. In lyrischen Stimmungen kann man da viel hineinlesen. Ich kenne die Versuchung. Doch mehr als diesen Anblick benötige ich nicht, um ihr zu widerstehen.» Und nach kurzem Nachdenken noch: «Glücklich macht mich das Bild trotzdem.» Übergangslos fragte sie dann, ob ich aus frühen Jahren ähnlich bestimmende Leseerfahrungen hätte wie sie, und ich berichtete kurz über mein Elternhaus und die halbwüchsigen Unentschiedenheiten zwischen mancherlei historischen Werken und der Literatur im engeren Sinn. Von Piper oder einem der Freunde in den Staaten hatte sie offenbar dies und jenes von meinen privaten Umständen gehört und fragte nach Einzelheiten. Kaum hatte ich geendet, begann sie gleichsam im Austausch von ihrer ersten Begegnung mit Martin Heidegger zu reden. Mit noch nicht achtzehn Jahren, sagte sie, habe sie im «akademischen Rumor» erstmals von ihm gehört und augenblicklich beschlossen, in Marburg, wo er lehrte, mit dem Studium zu beginnen.

«Es war eine Entscheidung wie keine andere», fuhr sie fort. «Heidegger hat mich die Welt sehen und begreifen gelehrt und mir bei alledem das Empfinden verschafft, er führe mich zu mir selbst. Das galt für das Denken wie für das Fühlen – und für das mir damals schon so wichtige Verstehen auch. Heidegger hat mich in jedem Sinne zum Leben erweckt.»

Nach einigen anekdotischen Einschüben setzte sie hinzu, sie sei über die Jahre hin ihre «Schulmädchenbefangenheit» vor Heidegger nicht losgeworden. Sie habe das oft erzählt: Wie sie bald nach Beginn des Studiums zur Vorstellung bei dem Theologen Rudolf Bultmann erschien und ihm mit dem ganzen «Hochmut meiner achtzehn Jahre» erklärte, daß sie sich jede antisemitische Äußerung von ihm wie von einem der Seminarteilnehmer aufs entschiedenste verbitte. Bultmann habe sie dann einigermaßen beschämt, sagte sie, indem er lächelnd erwiderte, gemeinsam würden sie mit allen denkbaren Rüpeleien schon fertig werden.

Bei Heidegger hingegen, sagte sie, den sie um die gleiche Zeit aufsuchte, habe sie kaum ein Wort hervorgebracht und sich schon gar nichts verboten: «Ich habe nur zugehört, dann und wann ein paar Schritte mitzugehen versucht, verzaubert von seiner Poesie, denn er war ja auch, bei aller Erkenntnisschärfe, ein Dichter.» Immer wieder habe sie sich im Verlauf der Unterredung dabei ertappt, daß sie ihn im sprachlichen Ausdruck unwillkürlich nachzuahmen versuchte und etwas später ja auch eine «gedichtartige

Reflexion» für ihn verfaßt. «Kurzum», meinte sie zusammenfassend, «wie und was ich bin, geht auf Heidegger zurück; ihm verdanke ich alles!» Und nach mehreren abgebrochenen Anläufen, sagte sie: «Zugleich hat er alles verdorben!» Als ich in die entstandene Pause hinein fragte, wie das zu verstehen sei, erwiderte sie schließlich: Man könne das nicht sagen! Es klinge unendlich sentimental oder sogar kitschig wie jede erzählte Affäre, «wenn nicht gerade Shakespeare der Erzähler» ist. «Also: nach ungefähr zwei Jahren rettete ich mich durch Flucht. Ich nahm meine Siebensachen und machte mich davon. Nur eines ließ ich in Marburg zurück und habe es mir nie zurückholen können: die Liebe.» Dann lächelte sie halb verlegen, halb entschlossen: «Kitschig genug?», fragte sie.

Erst in einem weiteren Gespräch, Jahre später, hat mir Hannah Arendt Näheres über den «Liebessommer 1924» erzählt: Wie Heidegger bei jenem ersten Besuch, während es draußen bereits dämmerte und sie gerade aufbrechen wollte, plötzlich vor ihr auf die Knie «gestürzt» sei und sie mit stammelnd hervorgestoßenen Worten an den Hüften umklammert habe. Ihr ohnehin schwaches Widerstreben sei unter dem «Überfall» einfach weggeschmolzen. «Was kann man», fügte sie hinzu, «als unerfahrenes und außerdem bewunderndes Mädchen schon tun?» Sie sagte das in ihrer Wohnung am Riverside Drive, während sie mit irgendwelchen Verrichtungen zwischen Küche und Eßtisch beschäftigt war, und trug das alles in einem etwas angestrengt beiläufigen Ton vor. Aber dann und wann schien mir doch heraushörbar, wieviel Mühe die Erinnerung an jenen folgenreichen Abend sie im einen wie im anderen Sinne kostete.

Sie kam später darauf, wie sie die Rendezvous in Heideggers Arbeitswohnung und in ihrer Dachkammer verabredeten, ein System der Geheimhaltung entwickelten mit Lichtsignalen, toten Briefkästen und anderen Verschlüsselungen; wie sie allezeit bereit war, sich seinen Wünschen zu fügen: «Wir Weiber sind nun mal Sklavinnen!», bekannte sie und erzählte von einer nächtlichen Verabredung auf einem abgelegenen Provinzbahnhof: «Er rief, ich kam – auch noch, als ich Marburg seinetwegen schon verlassen hatte. Lange Zeit war das mein Problem – immer wieder. Damals jedenfalls. Zum Glück ist die Jugend irgendwann vorbei.»

Natürlich war nichts vorbei. Doch meine Notizen über Hannah Arendts frühe Affäre mit Martin Heidegger brechen an dieser Stelle ab. Weitere im folgenden vermerkte Auskünfte, vor allem über den späteren Verlauf der Liebesgeschichte, stammen überwiegend von Mary McCarthy, die wie keine andere Freundin eingeweiht war. Auf meine Frage, warum Hannah Arendt einem einigermaßen Fernstehenden wie mir so bald nach dem Kennenlernen ihre privatesten Erfahrungen preisgegeben habe, antwortete sie: «Ach, wissen Sie – vor Jahren schon, als Hannah fünfzig wurde oder etwas später, überkam sie das Bedürfnis, von frühen Tagen zu sprechen. Das hat man doch häufig: daß einer sein altes Herz auskippen und zumindest in der Erinnerung die großen Gefühle von einst noch einmal schmecken will.»

Wenn die ständige Heimlichtuerei mit Heidegger, trotz aller ungezählten Lästigkeiten, der romantischen Natur Hannah Arendts anfangs entgegenkam, wurde sie ihrer doch im Fortgang der Zeit überdrüssig. Nach rund einem Jahr begann sie, sich mit dem Gedanken vertraut zu machen, Marburg zu verlassen. Heidegger, so hoffte sie, würde auf diese Weise der Ernst ihrer Liebe bewußt werden. Umso überraschter und «wie betrogen» fühlte sie sich, als er ihr zuvorkam und von sich aus einen Wechsel nach Freiburg zu seinem Lehrer Edmund Husserl und anschließend nach Heidelberg zu seinem Freund Jaspers vorschlug. Mary McCarthy meinte, Heidegger sei zu dieser Zeit ebenfalls der «Liebe im Versteck» müde gewesen, habe sich aber Hannahs so sicher gefühlt, daß er die räumliche Trennung in Kauf nahm; alles weitere, mochte er sich sagen, werde sich finden.

Auf ähnliche Weise hat Heidegger die vielbegehrte junge Frau in den folgenden Jahren zu jedem Verehrer, von dem er erfuhr, beglückwünscht, so daß Hannah Arendts Bemühungen, die Eifersucht ihres Geliebten zu erregen, ein ums andere Mal ins Leere liefen. Von seinen eigenen Ansprüchen ließ Heidegger gleichwohl nicht ab, und sie kam, wenn er nach ihr verlangte. Selbst über ihre Ehe mit seinem Schüler Günther Stern, der sich als Publizist Günther Anders nannte, im September 1929, gab er sich erfreut. Sie selber deckte in zwei Briefen, annähernd fünfundzwanzig Jahre später, das verborgene Motiv ihrer Verhaltensweise auf. An Heidegger schrieb sie: «Weggegangen aus Marburg bin ich ausschließlich Deinetwegen», was zugleich hieß, daß sie stets gehofft hatte, ihn doch noch für sich zu gewinnen, und tatsächlich ließ sie ihn kurz vor ihrer Eheschließung verzweifelt wissen, sie liebe ihn «wie am ersten Tag». Ergänzend gestand sie später: sie habe damals «geheiratet, irgendwie ganz gleich wen». Doch von Heidegger kam kein Wort.

Von Marburg ging Hannah Arendt, der Empfehlung Heideggers folgend, über Freiburg nach Heidelberg und promovierte 1928 bei Karl Jaspers. «Es war noch einmal Arkadia», sagte sie in Erinnerung an diese Zeit, «so konzentriert im Denken und, trotz allen Tumults ringsum, so weit aus der Welt.» Ein politisches Interesse jedenfalls habe sie damals und während der folgenden Jahre nicht aufgebracht, das «Geschäft des Denkens verzehrte alles». Auf die Frage, ob sie sich eine Mitverantwortung zumindest an der «Entkräftung» der Republik zuschreibe, hat sie knapp erwidert: «Ja, haben wir alle!» Politisch sei keiner von ihnen gewesen. Selbst die Geschichtswissenschaft, hat sie in diesem Zusammenhang bemerkt, sei ihr damals nicht wichtig erschienen und «viel zu nah an der Machtwelt». Sie habe im Historischen allenfalls den pittoresken Hintergrund der Philosophie und der Poesie sehen können, wie im alten Griechenland, das sie mehr als alle anderen Epochen geliebt habe.

Der Einbruch kam mit dem gewaltigen Politisierungsschub

Anfang der dreißiger Jahre. Die Weltwirtschaftskrise, die Radikalisierung links und rechts mitsamt den barbarischen Auswüchsen allenthalben, von den Bürgerkriegssonntagen bis hin zum überall sichtbar werdenden Antisemitismus, zwang jeden zur Parteinahme. «In Berlin», hat Hannah Arendt dazu gesagt, «wo ich damals mit meinem Mann lebte, vor allem vor den Arbeitsämtern und rund um die Armenküchen, bildeten sich kleine primitive Laienparlamente. Unwillkürlich traten die Passanten herzu und hörten mit. Das eine oder andere Mal habe ich sogar selber das Wort ergriffen. Aber hinterher kam mir immer der Ärger hoch. Denn ich wollte das nicht. Wer seine paar Sinne beisammen hatte, konnte mit Händen greifen, wie aussichtslos alles Reden war.»

Die Ernennung Hitlers zum Kanzler sei denn auch kein Schock für sie und ihre Freunde gewesen, setzte sie hinzu: «Der Weltuntergang stand doch schon lange auf allen Programmzetteln», und eigentlich habe der 30. Januar nur besiegelt, was jeder von uns ohnehin wußte. «Nun *mußten* wir politisch werden», sagte sie. «Ich erinnere mich, im Frühjahr 1933 zu Günther Anders gesagt zu haben: ‹Aus dem schönen Paradies der luftleeren Räume, wo wir so frei atmen konnten, hat uns der Hitler schon vertrieben. Bald werden wir auch das Land verlassen müssen.›»

Da Hannah Arendt stellungslos war und keine Aussicht auf irgendeine Beschäftigung hatte, bat die Zionistische Vereinigung sie, eine Sammlung antisemitischer Äußerungen aus jüngster Zeit anzulegen. «Mit Freuden», hat sie später versichert, habe sie nicht nur deshalb zugesagt, weil sie darin ebenso wie in der Zuflucht, die sie seit dem Reichstagsbrand verfolgten Freunden bot, eine sinnvolle Aufgabe sah. Vielmehr habe jede gefährliche Tätigkeit zugleich ihre Abenteuerlust befriedigt. «Als der Ausschnittdienst nach kurzer Zeit aufflog», hat sie hinzugesetzt, «war mein erster, etwas verrückter Gedanke: Großartig! Auch wenn es zu nichts geführt hat. Aber wenigstens bin ich nicht unschuldig! Denn das wäre das Schlimmste, was einer wie Hitler mir nachsagen könnte: daß

192

ich mich Mir-nichts-Dir-nichts zur Schlachtbank führen ließ. Ich hätte mir das nie verziehen!»

Hannah Arendt wurde festgesetzt, verblieb aber nur acht Tage in Haft. Zu ihrem Glück gelang es ihr, den Gestapobeamten, der sie über Stunden verhörte, mit ihrem Charme gewissermaßen zu verführen. «Ich beflirtete ihn nach allen Regeln der Kunst», hat sie erzählt, «und tischte ihm die aberwitzigsten Geschichten auf. Natürlich hat er alles durchschaut, er war ja nicht ‹plemplem›, wie man das nannte. Aber er machte scheinheilige Miene zu meinem verlogenen Spiel – und plötzlich, auch nicht ganz ohne eigenes Risiko, ließ er mich laufen. Er erteilte mir sogar ein paar gute Ratschläge: So was gabs damals noch. Kaum war ich frei, geriet ich aufs neue in Auseinandersetzungen mit meinen jüdischen Freunden. Sie warfen mir ‹Leichtsinn›, ‹Unverstand› und ‹Hasardeurlaune› vor, während ich ihre generationenalte Unterwürfigkeit anklagte: Den schrecklichen jüdischen Gehorsam oder, was fast das gleiche ist, die Wichtigtuerei. Wir kamen nicht zueinander. Im August 1933 hatte ich vom einen wie vom anderen genug und ging aus Deutschland weg.»

Denn spätestens zu diesem Zeitpunkt hatte sie eine Anzahl bestürzender Erfahrungen gemacht. Nicht, daß «der Nazipöbel» Ernst machte und jedermann wissen ließ, wohin die Reise ging. «Ich hatte», sagte Hannah Arendt, «weiß Gott nichts anderes erwartet von unseren geschworenen Feinden. Was mir aber die Welt zum Einsturz brachte, war das Verhalten meiner Freunde. Sie liefen kolonnenweise über. Oder fielen einfach um. Gestern hatten wir noch Anrufe, Briefe, Besuche von überall her. Jetzt wurde es mit einem Mal ganz still, und wir standen wie die traurigen Kegel zwischen lauter umgestürzten Figuren. Sogar ein paar jüdische Bekannte waren eingenommen von dem, was in Deutschland passierte. Ein befreundeter Arzt sagte mir, die Deutschen hätten jetzt ihren Weißen Ritter. ‹Und wir stehen wieder mal abseits und haben nichts als unseren Neid auf ihr Glück.›» Erregt habe sie erwidert,

manchmal verberge sich unter der weißen Rüstung auch ein Raub-
ritter, und was ihm folge, seien bewaffnete Mordbrenner. «Da gehören wir nicht hin!»

Am fassungslosesten aber habe Heideggers Verhalten sie gemacht, so daß sie «nur verstummen» konnte. Schon vor Beginn der
Hitlerjahre habe sie gerüchteweise gehört, daß auf seiner Hütte in
Todtnauberg tiefsinnige Gespräche über Hitlers historischen Auftrag geführt würden, über eine deutsche Ordnungsdiktatur, die
dem drohenden Einbruch des Kommunismus die Stirn bieten werde. Doch habe sie gedacht, alle Sorge sei übertrieben, solange Heideggers Philosophie von dergleichen unberührt bleibe. Verwehrt
geblieben sei ihr damals die Einsicht, sagte sie jetzt, daß Heidegger
lebenslang «der Famulus seines Denkens» blieb und «als Person
weit schwächer war als sein Gehirn». Das aber war alsbald von
Aufbruch, Größe und einer Art metaphysischem Rausch so erfaßt,
daß er sich beugte. Als Karl Jaspers im Mai 1933 die Professoren-
frage stellte, auf welche Weise wohl «ein so ungebildeter Mensch
wie Hitler Deutschland regieren» solle, bekam er von Heidegger
die Antwort: «Bildung ist ganz gleichgültig ... Sehen Sie nur seine
wunderbaren Hände an!»

Noch niederschmetternder als solche halbprivaten Entgleisungen, meinte Hannah Arendt, sei der intrigante Eifer gewesen, mit
dem Heidegger die Wahl zum Rektor der Freiburger Universität
betrieben habe. Am 1. Mai 1933 trat er im Rahmen einer feierlichen Kundgebung in die NSDAP ein und hielt vier Wochen später,
gerade zum Rektor gewählt, in einer akademischen Festveranstal-
tung, für die er das Absingen des Horst-Wessel-Liedes und Sieg-
Heil-Rufe angeordnet hatte, die berühmte Rektoratsrede. Unter
dem Titel «Die Selbstbehauptung der deutschen Universität» deutete er das Geschehen der zurückliegenden Wochen als zweiten
Anfang der Menschheitsgeschichte und Eröffnung eines heroi-
schen Zeitalters. Hannah Arendt hat gestanden, jede der Nachrichten aus Freiburg habe sie «wie ein Keulenschlag» getroffen: «Hei-

degger wußte doch», sagte sie, «daß wir keineswegs los voneinander waren. Mindestens die Erinnerung war noch da, und ich fragte mich, ob er den Verrat, den er jeden Tag an uns und schließlich auch an sich beging, überhaupt bemerkte?»

Früher oder später erfuhr sie weitere Einzelheiten, und jede verwirrte das nach wie vor vergötterte Bild mehr oder verlieh ihm sogar, wie sie noch dreißig Jahre später zugab, lächerliche Züge: Um seine Verbundenheit mit dem neuen Regime auszudrücken, habe Heidegger, wie ihr mitgeteilt wurde, nicht nur «hetzerische Reden» gehalten, sondern sei dabei oftmals sogar in kurzen Hosen oder mit offenem Hemdkragen aufgetreten. Obwohl sie diesen Aufzug halbwegs gewohnt war, stellte sie sich den «kleinen, vom Denken wie eingedunkelt wirkenden Mann mit dem unpassend herumirrenden Gesichtsausdruck in Halbuniform» vor. «Aber», setzte sie hinzu, «bäuerische Durchtriebenheit war ebenfalls in diesem Gesicht und fast das auffälligste daran.»

Ein andermal, erzählte sie, habe Heidegger die Zerstörung eines jüdischen Verbindungshauses durch nationalsozialistische Studenten gedeckt und nicht nur jeden Umgang mit jüdischen Kollegen, sondern auch mit seinem alten Lehrer und Freund Edmund Husserl abgebrochen. Im Herbst 1933 konnte er endlich das erste «Wissenschaftslager» ausrichten, das, hoch im Schwarzwald, Studenten und Dozenten zu einem Dasein im Freien vereinte: Eine Mischung aus Pfadfindertreffen, Platonischer Akademie und Wehrsportverband, zeichnete sich das Lager dadurch aus, daß die Teilnehmer zwischen gemeinsamen Fußmärschen, Essenfassen und Liederabsingen die Seinsfrage stellten und die neuen Daseinsmächte beschworen. Hannah Arendt war nach Jahrzehnten noch immer entgeistert darüber: «Heidegger», bemerkte sie, «war stets eine merkwürdige Kombination aus erdfester Naturverbundenheit, Hingabe und abgrundtiefer Verlogenheit. Allen diesen Anlagen gaben die Nazis den freiesten Auslauf, und der ‹Famulus Heidegger› nutzte ihn.» Einige Jahre später beschrieb sie die bitteren

Erfahrungen ihres letzten Sommers in Deutschland als Bündnis zwischen Elite und Mob.

In Paris, das nach manchen Zwischenstationen ihr neues Zuhause wurde, habe sie erstmals das Bewußtsein erlangt, so erzählte sie, überall und nirgendwo hinzugehören: «Da erst, in der herrlichen Stadt, in die ich mich gleich verliebte, bin ich paradoxerweise erst ganz und gar jenes ‹Mädchen aus der Fremde› geworden, das ich bis dahin nur in der blasierten Überheblichkeit meiner Jugend gewesen war.» Die neue Erfahrung verschaffte ihr den Schlußgedanken für die schon in Berlin weitgehend abgeschlossene Biographie über Rahel Varnhagen. Sie habe anfangs nur das Leben einer romantischen deutschen Jüdin mit ihrem leidenschaftlichen Zugehörigkeitsverlangen nacherzählen wollen, sagte sie. Jetzt, nach dem katastrophalen Zusammenbruch der deutsch-jüdischen Verbindung, endete die Geschichte mit der Absage an alle Assimilationsträume und dem Bekenntnis zum Dasein als Paria: Eine menschenwürdige Existenz, versicherte sie, sei in der modernen Welt für jedermann, der auf sich hält, nur am Rande der Gesellschaft möglich – dort, wo die Juden schon immer zu leben hatten.

Ihren Unterhalt verdiente sie sich durch die Mitarbeit in verschiedenen jüdischen Hilfsorganisationen, ab 1935 war sie Generalsekretärin der französischen «Jugend-Alija», die jungen Menschen bei der Auswanderung nach Palästina half. Bald haftete ihr auch hier wieder, wie schon in Deutschland, der Ruf eines «Ausnahmewesens» an. Übermütig berichtete sie von der «buntgescheckten Verehrerschleppe», die ihr in Paris folgte. Als einer dieser Galane, der später eine überaus wichtige Rolle in der jüdischen Welt spielte, in einem Hotelzimmer über sie hergefallen sei, habe sie ihn zunächst «mit schallendem Gelächter» und, als er weiter an Bluse und Rock herumzerrte, «mit ein paar Ohrfeigen» zur Vernunft gebracht. Als ich einwarf, er hätte sein Begehren auch anders zeigen können, meinte sie lachend: «Das nicht! Männer können nur so. Müssen vielleicht auch! Oder die Frauen glauben ihnen nicht.»

In Paris gehörte Hannah Arendt zum engsten Freundeskreis Walter Benjamins. Durch ihn lernte sie den aus Berlin stammenden Journalisten Heinrich Blücher kennen, der 1934 als ehemaliger Spartakuskämpfer und militanter Kommunist nach Frankreich emigriert war. Beschäftigungslos, wie er seither war, hatte er sich unter ärmlichsten Verhältnissen durchgeschlagen und, in Hannah Arendts Worten, als «unermüdlicher Autodidakt gelesen, gesucht und gedacht». Schon vor Jahren war er dem Sozialismus Stalinscher Machart abtrünnig geworden und wohl auch von ersten Zweifeln an der kommunistischen Verheißung erfaßt. «Blüchers mutiges Proselytentum», erklärte sie mir, sowie sein «immer wacher Skeptizismus» habe sie tief beeindruckt, und da ihre Ehe mit Günther Anders in den Zeitwirren auseinandergegangen war, heiratete sie 1940 Heinrich Blücher. Im Mai des gleichen Jahres entkam sie mit ihm und ihrer Mutter vor den anrückenden Deutschen über Lissabon in die Vereinigten Staaten. «Sind gerettet», telegraphierte sie ihrem geschiedenen Mann nach der Ankunft in New York.

Die Veröffentlichungen, durch die Hannah Arendt schon bald auf sich aufmerksam machte, zielten in der Hauptsache darauf, den Juden Selbstbewußtsein und Widerstandswillen zu vermitteln. «Zweihundert Jahre lang haben wir uns einreden lassen», schrieb sie, «daß der sicherste Weg zum Überleben der ist, sich tot zu stellen. Mit dem Erfolg, daß wir untereinander oft nicht wissen, ob wir unter Lebenden oder Toten wandeln.» Und in einem unserer Gespräche bemerkte sie: «Ich war damals von dem Gefühl überwältigt, daß es der Mantel der Geschichte war, der da eine Weltsekunde lang an uns vorüberflatterte. Jahrhunderte hindurch waren die Juden abgewiesen, verfolgt und jedenfalls ohne Schutz gewesen. Die Ironie der Geschichte wollte es, daß ihnen ausgerechnet Hitler in den Vereinigten Staaten die überlegenste Macht der Welt als Verbündeten zur Seite gab. Das war eine einmalige Chance. Ich wollte, daß sie nicht ungenutzt vorüberging.»

Unvermeidlich war, daß ihre entschiedenen, mitunter gewiß auch ungerechten Einwürfe zu jenen Spannungen mit dem jüdischen Establishment führten, die sich später im «Eichmann-Skandal» entluden. Die ungeheuerliche Erregung, die dabei losbrach, sagte sie mehrfach, sei nur zu begreifen, wenn man sie als Begleichung allzu lange offener Rechnungen zumal über die Gründung des Staates Israel versteht. Doch lenkte sie wie stets nicht ein, sondern spitzte ihre Plädoyers für eine «jüdisch-arabische Konföderation» in Vorahnung eines nie endenden, mörderischen Konflikts eher noch zu: ein jüdischer Nationalstaat müsse die gesamte Region des Nahen Ostens in ein «ewig friedloses Schlachtfeld» verwandeln, sagte sie, und fand ihre Vorhersage mit jedem Tag bestätigt.

Im Streit war sie auch mit den Worten nicht wählerisch. Die Gruppen, die eine gewaltsame Inbesitznahme Palästinas mitsamt der Vertreibung der ansässigen Araber befürworteten, bezeichnete sie in ihrer zuzeiten derben Manier als «Sprengstoffspießer» oder als «Bombenfatzkes». Desgleichen ließen ihre Gedanken keine Schonung zu. Sie habe ihren Gegnern gern vorgehalten, daß die Juden sich in einem Maße als Opfer empfänden, das jedes Denken zugrunde richte. «Alles Selbstmitleid», sagte sie damals, «tötet den Verstand.» Und als es damit Überhand nahm, brach sie schließlich mit der Zeitschrift «Aufbau», der sie für längere Zeit eine ständige Kolumne geliefert hatte. Erleichtert hatte ihr den Entschluß nicht zuletzt ihr Bedürfnis, die Welt in größeren Zusammenhängen zu begreifen und die Ursachen der unerhörten Vorgänge zu erfassen, die sich im Kerngebiet der zivilisierten Welt ereignet hatten. In der zweiten Hälfte der vierziger Jahre begann sie mit der Arbeit an einem größeren Werk, das die Merkmale und Wurzeln des Totalitarismus offenlegen sollte, der so offensichtlich das Kennzeichen der Epoche war.

198

Im späten Herbst 1949 kam sie erstmals wieder nach Deutschland: «Unbeschreiblichstes, herrlichstes! Wiedersehen», schrieb sie in einem Brief, das «große Heulen» sei ihr gekommen, als sie auf den Straßen und in den Cafés Deutsch sprechen hörte; unbewußt habe sie wohl vermutet, auch die Sprache müsse bei soviel Verlorenem abgegangen sein, bemerkte sie Jahre später im Gespräch. Die ungezählten Vorbehalte, die sie mit sich führte, bewahrheiteten sich auf Schritt und Tritt: die Menschen lebten «von der Lebenslüge und der Dummheit», hielt sie fest und beobachtete verständnislos, wie Zufallsgäste am Nebentisch Dutzende von Ansichtskarten mit gotischen Kirchen, idyllischen Parks oder alten, von noblen Bürgerhäusern umstandenen Plätzen schrieben, die der Bombenkrieg längst weggeräumt hatte. «In den Trümmern hockten eine blinde Geschäftigkeit, der Hunger und das Selbstmitleid», sagte sie. «Schön und wie unberührt war nur die Landschaft, die Zugfahrten weckten nie gekannte Gefühle der Vertrautheit.» Aber erst in der Wiederbegegnung mit dem hoffnungslos zerstörten Berlin schmolzen ihre Reserven dahin: Die Bewohner der Stadt seien «unverändert, großartig, menschlich, humorvoll, klug, blitzklug sogar: Dies zum ersten Mal wie nach Hause kommen», notierte sie für ihren Mann, und in der Erinnerung sagte sie noch Jahre später: «Es war unvergeßlich! Wie selten in meinem Leben hatte ich das Gefühl, irgendwo wirklich angekommen zu sein. Und das im zerstörten Berlin! Und auch noch 1949!»

Im Dezember des Jahres fuhr sie zu Jaspers nach Basel, dem sie bald nach dem Krieg geschrieben hatte, seit sie wisse, daß er und seine Frau dem «Höllenspektakel» entkommen seien, fühle sie sich «wieder etwas heimatlicher in dieser Welt». Jetzt, bei ihrem Wiedersehen, gestand sie nach langen Skrupeln die Affäre mit Heidegger. Zu ihrer Verwunderung zeigte sich Jaspers aber weder eifersüchtig noch moralisch irritiert, sondern rückte sich erwartungsvoll im Stuhl zurecht und sagte nur: «Ach, aber das ist ja sehr aufregend.» Dann bat er sie, zu erzählen.

Hannah Arendt berichtete, was sie Jaspers zumuten mochte, und erfuhr, gleichsam im Gegenzug, weitere Einzelheiten über Heideggers Verhalten während der Hitlerzeit. Sie hatte ihn bei Gelegenheit, zumal aufgrund seiner schmählichen Aufführung gegen Edmund Husserl, dem er buchstäblich «das Herz gebrochen» habe, einen «potentiellen Mörder» genannt. Jetzt gewann sie zusätzliche Belegstücke für ihr schroffes Urteil. Bei dem auf Jahre hin letzten Zusammentreffen mit Heidegger, so berichtete Jaspers beispielsweise, sei seine jüdische Frau in Tränen ausgebrochen über das, was seit dem Parteieintritt und der Rektoratswahl über den einstigen Freund in den Zeitungen zu lesen stand. Der aber habe als Trost für sie nur die Antwort gehabt: «Es tut gut, einmal zu weinen» und sich anschließend nahezu grußlos davongemacht. Auch bekam Hannah Arendt die Briefe Heideggers zur Einsicht, und sie gaben ihr weitere Beispiele seiner «Verlogenheit oder besser Feigheit». Am Ende kamen Jaspers sogar Bedenken, ob sie nicht zu weit gegangen seien. «Der arme Heidegger», sagte er, «nun sitzen wir hier, die beiden besten Freunde, die er hat, und durchschauen ihn.»

Das nahe gelegene Freiburg mied Hannah Arendt zunächst, und als eine Freundin sie fragte, ob sie sich auf ein Wiedersehen mit Heidegger freue, erwiderte sie: «Um sich auf Freiburg zu ‹freuen›, dazu gehört ein bestialischer Mut – über den ich aber nicht verfüge.» Und ihren Mann in New York ließ sie wissen, sie wolle alles dem Zufall überlassen. Aber dann teilte sie ihm plötzlich mit, sie werde an einem der folgenden Tage in Freiburg «sein müssen» (!), fügte aber im Hinblick auf Heidegger hinzu, sie habe nicht «die allergeringste Lust, den Herrn wiederzusehen». Doch die fast schulmädchenhafte Verlegenheit, mit der sie mir über das emotionale Durcheinander jener Tage Auskunft gab, deutete darauf hin, daß sie wieder, wenn auch diesmal vor allem mit sich selber, das Versteckspiel vergangener Zeiten trieb. Jedenfalls ließ sie sich von einem Freund aus Studententagen, dem Romanisten Hugo Friedrich, die Adresse Heideggers geben. Am 7. Februar 1950 war sie in Freiburg.

Zu ihrem Versteckspiel gehörte vermutlich auch die Behauptung, Heidegger habe sich am frühen Abend dieses Tages einigermaßen überraschend im Hotel «Zum Bären» eingefunden und nach ihr verlangt. Bezeichnenderweise weicht fast jede Schilderung des Wiedersehens partienweise von der anderen ab. Die folgende Version geht überwiegend auf Mary McCarthy zurück, die an dem Geschehen nicht nur halbwegs beteiligt war, sondern, wie sie sagte, die unterschiedlichen Aussagen auch gegeneinander abgewogen hat. Sie vermittelt die glaubwürdigste Darstellung – wobei freilich zu bedenken bleibt, daß das Leben, so wie es wirklich abläuft, voller Ungereimtheiten steckt, die zuweilen erst durch die korrigierenden Eingriffe eines Schriftstellers Glaubwürdigkeit gewinnen.

Gleich nach ihrer Ankunft im Hotel rief Hannah Arendt Mary McCarthy in Paris an: ob sie Heidegger ihre Ankunft melden solle, wollte sie wissen, und die Antwort war, warum sie überhaupt in Freiburg Station gemacht habe, wenn sie darüber unsicher sei. Aus Hannah Arendt brach es plötzlich heraus, fuhr Mary McCarthy fort, daß Heidegger unausstehlich sei mit seiner pathologischen Unaufrichtigkeit, seiner Kälte und Schwarzwälder Schlaumeierei. «Aber jedem ihrer Worte war anzumerken, daß sie an ihm litt wie nur eine Liebende leidet.» Sie solle die Nachricht schicken, unterbrach die Freundin sie schließlich, um der Tirade ein Ende zu machen. Denn sie werde es sich nie verzeihen, wenn sie unverrichteter Dinge wieder abreise.

Hannah schrieb daraufhin, ging der Bericht weiter, eine kurze Notiz und ließ den Hoteljungen kommen. Sie gab ihm fünf Dollar und schärfte ihm ein, das Kuvert am Rötebuckweg 47 dem Professor persönlich zu übergeben. Nicht seiner Frau, nicht einem Hausmädchen oder einem der Söhne. Sollte er ihren Auftrag, wie verlangt, ausführen, werde sie ihm weitere fünf Dollar geben. Eine gute Stunde später war der Junge zurück und meldete, er habe alles, wie von der Frau Professor gewünscht, erledigt.

Einige Zeit lang tat sich nichts, und bei Mary McCarthy schrillte ungefähr alle dreißig Minuten das Telefon. Hannah Arendt war einmal empört, dann ratlos, auch geknickt oder voller Hohn, bis alles von neuem begann. Es war eine höchst verwirrende, ratlos machende Geschichte. Aber gegen Abend endeten die Anrufe unvermittelt.

Wie Mary McCarthy später erfuhr, hatte Heidegger sich bald nach dem Besuch des Botenjungen auf den Weg zum Hotel gemacht und dort seinerseits einige Zeilen hinterlassen. Darin ließ er sie in dürren, nach Hannah Arendts eigener Bekundung «unendlich fern klingenden Worten» wissen, daß er für diesen Abend allein sei und sie gern wiedersehen wolle. Im Nebenhinein ließ er die Bemerkung einfließen, daß seine Frau inzwischen über ihre einstige Affäre unterrichtet sei, und Hannah Arendt wird ihm dieses Bekenntnis hoch anrechnen, weil es ihrem uneingestandenen Wunsch entgegenkam, Rechtfertigungsgründe für Heidegger zu finden oder notfalls auch zu erfinden. Er, «der doch notorisch immer und überall lügt», schrieb sie an Heinrich Blücher, habe wenigstens seine Passion für sie eingestanden, und daß er damit seine Frau, die Rivalin vieler Jahre, gedemütigt hatte, verstärkte ihr Gefühl der Genugtuung. Kaum hatte Heidegger dem Portier seinen Brief ausgehändigt, machte er sich auf den Heimweg, weil ihm die Dinge einen allzu überstürzten Lauf nahmen. Aber nach einigen Schritten kehrte er um, kam noch einmal ins Hotel zurück und ließ sich bei Frau Arendt melden.

Er stand, als er ihr Zimmer betrat, wie ein «begossener Pudel» da, hat Hannah Arendt die Szene beschrieben, und viele ihrer Freunde haben von dem «heimlichen Triumph» gesprochen, den sie darüber empfand, dem Geliebten erstmals ohne die «alte Kinderangst» gegenüberzutreten. Schon bald nach der Begrüßung fand Heidegger über seine Befangenheit hinweg, er schien, den

Worten Hannah Arendts zufolge, «absolut keine Vorstellung davon (zu haben, daß) alles fünfundzwanzig Jahre zurücklag» – was
immer sie damit andeuten wollte.

Jedenfalls stellte sich bald wieder der vertraute Ton von einst
zwischen ihnen her, und Hannah Arendt, so hat Mary McCarthy
erzählt, habe daraufhin den einen und anderen Anlauf unternommen, ihn zu ein paar Worten über sein Verhalten 1933 und später
zu veranlassen. Doch Heidegger schwieg, und Mary McCarthy gewann den Eindruck, er habe die Aufforderungen kurzerhand
überhört und statt dessen von den Verleumdungen gesprochen,
denen er seit Jahren ausgesetzt sei, den Entwürdigungen mitsamt
dem Lehrverbot und den tausend quälenden Zumutungen einzig
aufgrund eines politischen Irrtums. Die Bereitwilligkeit, mit der
sie sich «abfertigen» ließ, meinte Mary McCarthy, beweise, daß der
einstige Zauber schon zu dieser Stunde wieder zu wirken begann.
Sie werde gleichwohl nicht preisgeben, setzte sie unaufgefordert
hinzu, wie nahe die beiden sich in der «evening-night» ihrer Wiederbegegnung gekommen seien. Aber Hannah schrieb: «Dieser
Abend und dieser Morgen sind die Bestätigung eines ganzen Lebens.» Hätte sie die Gelegenheit zu diesem Treffen ausgeschlagen,
wäre das etwa das gleiche gewesen, wie «mein Leben zu verwir-
ken», und ihrem Mann bekannte sie: es sei von ihr ganz gewiß
richtig gewesen, Heidegger «nie zu vergessen».

Für den folgenden Morgen hatte Heidegger auf einem Besuch
Hannah Arendts im Rötebuckweg bestanden, damit sie seine Frau
kennenlerne. Womöglich trug er sich, wie in den zwanziger Jahren, noch immer mit dem Gedanken, Hannah als «Maitresse clan-
destine» in sein Leben einzufügen: Er brauche Elfride ebenso wie
Hannahs Liebe, ließ er die beiden Frauen wissen. Die von ihm umsichtig moderierte, «phantastische Szene» verlief denn auch in
halbwegs einverständigen Formen, und die anfangs belauernde
Spannung zerging, den Worten Mary McCarthys zufolge, im «her-
rischen Auftreten Hannahs», die mit jedem Wort und jeder Geste

203

anzuzeigen schien, daß sie endlich in ihr Besitztum einkehre: Heideggers wahrlich verzweifelte Lage an der Seite dieser Frau bedrücke sie sehr, ließ sie die Freundin wissen. An Heinrich Blücher schrieb sie, Elfride sei «leider einfach mordsdämlich», und mir gegenüber bemerkte sie in einem der vielen Plädoyers für Heidegger, einzig «diese Frau, ihr Brett vor dem Kopf und ihr fressender Ehrgeiz (hätten) den gutmütigen und weltfremden Mann in die Nazidummheit gedrängt». Sie empfinde bei jedem Gedanken an Elfride eine Art «angewiderten Mitleids».

Das Wiedersehen vom 7. und 8. Februar 1950 erwies sich für Heidegger als lebensverändernde Wende. Bis dahin hatte er die Angriffe, die ihm galten, immer nur abgewehrt und gleich anderen Mitläufern beteuert, er habe die zwölf Jahre hindurch im Stillen gelitten. Jetzt ging er gleichsam in die Offensive über. Denn Hannah Arendt war die Lossprechung. Zwar hatte auch sie zunächst ein Schuldeingeständnis verlangt. «Ich wollte noch nach unserer Wiederbegegnung, daß er einmal wenigstens, und sei es lediglich in einem Brief, sein Fehlverhalten einräume. Es sollte kein großer Kniefall sein wie von den Reuedeutschen überall, vor denen mir bis heute unsäglich graust. Nur ein paar erklärende Sätze. Aber dann ließ ich von dem Verlangen ab. Denn Heidegger wußte mir klarzumachen, daß noch das unverfänglichste seiner Worte immer auch bedeuten würde, daß sein Einvernehmen mit Massenmördern prinzipiell vorstellbar sei.» So leicht, fuhr er dann fort, dürfe er es seinen vielen Feinden aber nicht machen. Sie warteten nur allzu begierig darauf, Mißverständnisse zu konstruieren und ihm, wie er sagte, «die Schuldschelle» umzuhängen. Die großen Lebensirrtümer müsse jeder mit sich selbst verhandeln. Er denke jedenfalls nicht daran, sich vor dem Pöbel zu bekreuzigen.

So erfand Heidegger sich Schritt für Schritt eine Neufassung seines Lebens während der Hitlerzeit und teilte sich, über die anfängliche Dulderrolle hinaus, den Part des drangsalierten Regimegegners zu. «Keiner (hat) das gewagt, was ich wagte», schrieb er bereits im April 1950, zwei Monate nach der Wiederbegegnung mit Hannah Arendt, ausgerechnet an Karl Jaspers, der es so viel besser wußte. Aber Heideggers Dreistigkeit bezeugt, wie hoch er die Bedeutung seiner einstigen Schülerin veranschlagte, und Mary McCarthy hat berichtet, sie habe in ironischen Stimmungen mitunter von der «Martinslegende» gesprochen – das jedoch niemals in Gegenwart Hannahs, weil auch die engste Freundschaft nicht alles aushalte.

Das eine und das andere Jahr haben sich Hannah Arendt und Martin Heidegger in der Folgezeit getroffen, doch dann setzten die Begegnungen lange Zeit aus. Während ihres Deutschlandaufenthalts von 1955 besuchte sie Heidegger nicht, sie habe das Gefühl gehabt, sagte sie später, er neide ihr den inzwischen erzielten Welterfolg des «Totalitarismus»-Buches. Sie überlegte auch, ob es als Heimzahlung zu verstehen sei, daß Heidegger sich bei ihrem folgenden Besuch in Freiburg nicht bei ihr meldete, sondern sogar, wie sie erfuhr, seinen Schülern und Anhängern verbot, sie zu treffen. Mit der Grobheit, die ihm eigen war, ließ er sie darüber hinaus wissen, er lese ihre Bücher nicht, sondern reiche sie seiner Frau weiter. Hannah Arendt erzählte solche Begebenheiten mit belustigter Empörung, und in ihrer Stimme klang aufs neue der Triumph durch, den sie aufgrund der Einsicht gewann, daß selbst der sozusagen große Heidegger kleine Rachebedürfnisse empfand. Sie war nicht mehr die «Schülerin».

Sie war es immer noch. Wie die zu jeder Zeit komplexe Verbindung zwischen beiden, zumal in dieser Phase, zu beurteilen ist, mögen die Biographen herausfinden. Unüberhörbar war in allem, was Hannah Arendt dazu äußerte, daß sie nicht mit Heidegger ins Gerede kommen wollte, auch Jaspers, bemerkte sie einmal, habe ihr verschiedentlich die «Anhänglichkeit an Freiburg» vorgehalten; ein andermal sprach sie von der «egalweg herumkontrollierenden Elfride», die sie einfach «satt» gehabt habe. Doch am stärksten schien in allem, was sie sagte, die noch immer wirkende Sorge im

Spiel, wiederum in eine kaum steuerbare Verwirrung der Gefühle zu geraten. Wie stark die Versuchung nach wie vor war, ging aus ihrem Eingeständnis während unserer Rückfahrt aus Baden-Baden hervor: Sie habe Heidegger mehr als zehn Jahre lang nicht gesehen, bekannte sie, doch habe sie in den vergangenen Tagen wiederholt den Wunsch verspürt, ohne viel nachzudenken den Zug nach Freiburg zu nehmen und bei Heidegger um Verzeihung für ein Zerwürfnis nachzusuchen, das es überhaupt nicht gab.

Eine überaus merkwürdige Rolle in dem seltsamen Stück spielte Heinrich Blücher, der inzwischen als Lehrer am Bard-College im Staat New York tätig war. Helen Wolff, die Verlegerfreundin Hannah Arendts, sagte mir einmal, er sei allezeit über den Stand des Verhältnisses seiner Frau zu Heidegger unterrichtet gewesen, doch habe er darin nur eine verlängerte Lehrer-Schüler-Beziehung gesehen – «mehr konnte und wollte er nicht wahrnehmen oder gar wahrhaben. Heinrich war zu schlicht für verworrene Liebesverhältnisse», fügte sie hinzu. Was die Ehe der beiden dauerhaft gemacht habe, sei der «Wesensabstand» zwischen ihnen gewesen. «Er ein grüblerischer Pflastertreter, wie wir früher sagten», meinte Helen Wolff, «Hannah dagegen eine Romantikerin.» Schon vor 1933 seien es die Heimlichkeiten gewesen, zu denen die Verbindung mit Heidegger sie zwang, «die verstohlenen Küsse auf der Hintertreppe» sozusagen, was ihre Liebe erst erweckt hat: «Danach sehnte sie sich noch immer. Ich habe stets gedacht, daß bei der Reise nach Freiburg, Februar 1950, ganz im Verborgenen auch die uneingestandene Hoffnung nach den Verbotsspielen von einst am Werke war. Vielleicht! Vielleicht auch nicht! Hannah war so! Aber Heidegger hat ihr diese Hoffnung zerschlagen, indem er sie mit Elfride zusammenbrachte. Hannah durchschaute das sofort. Dennoch setzte sie die Aufführung ihres kleinen Rührstücks einen Akt lang auf sozusagen verlassener Bühne fort.»

Es war Ende der sechziger Jahre, daß ich wegen irgendeines Vorkommnisses auf der bundesrepublikanischen Szene in eine Meinungsverschiedenheit mit Hannah Arendt geriet. Mit der temperamentvollen Kälte, über die sie im Disput gebot, sah sie wieder die «Geister der Vergangenheit» am Werk und klagte einmal mehr über die «Unbelehrbarkeit des deutschen Gemüts». Da kurz zuvor von Heidegger die Rede gewesen war, als dessen amerikanische Agentin sie sich unterdessen betätigte, lag die Frage nahe, warum sie ihn, im Gegensatz zu den Deutschen insgesamt, so nachsichtig beurteilte. Als verlange ihre Antwort eine besondere Haltung, legte sie die Zigarette weg, richtete sich fast etwas feierlich auf und sagte dann mit entwaffnender Offenheit: «Aber Heidegger gegenüber war und bin ich doch nicht frei!» Ich habe oft bedauert, daß ich die Anschlußfrage unterließ, ob sie es denn den Deutschen gegenüber sei. Das ausweglose Durcheinander ihrer Gefühle wird in der Widmung offenbar, die sie 1960 auf ein Einlageblatt für Martin Heidegger in eines ihrer Hauptwerke schrieb: «De vita activa / Die Widmung dieses Buches ist ausgespart. / Wie soll ich es Dir widmen, / dem Vertrauten, / dem ich die Treue gehalten habe / und nicht gehalten habe, / Und beides in Liebe.» Sie schickte das Blatt aber nicht ab.

Auf die Frage, ob sie je an eine Rückkehr nach Deutschland gedacht habe, kam wieder das Motiv der Fremdheit zum Vorschein. «Wohin sollte ich?», fragte sie. Die Universitäten mit ihren unzähligen, gleichsam unterirdischen Querverbindungen kenne sie so wenig, daß sie bald an den Rand geraten würde. Mit Frankreich verhalte es sich nicht anders. Am ehesten käme die Schweiz in Frage, die wie Amerika den unschätzbaren Vorteil habe, «den Hinzukommenden niemals seine Fremdheit spüren» zu lassen, «allzu deutlich jedenfalls nicht». Aber bisweilen überwältige sie das angeborene und von den Zeitläuften verstärkte «Fluchttrauma», wie sie es einmal nannte. Am 17. Juni 1953 habe sie sich ernsthaft gefragt, wo auf der Welt «die sicherste Höhle» sei, bei Malenkows Rücktritt, beim Ungarnaufstand 1956, bei der Kubakrise und allen weiteren «Verdüsterungen am Welthimmel» ebenso, und als Ende der sechziger Jahre der Vietnamkrieg eskalierte, habe sie sich tatsächlich überlegt, ob sie noch nach Amerika gehöre oder nicht besser einen deutschen (!) Paß beantrage. Europa sei am Ende doch ihr Zuhause, habe sie damals zu Freunden gesagt. «Ein bessres findst Du nit», zitierte sie parodierend das Lied vom Guten Kameraden. «Trotz allem!», ergänzte sie.

Was ihre im Ganzen pessimistische Stimmung zuweilen aufgehellt habe, sagte sie später, seien die Studentenunruhen überall gewesen. Die jungen Leute hätten begriffen, daß Demokratie auf der Straße stattfinde, daß es sozusagen Bürgerpflicht sei, den öffentlichen Raum nicht dem Staat oder sonstwem zu überlassen. Er sei Eigentum, Vorrecht und Schuldigkeit jedes Einzelnen. In ihm entwickle sich auch die sogenannte Basisdemokratie, für die sie stets eine große, vielleicht naive Vorliebe gehabt habe wie zu «allen nie erprobten Sachen».

Es kam darüber zu einer langwierigen, in einem späteren Gespräch noch einmal weitergeführten Auseinandersetzung. Ich verwies darauf, daß die von ihr erwähnten Aufbrüche zwar eindrucksvoll im gesellschaftlichen Widerspruch seien, aber nicht die Spur einer konstruktiven Phantasie erkennen ließen. Sie räumte das ein, meinte jedoch, daß der Aufbruch eine Chance erhalten sollte. «Das Jahrhundert hat so vielem offenbaren Unfug Erprobungsmöglichkeiten gegeben. Warum nicht einmal den Leuten guten Willens?», sagte sie. Darüber kam es zu neuerlichen Meinungsverschiedenheiten. Am nachdenklichsten stimmte sie noch der Einwand, daß keine Chance verdient habe, wer, wie die deutschen Studenten, mehr als hundert Jahre nach Marx auf dessen blutig gescheiterte Ideologie zurückgreife. Doch etwas später wandte sie ein, man dürfe nicht ganz die «russischen Finsternisse» übersehen, die jedem politischen Experiment zwischen Minsk und Moskau zum Unheil gereichten. «Und an die deutschen Finsternisse denken Sie nicht?», hielt ich ihr entgegen. Im ganzen war mir ihre Zuversicht, daß an die Stelle der zerschlagenen alten Strukturen wie von selbst, gleichsam durch die lenkende Vernunft des Weltgeists, humanere Ordnungen treten könnten, «zu romantisch, zu geschichtsfromm» und, fügte ich noch hinzu, «im Grunde auch zu deutsch». Sie nahm es lachend hin. Sie sei kaum weniger skeptisch, sagte sie. «Aber eine Chance muß es geben!»

Als wir Anfang der siebziger Jahre noch einmal über diesen Zusammenhang sprachen, war alles anders. Hannah Arendt hatte in der Zwischenzeit an einer akademischen Veranstaltung in Heidelberg teilgenommen und war beim Betreten der Alten Aula durch ein Spalier grölender, aufgebracht tobender Studenten gegangen. Sie wolle sich mit ihren Panikempfindungen nicht aufspielen, sagte sie. Aber die Gesichter und aufgerissenen Münder, die da ganz nahe an sie herangekommen seien, hätten sie an die «SA-Bengels» von ehedem erinnert. Woran liege es, fragte sie später, daß alles, was die Deutschen anrührten, einen «Verderbenskeim» in sich trägt; daß ihnen die hochfliegendsten Träume durch den Hang ins Extreme, in die Weltblindheit oder was sonst alles zum Unglück ausschlagen? Jetzt fand sie auch Marx weit problematischer als in dem voraufgegangenen Gespräch, und den Marxismus, über alle früheren Vorbehalte hinaus, «intellektuell wie moralisch durch und durch verfault».

Wir sprachen dann über die von den Studenten aufgerührte Totalitarismusdebatte und später über den «Aufmarsch von verworren-links», wie sie es nannte. Die Wortführer des Totalitarismusstreits attackierten sie, als einen der Begründer dieser Theorie, zunehmend häufiger, bemerkte sie. Die, wie sie meinte, gegen allen Augenschein sowie gegen das Denken selbst gerichtete Behauptung vom fundamentalen Gegensatz zwischen Kommunismus und Faschismus diene lediglich dazu, die sozialistische Seite von allen begangenen und künftigen Verbrechen reinzuwaschen. Schneidend, von Zeit zu Zeit in sarkastisches Gelächter wechselnd, brach es aus ihr hervor, wie ich es ähnlich heftig nie erlebt hatte: «Wer will da Unterschiede machen?», rief sie. «Als ob es eine Rangordnung in Massengräbern gebe!» Ein «Brechreiz» überfalle sie, sooft dergleichen behauptet werde. «Tote sind Tote! Sie machten uns leiden, verzweifeln, weinen und trauern – unter welchem Zeichen auch! Wie korrupt und ordinär muß es in einem Gehirn zugehen, das selbst die Trauer noch politisch markiert!»

Während Hannah Arendt sonst, worüber immer sie sprach, der Musterfall eines Kopfes war, der seine Gedanken geradezu erkennbar beim Reden verfertigte, stürzten sie diesmal fast ungeordnet aus ihr hervor. Sie verhöhnte die ehemaligen Kommunisten, die ihre Torheit als immerwährendes Lebensthema ausbeuteten, und sagte von den Gegnern der Totalitarismustheorie, die einer Ideologie, das heißt einer «Schreibtischinfamie» so eminente Bedeutung zusprächen, sie hätten aus einem Jahrhundert der Katastrophen nichts gelernt. Ideologien, fuhr sie fort, seien Spielformen für den Typus des «dummen Augusts», der zum Krankheitsbild westlicher Gesellschaften gehöre. Der «dumme August» trete mit Vorliebe in Gestalt des Intellektuellen auf. Für ihren Verleger Bill Jovanovich habe sie deshalb seit je die herzlichsten Empfindungen, weil er, trotz seines Dauerumgangs mit Büchern, kein Intellektueller sei, und das hieße fast schon soviel wie: ein Mensch, der Vertrauen verdient. Und daß seine Blumensträuße jedesmal etwas zu groß ausfielen und sein unternehmerischer Appetit stets allzu gewaltig sei, nehme sie dafür gern in Kauf.

Dann kam sie wieder auf das Ausgangsthema zurück. Man müsse, weiß Gott, nicht allzu tief blicken, um das gemeinsame Urbild von Kommunismus wie Nationalsozialismus zu erkennen. Beide setzten alles daran, eine fiktive Welt zu erfinden, die ihre Rechtfertigung aus dem Einklang mit dem historischen oder biologischen Gesetz beziehe. «Wer da nicht mitgeht, wird seelisch oder physisch ohne viele Umstände ausgelöscht. Das ist, in Kürze, die ganze bodenlose Wahrheit. Alles andere ist Geschwätz. Und unsere Erinnerung», setzte sie hinzu, «hätten die Millionen Toten der vermeintlichen linken Heilsbotschaft ebenso verdient wie diejenigen,

die der primitiven Blutgier der Nazis zum Opfer fielen: Das ist»,
schloß sie, «die zeitgenössische Wahrheit des Satzes, daß der Tod
ein großer Gleichmacher ist.»

Während unseres letzten Gesprächs, im Frühjahr 1975, kamen
wir noch einmal auf die Bewandtnisse der Regime von «Ideologie
und Terror» zurück. Wir sprachen über den dogmatischen Anspruch auf Weltdeutung, den sie mit geradezu religiösem Eifer gel-
tend machten: sie führten sich auf wie der erschienene Gott, der an
die Stelle des vertriebenen Christengotts getreten sei. Warum nur,
fragte Hannah Arendt, habe Europa, jedenfalls aufs Ganze gesehen, den alten Gott in die Flucht geschlagen, wenn es sich, gleichsam im Handumdrehen, einem sowohl schrecklicheren als auch
sichtlich fehlerhafteren Weltenlenker in die Arme werfe? Als gläu-
biger Christ würde sie fragen, ob die modernen Ideologien die Rache des vertriebenen Gottes seien? Jetzt müßten sich die Menschen
mit einer Welt abfinden, die zwar das Jenseits abgeschafft habe, ihnen aber keinen Trost mehr biete. Auch wisse Sie keine Antwort
auf die Vergeltungsbedürfnisse, die wir alle mit uns herumtragen,
und die einst im großen Gedanken vom Jüngsten Gericht ihre
Aufrechnung fanden. «Wußten Sie übrigens», fragte sie, als das
Gespräch längst auf irgendwelche Seitenwege abgekommen war,
«daß das erste Gebot der modernen Gesetzestafel ‹Gott ist tot!›
nicht von Nietzsche herkommt, wie alle glauben, sondern von Hegel?»

Sie hat für ihr Sein und Tun die treffende Formel vom «Denken
ohne Geländer» gefunden und alle ihre Arbeiten: die philosophischen und politologischen Traktate, die Porträts, Gedankenstücke
sowie ihre Einlassungen in den öffentlichen Disputen, an denen sie
mit Leidenschaft teilnahm, zeugen davon. In mutwilligen Stimmungen konnte man sie hinzusetzen hören: «Leben sollte man
ebenfalls ohne Geländer. Wenn man kann.» Während einer Unterhaltung am Riverside Drive, im Frühsommer 1974, hat sie die Maxime mit den Worten umschrieben: «Nie mit dem Widerspruch

zurückhalten, wenn es um das erkannt Richtige oder die Treue zu sich selber geht.» Und nach einer kurzen Pause: Was das Leben ohne Geländer angeht, habe sie nichts zu sagen.

Sie dachte, stellte ich mir vor, vermutlich an Martin Heidegger und die, nach den Worten Mary McCarthys, «bis zum letzten Tag ihres Lebens trotz allem nie verwundene Liebe, die sie für ihn empfand». Aber dazu sagte ich nichts. Der Freundin gegenüber bemerkte ich später, das Leben Hannah Arendts sei, genau und aufs Persönliche besehen, doch eine ziemliche Tragödie gewesen. Mary McCarthy dachte einen Augenblick lang nach und erwiderte dann mit der Lebensklugheit, die so ungemein beeindruckend an ihr war: «Ach, wissen Sie, Hannah war gerade so unglücklich, wie es ein deutsches romantisches Mädchen zu seinem Glück benötigt.»

In den späten Jahren hörte ich von Hannah Arendt, sooft die Rede auf Heidegger kam, nur noch selten etwas aus ihren Erinnerungen oder gar über ihre großen Gefühle. Statt dessen berichtete sie gern vom Fortgang der Werkausgabe, einem geplanten Manuskriptverkauf und anderem. Zu den wenigen persönlichen Bemerkungen über ihr Lebensthema zählte das Bekenntnis von Anfang 1975, sie fühle sich «durch Heidegger als denkendes Wesen wie als Frau erhoben bis heute». Und einige Monate später hatte sie, ähnlich hochgreifend, wenn auch ins Unbestimmte ausweichend, bemerkt, das Leben werfe Fragen auf, für die es in dieser Welt keine Antwort gibt. Vielleicht in einer anderen. Vom Fragen dürfe man deswegen aber nicht lassen.

Sie wisse kein Mittel gegen die Verführungsmacht des «Hochseils», hat sie auf eine Warnung vor ihrer ständigen Selbstverausgabung geantwortet. Anfang der siebziger Jahre hatte sie mit der Arbeit an einem mehrbändigen Werk begonnen, das die Summe ihrer Einsichten in die Bewegungsabläufe der Welt vereinen sollte. Der erste Band trug den Titel «Das Denken», der zweite Band behandelte «Das Wollen», der dritte «Das Urteilen». Wie stets entwickelte sie ihre Vorstellungen gern in der Auseinandersetzung mit kritischen Gegenspielern. Doch im Sommer 1974 erlitt sie während einer Konferenz im schottischen Aberdeen einen Herzinfarkt. Kaum aus dem Sauerstoffzelt entlassen, begann sie wieder, wie zeit ihres Lebens, unentwegt zu rauchen und sich im Hohn über die «Gesundheitsnarren» zu ergehen. Unmittelbar nach der Rückkehr machte sie sich neuerlich an die Arbeit.

Im Dezember des folgenden Jahres, zum Abschluß des zweiten Bandes, hatte sie ein befreundetes Ehepaar zum Abendessen eingeladen. Beim Kaffee berichtete sie unter anderem von der geplanten Fortsetzung des Werkes. Auf irgendeine Frage wollten die Gäste eine Antwort hören. Hannah Arendt saß aufrecht in ihrem Armsessel, von der Zigarette in ihrer Hand stieg kräuselnd der Rauch empor, und als die Frage wiederholt wurde, erlitt sie plötzlich einen kurzen Hustenanfall. Dann neigte sie sich wie unschlüssig zur Seite, fiel in tiefer Ohnmacht über die Stuhllehne und war wenig später tot. In die Schreibmaschine war ein neuer Bogen eingespannt. Darauf standen die beiden Motti, die sie dem dritten Band voranstellen wollte. Das eine stammte aus Goethes «Faust» und lautete: «Könnt' ich Magie von meinem Pfad entfernen, / Die Zaubersprüche ganz und gar verlernen, / Stünd' ich, Natur, vor Dir, ein Mann allein, / Da wär's der Mühe wert, ein Mensch zu sein.» Das zweite Motto hatte sie Lukians «Pharsalia», der Darstellung des Bürgerkriegs zwischen Cäsar und Pompejus, entnommen. Es gedachte des durch Cäsars Sieg unterlegenen republikanischen Gedankens mit dem berühmten Satz: «Die siegreiche Sache gefiel den Göttern, die unterlegene jedoch dem Cato.»

Man müsse aus allem, was die Welt an Drama, Spiel und Schrecklichkeit aufweise, eine Geschichte machen, hat Hannah Arendt verschiedentlich gesagt und geschrieben, sonst falle alles je Geschehene in den immer offenen Rachen der Erinnerungslosigkeit. Die Griechen, die sich der Sterblichkeit des Menschen jederzeit bewußt gewesen seien, hätten das Geschichtenerzählen erfunden, um dem Tod nicht das letzte Wort zu überlassen. Der erkennende

Blick stoße unablässig auf große, wenn auch von der Gewöhnlichkeit des Alltags überdeckte Szenen, auf ungezählte stumme Tragödien und die niemals endenden Täuschungen des Glücks. Alles das warte nur darauf, geordnet und in Worte übersetzt zu werden.

Auch Biographien, warf ich ein, enthielten häufiger, als viele meinten, eine Geschichte. «In der Tat», erwiderte sie, «wo sie nichts Erzählbares hergeben, ist das Leben nicht gelebt worden.»

Glück als Verdienst:

Eine biographische Betrachtung über
GOLO MANN

Die Ähnlichkeit mit dem Vater ist bei zunehmendem Alter immer auffälliger geworden, als habe er unterdessen auch physiognomisch die Nähe nicht mehr zu fürchten und der Schatten Thomas Manns, der ihm lange zu schaffen machte, keine Gewalt mehr über ihn. Stets freilich waren seine Züge weniger feierlich und frei von dem Repräsentationsehrgeiz, der es dem Vater, trotz aller «Clownsneigung», so sehr angetan hatte. Auch waren sie ungleichmäßiger, grüblerischer, mit stärkerem individuellem Ausdruck. Während die Porträts Thomas Manns durchweg etwas gravitätisch Maskenhaftes zeigen, hinter dem er sich verbarg, offenbaren diejenigen des Sohnes das Gewicht gelebten Lebens. Keine Rollen jedenfalls, sondern Einsamkeit und Skepsis. Und kein Spiel mit Gedanken, weil Gedanken zeitlebens eine Sache von großem Ernst waren und ertragen sein wollten.

Im Begriff des Charakters, von einem Menschen im ganzen gesagt, ist immer das Schwierige und Eigensinnige enthalten, das ihn von anderen abhebt, das mühsam Gewachsene seiner Entwicklung. In seinem Erinnerungswerk hat Golo Mann in denkbarer Offenheit die Umstände beschrieben, unter denen er aufwuchs, die Belastungen einer «elenden Kindheit» mit dem übermächtigen Vater als Mittelpunkt, den er vor allem in «Schweigen, Strenge, Nervosität oder Zorn» erlebte: «Jede zehn Minuten in seiner Gegenwart waren eine

215

Grausamkeit», hat er ergänzend versichert. Nichts zur Entlastung kam von der bestimmenden, das Haus als eine Art Dichterfreistatt führenden Mutter, und auch der ältere, in seiner blendenden Anstrengungslosigkeit beneidete Bruder Klaus erschwerte auf seine Weise die Verhältnisse, da er, ebenso wie die Schwester Erika, alle Welt einnahm oder bezauberte, den Vater eingeschlossen. Golo hingegen sah sich zu oft an den Rand gedrängt, kaum beachtet und in einer Schüchternheit befangen, aus der er sich von Zeit zu Zeit auf linkische, zumeist als peinlich vermerkte Weise zu befreien versuchte.

Die Fesseln der einzigartigen, mehr erduldeten als stützenden Familie, vor der es dennoch kein Entkommen gab, banden und würgten ihn durch viele Jahre. Seine Eltern seien «nicht sehr pädagogisch» gewesen, hat Golo Mann über die frühe Lebensphase bemerkt. Es war das Mindeste, was zu sagen war, wenn man sich etwa des Schulfreundes Golos erinnert, zu dem Thomas Mann einmal bemerkte, ob er denn wisse, daß «der liebe Gott den braven Golo eigentlich mit einem Buckel gedacht» habe? Weil die Eiseskälte des Vaters sich aller Welt mitteilte, hat die Mutter eines anderen Freundes bei Gelegenheit davon gesprochen, daß Golo ihr unendlich leid tue; denn er werde sich nie, wie er es auch anstelle, von den Umständen befreien können, aus denen er herkomme.

Er ist den Schatten die längste Zeit nicht losgeworden. Und unter den Leistungen, die Golo Manns Rang ausmachen, den historischen Werken mit der Wallenstein-Biographie als Höhepunkt und den vielen, von der Breite der Interessen wie der Kenntnisse zeugenden Essays sowie seinen alsbald weithin beachteten politischen Einwürfen hat diese verdeckte oder kaum wahrgenommene Bemühung vermutlich den größten Kraftaufwand erfordert. Jedenfalls war alles, was er getan und erreicht hat, damit verknüpft. Als wären diese Belastungen nicht schwer genug, hatte er als familiäres Erbteil auch noch die schriftstellerische Begabung mitbekommen. Er hat zunächst davon nichts wissen wollen, dann aber im unüber-

Golo Mann

hörbaren Ton der Ergebung kühl bemerkt: «Daß ich im Grunde ja doch zum Schriftsteller bestimmt war, sei es auch nur zum historisierenden, ein wenig philosophierenden, verbarg ich mir lange Zeit; unbewußt wohl darum, weil ich meinem Bruder Klaus nicht ins Gehege kommen und weil ich den Tod meines Vaters abwarten wollte.»

Das klingt nicht nur kühl, sondern macht auch von der Seite Golo Manns her den eisigen Hauch spürbar, der zumindest zeitweilig die Atmosphäre der Familie bestimmte. Man muß indessen nachempfinden, was der Lebensentschluß zur Schriftstellerei bedeutete, wenn man den Namen «Mann» trug. «Historiker? Das geht ja noch!», hat die Mutter geäußert, als sie von Golos Absicht hörte, sich der Geschichte zuzuwenden. Denn mit dem Namen waren zwei herausragende, wenn auch mit unterschiedlichem Gewicht in die große Literatur des Jahrhunderts reichende Œuvres verbunden: das von Thomas sowie das von Heinrich Mann. Und eher vom Rande her geisterten zudem die Schatten des Bruders Klaus über die Szene. Inzwischen steht ein drittes daneben. Die Philologen mögen Familienähnlichkeiten aufdecken. Was immer sie herausfinden, kommt an der Einsicht nicht vorbei, daß es da aus eigenem Anspruch steht. Aber noch als nahezu Siebzigjähriger wurde Golo Mann allzu häufig lediglich als der Sohn seines Vaters wahrgenommen. Ein Professor in Freiburg gab seiner Freude über ihr Zusammentreffen mit den Worten Ausdruck, er sei mit den Werken des «Herrn Vaters groß geworden». Nach einer ungehaltenen Pause kam von Golo Mann, kurz angebunden, die Antwort, er sei «aber der Sohn».

Wenn man dergleichen wünschen könnte, hat er einmal geäußert, hätte er am liebsten als Privatgelehrter im Deutschland der Jahrhundertwende gelebt, in zurückgezogenem Dasein, Büchern und Freundschaften zugewandt. Doch als er erwachsen war und sein Studium der Philosophie und Geschichte mit der Promotion bei Karl Jaspers abgeschlossen hatte, war es mit solchen Wünschen vorbei. Die nationalistischen und revolutionär vermummten Entladungen, die dem Ersten Weltkrieg folgten, die Turbulenzen der zwanziger Jahre und die unablässigen Nötigungen der Politik hatten diesen Traum inzwischen unerreichbar gemacht, vielleicht nicht einmal nur in Deutschland. Aber in Deutschland hatten sie das Unterste nach oben gekehrt.

Nicht lange nach Hitlers sogenannter Machtergreifung verließ Golo Mann das Land. Es kamen die Jahre der Emigration: zunächst zu den Eltern in die Schweiz, dann nach Saint-Cloud und Rennes in Frankreich, anschließend für kurze Zeit nach Prag und von dort über Zürich wieder nach Frankreich. Den stürmischen Feldzug der Deutschen im späten Frühjahr 1940, dem schon fünf Wochen später der Einmarsch in Paris folgte, erlebte er in einem Internierungslager. Im August des Jahres wurde er freigelassen und floh unverzüglich in das noch unbesetzte Gebiet nahe der spanischen Grenze. Zusammen mit Heinrich Mann und dessen Frau Nelly sowie mit Franz Werfel und Alma Mahler-Werfel brach er im folgenden Monat, geführt von einem jungen Amerikaner, schon wieder auf.

Golo Mann hat die abenteuerliche Passage vom Grenzort Cerbère über die Pyrenäen nach Spanien verschiedentlich erzählt: wie sie stundenlang, bei glühender Hitze, durch wildes, wegloses Gelände kletterten und an schwindelnden Abhängen entlangstolperten, wobei Nelly Mann auf halber Strecke der unselige Gedanke kam, daß sie sich an einem Freitag, dem dreizehnten, auf den Weg gemacht hatten. In einer theatralischen, tief verzweifelten Szene weigerte sie sich eine «kleine Ewigkeit lang» bei brennender Sonne, auch nur einen Schritt weiterzugehen, und rief ein ums andere Mal: «Wie konnte ich, wie konnten wir das Datum übersehen?» Erst den unendlichen Überredungsmühen aller Beteiligten gelang es, sie von der Umkehr abzuhalten: Es sei mehr Erschöpfung als Einsicht gewesen, erzählte Golo Mann, was die «reichlich exaltierte Person» endlich nachgeben ließ. Und wie die Gruppe dann von der Kammlinie aus tief unten die spanische Zollstation entdeckte, zu Tode erschöpft schließlich anlangte – nur um einem stumpfsinnigen Posten gegenüberzustehen, der angesichts von «uns Wanderern aus dem Nichts» völlig ratlos war und die Flüchtlinge ohne Papiere, streng nach der Dienstvorschrift, zum französischen Grenzübergang zurückschickte, so daß die schreckliche Plackerei, als die zumindest die Älteren die Flucht empfunden hatten, umsonst gewesen war. Golo Mann hat diese Pointe mit dem trockenen, immer etwas gnomenhaft wirkenden Lachen erzählt, das er bei guter Stimmung für die Absurditäten des Daseins übrig hatte. Am Ende brachte man ihn und die anderen doch noch zur spanischen Seite hinüber, und von dort gelangten sie über Barcelona, Madrid und Lissabon mit dem buchstäblich letzten Schiff, dem griechischen Dampfer «Néa Hellás», in die Vereinigten Staaten. «Überaus leidvoll war dieser Abschied», hat Heinrich Mann ihrer aller Empfinden zusammengefaßt, als sie von der Reling aus die europäische Küste am Horizont versinken sahen. Am Pier in Hoboken erwartete sie Thomas Mann.

Was sich in der Aufzählung der Fluchtstationen, trotz aller Dramatik, eher nüchtern ausnimmt, reichte in Wirklichkeit sehr tief. Golo Mann hat in kleinem Kreis bekannt, die Erfahrungen der dreißiger Jahre hätten ihn nicht weniger anhaltend geprägt als die malheurhafte Beziehung zum Vater. Während der ganzen Zeit lebte er in einem traumatischen Durcheinander von Flucht, Angst und enttäuschter Hoffnung, von neuerlicher Flucht, Alltagsnöten, Widersinn und Scham. In einer Rede 1966 in Brüssel hat er von der lebensbestimmenden Wirkung jener «wüsten Jahre» gesprochen. Er hat die Sätze, in denen die unverwundene Jahrhunderterfahrung über das Grauen durchschlägt, das Menschen anderen Menschen antun, ausdrücklich als «Bekenntnis» bezeichnet:

«Ich weiß nicht», heißt es da, «ob ich zu sehr viel Lebensfreude überhaupt bestimmt war. Aber ich weiß, daß das Maß an Lebensfreude, das ich je besaß, durch die Erfahrungen der dreißiger und vierziger Jahre, vor allem durch den Judenmord, sehr stark reduziert wurde und reduziert bleiben wird. Durch andere grausame Irrsinnstaten auch, auch solche, die nicht von Deutschen vollbracht wurden, auch solche, die gegen Deutsche vollbracht wurden ... Diese Hypothek auf meinem Leben werde ich nicht mehr los ... Trauer wird immer mit uns sein, und Furcht vor einem neuen Ausbruch des Vulkans auch. Wo *das* möglich war, wird immer alles möglich sein.»

Man kann solche Sätze buchstäblich auffassen: als die Reaktion eines pessimistisch gestimmten Temperaments, das sich von den Erfahrungen der eigenen Lebenszeit in seinen Bitternissen bestätigt sieht. Aber so schlicht war Golo Mann nicht gemacht, und stets gab der Wortlaut nicht ohne weiteres preis, was gemeint war. Zwar hat er in den wiederkehrenden resignativen Schüben verschiedentlich von der Versuchung gesprochen, den Dingen ihren Gang zu lassen, und auf die Maxime Montaignes verwiesen: «Non ci badar! Guarda e passa! – Misch' dich nicht ein. Sieh hin und geh' vorbei!» Was immer jedoch er sagen wollte, unterschied sich auf merkliche Weise von der vorherrschenden Art, mit den Erfahrungen der NS-Herrschaft umzugehen und die Folgerungen daraus zu ziehen. Hitler war, wie er es sah, keine ausschließlich deutsche Katastrophe, sondern ein die Grenzen und Kontinente überschreitender Beleg für das «Raubtierwesen» des Menschen, das «trotz aller religiös begründeten Schranken und aller ethischen Papiernormen», wie er einmal bemerkte, «unbezwingbar» bleibt. Und von der anderen Seite her bezeugten den Aufstieg des Diktators sowie die Anhänglichkeit, die er erfuhr, daß «beherrscht zu werden den meisten leichter fällt, als frei zu sein». Hitler sei «deutsche und zugleich anthropologische Geschichte», konnte man ihn gelegentlich sagen hören; «alles wäre so viel einfacher, wenn man nur auf die Deutschen achtzugeben hätte. Man muß aber vor den Menschen auf der Hut sein.»

Immerhin ließ sich das ständig drohende Verhängnis, setzte er solchen düsteren Einsichten mitunter hinzu, durch eine vernunft-bestimmte, nach humanen Grundsätzen betriebene Politik in ge-wissen Grenzen halten. Gesprächsweise hat er in diesem Zusam-menhang häufig auf Thomas Mann verwiesen, der bei Ende des Krieges gesagt hatte, daß die in den Tumulten der Epoche verlo-rengegangenen oder im blasierten Disput zerredeten, sehr einfa-chen Unterscheidungen zwischen Gut und Böse, zwischen dem menschlich Richtigen und dem Verstiegenen, wieder zurückge-wonnen werden müßten. Was Golo Mann angeht, so erfüllt ein Nachhall davon das gesamte Werk. Von daher kommt der ent-schiedene Gestus seiner Prosa, und es bezeichnet womöglich den größten Abstand zu Thomas Mann, daß er die Ironie nach Mög-lichkeit mied. Stets ließ er den Leser bei aller Kunst der Differen-zierung wissen, worauf eine Sache, ein Argument hinauswill; zu-gleich duldete er aber auch keinen Zweifel darüber, was nicht gemeint war und «kein Schlaukopf», wie er bei Gelegenheit sagte, in seine Überlegungen hineindeuten sollte.

Damit zusammen hing eine häufig ungehalten hervortretende Abneigung gegen alles Ideologiewesen und dessen Anwälte: im Politischen, wo die Verheerungen, die es anrichtete, unübersehbar waren und sind, aber im Denken auch. Selbst noch so gutmeinend auftretende Voreingenommenheiten oder konstruierte Gedanken-systeme als Ausgangspunkt erkennender Tätigkeit, das hat der er-zwungene Abstand von Deutschland ihm überdeutlich gemacht, tun der Fülle der Erscheinungen Gewalt an. Sie unterschieben dem Geschehen einen einzigen, zumindest vorherrschenden An-trieb oder Sinn, und fast immer steht ein politischer Vorsatz da-hinter. Die Integrität der Wahrnehmung in Betrachtung der Welt-läufe aber duldet solche Vorgaben nicht, und wer die Ereignisse aus einem Hauptpunkt erklären oder ihre Richtung daraus herlei-ten will, sagt im Grunde schon «Holzweg».

Man kennt das Argument dagegen: daß die behauptete Ideolo-giefreiheit nichts anderes als eine abgefeimte Spielart ideologischer Maskerade sei. Aber Golo Manns Werk belegt, daß dieses Vorbringen nichts anderes als ein Versuch ist, alle Welt unter den Verdacht der Parteilichkeit zu stellen. Am greifbarsten tritt die Unvoreingenommenheit eines Autors in der Essayistik hervor, dieser in Deutschland von der Vorliebe für die strengere wissenschaftliche Abhandlung stets verdrängten und nur außenseiterisch betriebenen Kunstform des zu pointierten Einsichten drängenden Gedankenstücks. Von Golo Mann liegen mehrere Essay-Bände vor, viel Bewundernswürdiges aus entlegenen, wenn auch vom universellen Interesse des Autors zusammengehaltenen Gebieten darunter.

Bei aller Vielfalt der Ansatzpunkte lehren diese Arbeiten, was Freiheit der Beobachtung und Freiheit des Urteils wirklich ist. So die poetisch leuchtende Betrachtung über Schloß Arenenberg, die beißende Polemik gegen den englischen Historiker A. J. P. Taylor und dessen scharfsinnigen Unverstand oder die Versuche über Heinrich Heine und Georg Büchner, deren Bild aller revolutionsmodischen Inanspruchnahme entzogen und in seiner Gebrochenheit, seiner Unruhe und nervösen Schwermut wiederhergestellt wird. Einmal setzt er sich kritisch, streckenweise sogar polemisch zugespitzt, mit Hannah Arendt auseinander, zu der er seit den etwa zeitgleichen Lehrjahren bei Karl Jaspers ein eifersüchtig gespanntes Verhältnis hatte – «die von allen, am meisten von Jaspers selber geliebte Hannah», wie er noch in späten Jahren höhnte, das «altkluge, ungebärdige Nesthäkchen des Philosophen». Weitere Essays handeln von Tacitus, Heinrich von Kleist oder Max Weber bis hin zu Helmuth James von Moltke, dem Kopf des Kreisauer Widerstandskreises. Oder von Ernst Jünger, wo der Riesenabstand, der den Autor vom Betrachteten trennt, in keiner Zeile verschwiegen und doch ein immer «lebendiger, sensibler, neugieriger Geist» beschrieben wird, dessen Irrtümer dem Denkenden mehr zu sagen haben als die Klugheit der «falsch Allwissenden». Und so, oder ähnlich, leitmotivisch immer wieder.

Es steckt viel Einzelgängertum in alledem, aus Veranlagung schon, doch aus Lebenserfahrung auch. Aber man kann es damit nicht abtun. Denn die Unabhängigkeit des Denkens ist nichts, was einem zufällt. Vielmehr muß man sie gegen die verführerischen Parolen eines jeden Tages ebenso wie gegen die Neigung zur Selbsttäuschung immer neu behaupten, und oft ist es schwer, in den Wahrheiten von heute die Irrtümer von morgen oder selbst von gestern zu erkennen. Im ganzen gehörte Golo Manns kritische Sympathie den «verlorenen Sachen», bei denen, wie er oft bemerkt hat, meist mehr Würde ist und mehr Verdienst als bei den Programmen der «Schreihälse», die der Zeit die Kommandos geben. Mit Vorliebe zitierte er Lord Acton, der für das alte, bunte und vergangenheitsschwere Österreich eine tiefe Anhänglichkeit empfand und auf den Einwand, dieser Staat sei schon im 19. Jahrhundert nichts anderes als ein sinkendes Schiff gewesen, erwiderte: «I am afraid, I am a partisan of sinking ships.»

Die ersten Nachkriegsjahre stehen seit geraumer Zeit als Phase der Restauration in Verruf. Doch haben viele derjenigen, die ihr das nachsagen, mit ungleich größerem Aufwand nichts anderes als die Wiedererweckung des Abgelebten betrieben und damit zum unausgelüfteten, gern «muffig» genannten Charakter der Epoche ebensoviel beigetragen wie die vermeintlichen Reaktionäre. Das dem Hohn der fortschrittlichen Köpfe preisgegebene Häkeldeckchen auf dem Nierentisch kam aus der gleichen rückwärtsgewandten Verfassung wie der Karl Marx im Bücherregal, und die nackten Nippesballerinen hatten ihr Pendant in den Werken des revolutionären Sexualschmocks Wilhelm Reich. Wie so oft war jeder der vermeintlichen Gegenspieler das maskierte Spiegelbild des anderen.

Golo Mann ist mehrfach, mit beunruhigtem Erstaunen, der Frage nachgegangen, wie es in den sechziger Jahren zu jener merkwürdigen Renaissance des Marxismus kommen konnte, dessen Heilsrezepte schon seit einer Generation intellektuell kompromittiert und mit Millionen Opfern belastet waren. Ihm kam es vor wie eine Gespenstererweckung. Und wenn sie ihn mit Sorge erfüllte, so weil er immer auch das Gegengespenst vor Augen hatte, mitsamt der Erfahrung, daß beide im Ringen gegeneinander erst stark zu werden pflegen: Erleben der Älteren, die Trümmer und Leidensspuren noch sichtbar und doch wie in den Wind geschrieben. Am beklemmendsten war denn auch, daß offenbar kein Desaster der Geschichte das Verlangen nach einer der weltlichen Verheißungsideologien hatte stillen können; daß selbst der blutigste Augenschein nicht dagegen ankam und daß es keinen Horizont zu geben schien, an dem solche Niemandslande enden.

Wie ungebrochen das Ideologiewesen selbst nach den Hitlerjahren war und wie übermächtig es im Fortgang der Jahre auftrat, macht eine Episode deutlich, die Golo Mann zu den «unerfreulichsten Vorkommnissen» seines Lebens gerechnet hat. Sie nahm ihren Ausgang, einer begründeten Vermutung nach, auf einer Abendgesellschaft während der späten vierziger Jahre in Königstein am Taunus. Beim Eintreffen der Gäste befand sich Dolf Sternberger, der diesen Teil des Vorgangs überliefert hat, im Gespräch mit Golo Mann, als plötzlich Theodor W. Adorno und Max Horkheimer das Haus betraten. Überrascht und sichtlich auch konsterniert habe Golo Mann, der Horkheimer als Nachbar aus dem kalifornischen Pacific Palisades und Adorno seit dessen Tagen als kompositionstechnischer Ratgeber Thomas Manns bei der Niederschrift des «Doktor Faustus» kannte, ausgerufen: «Um Himmels willen! Diese beiden kann das Land jetzt nicht gebrauchen. Der Marxismus für feine Leute stürzt die Deutschen nur aus einer Verwirrung in eine andere!»

Adorno und Horkheimer, so Sternberger, hätten den unüberhörbaren Ausruf, wie er überzeugt sei, als offene Kriegserklärung betrachtet, zumal Golo Mann ihm schon gelegentlich von der gereizten Beziehung erzählt hatte, die zwischen ihm und dem «seltsamen Dioskurenpaar» herrschte. An Adorno habe ihn stets der

«Causa-finita-Ton» gestört, in dem er seine Urteile kundtat, was um so auffälliger war, als es im Innenverhältnis ganz zweifellos Horkheimer war, nach dessen Pfeife auch Adorno seine Figuren drehte. Zu einem geradezu absurden Ausbruch sei es 1949 gekommen, als Thomas Manns «Entstehung des Doktor Faustus» erschien, in dem Adornos nützliche Dienste gewürdigt, Horkheimer hingegen begreiflicherweise nicht erwähnt wurde. «Eine Art Hölle tat sich plötzlich auf!», berichtete Golo Mann, «wo immer man insbesondere unter Emigranten ging und stand, bekam man es mit der Schreckensnachricht zu tun: ‹Haben Sie gehört? Horkheimer nicht genannt! Stellen Sie sich vor! Thomas Mann veröffentlicht ein Tagebuch ohne einen Hinweis auf seinen Nachbarn Horkheimer!›» Golo Mann schüttete sich noch in der Erinnerung an den Vorgang aus vor Lachen: «Wie konnte das passieren?!» Am Tisch in Pacific Palisades sei es ein paar Wochen lang ein um ständig neue, hirnverbrannte Empörtheiten der Horkheimer-Gemeinde erweitertes Gesprächsthema gewesen, und wo immer im Umkreis die Rede darauf kam, habe er sich ein Vergnügen daraus gemacht, die «jüngsten Giftigkeiten T. M.s» zu der Sache beizusteuern.

Natürlich sei nicht auszuschließen, fuhr Golo Mann fort, daß auch diese verrückte Episode bei den «üblen Streichen» eine Rolle gespielt habe, die sich Horkheimer und Adorno gegen ihn einfallen ließen. Die Rache jedoch hätten sie erst geraume Zeit später und überdies so kalt genossen, wie die einschlägige Empfehlung es verlangt. Denn sie waren macchiavellistisch bewandert genug, um sich in Heimzahlungsmanövern auszukennen. Jedenfalls intervenierten sie Anfang der sechziger Jahre beim hessischen Kultusminister Schütte gegen die Berufung Golo Manns auf den Lehrstuhl für Politische Wissenschaft an der Frankfurter Universität.

Herbert Heckmann, der spätere Präsident der Darmstädter Akademie, hat mehrfach auf seinen «Eid genommen», der Minister habe ihn den Brief einsehen lassen, in dem Horkheimer darlegte, daß Golo Mann homosexuell und folglich eine Gefahr für die akademische Jugend sei; er dürfe nicht berufen werden. Zwar liegt für diese Äußerung kein gerichtsfester Beweis vor, aber das Schreiben sollte in den Akten des Ministeriums abgelegt sein, sofern der Einspruch nicht lediglich mündlich vorgetragen worden und Heckmann einem Irrtum erlegen ist.

Heckmann will den Minister, wie er verschiedentlich versichert hat, auch ersucht haben, ihm eine Kopie der Intervention zur Verfügung zu stellen, doch zur Antwort bekommen haben, dergleichen sei «nicht für die große Öffentlichkeit bestimmt». Verräterisch ist immerhin, daß der Minister Schütte im Brief an die Fakultät eine gänzlich anders lautende Begründung für seine Ablehnung vortrug als gegenüber Golo Mann selber. Zur Abrundung der Geschichte gehört der Hinweis, daß Horkheimer nach der Ministerentscheidung, dem Zeugnis Golo Manns zufolge, dem von ihm Bezichtigten telefonisch sein Mitgefühl ausgedrückt und zugleich im Namen Adornos versichert hat: «Wir schätzen Sie sehr!»

Auch ein zweites, etliche Jahre später in Gang gesetztes Berufungsverfahren für Golo Mann stieß auf den diesmal offenbar lediglich telefonisch erhobenen Einspruch Horkheimers und Adornos, und für diesen Vorgang liegen mehrere, auch öffentlich gemachte Zeugnisse vor. Diesmal wurde Golo Mann vor allem «heimlicher Antisemitismus» vorgeworfen, und einer der angesehensten Juristen der Frankfurter Universität, Wolfgang Preiser, hat erläuternd hinzugefügt, das Adjektiv «heimlich» sei perfiderweise benutzt worden, um der «Last der Beweisführung» zu entgehen. Im übrigen habe ihn der Antisemitismus-Vorwurf zwar entsetzt, doch keineswegs erstaunt, da derartige Anschuldigungen von Horkheimer und Adorno im Verlauf der universitären Machtkämpfe nicht selten verwendet worden seien. Zu den geradezu beklemmenden Begleitmaterialien des Komplotts gehört der Briefwechsel, den Horkheimer mit dem Vertreter einer einflußreichen jüdischen Organisation geführt hat. Aus nahezu jeder Zeile dieser Korrespondenz spricht eine Intoleranz und subalterne Verranntheit, die selbst den nachsichtigsten Beobachter fassungslos macht. Nicht nur werden Golo Mann «bedeutende Zugeständnisse» an die «nazistische Propaganda» vorgeworfen; vielmehr, behaupten die Briefschreiber, lasse sich aus dem Umstand etwa, daß er die Hitlerepoche gelegentlich als «Nazi-Episode» bezeichne, seine «entschlossene Neigung zur Minimierung dieses Kapitels der deutschen Geschichte» herauslesen, und anderes von solcher Art.

Auch diese Intrige, die unter anderem selbst «Protokollfälschungen» nicht verschmähte und jedenfalls alle institutionellen Regeln mißachtete, hatte Erfolg. Der damalige Rektor der Frankfurter Universität, Fritz Neumark, hat Golo Mann nach dem Eingang des ablehnenden Ministerbescheids eigens in Stuttgart aufgesucht, um den ungewöhnlichen Hergang zu erklären. Als ich Golo Mann einmal fragte, ob er vom Inhalt der Beschuldigungen je gehört habe, und die Richtungen andeutete, in die sie zielten, erschienen wieder die beiden steilen Falten zwischen den Augenbrauen, die man in Augenblicken des gespannten Unwillens an ihm wahrnehmen konnte, während die Mundwinkel nervös zu zucken begannen. Dann sagte er mit der Zurückhaltung, die er im Privaten durchweg übte, lediglich: «Zu den Einzelheiten äußere ich mich nicht. Aber es wird wohl so gewesen sein.»

Einige Jahre später dann, in einem Fernseh-Interview aus Anlaß seines achtzigsten Geburtstags, hat der Verleumdete seine beiden Widersacher Adorno und Horkheimer als «Lumpen» bezeichnet und ohne nähere Erklärung hinzugesetzt, er wisse, was er sage. Als ich in einem Beitrag für die «Frankfurter Allgemeine Zeitung» diesen Ausfall als Beleg für Golo Manns Neigung zum Jähzorn erwähnte, wurde ich wegen des Zitats von den vereinten Wortführern der Korrekt-Denkenden in einer Resolution verurteilt. Angefangen von Leo Löwenthal über Jürgen Habermas bis zu Michael Gielen gaben sich an die fünfzig Namen ein demokratisch besorgtes Stelldichein. Auf die Nazi-Vergangenheit und deren «traurige Tradition» der Intellektuellenschmähung, die in meinem

Text wiedererstehe, verwies die Entschließung, wie alle Pharisäerprosa jener Zeit, natürlich auch. Die eigentliche Besorgnis hingegen hätte dem Mitläuferwesen gelten müssen, das nicht nur die Unterschriften belegten, sondern auch die Art, in der sie eingeholt worden waren. Es offenbarte in der Tat, wie lebendig die autoritäre Vergangenheit nach wie vor war.

Golo Mann hat sich einige Zeit lang allen Aufforderungen zu einer Stellungnahme widersetzt. Zwar habe er die Frankfurter Schule nie sonderlich geschätzt, sagte er, und kein Hehl aus seiner Ablehnung gemacht. Aber die Motive Adornos und Horkheimers in ihrer Mischung aus «Schäbigkeit, Heuchelei und Machtgier» seien ihm ebenso «widerwärtig» wie die Methoden der beiden, die vor keiner Verunglimpfung zurückschreckten. Nahezu ein halbes Jahr nach dem Streit, in dessen Verlauf er vielfach gewichtigen Zuspruch erhielt, hat Golo Mann meinem gelegentlichen Drängen nachgegeben und zu der Auseinandersetzung doch noch eine Art Nachwort beigesteuert. Es endet nach der Darlegung des Sachverhalts mit dem dreimal wiederholten Vorwurf der «Lumperei». Der Konflikt harrt bis heute der gründlichen Untersuchung.

Rückblickend hat sich Golo Mann die Erkenntnis abgerungen, daß die Jahre der Emigration, bei allem Lebensverlust, doch auch politische Lehrjahre sowie eine Zeit des Gewinns für ihn waren. Erworben hat er damals, wie er mitunter versichert hat, «Distanz zu der Welt, aus der ich kam», Skepsis als Inbegriff öffentlicher Tugend sowie den Sinn für das in der wirklichen Welt Mögliche, das keinem spekulativen Überschwang geopfert werden dürfe. Hinzugesetzt hat er einmal auch, es sei ihm zunächst wie «jedem deutsch geschulten Kopf» schwergefallen, den Sinn für die Notwendigkeit des gesellschaftlichen Ausgleichs zu entwickeln und folglich zu begreifen, was Politik in ihrem Kompromißcharakter eigentlich ist und welche nicht zuletzt auch intellektuellen Zugeständnisse sie verlangt. Zu den Einsichten der Emigrationsjahre gehörte auch, daß alles «Unvermeidlichkeitswissen» niemanden von der Verpflichtung entband, sich dem stets zum Niedergang treibenden Gang der Dinge nach Möglichkeit zu widersetzen.

Was ihm auch dabei wiederum den Anstoß gab, war nicht zuletzt das Bemühen um unterscheidenden Abstand vom Vater: Das blieb das Thema vieler Jahre: «Ich kam nun mal von ihm her. Aber ich wollte so rasch wie möglich weit weg kommen», hat er bekannt. Einiges spricht denn auch dafür, daß er mit der Einsicht in die Bewegungsgesetze der Machtwelt zugleich einen Schritt aus dem nach wie vor bedrückenden Familienschatten unternommen hat. Denn Thomas und Heinrich Mann, der eine wie der andere, waren tief unpolitisch und sogar apolitisch zeit ihres Lebens. Was sie, bei allen Meinungsverschiedenheiten der frühen Jahre, je zur Politik geäußert haben, kam wie aus weiter, unbegriffener Ferne. Sehr treffend hat Golo Mann sie nach einem der raunenden Gespräche zum Tagesgeschehen, die sie während ihrer späten Jahre im fernen Kalifornien führten, als «unwissende Magier» bezeichnet.

Die ersten literarischen Vorhaben Golo Manns standen nicht zuletzt im Zeichen der Absicht, mit historischen und politischen Themen ein eigenes, nur ihm gehörendes Terrain zu gewinnen. Aber mit im Spiel war auch die Erkenntnis, daß der Mensch ohne historisches Gedächtnis in der sich ständig beschleunigenden Welt ohne Haltegriffe ist und die Erinnerung ihm erst «eine Art Reich der Freiheit» erschließt.

Noch in Frankreich hatte Golo Mann mit der Arbeit an der Biographie des Publizisten und preußisch-österreichischen Staatsmanns Friedrich von Gentz ein, wie er zu sagen liebte, Werk der «Selbstermutigung» begonnen. Der starrsinnige Charakter dieses Mannes, sein in aller Vereinzelung unerschüttertes Widersachertum gegen Napoleon, seine Verlorenheit als Gegenspieler, Ohnmacht und Zorn: alle diese Lebensumstände hatten gleichsam eine Erfahrung vorweggenommen, die der Autor jetzt nachholte. Unter den Hunderten von Briefen und Denkschriften, die Gentz als Hauptbetreiber der europäischen Fronde gegen den Diktator verfaßt hat, «der größte politische Schriftsteller deutscher Sprache», wie Golo Mann ihn genannt hat, finden sich zahllose, die vom Autor selber, aus der Zeit der Niederschrift dieser Biographie, stammen könnten. In kataraktartig sich überstürzenden, atemlos wirkenden Sätzen schreibt Gentz: «Mein Haß gegen diesen treulosen, eitlen, kleinherzigen, durch die Infamie der Zeitgenossen erst bis zur Größe, dann bis zum Wahnsinn der Größe hinaufgeschraubten, übermütigen, gotteslästerlichen, bübischen Usurpator ist eine Leidenschaft, jetzt meine einzige, geworden, die mein Innerstes verzehrt. Wenn mir heute jemand mit Gewißheit vorausverkündigen wollte, daß ich nie etwas zum Sturze dieses Ungeheuers beitragen würde, so wäre mir das Leben ein Ekel und eine Last ... Ich kann mir, wenn ich den Grund meines Herzens durchwühle, nicht verhehlen, daß das Entsetzlichste ..., wie [es] selbst der Untergang eines ganzen Sonnensystems nicht sein würde, für mich in aller Ewigkeit das bleibt, daß solche Canaillen recht behielten.»

Golo Mann hat bei Gelegenheit bemerkt, die Gentzbiographie sei als historisches Werk mit «nahezu unerlaubtem Affekt» geschrieben, aber doch auch «mit begierigster Hoffnung». Nur mühsam gelang es ihm, Abstand zu nehmen, in die hellen Charakterlichter seines Helden einige unvermeidlich trübe Töne zu mischen, bis gegen Ende hin, nach der Überwindung Napoleons, als Gentz zum «Sekretär Europas» geworden war und zum Berater Metternichs, die dunklen Farben fast die Überhand gewinnen. Seine Schuld sei zu lehrreich, meint der Verfasser, als daß man sie verkleinern dürfe. Wie Golo Mann überhaupt, bei aller zeitbedingten Erregtheit des Werkes, sich immer wieder zur Kühle wissenschaftlichen Denkens anhält und zur Kunst durchschauenden Abwägens von Zusammenhängen und Motiven. Verschiedentlich hat der Leser schon in diesem, mit noch nicht dreißig Jahren begonnenen Buch das Elementarerlebnis gelungener geschichtlicher Darstellung: wie schriftstellerisch bewältigte Anschauung sich in Denken umsetzt, Empfinden in Erkenntnis, Erleiden in Erklärung.

Golo Mann hat später eingeräumt, der «Gentz» sei «kein freies Buch». Was es «eng und auch etwas holperig» mache, sei weniger auf die «Zeitwut» zurückzuführen, die ihn als Autor erfüllt habe, als vielmehr, auch hier wiederum, auf die «Hemmungen» durch die Vaterfigur. Er habe deren strengen Aufseherblick «bei jeder Zeile fast schmerzend im Rücken» gespürt. Mit dem seltsam schnappenden Lachen, in das er bei Verlegenheitsthemen oftmals ausbrach, hat er hinzugefügt, er habe sich damals wieder und wieder bei dem Wunsch ertappt, der Vater möge «aus der Welt» sein.

Natürlich hat er nicht von seinem «Vater» oder von «Thomas Mann» gesprochen, sondern lediglich von «T. M.», und verschiedentlich ist darauf hingewiesen worden, daß er neben seinem Vater nur noch den Namen Adolf Hitlers auf die Initialen verkürzt hat. In den zornigen Zuständen, die ihn von Zeit zu Zeit überkamen, hat er die beiden, jeden auf seine Weise, fraglos als die Verderber seines Lebens angesehen. Überhaupt war sein Wesen abgründiger, unbeherrschter, auch schroffer als das ins Milde getauchte Bild der Freunde verbreitet, die ihn vorab als Wandersmann, Gedicht-Rezitator und Herzensbruder beschreiben. Als er sich einmal abfällig über Alma Mahler-Werfel äußerte, fragte Dolf Sternberger, ob er nicht nach so vielen Jahren etwas nachsichtiger und womöglich weitherziger urteilen könne. Sichtlich verwundert sah Golo Mann auf und schüttelte dann nach einigem vergrübelten Überlegen den Kopf: «Wirklich?», fragte er zurück. «Verlangen Sie das allen Ernstes? Und können Sie mir wohl einen Grund dafür nennen? Soll man gegen alle Erfahrung nachsichtig und das heißt ja nichts anderes als mit einem Lächeln auf den Zügen blind sein?»

Die Verbundenheit zahlreicher Jahre sowie die gemeinsam durchlittenen Erfahrungen boten offenbar keinen überzeugenden Grund für ihn, und die Liebenswürdigkeit als Form zivilisierten

Umgangs schon gar nicht. «Merkwürdiges Menschenkind!», sagte Sternberger später unter vier Augen und wiederholte mit Nachdruck: «Ich sage bewußt: Kind! Denn eine gewisse menschliche Unfertigkeit ist trotz aller Vaterschuld auch dabei. Was hab' ich schon Großes verlangt?»

Auch andere Weggefährten Golo Manns haben berichtet, wie häufig er Selbstverständlichkeiten zurückwies und gegen alles Zureden störrisch blieb, wie mißtrauisch und nachtragend er sein konnte und wie unfähig zu generöser Gelassenheit. Die Schatten wichen nicht. Er habe, hat Golo Mann einmal in kleiner Runde versichert, ein Leben lang «Vergeltungsbedürfnisse» gekannt und sich ihrer «nie geschämt»; wer wirklich gelitten habe, besitze ein Anrecht darauf. Die Vermutung ist nicht aus der Welt, daß er jenseits der Politik, auf die er sich dabei bezog, zugleich die eine oder andere Person seines familiären und persönlichen Umkreises meinte.

Golo Manns Essay «Vom Geist Amerikas» erschien 1954 und war eine Art Fingerübung in jenem einfühlenden Denken, das den Historiker macht. Die Annahme hingegen, es sei bereits ein erster, versuchsweiser Anlauf angesichts der erahnten Befreiung von der bedrückenden, nun sichtlich dem Ende entgegengehenden Vaterfigur gewesen, hat er zwar zurückgewiesen. Aber bei anderer Gelegenheit hat er gestanden, daß die Überlegung zumindest im Spiel gewesen sei, dem unausgesetzt an Amerika «zweifelnden und häufig auch verzweifelnden Vater eine späte Lektion» zu erteilen. «Für ihn kam das Buch zu spät», hat er hinzugefügt, «aber für mich war es ein Schritt aus dem Schatten, vorzeitig vielleicht für andere, aber rechtzeitig für mich!»

Im folgenden Jahr starb Thomas Mann, und als sei damit das Stichwort gefallen, machte Golo Mann sich nunmehr ohne Zögern an die Arbeit: «Was man mein schriftstellerisches Werk nennen kann, begann zu dieser Zeit», hat er bekannt. Binnen kurzem verfaßte er die «Deutsche Geschichte des 19. und 20. Jahrhunderts», die alsbald zum bis dahin auflagenstärksten Geschichtswerk der Nachkriegszeit wurde. Tatsächlich ist darin nichts mehr eng und unfrei. Vielmehr war wie mit einem Schlage alles vereint, was die historiographischen Arbeiten Golo Manns auszeichnet: die Weite des Horizonts, die farbige «peinture» sowie die wieder und wieder ausgekostete Neigung, Theorien ad absurdum zu führen, Vorurteile ins Unrecht zu setzen und Gerechtigkeit zu üben. Und immer ist aller Aufschluß in große, erzählerisch dargebotene und anschaulich ausgestattete Abläufe eingebettet.

Über die Frage, wie man Geschichte schreibt, hat Golo Mann, sei es in den Essays, sei es in manchen betrachtenden Darstellungen, häufig nachgedacht. Die Gerechtigkeit steht obenan. Er hat sie an den Historikern, denen seine Bewunderung gehörte, von Jacob Burckhardt bis Lord Acton, immer wieder gerühmt. Sie kommt aus der Bereitschaft, stets das Ganze zu sehen, Vorzüge und Schwächen, Recht und Unrecht einer Sache oder einer Person, weshalb denn auch seine Sympathie durchweg den zwielichtigen, eingedunkelten Figuren gehört, den «zeitkranken Individuen», wie es einmal heißt: Gentz eben, oder Wallenstein sowie Bismarck auch, den er, «trotz allem», seine Lieblingsgestalt in der Geschichte genannt hat. Natürlich hat dies, neben vielem anderen, mit dem dramatischen Verstand des geborenen Schriftstellers zu tun, der weiß, daß die strahlenden Helden, wenn sie immer nur strahlen, zur Darstellung kaum taugen. Aber zugleich ist es in jener Moralität begründet, die den Historiker zur Kunst des Abwägens zwingt und Gerechtigkeit überhaupt erst möglich macht.

Dieser Wille, hat Golo Mann oft geklagt, sei der gegenwärtigen Geschichtsschreibung weitgehend abhanden gekommen: Bei vielen Historikern stoße man auf eine Neigung zur Parteilichkeit und zum Gewaltantun, die ohne allen Ernst ist. Was sich «kritische Geschichte» nennt, offenbart häufig weniger Kraft zur Unterscheidung als zur Verdammung, und kein Respekt vor dem Stummsein der Toten macht den Anklägern die Schuldsprüche schwer. Vielmehr ist es, als werde die Vergangenheit als Richtstätte betrachtet, auf der, um im Bilde zu bleiben, die Nachgeborenen eine Art Standrecht üben, mit kurzem Prozeß.

Doch nicht nur der Hang zum Tendenziösen mit all seinem moralischen Schreibtisch-Rigorismus hat die Gerechtigkeit aus der Geschichte verstoßen. Sie ist auch von der Gegenseite her bedroht: durch einen theoriegeleiteten Positivismus, der unablässig neue Daten und statistische Kolonnen auswirft und sich der Wahrheit der Geschichte um so mehr vergewissert glaubt, als der Autor scheinbar weit zurücktritt. In Wirklichkeit jedoch tritt er keineswegs zurück, sondern versteckt sich nur. Längst weiß man, in welchem Maß willkürliche Untersuchungsansätze in die Ergebnisse hineinwirken, wie lückenhaft alles Zahlenwerk ist und daß, wer eine Zeit begreifen will, aus diesen pedantisch zusammengetragenen Materialhaufen kein lebendiges Bild gewinnen kann. Er bleibt am Ende immer auf den verläßlichen Interpreten angewiesen, der die toten Bestände ins Leben zurückholt, sie zum Sprechen bringt und dem «ewigen Schweigen der Geschichte» Deutungen abverlangt. Das heißt nichts anderes, als daß zum Aufgefundenen stets hinzutreten muß, was nur der Autor beisteuern kann: die Entwirrung des zunächst Unüberschaubaren, Begriffe, Verstehensenergie, Urteilskraft, man kann auch sagen: Phantasie.

Die ist aber der Anstoßpunkt. Denn die Phantasie gilt als unzulässig vor den hohen, akademischen Lehrstühlen. Man kann und soll sie jedoch ins Recht setzen durch eine Überlegung, die auch Golo Manns Essay über «Schiller als Geschichtsschreiber» verzeichnet: Wie der Dichter, als er den «Dreißigjährigen Krieg» verfaßte und darin das Porträt Wallensteins entwarf, sich eng an die verfügbaren Quellen hielt und daraus eine zwar überaus plastische, im Grunde aber doch widersprüchliche Figur verfertigte, deren Ungereimtheiten er zum Schluß selber einräumte. Und wie Schiller Jahre später, den Stoff in der Tragödie wiederaufgreifend, bei unverändert dürftigem Forschungsstand, nicht nur die Psychologie des Feldherrn erfaßte, sondern auch, bei nunmehr ins Dichterische befreiter Phantasie, Absichten, Motive und geradezu Wörtliches von ihm erriet, wofür die Belege erst nach rund dreißig Jahren, mit der einsetzenden Wallenstein-Forschung, entdeckt wurden.

Alle bedeutenden Historiker, von Gibbon über Mommsen bis hin zu dem französischen Sozialhistoriker Marc Bloch, haben die Geschichtsschreibung als Kunst betrachtet, undenkbar ohne einen «Anteil an Poesie», und im Grunde der Literatur näher als der Wissenschaft. Golo Mann hat diese Linie noch weiter ausgezogen und den Wissenschaftscharakter der Historie rundheraus bestritten. Denn die Geschichte habe mit dem Einmaligen, allenfalls Ähnlichen zu tun, die Wissenschaft dagegen mit dem Prinzip der Wiederholung. Bezeichnenderweise hat er denn auch den «Wallenstein» einen «historischen Roman» genannt. Weder die jahrzehntelangen, im Grunde von Jugend auf betriebenen Studien, noch der rund 140 Seiten umfassende Anmerkungsteil und die Sorgfalt im historisch Handwerklichen machten daraus, wie er meinte, Wissenschaft im strengen Sinne. Einen «gewaltig fremden Menschen» nennt der Autor den «Friedländer», trotz aller forschenden Gedankenmühe. Und weil es um Kenntnisse und Kunst geht, zeigt er sich durchweg bestrebt, den Fleiß, die Anstrengung und die Geduld, die in das Werk eingegangen sind, dem Leser nicht aufzudrängen.

Denn das verlangt der «Geist der Erzählung», der immer auch der Geist großer, einen Zeitzusammenhang erfassender Geschichtsschreibung ist. Golo Mann hat sich einmal als einen Historiker bezeichnet, der als «verhinderter Erzähler» gesehen werden müsse, das sei so etwas wie das «Geheimnis» seines Lebens. Als ihm im kleinen Kreis entgegengehalten wurde, es handle sich dabei um ein selten offenes Geheimnis, erwiderte er, geheim daran seien einzig die Motive: Er habe sich der Geschichte unter anderem deshalb zugewandt, weil sie einem wie ihm das Empfinden verschaffe, die «tausend Schrecken der Welt durch Formanstrengung» bannen zu können. Hätte er je zu malen gewußt, wäre dies gewiß sein Weg gewesen, um der Welt, wie sie ist, zu entkommen. Denn die Malerei offenbare noch deutlicher als jede andere Kunst, daß die Form alles erträglich mache, Verrat, Mord, Tücke, Blut. Man müsse die prachtvollen Verstümmelungen auf alten Schlachtenbildern ansehen, die Quälereien des heiligen Laurentius auf dem Rost oder die heilige Agatha, wie sie ihre abgeschnittenen Brüste beseligt auf einem Silbertablett herzeigt: Kein Betrachter leide da, und jeder genieße «auf höhere oder, sei's drum, auch niedrigere Weise».

Die einigermaßen harsch und mit offenbar provozierender Laune formulierten Überlegungen führten zu einer kurzen Debatte, aber was immer eingewandt wurde, lief am Ende auf eine Bestätigung dessen hinaus, was Golo Mann vorgebracht hatte. Nach einem Augenblick grüblerischen Brütens sagte er unvermittelt: Zur Verwandlung des Scheußlichen ins Schöne oder auch bloß in Literatur sei die Zeitgeschichte nicht fähig, und deshalb hasse er sie eigentlich. Nach kurzem Besinnen wiederholte er: «Ja, ich hasse sie wirklich!» Natürlich wisse er, daß sie schon aus erzieherischen Gründen nicht vernachlässigt werden dürfe. Seine Auffassung gehöre zu den Verschwiegenheiten, die jeder mit sich herumschleppe. Nichts davon werde er je öffentlich machen. Aber genau besehen sei die Zeitgeschichte lediglich das «Protokoll von Verbrechen im eigenen Hause». Das könne man nicht ins Gefällige retten. «Wo ringsum gemordet und soviel in Blut ausgetragen wird, bekommt jeder, der sich darauf einläßt, unweigerlich ein paar Spritzer ab. Oder mindestens etwas von dem Dreck, der da herumfliegt.»

Es folgte eine weitläufige Auseinandersetzung, in deren Verlauf ich Golo Mann fragte, ob es mit seiner mir erstmals offenbar gewordenen Verachtung der Zeitgeschichte zu tun habe, daß er sich in der Debatte über die Urheber des Reichstagsbrandes ohne viele Umstände und sozusagen aus «volkspädagogischen Gründen» auf die Seite derer geschlagen habe, die den Nazis die Schuld zuwiesen

– so, als komme es auf die Wahrheit nicht wirklich an, es sei ja «bloß Zeitgeschichte». Und die habe, setzte ich noch hinzu, anders als die Darstellung Wallensteins, Napoleons oder Bismarcks vorab der Erziehung zu dienen, da müsse man, des guten Zwecks wegen, nicht allzu genau sein. Und etwas später erinnerte ich daran, wie Golo Mann mir Ende der fünfziger Jahre, während einer Taxifahrt in München, über Karl Dietrich Brachers «Auflösung der Weimarer Republik» enthusiastisch gesagt hatte, man gehöre zu den Begünstigten des Schicksals, wenn man einmal im Leben das Erscheinen eines solchen Werkes erlebe. Und da handle es sich doch zweifellos, setzte ich hinzu, um eine Arbeit zur Zeitgeschichte. Das räume er ein, erwiderte Golo Mann, und er stehe auch zu allem, was er damals gesagt habe. Aber Brachers Werk sei eine Untersuchung über die Frage, woran Demokratien krank werden und zugrundegehen, also eine strukturelle Analyse. Für die strengere Betrachtung sei es «eigentlich keine Geschichtsschreibung».

Auf die etwas später in der kleinen Runde aufgeworfene Frage, ob ihm das Blut Wallensteins weniger zu schaffen mache als das der Stauffenberg, Haeften und ungezählter anderer, erschienen wiederum die beiden steilen Falten zwischen den Augenbrauen sowie die Zuckungen in den Mundwinkeln. Dann entgegnete er knapp und entschieden: «So ist es!» Und nach einer kurzen Pause: «Ich habe keine bessere Antwort.» Wer die «Grauenslitanei» dessen, was sich alle Tage um uns herum ereignet hat oder immer noch ereignet, darzustellen versuche, verharmlose das Geschehene entweder oder mache es für das empfindlichere Gemüt unlesbar. Aus diesem Dilemma habe noch kein Autor herausgefunden, sagte er. «Haffner nicht», und plötzlich, mit zustoßendem Zeigefinger auf mich deutend: «Sie auch nicht!»

Nach einigen vermeintlichen Beweisgründen setzte Golo Mann noch hinzu: «Haben Sie je bedacht, daß alle stilistische Anstrengung, die Sie aufwenden, Hitler in ebenjene zivilisierte Welt zurückholt, aus der ihn das Buch im ganzen mit so überzeugenden

Gründen ausschließt?» Nicht ohne Ironie fragte ich zurück, ob er allen Ernstes verlange, daß ein Autor sich stilistisch dem moralischen Urteil über seinen Gegenstand anzupassen habe und über deplorable Charaktere folglich nur deplorabel schreiben dürfe? Im übrigen scheine es mir sinnvoll, fügte ich noch an, die Auseinandersetzung zu beenden, weil sie zu keinem Ergebnis führen könne.

Golo Mann hat sich wenig später für seine, wie er sagte, «bubenhafte Grobheit» entschuldigt und mich gebeten, bei einer Fahrt «in oder durch die Zürcher Gegend» bei ihm hereinzusehen. Bald danach kam ich auf einer Reise nach Italien an Kilchberg vorbei und sagte mich vorher an. Schon bei der Ankunft hatte sich Katia eingefunden und anschließend zu uns gesetzt, sie trug ein knöchellanges Kleid und hatte schwarze Knopfaugen, die seltsam lebhaft und jung wirkten in dem steinalten Gesicht. Golo Mann rückte ohne viele Umstände mit einer entschuldigend gemeinten Erklärung für seine «Ungehörigkeit» heraus. An der Hitlerbiographie habe ihn sozusagen vom ersten Tage an der Umfang geärgert, den ich «dem Menschen da» eingeräumt hätte. So habe er in seiner Rezension des Buches, trotz allen Respekts, geradezu nach Angriffspunkten gesucht. Er erinnerte auch, obwohl der Anlaß bald sechs Jahre zurücklag, an einige seiner Einwände, sagte aber, sie stünden weniger für die Sache, von der jeweils die Rede sei, als für den Verdruß über das Gewicht, das A. H. schon aufgrund der über tausend Seiten des Buches zugestanden werde. «Mordgesellen sind immer nur Mordgesellen!», setzte er nach, «da darf man nicht lange herumdoktern und zu verstehen versuchen.» Die pure Niedertracht habe «kein Anrecht auf den Geist von unsereinem», und manchmal sei das «bloße Schweigen angezeigt und vollauf genug».

Ich erhob Einwände und erwiderte, sein Vorbringen wäre verständlich bei jedem, der die Zeit erlitten habe. Von deren Seite hätte ich dergleichen schon mehrfach gehört. Eine jüngere Generation

239

jedoch, der die erlebte Anschauung fehle, wolle Ursachen, Beweggründe und Abläufe kennen. Und «verstehen» wolle sie ebenfalls, wenn auch ohne falsches «Verständnis». Während ich ins Einzelne ging, beobachtete ich wie schon des öfteren, daß Golo Mann bei scharfem Zuhören das Gesicht irgendwo ins Leere hielt, während die Augen mißtrauisch lauernd in den Winkeln standen und jedes Wort des Gegenübers wogen. Meine Darlegungen schienen ihn nicht zu überzeugen, und als ich im Fortgang des Gesprächs eine verdeckte Art gereizter Widerspenstigkeit bemerkte, mit der er selbst naheliegende Einwände abfertigte, mußte ich wieder an das «bucklicht Männlein» denken, als das er nach Thomas Manns herzloser, wenn auch nicht ganz abweisbarer Beobachtung eigentlich gedacht war.

Golo Mann versuchte dann, das Gespräch auf unverfänglichere Gegenstände zu lenken, und kam noch einmal auf seine kürzlich ausgetragene Meinungsverschiedenheit mit Dolf Sternberger über Ernst Bloch zurück, der Stalin als Metaphysiker gefeiert hatte: «Auch nur ein Blockwart oder, böser und treffender, ein Blochwart», sagte Golo Mann, «aber Dolf Sternberger verehrt ihn.» Anschließend warf er die Frage auf, warum die Verbrechen der einen oder anderen Seite nach wie vor mit so verschiedenen Maßstäben bewertet würden. Ein aufgeklärtes Zeitalter sollte sich nicht soviel Beliebigkeit durchgehen lassen, erklärte er, und sprach von der Mühe, die es ihm bereite, zu begreifen, warum die millionenfache Vertreibung aus dem Osten kein Thema für die deutschen Historiker sei. Auch der Widerstand gegen Hitler sowohl in Deutschland wie in Europa nicht, meinte er, und vieles andere.

Einen Ton lauter und ungehaltener fuhr Golo Mann fort: Es müsse wohl erst wieder ein Engländer oder Amerikaner kommen und zeigen, was an der Sache sei. Unter den Einwohnern Dresdens oder Würzburgs und den Flüchtlingen aus Breslau ließen sich so viele Unschuldige ausmachen wie überall, wo unterschiedslos gemordet wird. Den Historikern in Freiburg, Göttingen oder Bielefeld hingegen sei der Sinn für das verbrecherische Tun abhanden gekommen, das sich auf jeder Seite eines Krieges ereigne, sagte er, und sprach dann von den deutschen Sozialdemokraten in der Tschechoslowakei, die unendlich viel unerschrockener und beherzter gegen die Nazis gekämpft hätten als die Tschechen. Aber verjagt und ermordet wurden sie gleichwohl. Ich entgegnete, die Metapher vom «gesäten Wind» deute an, warum es so sei. In der Wirklichkeit müsse man sich damit abfinden, räumte Golo Mann ein, aber die Geschichtsschreibung dürfe nicht den Eindruck erwecken, als rechtfertige ein Verbrechen an Unschuldigen ein anderes an ebenso Unschuldigen.

Nach einigem Für und Wider kam das Gespräch neuerlich auf Hitler, und augenblicklich kehrte die eigentümlich aufgeladene Spannung zurück, die den Streit vor einigen Wochen ausgelöst hatte. Als ich schließlich die Frage stellte, ob sich die Wirkung Hitlers beim derzeitigen Weltzustand, der doch zum großen Teil auf ihn zurückgehe, überschätzen lasse, starrte er mich mit merklich wachsender Verwunderung einige Augenblicke lang an. Dann stampfte er dreimal mit dem Fuß auf und schlug dazu mit dem Gehstock, den er meist zur Hand hatte, auf den Boden: «Ja! Ja! Ja!», rief er mit bebender Stimme und fiel anschließend in ärgerliches Schweigen. Ein paar endlose Sekunden lang sahen alle verlegen vor sich hin. Als erste faßte sich Katia Mann, und ich habe bisweilen vermutet, sie wollte nach diesem Ausbruch die Hausordnung wiederherstellen. Jedenfalls gab sie ein energisches Räuspern von sich und schickte dann ihren Sohn in die Küche: «Geh, Golo, und hol uns eine Flasche Mineralwasser. Siehst du nicht, daß unser Gast nichts zu trinken hat?»

Golo Mann hat einmal vom «tief Unterhaltenden» der Geschichte geschrieben und gesprächsweise hinzugefügt, auch insofern habe Hitler die Welt zerstört: «Der unendliche Bilderreichtum des Menschentreibens ist einfach weg», sagte er. «Es gibt die glanzvollen oder skurrilen Szenen nicht mehr, so wenig wie die wahrhaft unausdenkbaren Akteure mit dem immer neu in Gang gesetzten Schauspiel von Größe, Schlechtigkeit und Versagen. Statt dessen herrschen die kalten Exekutoren.» Selbst die geringeren Debakel, die «der Kerl» angerichtet habe, seien nicht ohne abgeschmackten Zug, erklärte er, «und am abgeschmacktesten war das Schauerstück, mit dem er sich selber aus der Welt geschafft hat – auf dem Sofa mit seiner Mätresse». Ein andermal höhnte er über das verbreitete Menschenbild und dessen optimistische Verlogenheit: Wo immer in der Vorstellung, die man sich vom Menschen mache, «die Fratze dieses A. H.» nicht durchscheine, werde der Welt etwas vorgemacht.

In alledem trat seine tiefe, auch im Literarischen durchschlagende Melancholie ans Licht, die in den späten Lebensjahren nicht zuletzt dank seiner schriftstellerischen Erfolge sowie der zahlreichen Ehrungen hier wie da zeitweilig zurückgetreten war. Auch bedeutete es ihm nicht wenig, von vielen Seiten als politischer Ratgeber herangezogen zu werden, selbst wenn er oftmals eher Widerspruch als Klarheit verbreitete oder sich grollend entzog. Aber er genoß die Anerkennung, die ihm alle Welt zollte. In ausgeglichener Verfassung konnte er dann sagen, er sei im Gegensatz zu dem, was er verschiedentlich geäußert habe, für die Buntheit selbst der gegenwärtigen Welt durchaus empfänglich, sie sei nicht ganz so grau und öde, wie er zuweilen behauptet habe. Manchmal käme ihm die Entdeckungslust an ihren Schönheiten zurück, die er in früher Jugend gekannt habe, zumindest sooft er fern vom Elternhaus war. Dann aber fielen die Schatten wieder ein. «Die Welt», setzte er einmal hinzu, «wollte nicht, daß ich mich daran freute. Ohne viel gefragt zu werden, geriet ich immer wieder, wohin ich auch auswich, in die Unwetter, die hereinbrachen, oder genauer: die von der Dummheit und der Machtgier angerichtet wurden.» Einer wie er komme schwer darüber hinweg, daß «die Menschen sind, wie sie sind».

Auch der Schatten des Vaters hellte sich im Alter auf, und den

Fernerstehenden kam es mitunter vor, als verwende er von einem Tag zum anderen nicht mehr das abstandsuchende «T. M.». Jedenfalls hörte ich ihn damals mit anfangs noch bemüht daherkommender, dann aber rasch an Selbstgefühl gewinnender Unbefangenheit von «Thomas Mann» oder «meinem Vater» reden. Selbst Richard Wagner, der die Jahre hindurch dem Vaterverdikt unterworfen und, wie Golo Mann einmal bemerkte, ein «elender Notenanhäufer» sowie ein «noch lachhafterer Dichter» gewesen war, fand nun eine Art Gnade vor seinen Augen, und vieles spricht dafür, daß dieses Urteil weniger auf den Bayreuther Meister als auf das entspanntere Vaterbild zurückzuführen war. Mitte der achtziger Jahre nannte er Thomas Mann einen der «zweifellos fünf größten Romanciers der Weltliteratur, der weder hinter Balzac, Tolstoi oder Dostojewski» zurückstehe und dessen «Prosa in Deutschland nichts Vergleichbares» habe, soweit man auch zurückdenke. Über den «Erwählten», den er in hohen Jahren mit der größten Bewunderung wiederlas, sagte er: «Das hat Thomas Mann keiner vorgemacht und keiner wird's ihm nachmachen: so leicht zu sein und so tief. Und das in einer Geschichte von unmöglicher Liebe, unmöglicher Vergebung und unmöglicher Erhöhung.»

Zur Aufhellung des Vaterbildes gehörte auch das zunehmend ausgewogenere Urteil über dessen politische Bizarrerien. Als ich bei Gelegenheit erwähnte, daß nicht einmal die «Buddenbrooks» oder «Lotte in Weimar» in den Bücherregalen meines Elternhauses standen, weil mein Vater der Auffassung war, daß die «Betrachtungen eines Unpolitischen» mehr zur Abwendung von der Republik und zum Überlaufen zumal des Bildungsbürgertums ins Lager der Nazis beigetragen hätten als Hitler selber oder die Kommunistendrohung, meinte Golo Mann mit einem kurzen, nachdenklichen Lachen: «Das ist zu hoch gegriffen. Gedankenreiche, noch dazu schön geschriebene Bücher haben solche Wirkungen nicht. Die ‹Betrachtungen› waren ja eine naive, wenn auch etwas hochmütige Träumerei, nationaler Narzißmus gewissermaßen, verliebt ins eigene, mit allerlei Kunstgriffen verzauberte Spiegelbild. So was entzückt die Leute, beeinflußt aber nicht ihre politischen Entscheidungen. Daher war das Urteil Ihres Vaters zu schroff, auch ungerecht.»

«Aber», fuhr er nach einer kurzen Auseinandersetzung über die politischen Unwägbarkeiten der Literatur fort, «als das Buch in den zwanziger Jahren Furore machte, da lasen die tief gekränkten, an der Niederlage, an Versailles, den Bürgerkriegszuständen und vielem anderen leidenden Deutschen nur noch ihren Anspruch auf geistige und politische Vormacht aus dem wortseligen Riesenessay heraus, die Absage an die Demokratie, an den bekannt seichten Westen und sonst noch was. So ungefähr sagte das Hitler auch, fanden viele, wenn auch primitiver. Aber der war auch kein Schöngeist und Schriftsteller.»

«Insofern war das Urteil Ihres Vaters doch treffend», fuhr Golo Mann fort. «Thomas Mann stand fraglos auf der anderen Seite, dort, wo die Skeptiker der Demokratie zu Hause waren, trotz aller rhetorischen Schwüre und aller späteren Versuche zur Ehrenrettung, vor allem durch Erika. Ich fand es stets rührend, aber auch etwas lachhaft, was sie da anstellte. Es war eigentlich verrückt, ihn zu einem Musterdemokraten zu machen, was er bis zum Ende niemals war. Im Grunde hielt er die einfachen Leute allesamt für ebenso bunte wie einfältige Statisterie, jeder war ein Carl Smolt aus den «Buddenbrooks», der eine zweite Republik wollte, als er zu seiner grenzenlosen Überraschung erfuhr, daß sie in Lübeck schon eine hatten. Für einen Überzeugungs-Demokraten war Thomas Mann bereits dem Typus nach nicht gemacht. Zur Demokratie brachte ihn einzig die Vernunft. Privat blieb er bei seiner aristokratischen Vorliebe und empfand sich in allem, was er war und dachte, als von besserem Stand. Davon kam er nicht los, weil er nie davon loskommen wollte.»

Und berichtenswert ist auch ein weiterer Vermerk über eine Auseinandersetzung mit Golo Mann. Als er bei einem Essen gefragt wurde, warum er die Tagebücher Thomas Manns aus den zwanziger Jahren weisungsgemäß verbrannt habe, ohne von einigen erkennbar wichtigen Eintragungen eine Kopie anzufertigen oder die Bände wenigstens durchzusehen und einiges daraus schriftlich festzuhalten, schien er plötzlich wieder von den alten Komplexen erfaßt. «Was wollen Sie?» hielt er dem Frager entgegen. Sein Vater habe das «Autodafé» schließlich angeordnet. «Schon richtig!», erwiderte der Tischnachbar, «aber Sie wußten doch, daß da Seite für Seite ein historisches Dokument von unschätzbarem Wert vorlag.» Da sei eine Zuwiderhandlung, was immer der Sohnesgehorsam verlangte, nicht nur erlaubt, sondern geradezu geboten gewesen. Jetzt wüßten wir nicht einmal zu sagen, warum gerade die Bände über die zwanziger Jahre dem Feuer übergeben wurden – aus familiären, erotischen oder gar politischen Beweggründen. Golo Mann saß eine Zeitlang wie eingesunken an seinem Platz und schüttelte mehrfach unwillig den Kopf. Der Gast setzte nach: Ob er den Verstoß gegen die Anordnung seines Vaters beim Herumhantieren an der Feuerstelle nicht wenigstens erwogen habe? «Was ist Ihnen denn überhaupt bei Ihrer Verrichtung durch den Kopf gegangen?»

«Vieles!», sagte Golo Mann, sich aufrichtend, knapp und nicht ohne Schärfe. «Aber nichts von dem, was Sie da erwarten! Das war buchstäblich unausdenkbar! Selbst heute würde ich nicht anders handeln. Es war eine Anweisung! Dagegen gab es keine Eigenmacht! Nicht von mir und nicht von sonstwem!» Und dann in jenem Abfertigungston, über den er verfügte: «Ich möchte fast zurückfragen: Was geht Ihnen eigentlich durch den Kopf, wenn Sie so etwas fragen?» Zugleich gab er zu verstehen, daß er über das Thema nicht länger reden wolle, und fiel in brütendes Schweigen.

Erst als die Tafel aufgehoben wurde, kehrte er wieder in die Runde zurück und gab sich erkennbar Mühe, den kränkenden Ton seines Einspruchs vergessen zu machen. Er erzählte von Antonio Machado, mit dessen Gedichten er sich gerade beschäftigte, und

trug später aus dem «Faust» die Szene aus Frau Marthe Schwerdt-
leins Garten vor: «Und Ihr, mein Herr, Ihr reist so immer fort? ...»
Vor allem die dreisten Lügereien des Mephistophcles hatten es ihm
angetan. Er sehe Goethe geradezu vor sich, sagte er, und wie er sich
seiner Abgefeimtheit freute. Dann zitierte er noch einmal die eine
oder andere Niederträchtigkeit und schüttelte sich dabei so vor
Behagen, daß er kaum weitersprechen konnte.

Bei einer Einladung zu Beginn der neunziger Jahre, als über den
gerade erschienenen Band der Tagebücher Thomas Manns aus der
Zeit um 1950 gesprochen wurde, kam das Gespräch darauf, daß
Golo Mann in den Eintragungen insgesamt freundlicher gezeichnet werde, als es dessen Erinnerungen nahelegten. Jedenfalls sei da
nichts von jenem «Kältehauch» zu spüren, unter dem er so ausdauernd gelitten hatte. Golo Mann stimmte ohne langes Bedenken
zu und meinte, es seien auf seiner Seite wohl «viel Unreife und nie
eingestandene Eifersucht» im Spiel gewesen. Dann, plötzlich, ent-
fuhr ihm die Formel «mein seliger Vater». Auf Befragen sagte er
mit überraschender Freiheit, die «merkwürdige Vater-Sohn-Affä-
re» sei noch immer nicht zu Ende. Er lebe nun mal damit und werde das auch weiterhin tun. Und dann: «Ich habe viel unter meinem
Vater gelitten. Aber irgendwann kam die Einsicht, daß ich auch etwas wiedergutzumachen habe. Denn wie seltsam, daß Elisabeth
zum Beispiel kaum etwas von den familiären Qualen empfand, die
mir so sehr zu schaffen machten. Allerdings hatte sie es als Frau
auch einfacher und machte sich mit ihrem ‹alten Galan›, wie wir
bisweilen spotteten, einfach davon. Aber im ganzen war sie offenbar zu ‹normal› für irgendwelche Verbiegungen. Warum war ich es
nicht? Und warum waren wir, mein Vater und ich, uns auf so gereizte Weise fremd? Mit solchen Fragen gebe ich mich derzeit
manchmal ab.» Und etwas später, nach einigen erläuternden Zu-
sätzen: «Das ist ein verwirrendes Kapitel; keiner versteht es ganz.
Nicht mal ich selber.»

Was er sagte, klang wie eine Daseinsformel für die Unruhe, die

246

ihn von frühauf umgetrieben hatte. Niemand kann sagen, ob er in diesen späten Jahren mit sich halbwegs ins Reine gekommen war und ob die Stauungen ihm noch zusetzten, auf die zumindest die jähen Entladungen deuteten, die ihn, wenn auch seltener, noch immer heimsuchten. Auf nahezu alle, die ihn einigermaßen kannten, machte er jedenfalls den Eindruck größerer Ausgeglichenheit, und zu den Akten der Verstellung hatte er sich nie bereitfinden wollen oder können. Mitunter allerdings fragte man sich, ob es Lebenserschöpfung war, was ihn soviel milder stimmte. Nicht weniges sprach dafür, daß es eher Akte der Beherrschung waren, mit denen er seine Gereiztheiten niederrang, wieviel davon auch spürbar blieb und zum Ausbruch drängte. Ein eindeutiges Urteil traute sich niemand zu. In den späten Jahren fiel mir die ständige Bewegung seiner Arme auf, die sein Reden begleitete und nahezu jeden Satz mit einer abwärts gerichteten, merkwürdig wegwerfend wirkenden Geste beschloß.

Noch im hohen Alter von mehr als achtzig Jahren beschäftigte er sich nach den Hunderten von deutschen, englischen sowie lateinischen Gedichten, die er abrufbereit im Kopf hatte, mit der spanischen Lyrik, «meine letzte große Liebe», wie er zuweilen sagte. Gefunden hat er das lebenslang Gesuchte, wo überhaupt, in der Vergangenheit; sie käme für vieles auf, rechtfertigte er sich gern, «was uns das Leben vorenthält». Mancher von denen, die ihm halbwegs nahestanden, fragte sich mitunter, ob ihm je bewußt geworden sei, auf welche immer neuen Fluchten er sich mit seinen wechselnden Vorlieben begab und daß es durchweg Ersatzbefriedigungen waren, die er gefunden hat. Einige von ihnen bemerkten auch verwundert, wie leer der Himmel über ihm blieb, und einer der Freunde hat vom «Fehlen jeglicher metaphysischen Unruhe» bei Golo Mann gesprochen.

Er lebte aus vielen Widersprüchen. Sprach man ihn darauf an, entgegnete er, das müsse seine Umgebung ertragen, wie er selber auch. Als er sein Ende nahen fühlte, sagte er, er gehe «jeden Tag ein

Stück weiter weg». Dann bat er darum, auf dem Friedhof in Kilchberg bestattet zu werden. Doch wollte er ein Grab abseits der Familiengruft, um nicht, selbst im Tode noch, wieder nur «der Sohn» zu sein. Er starb im Frühjahr 1994. Die Zeitungen berichteten, daß er, schon fast im Hinüberdämmern, wünschte, Lortzings «Undine» zu hören, das Lied von der unmöglichen Liebe auf der Welt.

In einem späten Interview hat Golo Mann bemerkt, er sähe sich, im Rückblick auf sein Leben, wie jemand, «der lange in einem dunklen Wasser war und allmählich ans Licht kommt und an mehr Licht kommt ... so ungefähr». Nicht die Umstände hatten ihn ins etwas Hellere gebracht. Er hat fast alles gegen sie erreicht. Sein Lebensweg lehrt, daß Glück, oder was man so nennt, nicht ohne Verdienst zu erlangen ist.

Die Verzweiflung des Gedankens:

Extempore über
ULRIKE MEINHOF

Wirklich nahe sind wir uns nicht gekommen. Das hatte weniger mit den Auffassungsgegensätzen zu tun, die in nahezu jeder Begegnung hervortraten und oftmals schroffe Zusammenstöße erbrachten. Weit mehr war es in den Lebensumständen begründet, die jeden einen eigenen Weg führten. Im ganzen haben wir uns ungefähr ein Dutzendmal, vielleicht etwas häufiger getroffen.

Den Anfang machte in den frühen sechziger Jahren ein Empfang im Norddeutschen Rundfunk. Einige fünfzig oder sechzig Personen waren anwesend, Henri Regnier und Gregor von Rezzori, Ernst Schnabel, Siegfried Lenz, Egon Monk und andere. Im Herumgehen entdeckte ich in einem der hinteren Räume Ulrike Meinhof. Gegen eine Wand gelehnt, gab sie, erkennbar einsilbig und mit einer Art mißmutiger Sanftheit, einem jüngeren Zufallsgast Auskunft. Sie war gerade dabei, sich durch eine Kolumne in der Zeitschrift «konkret», dem Kampfblatt der Studentenbewegung, einen Namen zu machen. Ihre mit einer derben, zu ihrer im ganzen zarten Erscheinung seltsam unpassenden Leidenschaft geschriebenen Zwischenrufe handelten von der Friedensbewegung und dem unausrottbaren «Hitler in den Deutschen», von der Atomrüstung, dem Weg der Bundesrepublik in den totalen «Notstandsstaat» und vielen weiteren Themen, die zu den Empörungssachen und manchmal auch den Luftschlössern ihrer Generation rechneten.

Die drastische Sicherheit des Urteils, die sie in ihrer Kolumne vorgab, behauptete sie auch im Gespräch mit dem jungen, auf naive Weise zudringlichen Gegenüber und schien mit gleichsam jedem Wort die Linie zu kennen und noch schärfer auszuziehen, die in der Welt das Schwarze vom Weißen trennt. Nach einigem Zuwarten mischte ich mich mit irgendeinem Widerspruch in die Unterredung ein und machte mich dann bekannt. Offenbar war sie dankbar, daß ich den Befrager unterbrach, und wollte wissen, ob ich ebenfalls die Absicht hätte, sie auszuforschen. Doch entgegnete ich, die Antwort schon zu kennen. Sie habe mit beeindruckender Entschiedenheit gesprochen, jeder Satz eine Art Pronunciamento. Ins halb Spöttische wechselnd, fuhr ich nach einer kurzen Pause fort: Das letzte Mal hätte ich soviel energische Gewißheit über den Lauf und die Bestimmung der Welt während des Krieges von unserem sogenannten NS-Führungsoffizier vernommen. Der habe uns überzeugen wollen, daß im Ringen zwischen der «Koalition der Finsternis» und den wankenden Heerhaufen der «Weißen Ritter», zu denen wir gehörten, niemand beiseitestehen dürfe.

Ulrike Meinhof starrte mich einen Augenblick lang ungläubig an. Aber dann lachte sie und zeigte statt des Mißmuts, der ihr bis dahin so offenkundig ins Gesicht geschrieben war, eine aufgeräumte Kampfeslaune. Ich läse ihre Artikel, ergänzte ich schließlich, mit soviel Verwunderung wie Befremden, weil ich nach den Hitlerjahren das Bedürfnis nicht begreifen könne, das in ihrem kindlichen Himmel-und-Hölle-Spiel zum Ausdruck dränge. Ich selber sei dafür ein für allemal verloren. Glaubensstärke in der Politik sei meine Sache nicht, schloß ich. «Sie werden das aber lernen!», gab sie lächelnd und wie aufstampfend zurück.

Damit war der Grundwiderspruch benannt, der während der folgenden paar Jahre, in denen wir hier oder da zusammentrafen, zwischen uns vorherrschend war. Ich wies sie wieder und wieder auf die grauen Farben hin, die für den genaueren Blick jedes Panorama bestimmten, während sie dagegenhielt, die Vorliebe für die

Ulrike Meinhof

Zwischentöne sei in aller Regel nichts anderes als Ausflucht oder, schlimmer noch, Feigheit. Der Gedanke verlange Entschiedenheit oder könne auch ungedacht oder jedenfalls ungesagt bleiben. Unzählige Deutsche, fuhr sie in einer charakteristischen Wendung fort, hätten während der Nazijahre vor lauter Grau das Blut nicht wahrgenommen, das ringsherum zum Himmel spritzte: Denken, schloß sie mit hörbarem Vorwurf, sei eine moralische Sache! Wer das nicht wisse, müsse in die Klippschule zurück und noch mal von vorn anfangen.

Meine Einwände richteten nichts aus, und selbst der Hinweis, daß ein Urteil erst durch die Berücksichtigung der Mischfarben Festigkeit gewinne und annähernd gerecht werde, begegnete ihrem beharrlichen Widerspruch. Dennoch empfanden wir einen Reiz im Gegeneinander der zuzeiten nicht ohne Schärfe zusammenstoßenden, wie aus verschiedenen Welten kommenden Meinungen. Als der Empfang im Funkhaus zu Ende ging, schlug Ulrike Meinhof vor, die Kontroverse in einem nahe gelegenen Café fortzusetzen. Als sich uns der eine oder andere Zuhörer anschließen wollte, lehnte sie mit unvermuteter Heftigkeit ab. Ungeduldig, wie sie war, wollte sie, noch bevor wir die Rothenbaumchaussee erreichten, unseren Streit fortsetzen, doch unterbrach ich sie mit der Frage, ich hätte unlängst gerüchtweise gehört, sie habe sich einer Operation unterziehen müssen, und wüßte gern, ob sie den Eingriff gut überstanden habe. Sie schnitt mir jedoch das Wort fast ungehalten ab: Das sei privat und nichts dazu zu sagen. Wieder zu unserer Auseinandersetzung zurückkehrend, bemerkte sie, daß alles Denken im Gesellschaftlichen seinen festen Grund und seine Rechtfertigung finde. Wo es, wie ich offenbar annähme, in sich selber verharre und die Welt hinnehme, wie sie sich darbiete, bleibe es defätistisch, egoman sowie zu allem auch noch «bourgeois» und folglich unrettbar altmodisch. «Ziemlich viel auf einmal, was Sie da gegen das vorsatzlose Denken haben», sagte ich, und sie antwortete schnippisch: «Alles!»

Als wir im Café Platz genommen hatten, kam ich auf einige ihrer Vorhaltungen zurück. Ich wünschte mir, sagte ich, sie würde, anders als die Mehrzahl ihrer Freunde, «besetzte Formeln» meiden und sich mit Worten wie «spätkapitalistisch», «Klasseninteresse» oder «Ausbeutung», die sie in der vergangenen Stunde mehrfach verwendet habe, etwas schwerer tun. Dergleichen komme samt und sonders, wie sie doch wissen müsse, aus den Tiefen der marxistischen Mottenkiste. Wenn sie mich «altmodisch bourgeois» nenne, mache sie schon durch den Wortgebrauch deutlich, daß sie noch einige Jahrzehnte hinter mir zurückliege. Wer sich lange abgelegter Klischees im Begrifflichen bediene, setzte ich hinzu, gerate auch im Gedanklichen unweigerlich in ausgefahrene Gleise. Manches richtig Gedachte sei historisch noch nicht aufgearbeitet und zwinge daher zum Nachsitzen, beharrte sie, wie sie überhaupt alles, was ich ihr entgegenhielt, mit einem Ausdruck stiller Nachsicht hinnahm. Sie rechtfertigte die «Sprache des Protests», wie sie den damals gerade aufkommenden, aus politischen und religiösen Elementen unentwirrbar gemischten Jargon nannte, mit der Behauptung, der Einsatz solcher bekannten Begriffe diene dem rascheren Einvernehmen unter Gesinnungsfreunden: Sie könnten nicht vor jeder Aktion ein Verständigungsseminar abhalten. «Und der Ausschaltung des Denkens diene es auch», fügte ich hinzu, und sie konnte darüber wiederum, wenn auch nicht ohne Mühe, lachen.

Im ganzen genossen wir, diesmal sowie bei den späteren Zusammenkünften auch, unsere Meinungsverschiedenheiten, zumal in allen Zuspitzungen niemals ein Ton von Feindseligkeit vernehmbar wurde. Einmal meinte sie sogar, nichts sei so erhellend wie die Auseinandersetzung mit erklärten Gegnern. Zum Erstaunen mancher Freunde sprach ich damals von ihrer einnehmenden Nachdenklichkeit und erzählte, wie sie nicht selten ihre Überlegungen durch längere Pausen unterbrach, in denen sie die Argumente wog und womöglich auf den treffenden Begriff zu kommen suchte.

Bisweilen korrigierte sie sich auch oder erbat eine Bedenkzeit. Es waren ihre gewinnendsten Augenblicke.

Aber zwei oder drei Tage später war in «konkret» ihre neue Kolumne zu lesen, und alle zögernde Besonnenheit schien unvermittelt dahin. Ich hielt ihr einmal den auffallenden Unterschied zwischen der Umsicht, mit der sie gesprächsweise zu argumentieren pflegte, und dem «Megärenton» ihrer Artikel vor. Mir komme das, bemerkte ich, wie eine Luftnummer vor: ein plötzlicher, vom leeren Blatt erzeugter Rauschzustand, der ein selbstergriffenes Schweben über aller Erdenschwere zur Folge habe. Sie täte besser, sagte ich, ihre Auftrittsweisen zu wechseln: radikal und die Überlegung zur Not bis zum Bruchpunkt gedehnt im Gespräch, weil alles Reden immer experimentell sei und Grenzen erkunden wolle; und durch Vernunft gebändigt beim Schreiben, weil Gedanken, die nicht die lange Strecke des Widerspruchs durchlaufen, unberechenbar seien; dem Wort eines französischen Moralisten zufolge, könne unkontrolliert Dahergesagtes sogar wie eine geladene Pistole in der Hand eines Kindes wirken. Sie verzog dazu nur das Gesicht und erwiderte, ich sei nun mal ein Mensch ohne Überzeugungen, und «so einem werde immer alles leicht». Mein Einwand, daß sie unentwegt versichere, aus der Geschichte gelernt zu haben, tatsächlich aber nur die ideologischen Versatzstücke austausche, richtete nichts aus. «Reden Sie mir nicht vom Totalitarismus», sagte sie, «das ist lediglich der neueste Trick, uns mattzusetzen. Den Gegensatz zwischen Braun und Rot kann niemand wegreden, und auch Sie werden mir aus dem Bild des einen kein Abbild des anderen machen!» Ich erwiderte, das wirkliche Gewicht eines Gegensatzes erweise erst die Praxis. Die Änderung der Welterklärungssysteme bedeute nichts. Am Ende sähen sich die erbittertsten Widersacher zum Verwechseln ähnlich.

Aber sie blieb ihrem seltsam verrutschten Bild von der Welt, das wer weiß welche Ursachen haben mochte, verhaftet. Der Faschismus war «heillose Repression», während der Kommunismus jene

«Emanzipation der Massen» betrieb, die der bürgerliche Interessenstaat erfolgreich verhindert hatte. Denn alles Bürgertum sei Terror im Gewand der Fürsorglichkeit, sagte sie: Die Erziehung habe die Abrichtung des Einzelnen und dessen Entmündigung zum Ziel, die frühen Lebensjahre mit den eingebleuten Regeln seien nur die Vorbereitung auf den perversen Geschmack der «Gesellschaftshölle», wie einer ihrer bevorzugten Begriffe lautete. Ich hielt ihr mehrfach entgegen, daß ihr Prospekt des Bestehenden allzu ressentimentgeladen und simpel ausfalle und ihrer nicht angemessen sei, doch ließ sie sich, trotz mancher Zugeständnisse, von ihren Verdammungssprüchen nicht abbringen. Die bürgerlichen Sitten, sagte sie einmal, seien sozusagen nur Handschellen, um die Massen beim Gefängnisrundgang still zu halten.

Aus der Vorstellung von der bestehenden Welt als Sträflingsanstalt folgte alles weitere: Die staatsbürgerliche Tugend sei lediglich ein verinnerlichtes Gängelband, und das Verbrechen nichts anderes als ein Akt der Auflehnung von Menschen, die sich eine Ahnung ihrer angeborenen Freiheit bewahrt hätten, notierte ich nach einem unserer Gespräche. Ein andermal meinte sie, die Gesellschaft schere sich den Teufel darum, ob ihre Gesetze sinnvoll oder gar gerecht sind, sondern einzig darum, ob einer die Impertinenz aufbringe, sie in Frage zu stellen. Ebendieser Grundkonsens, führte sie aus, habe die Nazis einst an die Macht gebracht und über alle von ihnen angerichteten Desaster bis heute darin gehalten. Denn sie säßen immer noch überall: in den Behörden und in den Betrieben, in den Schulen und in der Bundeswehr, oben und unten. Mein Einwand, daß zu viele mitgelaufen seien und man ein heruntergekommenes, bis auf den Grund zerstörtes Land nicht gegen die Mehrheit der Bevölkerung wieder halbwegs hochbringen könne, brachte sie auf. Selbst als ich einräumte, daß dabei womöglich zu nachsichtig verfahren worden sei, in der Beamtenschaft sowie vor allem in der Justiz ganz gewiß, lenkte sie nicht ein. Sie könne das zynische Adenauer-Gerede nicht länger ertragen, warf sie einmal dazwischen, die Moral sei kein Selbstbedienungsladen für Wahltaktiker. Als ich unbeirrt blieb, sagte sie, sie erwarte nur noch ein paar kräftig antikommunistische Sprüche, die seien doch die «demokratische Salbe», die jede Nazisünde reinige.

Im Sommer 1964 trafen wir auf einer der Hamburger Gesellschaften zusammen, wo sie durch die wilde Ausgelassenheit auffiel, mit der sie wechselnde Partner zum Tanz holte. «Heute wird nicht geredet!», rief sie mir im Vorbeischwenken zu, und beim nächsten Mal: «Sie entgehen mir nicht!» Später wollte sie aber doch Einzelheiten über den 20. Juli 1944 erfahren. Unbegreiflich bis heute sei ihr die Lethargie, mit der die Mehrheit in allen Schichten den 30. Juni 1934, die Morde des sogenannten Röhmputschs, zur Kenntnis genommen habe, in dem sie nicht zu Unrecht eines der Schlüsseldaten der «Hitlerrevolution» sah. Sie wandte sich gegen die Formel vom «Aufstand des Gewissens», die ihr zu «privatistisch» klinge, sagte sie. Im Grunde schlage ihr auch zuviel «deutsches Duckmäusertum» darin durch, denn man brauchte nicht viel Gewissen, um die Verbrechen der Nazis zu erkennen und schon vor 1933 auszumachen, daß sie eine Mörderbande waren. Als ich wissen wollte, ob sie sich oder ihre Generation, wie mir aufgefallen sei, auch deshalb so häufig selbst bezichtige, weil das Bewußtsein eingestandener, am besten auf den Marktplätzen ausgerufener Schuld einen erheblichen moralischen Vorsprung verleihe, geriet sie wieder ins Nachdenkliche und sagte schließlich: Die bloß dahergesagten Selbstanklagen, die gerade üblich würden, sollte man tatsächlich besser unterlassen. Wer wirklich etwas zu gestehen habe, rede so nicht. Nicht jedenfalls wie die Gedenktagroutiniers, die das Land neuerdings in solchen Mengen hervorbringe.

Später wollte sie Näheres über Stauffenberg, Beck und Tresckow wissen und kam dabei verschiedentlich auf die Frage zurück, wie die Verschwörer sich als die gläubigen Christen, die sie offenkundig waren, mit dem Gedanken des Mordes abgefunden hätten. Ich sagte ihr, daß die Auffassungen darüber immer geteilt gewesen

256

seien und Ludwig Beck bis zuletzt erklärt habe, die rechtsstaatliche Neuordnung des Lands dürfe sich nicht gleich im Gründungsakt mit einer «Bluttat beflecken». Doch während sie ihre Fragen stellte, kam mir einmal, höchst irreal und flüchtig, die Ahnung, sie suche nicht so sehr nach historischem Aufschluß, sondern erwarte weit eher Rechtfertigungsgründe für politisch motivierte Gewalttaten. Vielleicht täuschte ich mich. Doch mehrfach schien mir, Hitler sei für sie lediglich eine Folie. Dahinter erhoben sich, ebenso bedrohlich, wenn auch gerissener als der «barbarische Bock», wie sie Hitler einmal ebenso witzig wie unzutreffend nannte, die Politiker der Bundesrepublik.

Doch verwarf ich den Gedanken bald wieder. Noch jedenfalls lag zumindest mir die Überlegung allzu fern, daß sie Gründe für Gewalttaten suchen könnte. Immerhin war ich so hellhörig geworden, daß ich ihr gegen Ende unserer Unterredung entgegenhielt, sie solle sich vor den Extremen hüten. Die schadeten zuletzt hauptsächlich der eigenen Sache. Sie machte aber eine wegwerfende Geste und erwiderte, so sei es nicht. Und mit einer ausholenden Bewegung über die im Aufbruch befindliche Gesellschaft sagte sie: «Sehen Sie sich nur um! Hier und wo sonst noch im stockbürgerlichen Hamburg: Alles Sympathisanten! Gut gekleidet! Beste Manieren! Keine Extreme!» Und dann, mit sichtlich gespieltem Bedauern: «Nur Sie gehören nicht dazu!» Beim Auseinandergehen verabschiedete sie sich mit der wie zu sich selbst gesprochenen Bemerkung: «Wir machen weiter!» Ich meinte, etwas wie Ironie aus ihren Worten herausgehört zu haben. Doch auf dem Nachhauseweg fragte ich mich, ob ihre Ironie die Parole annehmbarer machen oder mich geneigt stimmen sollte.

Als ich zu Beginn des Jahres 1965 die Präsentation der Sendung «Panorama» übernahm, rief sie mich an. Sie erwarte, daß ich mir nichts abhandeln lasse, sagte sie, ich dürfe meine Unabhängigkeit nicht einzig gegen sie und ihre Leute vorweisen. Ich entgegnete, unabhängig sei man nach allen Seiten oder gar nicht. Sie meinte, sie wisse das. Dennoch sei sie gespannt zu erleben, wie sich ein «Bürger» kritisch zur bürgerlichen Gesellschaft äußere. Meine Antwort, wonach alle Kritik am Bürgertum stets von Bürgern ausgegangen sei und die immerwache Skepsis gegenüber sich selbst nicht nur das Wesen, sondern auch zeit seines Bestehens die Stärke und den Erfolg des Bürgertums ausgemacht habe, ließ sie einen Augenblick lang verstummen. Sie werde darüber nachdenken, bemerkte sie schließlich.

In den folgenden Jahren zogen wir uns, wo immer wir bei Freunden oder Kollegen zusammentrafen, nach Möglichkeit zum kurzen Austrag eines Streitpunkts zurück. Sie teilte mir aus einem unerschöpflichen Vorrat immer neue Horrormeldungen mit, während ich ihr mit der stets wiederholten Frage auf die Nerven fiel, wie die Gesellschaft der Zukunft, wenn sie denn endlich verwirklicht sei, im Einzelnen aussehen werde. Sie sprach vom allgegenwärtigen «Faschismus», indes ich wissen wollte, wie sie mit dem Irrationalismus der Protestbewegung zurechtkomme, für den jeder Tag neue, ebenso hanebüchene wie quälende Beispiele liefere. Auch was sie als denkendes Wesen von der studentischen Vernarrtheit in große «Merksätze» halte, von der bekennenden Unduldsamkeit ihrer Freunde, der Gesprächsverweigerung durch den Terror der Sprechchöre und vielem noch, worin ich nur eine Kriegserklärung an die Spielregeln geordneter Freiheit erkennen könne.

Sie lächelte dann oftmals wieder ihr nachsichtiges Lächeln und sagte einmal, es gehe nicht um «alberne Debattentriumphe». Worauf es einzig ankomme, seien ein paar einfache, generationenalte Erkenntnisse sowie vor allem Empirie und nochmals Empirie: «Wir jagen doch nicht Hirngespinsten nach!», erklärte sie. «Man muß nur etwas an der Oberfläche dieser tollen Demokratie kratzen und stößt auf den alten, vertrauten KZ-Staat!», fuhr sie fort, doch die wenigsten sähen das, und deshalb müsse man kratzen, bis es weh tut. Irgendwann würden die Massen dann aufstehen und die «Gegengewalt» mobilisieren. Ich hielt dagegen, das alles komme mir peinlich bekannt vor. Wäre der Begriff schon erfunden gewesen, hätten die Nazischläger ihre Untaten in den sogenannten Heldenkellern der SA ebenfalls als «Gegengewalt» ausgegeben. Sie meinte, ich hätte kein Recht, gerade ihr mit solchen «Braunbildern» zu kommen, immerhin sei Hitler ein Mann des Bürgertums gewesen. Darüber kam es dann zu neuerlichen Auseinandersetzungen. Es gab so gut wie keinen Gegenstand, über den wir einig waren. Doch hatten wir Gefallen an unseren Uneinigkeiten.

Im Lauf der sechziger Jahre begannen die großen Parteien, die Rundfunkanstalten zusehends ungenierter als eine Art Beutegut zu betrachten, und im Herbst 1967 einigten sie sich darauf, die Sendung «Panorama» nicht länger einem Parteilosen zu überlassen, sondern einem zweifellos verdienten, aber eindeutig zurechenbaren Journalisten anzuvertrauen. Während der abschließenden Verhandlung zwischen der Intendanz und mir sammelte sich vor dem Funkhaus ein etwas verloren wirkender Haufen von ein paar Dutzend Passanten, um gegen die Entscheidung zu demonstrieren. Ulrike Meinhof hatte, wie zu erfahren war, zu den Initiatoren des Protests gehört und führte jetzt gleichsam die Gruppe an, Peter Rühmkorf zählte dazu, Stefan Aust und andere. Außerdem widmete Ulrike Meinhof dem Wechsel an der Spitze von «Panorama» eine Kolumne in «konkret». Als ich mich wenige Tage später bei ihr für beide freundschaftlichen, wenn auch erfolglosen Gesten bedankte, meinte sie in leicht zurechtweisendem Ton: «Es war nicht erfolglos! Solche Einsprüche sind ein Signal, und irgendwann werden alle einen der Funken darin wahrnehmen, die zur Explosion geführt haben.» Meinen Einwurf, ich wolle weder Funke noch Explosionsanlaß sein, nahm sie mit einem kaum hörbaren Lachen zur Kenntnis. Das sei meine Berliner Beschränktheit, räumte ich ein; mir sei nun mal kein Sinn für große Augenblicke gegeben.

Wenige Wochen später überfiel sie mich schon im Ankunftsgedränge einer Hamburger Gesellschaft mit einer ungewohnten Flut von Vorwürfen. Sie habe mich nie für unzuverlässig gehalten, rief sie mir über die Schultern einiger gerade eintreffender Gäste hinweg zu. Als sie sich mit unvermutet energischen Schubsern zu mir durchgekämpft hatte, sagte sie, nun wisse sie, daß ich wie jeder andere Intellektuelle sei. Sie habe gehört, fuhr sie fort, daß ich alles hinwerfen und aus dem Fernsehen aussteigen wolle, um eine Nazibiographie zu schreiben. Über die Wichtigkeit des Gegenstandes, den ich mir vorgenommen hätte, erwarte sie keine Belehrungen, ergänzte sie. Doch hätte ich als Chefredakteur, der ich doch bis zur Stunde sei, eine gesellschaftliche Aufgabe übernommen. Meinen Einwand, sie denke ausschließlich in Einflußpositionen, tat sie mit dem Bemerken ab, ich sei offenbar viel enger und weit typischer deutsch, als sie je vermutet habe. Statt die Stellung zu halten, liefe ich einfach davon und spielte «den Hieronymus». Doch die Abkehr von den öffentlichen Verpflichtungen sei kein Recht, wie ich mir empörenderweise einredete. Und so ständig weiter, jedes Vorbringen mit einem unüberhörbaren Groll in der Stimme vorgebracht, der keine Erwiderung zuließ.

Es war die erste ins Persönliche durchschlagende Auseinandersetzung, die wir hatten, und zugleich meinte ich, einen nie gehörten, schrillen Unterton in ihrer Stimme auszumachen. Ich fragte mich, was sie so sehr in Rage versetzt haben mochte. Seit unserem ersten Zusammentreffen wußte sie, daß ich nicht nur politisch auf der Gegenseite stand, sondern auch gänzlich konträre Lebensvorstellungen hatte. Das gleiche war mir im Blick auf sie bewußt. Und obwohl ihre Auffassungen auf eine Kampfansage an nahezu alles hinausliefen, was ich unter einem zivilisierten oder nur erträglichen Dasein begriff, waren wir nie ins Gereizte geraten. Ihre Bedachtsamkeit, ihr stilles, zuweilen fast stoisch anmutendes Selbstbewußtsein sowie ihre offenkundige Lust am argumentativen Streit hatten das stets verhindert, und sie hatte meinen Respekt dafür. Als wolle sie mich in noch einem weiteren Punkt aus der Fassung bringen, sagte sie am Ende, als wir wie fast immer nach einer knappen halben Stunde von unserem «Eckgespräch» zurückkehrten, mit strengem Blick: «Was Sie nicht sehen oder berücksichtigen, ist, daß es das Schicksal ernst mit uns meint.» Ich verstand anfangs nicht, was sie meinte. «Das Schicksal?», gab ich zurück. «Nennen Sie es, wie Sie wollen!», entgegnete sie unbeeindruckt. Einigermaßen ratlos fragte ich mich, woher sie das wohl hatte.

Das nächste Mal trafen wir uns erst geraume Zeit später in Blankenese am Strandweg wieder, wo mein Arbeitsstudio lag. Wir liefen ein paar Schritte am Ufer entlang, aber da es stürmisch war und wir gegen den Wind anschreien mußten, zogen wir uns für einen kurzen Kaffee in das nahe gelegene Restaurant zurück. Ulrike Meinhof hatte unser zurückliegendes Zerwürfnis offenbar vergessen, jedenfalls verlor sie kein Wort darüber. Statt dessen klagte sie über die Brutalität der «Repressionsorgane» und sagte, immerhin sei die Bundesrepublik doch auch ihr Staat. Mehrfach hätte ich sie vor der Radikalität gewarnt, meinte sie, doch inzwischen trete die Gegenseite weit radikaler auf. Von allen Seiten fühle sie sich geradezu in den Haß gedrängt. Sie wolle das nicht. Aber viele ihrer Gesinnungsfreunde seien wild darauf, den Handschuh aufzunehmen und Gleiches mit Gleichem zu vergelten.

Ich widersprach mit dem Hinweis, daß die Gewaltstimmung nirgendwo als bei ihr und ihren Genossen den Ausgangspunkt habe. Sie verabscheuten die bürgerliche Welt, sagte ich, ihre Institutionen wie ihre Wertvorstellungen, und liefen mit blinder Wut dagegen an. Ich fragte mich oft, woher dieser grenzenlose Haß rühre; desgleichen die Lust an der Anarchie, der «Pöbelstolz» sowie der Koller fürs Vulgäre. Die Sexualität beispielsweise, die mit soviel pubertärer Dicktuerei herausgekehrt werde, sei nicht einmal von den steifsten Stehkragenträgern so verklemmt und trübselig dargeboten worden wie von den Wortführern der Kommunen. Und einmal dabei, wolle ich noch hinzufügen, daß mir ebenso rätselhaft wie das Erwähnte der Affekt gegen die Bildung vorkomme. «Buch macht dumm!», hätte ich unlängst gehört. Doch am allerunerklär-lichsten sei mir, wie ausgerechnet sie in diese Gesellschaft geraten konnte und schon so lange dabei sei.

Zum ersten Mal in all den Jahren schien Ulrike Meinhof verle-gen und tat sich schwer mit einer Antwort. Sie hielt mir «kleinbür-gerliche Voreingenommenheit» entgegen und meinte, ich sähe die Größe ihrer Sache nicht. Schließlich sei ein «weltweiter Be-freiungskampf» im Gange, da seien Auswüchse, Mißgriffe und selbst Verirrungen unvermeidlich. Wer Garantien verlange, wolle im Grunde keine Veränderung. Ich solle in meiner Selbstgerechtig-keit einmal bedenken, was sich das Bürgertum im Lauf der Jahr-hunderte an Exzessen geleistet habe. «Vergessen Sie nicht», fuhr sie fort, «daß wir mitten im Aufbruch sind!» Statt einer Antwort frag-te ich zurück: «Aber wohin?» Auch sie habe mir in allen Ausein-andersetzungen nie eine befriedigende Auskunft darauf geben können.

Sie war nach ein paar tastenden Anläufen wieder bei den For-meln vom «versöhnten Dasein» und vom «befriedeten Miteinan-der». Als ich unbelehrbar blieb, meinte sie, ich sei nun einmal in das «Raubtierbild» vom Menschen verliebt und käme nicht davon los. Darüber ergab sich wiederum eine Auseinandersetzung, und schließlich bemerkte ich, im Grunde könne sie sich nicht damit ab-finden, daß die Menschen nun mal nicht sind, was das falsche Bild von Antike und Aufklärung uns vormache: edel, hilfreich und gut. Doch das zu ändern sei ein unmögliches Vorhaben. Wer das Böse nicht in Rechnung stelle, werde immer aufs neue scheitern. Ich wünschte, fügte ich hinzu, ich könnte ihr klarmachen, in welche Ausweglosigkeiten sie sich da verrenne.

Auch da kam sie wieder mit den altgedienten Gemeinplätzen von den gesellschaftlichen Fehlentwicklungen, hastete ein paar un-genaue Beispiele dafür herunter und ließ es damit bewenden. Wäh-rend sie redete, dachte ich, wie rasch sie sich, im Gegensatz zu einst, zufrieden gab. Gewiß konnte sie viele gute Gründe gegen die

262

bestehenden Verhältnisse anführen, doch war, was immer sie dagegen aufbot, seltsam perspektivlos, und ich fühlte mich wieder einmal an die Zerstörungslaune dieser Generation erinnert und ihren gänzlichen Mangel an konstruktiver Phantasie. Sie wußte die Schwächen und inneren Widersprüche der Gesellschaft scharfsinnig zu benennen, doch für das, was an deren Stelle treten sollte, hatte sie lediglich Phrasen bereit. Zugleich ging mir während ihres Redens auf, daß die Protestbewegung eigentlich ein kulturpessimistischer Aufstand gegen die moderne Welt war, der die anstößige Nähe zum Nationalsozialismus nur verdeckte, indem er sich mit linken Vorzeichen drapierte.

Während ich sprach, beschäftigte sich Ulrike Meinhof wie gedankenabwesend mit ihrer Kaffeetasse, und einen Augenblick lang hatte ich den Eindruck, meine Ausführungen interessierten sie nicht. Doch dann kam ihr Widerspruch ungewohnt auffahrend, auch merklich unduldsamer als früher. Ich hatte stets ihre Nachdenklichkeit geschätzt, ihr Bemühen zu eigenen Einsichten. An diesem Nachmittag ging mir erstmals auf, daß sie unterdessen dabei war, gleich vielen ihrer Freunde, als Erkenntnis auszugeben, was nur gedankenhaft maskierte Parole war. Überdies machte sich in allem, was sie äußerte, ein resignierter Ton bemerkbar. Gegen Ende sagte ich, sie sei merklich von allzu vielen Jasagern umgeben und leide keinen Widerspruch mehr. Wer das zulasse, gerate unvermeidlicherweise entweder ins Leere oder aber außer Rand und Band. «Vielleicht bin ich da schon», meinte sie und stand abrupt auf.

Nur wenige Wochen später trafen wir uns wieder. Im Spätherbst 1967 hatte ich, wie dann und wann, eine studentische Protestversammlung in der Freien Universität Berlin besucht. Irgendeiner der vielen Vermittler, die damals zwischen den Fronten hin- und herliefen, um der Bewegung Helfershelfer zu verschaffen, war auf den Gedanken gekommen, mich mit Rudi Dutschke zusammenzubringen. Wir trafen uns in einem Besprechungsraum der

Universität, und ich wies ihn gleich zu Beginn darauf hin, daß es aussichtslos sei, mich zu missionieren. Ich sei nicht als «Heidenkind» gekommen, das nach Bekehrung dürste. Vielmehr wollte ich etwas über seine näheren Etappenziele wissen und wie sich das stückweise Erreichte ins Ganze der neuen Gesellschaft einfügen solle.

Rudi Dutschke nickte verständnisvoll und begann ohne Zuwarten von der erbarmenswürdigen Lage der Massen zu reden, von der Unwissenheit, in der sie absichtsvoll gehalten würden, dem Konsumterror, durch den man sie über ihre wahre Lage hinwegbetrüge. In dem heiseren Singsang, der ihn bekannt gemacht hatte, sprach er beschwörend davon, daß sich der proletarische Gulliver «erstmals» die Augen reibe, und beschwor die antiautoritäre Woge, die durch die Welt gehe. An dieser Stelle unterbrach ich ihn mit dem Bemerken, das alles sei mir bekannt, doch hätte ich eine konkrete Frage gestellt, und überhaupt sei ich in der Absicht gekommen, mit ihm zu diskutieren, nicht dagegen, eine Predigt zu hören. Dutschke schien einen Augenblick lang betroffen und entschuldigte sich sogar. Doch schon nach wenigen Sätzen, die von den «drückenden Lasten» der Klassengesellschaft handelten und von den «vielen Befreiungen», die notwendig seien, war er beim Tod von Benno Ohnesorg, dem kaltblütigen Polizistenmord, der kein Unglücksfall, sondern eine «strategisch gezielte Liquidierung» gewesen sei, und dem «Stechschritt», mit dem die Bundesrepublik in den Faschismus marschiere. Als er sich ein Glas Wasser holte, steckte ich meine leergebliebenen Notizzettel ein. Bei der Rückkehr zum Tisch blieb Dutschke stehen und redete gleichsam von oben wie aufgedreht weiter auf mich herunter. «Keine Verkündigungen, bitte», unterbrach ich, «ich hatte schon genug davon!» Dutschke gab sich überrascht: «Dann wollen Sie wohl sagen, wir sollten das Gespräch beenden?», meinte er. «Wir haben es nicht einmal begonnen», entgegnete ich und verabschiedete mich. Die Begegnung hatte keine zehn Minuten gedauert.

Am folgenden Tag stieß ich unweit des Henry-Ford-Baus auf Ulrike Meinhof. Sie freute sich erkennbar über unser Wiedersehen, doch fiel auch auf, wie nervös sie war und auf nie gekannte Weise unsicher. Schon nach wenigen Begrüßungsworten berichtete sie von ihren Überlegungen, nach Berlin zu gehen, politisch spräche zumal nach dem Schahbesuch und der seither «hochgekochten» Stimmung alles dafür. Persönlich aber tue sie sich schwer mit der Stadt und habe anders als in Hamburg weder einen passenden Bekanntenkreis noch Freunde. Ich wies sie auf die vielen Namen hin, von denen unablässig die Rede war, auf die Pressefotos, wo ihre Mitstreiter untergehakt und Parolen skandierend wie das aufpeitschende «Mo – Mo – Mossadegh» zwischen lauter Behelmten über den Kudamm trabten: «Alles Freunde!», sagte ich. Doch mit einer merkwürdig wegwischenden Handbewegung entgegnete sie: «Nur Genossen! Ich mache mir nichts vor!» Dann sprach sie von ihren beiden Töchtern, erzählte ein paar Kindermundgeschichten, und mir ging auf, daß ich in den wenigen zurückliegenden Minuten mehr über ihre persönlichen Umstände erfahren hatte als in Stunden zuvor.

Vielleicht kam ihr das in diesem Augenblick ebenfalls zu Bewußtsein. Jedenfalls unterbrach sie sich unvermittelt und sprach vom «Polizeighetto Berlin», dem «Marionetten-Senat» und der «angeblasenen Antifaschistenhatz». Lange sei sie verzweifelt gewesen. Aber jetzt sei die Wende da. Der Polizistenmord an Benno Ohnesorg habe die Massen endlich wachgerüttelt. Erstmals stehe der Staatsmacht nicht ein Haufen gebeugter Nacken gegenüber, sondern das entschlossene Volk. Ich fragte, wie sie zu diesem Eindruck komme, mir selber sei kein Anzeichen für einen bevorstehenden Aufruhr bekannt, und brachte das Gespräch auf meine fehlgeschlagene Begegnung mit Rudi Dutschke.

Sie lachte über den Bericht und meinte, den Reinfall hätte sie voraussagen können. Dutschke und ich paßten einfach nicht zueinander. Ich sei zu nüchtern für einen so tief erschütterten Menschen wie Rudi Dutschke, einen immer Ergriffenen, und zudem fehle es mir an «Bewunderungsenergie», wie sie es nannte. Am Sinn für das Charismatische. Nach einigem Für und Wider über die Vorzüge von vermeintlichen Unzulänglichkeiten sagte ich, Dutschke sei in meinen Augen nicht mehr als ein begabter Redner, der allerlei aufgeschnapptes Kauderwelsch in eine demagogische Suada übersetzen könne. Ich fände weder einen eigenen Gedanken noch ein schlagendes Argument in seinen Reden. Statt dessen sei er ein großer Abschreiber und, dank seiner singenden Stimme, ein sozusagen begabter Tonsetzer.

Ulrike Meinhof fand die Beschreibung infam: Ich wüßte nichts von Rudis Zivilcourage, seiner intellektuellen und moralischen Integrität, seinem Opfermut und noch vielem, was ihn zu einer so überragenden Erscheinung mache. «Alles schöne Eigenschaften für einen Familienvater und Kegelbruder in Luckenwalde», entgegnete ich. Aber er habe sich nun mal in den Kopf gesetzt, die Welt umzustürzen. Da reiche es nicht zu sagen, von morgen an soll in allem das Gegenteil dessen herrschen, was heute gilt. Und mehr sage Dutschke nicht. Er habe, wie die Protestbewegung im ganzen, nur ein paar angelesene Visionen aufzubieten. Die Menschen merkten das, und daher bleibe sein ganzes Reden und Wollen so echolos. In allen Lagebeschreibungen fehle das politisch Wichtigste: die Wirklichkeit. Solange sich daran nichts ändere, werde es kein Weiterkommen geben.

Als Ulrike Meinhof längere Zeit schwieg, versuchte ich, sie mit einem Scherz ins Gespräch zurückzuholen. «Der Weg, auf dem wir gehen, heißt ‹Im Schwarzen Grund›», sagte ich, «ein angemessener Name für die Erörterung solcher Hauptfragen.» Doch verzog sie keine Miene, und als sie schließlich zu reden begann, äußerte sie, ihr eigentliches Problem sei etwas ganz anderes. Sie mühe sich schon einige Zeit damit ab. Unstreitig seien die Verhältnisse verbesserungsbedürftig, darüber gebe es nicht einmal zwischen uns irgendeinen Streit. Und seit Jahren schreibe sie, gleich vielen anderen, dagegen an. Zeitungsseite um Zeitungsseite. Aber erreicht habe sie offenkundig nichts. Sie wisse inzwischen, daß die Schreibmaschine keine Waffe und mit bloßen Gedanken nichts auszurichten sei. Folglich benötige man Waffen. Meine Entgegnung, daß sie damit nichts weniger als das Prinzip der Demokratie in Frage stelle, beantwortete sie mit einem zornigen Kopfschütteln.

Sie habe sich schon gedacht, höhnte sie, daß ich ein «Verteidiger der Schreibmaschine» sei. «Aber was haben wir schon erreicht? Daß ein paar Fensterscheiben zertrümmert wurden und ein paar Zeitungswagen in Flammen aufgegangen oder umgeworfen worden sind; auch daß einige Straßensperren errichtet werden mußten, hinter denen wir wie die blökenden Kälber ein bißchen herumlärmten. Gemessen an unseren Zielen war das alles erbärmlich. Wir haben geredet, statt dreinzuschlagen. Und der Pastor Albertz und sein feiner Polizeipräsident Duensing lachen sich kaputt!»

Sie sagte das stockend, mit ausgedehnten Pausen, und vielleicht lag es daran, daß ich erstmals einen Ton von Aufgabe und Abdankung in ihrer Stimme zu vernehmen meinte. Jedenfalls fehlte ihr sichtlich die einst so unbeirrt daherkommende Zuversicht, und ein- oder zweimal dachte ich, sie sei drauf und dran, die großen Entwürfe fallen zu lassen. «Wir können mit dem Propheten sagen», schloß sie ihr Eingeständnis, «wir hätten unser Leben hingebracht wie ein Geschwätz.»

Dann machten wir uns auf den Rückweg, und als ich beim Auseinandergehen sagte, ich würde von ihren Worten keinen unangemessenen Gebrauch machen, schon weil ich ihr beim Brückenabbrechen nicht in die Quere kommen wolle, winkte sie ungehalten ab: «Nein, nein!», sagte sie, «kein Abbrechen, wovon auch immer!» Sie sei nur an eine Weggabelung gelangt und müsse sich entscheiden. «Frei sein, konsequent sein!», sagte sie, und ich erwiderte, sie solle nicht in Parolen zu mir reden. Als ich hinzufügte, sie werde sich hoffentlich nicht für die Gewalt entscheiden, parodierten wir fast schon einen späteren Slogan des militanten Flügels der Bewegung. Sie sei sich nicht sicher, antwortete sie im Abgehen, kam aber nach wenigen Schritten noch einmal zurück. «Keine Sorge! Sie erinnern sich doch: Ich bin kein Aktionstyp!» Das wolle nichts heißen, erwiderte ich, denn bekanntlich übe gerade das Unpassende einen unwiderstehlichen Reiz auf viele Menschen aus. Sie wisse das, entgegnete sie. Doch das Dilemma sei, daß sie sozusagen einen Riesenbau errichten wolle und nichts anderes dafür in der Hand habe als eine kleine Feile. Und dann, in beinahe ratlosem Ton: «Die Untauglichkeit meiner Mittel bringt mich fast um.»

Nach dem Auseinandergehen hatte ich das Empfinden eines Abschieds für immer. Sie war zu weit weg von der Resignation. Infolgedessen, dachte ich, blieb ihr angesichts ihrer gedanklichen Unbedingtheit nur der Schritt ins Gewalttätige, wo schon die Freunde warteten. Trotz aller selbstbewußten Nachdenklichkeit war Ulrike Meinhof, wie die meisten ihrer Generationsgenossen, dauernd auf der Suche nach geistiger oder menschlicher Anlehnung. Die Konsequenz, von der sie gesprochen hatte, war lediglich der Versuch, sich durch den Schritt ins Extrem eine Freiheit vorzutäuschen, die sie nie besessen oder lange aufgegeben hatte.

Einige Zeit darauf hörte ich, daß sie bald nach unserer Begegnung an Andreas Baader und Gudrun Ensslin geraten war, die mit der Brandstiftung in zwei Frankfurter Kaufhäusern beträchtliches Aufsehen erregt hatten. Vermutlich, sagte ich mir, hat sie beide für die Tat beneidet. Sie selber war zweifellos kein «Aktionstyp», und ihre engeren Freunde wußten zu berichten, daß sie in Versammlungen oftmals schweigsam blieb und sich bei «Randalen» abseits hielt. Um so erstaunlicher war, daß sie sich im Mai 1970 an dem Handstreich beteiligte, in dessen Verlauf Andreas Baader mit Waffengewalt aus dem Leseraum des Berliner Instituts für Soziale Fragen befreit und der Angestellte Georg Linke schwer verletzt wurde. Vielleicht wollte sie einmal wissen, ob sie den Mut aufbrachte, zu ihren Worten zu stehen.

Das Problem, in dem sie sich zusehends unrettbarer verlor, war der Abstand zwischen Gedanke und Tat. Deshalb äußerte sie wenige Tage nach der Befreiungsaktion in einem Interview aus dem Untergrund: «Natürlich kann geschossen werden!», und die Parole wirkte auf viele wie ein Signal. Der Angehörige des Kommandos, der den Institutsangestellten Linke zum Krüppel geschossen hatte, versuchte sich mit der Behauptung zu rechtfertigen, er habe die harmlose Gaspistole, mit der er eigentlich schießen wollte, mit der Beretta verwechselt.

Ulrike Meinhof würde zu solchen Ausflüchten niemals gegriffen haben. Ich kenne den medizinischen Befund nicht, den die Operation am Anfang der sechziger Jahre ergeben hatte, als von einem «Gehirntumor» die Rede war. Doch habe ich nie der Auffassung angehangen, die wohl ihrer Herabsetzung dienen sollte und viel kolportiert wurde: daß der 1970 einsetzende Ausstieg aus der vertrauten Welt, das Scheitern ihrer Ehe mit dem Herausgeber von «konkret», Klaus Rainer Röhl, sowie die Weggabe der Kinder und was an Brüchen sonst noch folgte, vornehmlich auf die Kopfkrankheit zurückzuführen sei. Die Fänge der Logik, denen sie sich ausgeliefert hatte, waren weit unerbittlicher. Dagegen wußte sie kein Abwehrmittel. Mit ihrem idealistisch verdrehten Bild von der Welt konnte sie in aller Realitätsferne der Folgerung nicht entkommen, wonach man für das als richtig Erkannte alles einsetzen dürfe und sogar müsse.

Der Entscheidungsdruck, dem sie sich damit ausgesetzt hatte, war mir bei unserem letzten Treffen aufgegangen. Nach Jahren des leidenschaftlichen Anschreibens gegen die Verhältnisse war ihr klar geworden, daß Buchstaben nichts ausrichteten. Gewalt konnte, wie sie es sah, nur mit Gewalt bekämpft werden. Sie verkörperte die Verzweiflung des Gedankens, der sich bewußt wird, keine Waffe außer dem Wort und seiner Überzeugungsmacht zu haben.

Sie fand das unannehmbar. Unter den Änderungen, die eine verkehrte Welt nötig hatte, stand für sie die Waffengleichheit zwischen den Bewahrern und den Veränderern an erster Stelle. Was sie weder einsehen wollte noch konnte, war, daß die Beschränkung des Gedankens auf sich selber und der eingestandene Verzicht auf alle brachialen Mittel nichts geringeres beschreibt als die Grenze zwischen den freiheitlichen und den unfreien Ordnungen.

Die schreckliche Lust des Auges:

Erinnerungen an
HORST JANSSEN

Ein Freund hat Horst Janssen einmal den letzten «artiste maudit» genannt, einen jener Künstler also, die sich für ebenso verflucht wie begnadet hielten. Aus dem Doppelwesen, das diesen Typus außerhalb jeder gesellschaftlichen Norm stellte, hat, wer immer sich dazu zählte, nicht nur eine Art Sonderrecht, sondern auch einen Großteil seiner Inspiration bezogen. Weil er das wußte, hat Janssen von der Gabe und sogar dem Glück gesprochen, mit dem Rücken zur Welt zu leben.

In der Tat war Janssen ein Bürgerschreck, unberechenbar, grell in seinen Launen und auf eine Weise exzentrisch, die fast jedermann die Sprache verschlug. Er kannte oder achtete keine Regeln, setzte sich über alle Umgangsformen hinweg und folgte, wie unter Zwang, den verwirrendsten Eingebungen: ein Mensch gleichsam im Rohzustand, naiv und von sich selbst besessen. Das hat ihm einerseits den einzelgängerischen Zug eingetragen, den unüberbrückbaren Abstand zu Welt und Gesellschaft, der es ihm erlaubte, fern vom Betrieb mit sich allein zu sein. Andererseits hat es seinem Werk aber auch den authentischen Charakter verschafft, in dem viele, trotz aller Überreiztheiten, etwas vom eigenen oder vom menschlichen Wesen überhaupt wiedererkennen.

Ich will hier nicht das Bild vom Künstler als Schmerzensmann entwerfen, das in Zeiten des leichten Lebens so zahlreiche Liebhaber hat. Das ist nicht nur deshalb geboten, weil für Janssen vor dem leeren Blatt Papier ohnehin alle exzeßhafte Laune ausgeschlossen war und er sich dem strengsten, selbstauferlegten Regelwerk unterwarf. Vielmehr war er auch ein einfallsreicher Regisseur seiner selbst, der nie vergaß, daß er auf einer Bühne stand, wo er sich ein Vergnügen aus dem ständigen Maskentausch machte, den das große Spiel erforderte.

Es lief auf ein Spektakel immer neuer Verblüffungen hinaus, das er mindestens so sehr genoß wie seine Zuschauer. Wir waren viele Jahre in Zustimmung und Gegensatz befreundet. Er liebte, wie er einmal sagte, vor allem das «Berlinische» an mir, mehr jedenfalls als das «Preußische». Den vielen Besuchern, die sich darüber wunderten, wie wir zusammengekommen seien, erläuterte er das Berlinische einmal als eine Mischung aus Schlagfertigkeit, Ironie und großstädtischem Lebensgeschick – das, was die Berliner selber, wie er gehört habe, als «Auf dem Quivive sein» bezeichneten.

Er hingegen sah sich vorab als Schauspieler. Bei einem meiner zeitweilig regelmäßigen Besuche hat er sich in vier kraß unterschiedlichen Rollen dargeboten, eine so frappierend, melodramatisch und dennoch glaubwürdig wie die andere. Den Anfang machte eine, wie er selber es nannte, «Janssen-Pöbelei» sondergleichen mit unerschöpflichen Eruptionen von Wut, Haß und Vernichtungswillen. Dann trat er, nahezu übergangslos, als zerknirschter Übeltäter auf, mit wirklichen Tränenbächen um Vergebung bittend, bis er zum guten Ende, in großherziger Versöhnungsstimmung, den Gekränkten mit Zeichnungen überhäufte, die längst einem anderen versprochen waren. Unvermittelt aus der Szene tretend, stellte er daraufhin die Frage, ob der Besucher nicht ebenso gerührt sei wie er selber, jedenfalls werde auch sein ärgster Feind einräumen müssen, daß dies ein «großer Auftritt» und die Arme-Sünder-Rolle seine «stärkste Nummer überhaupt» sei.

Nach einer kurzen Pause stellte er sich zu einer weiteren, pantomimisch unterbauten Farce auf und gab einen zahnlosen Greis, der

Horst Janssen

aufs Liebenswürdigste, mit all der schmeichlerischen Überredungsmacht, die ihm zu Gebote stand, eine Achtzehnjährige von der Straße weg in sein Haus lockte. Und weil, wie er sagte, das Publikum zum Schluß ein Rührstück erwarte und tatsächlich Anspruch auf «eine schöne Heulerei» habe, zeigte er zuletzt Janssen am Bett der todkranken Mutter, wie er sein verrücktes Leben vorüberziehen ließ und dabei unablässig «heilige Versprechungen» murmelte, daß er sich selbst berühmt machen, auf diese Weise aber auch ihr ein Stück Unsterblichkeit verschaffen werde.

Der ungeniert blasphemische Ton dieser und anderer Rollenspiele Janssens hat vielfach Anstoß erregt. Aber die Frage, die dahinter auftaucht, lautet, wie glaubhaft ein Künstler ist, der sich wie Janssen in immer anderen Maskeraden gefiel; was es mit all der überreizten Genauigkeit seiner gezeichneten Verzweiflungen auf sich hat, wo es so sichtlich nicht zuletzt um Selbstinszenierungen geht? Und ob es überhaupt irgendeinen verläßlichen Untergrund gab, der ihn produktiv gemacht hat, oder ob es nicht gerade jenes geistvolle Lügenwerk war, aus dem die Kunst ihre ergreifenden Wahrheiten holt? Ob diese Doppelbödigkeit allen Ernstes das Riesenwerk hervorgebracht hat, das, wie man nur schätzen kann, aus weit über zehntausend Zeichnungen sowie aberhundert Aquarellen besteht, aus einer Hinterlassenschaft an grafischen Arbeiten, an deren Zahl kein anderer Künstler auch nur annähernd heranreicht, aus erheblich mehr noch an vielfach mit bildlichen Extempora versehenen Briefen sowie aus ungezählten, in alle Himmelsrichtungen verstreuten Postkarten, die er durch Übermalungen zu neuen Kunstwerken arrangierte – dies alles meist in hektischen Schüben geschaffen und zum gewiß kleinsten Teil in weit über hundert von ihm herausgegebenen Büchern veröffentlicht.

Man wird dem Rätsel Janssen nicht auf die Spur kommen, wenn man außer acht läßt, daß alle Spiele, die er aufführte, nichts anderes als ein Mummenschanz waren, hinter dem er sein Wesen zu verbergen suchte. Was er die längste Zeit zu verheimlichen trachtete und wogegen er bis zur Erschöpfung anarbeitete, war eine tiefe Angst, die er selber als «animalisch» bezeichnet hat. Noch seine hochmütigen Zustände, das verächtliche Palaver gegen Feinde, Neider, Kunsthändler oder die «Journaille», kamen aus diesem verschreckten Bewußtsein, und selbst die anstößigen Aufführungen, von denen die Rede war, hatten darin ihr Motiv.

Man kann, was ihn ständig trieb, aus ungezählten grafischen Arbeiten herauslesen, aber auch aus seinem geschriebenen Werk, der zweibändigen Autobiographie, den öffentlichen Reden und kleinen Prosastücken. Sie alle belegen, daß er in einer Welt von Gespenstern lebte, verfolgt von Spukgestalten und Angstmachern, und mitunter mochte man sich fragen, warum – das Frühwerk ausgenommen – so wenig davon in seine Bilderwelt eingegangen ist. Statt dessen immer wieder Landschaften, Blumen, Nußschalen, tote Vögel, plattgefahrene Frösche. Fragte man ihn danach, pflegte er fast ungehalten zu antworten, die Fratzen reichten ihm für seine Nächte. Sie auch noch bei Tage heraufzurufen, wenn die ersten Sonnenstrahlen auf den gegenüber liegenden Park fielen und mit den abertausend Tautropfen jenes Lichterspiel begänne, das sein morgendliches Glück sei, wäre schlichtweg verrückt. Nur wer keine Ahnung habe, könne ihm zumuten, diese Kumpanei aus freien Stücken von der Kette zu lassen.

Trotz der friedfertigen Gegenstände, die er aus einem behüteten, als Zuflucht dienenden Bilderfundus hervorholte, wird man kaum eine dieser Arbeiten idyllisch nennen. Niemandem kann das stumme Drama entgehen, das sich in jeder seiner Landschaften vollzieht, den Todeskampf unter der schönen Oberfläche, der die Früchte auf dem Teller faulen oder die Blumen welken läßt: Es ist das Pathos der Vergänglichkeit, die Trauer um die in aller vermeintlichen Pracht schon halbwegs verlorene Schönheit, von der das Bild hinter jedem dieser Bilder spricht. Die wirklichen Katastrophen liefen immer im Verborgenen ab, hat Janssen gesagt, und bei der Verleihung des Schillerpreises der Stadt Mannheim von der «schrecklichen Lust des Auges» gesprochen, dem unwiderstehlichen Drang zum Hinsehen, wo immer sich ein Untergang ereigne. Am fürchterlichsten sei die winzige Sekunde vor dem Eintritt eines Verhängnisses, wenn noch eine Hoffnung herumgeistere, deren Vergeblichkeit aber keinen Zweifel duldet. Die habe er immer wieder festzuhalten versucht, weil er trotz allen Entsetzens den Blick davon nicht abwenden könne. Er hat dazu das Wort Kleists angeführt, wonach es einen Wahrnehmungszwang gebe, als ob dem Betrachter die Augenlider weggeschnitten seien.

Es gibt eine Begebenheit aus Janssens Jugendjahren, der Zeit auf der Napola, wie die Eliteschulen des Hitlerregimes genannt wurden, die sich in Haselünne, einem Provinznest im Emsland, ereignet hat und womöglich den Ursprung seines Vergänglichkeitsschreckens aufdeckt. Er hat das Erlebnis, das in der Kriegszeit spielt, oft erzählt: wie die Schüler auf die Nachricht hin, daß ganz in der Nähe ein britisches Flugzeug abgeschossen worden und der Pilot mit dem Fallschirm niedergegangen sei, auf die Suche gehen und bald auch den Mann finden, der steif und reglos über einer Ackerfurche lag. Und wie sie ihn furchtsam anriefen, ohne daß der Daliegende sich rührte, bis der Kaltschnäuzigste von ihnen sich ein Herz faßte, ihn mit der Fußspitze gegen die Schulter stieß und sie alle im selben Augenblick erstarrten – weil der Tote oder was von ihm sichtbar war, urplötzlich in Nichts zerfiel und dort, wo soeben noch ein strenges, im Tod beruhigtes und von der Montur eingerahmtes Gesicht erkennbar gewesen war, nur eine Staublache zurückblieb.

Der Vorfall war, wenn man so sagen kann, das lebensbestimmende Bildungserlebnis Janssens, und er hat die Erzählung bei jedem Bericht, den er davon gab, um ein paar grausige Einzelheiten erweitert. Was ihn noch nach so vielen Jahren aufbrachte, war der nie verwundene Schock über die Nachbarschaft und sogar Gleichzeitigkeit von Leben und Tod, Erscheinung und Zerfall. Man mußte die Dinge nur berühren, und ihre Herrlichkeit war dahin. Man konnte sie aber auch retten, zumindest ihr Bild bewahren im Kunstwerk. Seine lebenslange Anstrengung habe es darauf abgesehen, hat er gesagt und geschrieben, zeichnend «einen Damm gegen die Vergänglichkeit» zu errichten.

Nichts anderes war der Grund für den genauen, mitunter fast demütig wirkenden Realismus seiner Arbeiten, der ihm die Verachtung der professionellen Kunstkritik eingetragen hat. In der Tat boten Janssens Werke dem deutenden Tiefsinn und den metaphernseligen Grübeleien der Rezensenten kaum irgendwelche Ansatzpunkte. Infolgedessen haben sie ihn ein ums andere Mal als zeitfremd, anachronistisch oder, wie es einmal hieß, als «bloßen Dekorationskünstler» abgetan. Die Frage ist aber, ob Janssens Vergänglichkeitsschrecken, der die so vielfältig bedrohte Erscheinung der Welt zu bewahren versucht, nicht mehr von der Gegenwart und den Beunruhigungen ihres Bewußtseins widerspiegelt als Andy Warhols Suppendosen oder Pencks exotische Strichmännchen, die dem erhabenen Kunstgeschwätz seit Jahren so viele schöne Phrasen zuspielen.

Bezeichnenderweise ist Janssen zur wirklichkeitsgetreuen Strenge erst in einem zweiten Anlauf gelangt, nachdem er die Experimentierlaunen und Formspäße der Moderne in den fünfziger und sechziger Jahren bis zu einer Art Vollendung durchexerziert und damit ungemeines Aufsehen erregt hatte. Das hat ihn in seinem ohnehin unmäßigen Selbstbewußtsein so bestärkt, daß er sich schon bald von allen Schulen und herrschenden Richtungen auf herausfordernde Art lossagte. Statt dessen hat er gehöhnt: «Wer mit Gitarren, irdenen Gefäßen und Harlekins beginnt, kann niemals etwas anderes werden als ein Mitläufer.» Wenn er bis dahin das Hätschelkind der Feuilletons gewesen war, wurde er jetzt, wie er belustigt vermerkte, zu deren «Fußabtreter». Er habe den Zeitgeist zu offen verachtet, setzte er gelegentlich hinzu, um nicht mit solchen Heimzahlungen rechnen zu müssen. «Ich wollte mir nichts von den Hochstaplern und Schwindlern erborgen, und deshalb beklage ich mich nicht. Die Selbstaufgabe, die da verlangt wird, ist nie meine Sache gewesen. Das haben die Uniformleute auf der Napola schon vergebens versucht.» Und dann, mit dem manischen Tonfall, in den er bei Grundsatzfragen mitunter verfiel: «Ich bin nur ich, ich, ich!»

Janssens Abwendung von den vorherrschenden Strömungen hatte auch mit der Einsicht zu tun, wie leicht es die Moderne ihren Adepten machte. Er war aufs höchste amüsiert, als ich ihm aus New York, von einem Essen mit Andy Warhol, dessen Satz mitbrachte, daß Kunst alles sei, «womit du bei den Leuten durchkommst». Er hingegen wollte nicht durchkommen, und Erfolg war, wie er es sah, nur ein anderes Wort für die Versuchung zur Bequemlichkeit. Um die Wahrheit zu sagen, hat er einmal erklärt, habe er in den Jahren des allerorts gefeierten «Junggenies» Janssen die vielen «Krüppel und Kretins» vor allem deshalb gezeichnet, weil er die Anatomie nicht beherrschte. Und er hat hinzugefügt, an jenen Arbeiten stimme für die dem Zeitgeist hinterhertrottende Kritik «alles genau, was eigentlich falsch oder ungekonnt ist». Mit der Romantik und ihrem gefeierten Subjektivismus sei die Einsicht verlorengegangen, daß erst die Verbindung von Phantasie *und* Form das Kunstwerk verbürge. Er sei auch ein Romantiker, mache aber den Schritt an ihre Anfänge zurück, als diese Richtschnur noch galt. Wer sie verkenne oder gar mißachte, öffne der Scharlatanerie Tür und Tor, und jedenfalls verrate die Herrscherwillkür, mit der sich viele zeitgenössische Künstler über das Regelwerk hinwegsetzten, mehr Schwäche und Unfähigkeit, als irgendwer ahne.

Diesem Verdacht wollte er sich nicht aussetzen. Und deshalb hat er sich, nach den Jahren bei seinem Lehrer Alfred Mahlau und dem Fieber der frühen Triumphe, noch einmal in die Schule begeben und die größten Meister zum Vorbild gewählt: Grünewald und

Botticelli, Breughel, Bosch und Georges de la Tour, Goya, Caspar David Friedrich und die Japaner. Die ungezählten Kopien, die er nach den Werken dieser und vieler anderer Künstler angefertigt hat, gaben ihm nicht nur handwerkliche Sicherheit, sondern schufen ihm auch ein Zuhause in allem Gewesenen. Sooft die Rede darauf kam, mokierte er sich über die verbreitete, von Kritikern, Marktbetreibern und Halbkünstlern beförderte Auffassung, daß man die Kunst mit jedem Tag neu erfinden könne und sogar müsse. Aus dem gleichen Grund nannte er diejenigen, die sich für Wegbereiter der Zukunftskunst ausgaben, «hüpfende Mumien», weil die Avantgarde längst altersgrau geworden und in den Kühnheiten von vorgestern erstarrt sei. Zugleich pflegte er zu sagen, daß es für ihn keine Kunstgeschichte gebe; alles in der Kunst sei Gegenwart – oder einfach nicht der Rede wert.

Einiges spricht dafür, daß Janssen nicht allein, wie er behauptet hat, aus technischen Gründen in die Lehre der großen Meister gegangen ist, wie wichtig sie ihm auch waren. Mit im Spiel war offenbar auch ein persönliches Motiv: das Bedürfnis, sich so etwas wie eine Reihe hochgeachteter Vorfahren zu verschaffen. Denn die längste Zeit wußte er nicht oder nur sehr ungenau, wer sein Vater war. Er sei keineswegs unglücklich darüber, liebte er damals zu sagen, weil er infolgedessen freie Hand habe, sich seine Ahnherren selbst zu wählen. Anders als alle Welt könne er als Sohn sozusagen der Erzeuger seines Vaters sein, seines Großvaters auch, und weiter so die ganze Generationenfolge hinauf bis zu Dürer und Caravaggio oder vielleicht, als Schriftsteller, der er ebenfalls sein wollte und war, bis zu Villon, Grimmelshausen oder dem bewunderten Ambrose Bierce. An manchen Tagen war das «Ahnenspiel» ein unerschöpfliches Vergnügen.

Aber für bare Münze nehmen mochte man Janssens ausgeheckten Vorväterstolz nicht und fragte sich, wieviel Kompensationsverlangen wohl dahinter am Werk war und wieviel uneingestandene Sehnsucht nach jener Daseinssicherheit, die aus der Kenntnis des eigenen Herkommens erwächst. Als dann, vergleichsweise spät, doch noch Einzelheiten über die Person des Vaters und dessen Lebensumstände ermittelt wurden, war er hektisch-bewegt und suchte ständig weitere Auskünfte zu erlangen. Aber dann meldeten sich Zweifel, und eines Tages überraschte er mich mit dem Entwurf eines zur Veröffentlichung gedachten Annoncentexts: «Tausche wiedergefundenen leiblichen Vater gegen Dürer, Füßli und Menzel.» Am Ende, immerhin, ließ er sich die Sache ausreden.

Wie tief sein Herkunftskomplex indessen reichte, macht eine Episode deutlich, die sich um 1980 zugetragen hat. Durch Vermittlung des Schriftstellers Joseph Breitbach war Janssen, wie einige Künstler vor ihm schon, gebeten worden, das Etikett für einen der großen Weine des Hauses Philippe de Rothschild zu entwerfen. Um sich so etwas wie ein Entrée zu verschaffen, fertigte Janssen zunächst eine Serie großformatiger französischer Köpfe vor allem des 18. Jahrhunderts an, vier, fünf sollten es werden, siebzehn wurden es, weil er wie immer nicht innehalten konnte, während das verabredete Etikett nie zustandekam. Nach dem Honorar für die Folge gefragt, war Janssen zunächst unschlüssig gewesen. Schließlich einigte man sich darauf, die Dinge im Gespräch zu regeln, der Baron werde anrufen, hieß es, und Janssen nannte Tag und Uhrzeit.

Schon eine Stunde vor dem verabredeten Zeitpunkt fanden sich die Gäste ein, die Janssen als Zeugen in sein Haus geladen hatte. Ausgiebig war mit jedem der Eintreffenden und später mit der ganzen Runde erörtert worden, wie sie wohl miteinander zurechtkommen mochten, der legendäre Weingutbesitzer und er, der verdrehte Künstler aus Blankenese. Annähernd ein Dutzend Personen saßen oder standen erwartungsvoll herum, Janssen selber hatte im Armsessel Platz genommen, vor sich einen Schemel mit einem eigens beschafften, riesigen Blumenstrauß und dem Telefon. Als pünktlich zur vereinbarten Minute der Apparat schrillte, verstummte alles Reden, und jeder sah gespannt zu Janssen hin. Der aber saß unbewegt da, lächelte kaum merklich und schien die alsbald einsetzenden, von allen Seiten andringenden Zurufe zu überhören, endlich zum Hörer zu greifen. Statt dessen schüttelte er nur still den Kopf und genoß sichtlich jedes der annähernd fünfzehn Rufzeichen – überwältigt von dem Gefühl, daß der große Philippe de Rothschild ihn, den unehelichen Sohn der Schneiderin Martha Janssen aus Oldenburg, habe sprechen wollen, er aber leider nicht abkömmlich gewesen sei, weil er – wie dem Baron wohl versehentlich nicht mitgeteilt worden war – gerade Gäste hatte.

Im übrigen war Janssens zeitweilige Kopierarbeit, die er, wie alles und jedes, manisch und in der Art eines ausgedehnten Beutezugs durch sämtliche Epochen betrieb, auch ein Versuch, mit der lähmenden Erblast fertig zu werden, die jeder Enkelgeneration zu schaffen macht. Mit dem Mut des Überängstlichen ging er dabei aufs Ganze und ließ sich von keinem der Träger großer Namen, die alsbald seinen Arbeitstisch umstellten, einschüchtern. Zugleich war er sich immer des unüberbrückbaren Unterschieds zwischen dem «Kopieren» und dem bloßen «Abzeichnen» bewußt. «Nie habe ich soviel erfunden», hat er einmal bemerkt, «wie in der Zeit, als ich Kopien zeichnete.»

Hinzu kam, daß im Fortgang der Jahre sein zeichnerisches Vermögen Schritt für Schritt wuchs, so daß er sich in dem Kräftemessen, das er mit jeder Kopie aufs neue einging, zusehends häufiger als Sieger sah. Das hochmütige Bewußtsein, alles zu können und jedem darstellerischen Problem gewachsen zu sein, ging bei Abschluß dieser Phase so weit, daß er sich nicht selten formale Hindernisse erfand, um nicht der leeren Virtuosität und Alles-Könnerschaft zu verfallen. Niemals jedenfalls hat er befürchtet, in die Abhängigkeit eines seiner Lehrmeister zu geraten. Die Gefahr, die er weit deutlicher verspüre, hat er bei Gelegenheit bemerkt, gehe vom eigenen Werk aus. Allzu leicht und ohne es recht wahrzunehmen, könne man sozusagen von sich selbst und den Hervorbringungen der zurückliegenden Jahre erst umarmt und dann erdrückt werden, Chagall und Marino Marini seien die namhaftesten Beispiele dafür, Horst Antes und Poliakoff liefen am Ende des Zuges auch noch mit. «Dünne Talente», sagte er, deren Arbeiten von einem bestimmten Zeitpunkt an lediglich Selbstkopien darstellten, die eine einmal gefundene Eingebung bis zum Überdruß wiederholten.

Er selber war zu neugierig, zu abenteuernd und stand zudem in jedem Schaffensaugenblick unter einem zu starken Druck, um je in diese Gefahr zu geraten. Der Wechsel sei seine Statik, pflegte er zu sagen, und zur Beharrung oder nur Gelassenheit habe er sich immer vergewaltigen müssen. Es gibt denn auch nur wenige bedeutende Künstler, die so oft wie er die Wahrnehmungsweisen und deren Verdichtung im Werk gewechselt haben und dennoch jederzeit und unverkennbar sie selber blieben.

Was immer man herausgreifen mag: eine jener Formphantasien der frühen Jahre, die Janssens Ruf begründeten, eine der nach Hunderten zählenden Kopien, die Blumen, Landschaften oder scheinbar besänftigten Arbeiten aus dem «Novemberbuch», mit dem er gegen Ende seiner zweiten Lehrzeit die gewonnene Meisterschaft an den gewöhnlichsten Gegenständen wie einer Glaskugel, einer Pillendose oder ein paar Blumenknospen erprobte, sowie schließlich eine der erotischen Eskapaden der späteren Zeit: Janssen ist in jedem dieser unterschiedlichen Auftritte der ganze Janssen, die Kraft, die er war und hatte, schlägt durch alle Wechselmarken durch. Kein zeitgenössischer Künstler jedenfalls hat so wie er einleuchtend machen können, daß im Zeichnen, noch vor dem geringsten Gegenstand, der «ganze Körper zur Netzhaut» werden müsse – oder alles vertan sei. «Ich bin ein Monstrum des Hinsehens», hat er von sich bemerkt, und dann, weil ihm die Exaltation des Satzes offenbar noch immer nicht weit genug ging, hinzugefügt: «Meinem Blick hält nichts stand! Vor mir hat die Natur keine Geheimnisse! Die Welt der Dinge auch nicht! Und von den Menschen sowieso keiner!»

Von den alten Meistern hatte er aber nicht nur die Macht des Blicks und die technischen Fertigkeiten übernommen, sondern auch das künstlerische Ethos, das keine Flüchtigkeiten gestattete. Er habe sich, heißt es einmal, außer in seinen Delirien niemals halbe Sachen erlaubt oder gar seine Maßstäbe heruntergeschraubt. Eine Nachlässigkeit irgendwo am Rande einer Zeichnung, versicherte er, «die ich mir leisten könnte, weil ohnehin kein Mensch sie wahrnimmt – das wäre schon der Abschied vom Weg zum Himmel». Und wenn er je bemerke, hat er hinzugefügt, daß seine Fähigkeit zur Selbstkritik auch nur geringfügig nachlasse, wäre es für ihn das Ende. Es gäbe dann keinen Janssen mehr.

In den psychologischen Zusammenhang, um den es bei alledem geht, gehören auch die Selbstbildnisse, deren Anzahl selbst er nicht mehr überblickt hat. Als 1994 der entsprechende Band der Werkausgabe vorbereitet wurde, schloß er sich zwei Tage und zwei Nächte lang im Ausstellungsraum der von ihm gegründeten «Janssen-Fabrik» St. Gertrude ein, um die Abfolge der Blätter festzulegen. Doch am Ende, als er erschöpft und übernächtigt die Stätte verließ, mußte er entgeistert feststellen, daß er statt der vorgesehenen rund vierhundert Zeichnungen die doppelte Menge ausgewählt hatte, obwohl ihm bei weitem nicht alle Vorlagen seiner Selbstporträts zur Hand gewesen waren.

Natürlich gibt es eine Vielzahl von Gründen, die ihn immer wieder zur Darstellung des eigenen Gesichts zurückkehren ließen. Dazu zählten seine Lust an Pose und Verwandlung, seine Spielerleidenschaft und seine Selbstverliebtheit. Ferner die unendliche Skala der Ausdrucksmöglichkeiten, die das Porträt hergibt. Er liebte besonders die naiven, nahezu unschuldig und wie mit offenem Mund dreinblickenden Selbstdarstellungen, die den Eindruck erwecken, als habe ihm das Leben noch nichts angetan. Aber daneben gab es die Bildnisse mit dem abgekämpftem Ausdruck und zwischendurch immer wieder die seltsam kranken, wirr und verrückt wirkenden Travestien seines Gesichts. Diese Vielfalt bot ihm zugleich eine Gelegenheit zur Selbstverheimlichung: Wer sich in so vielen Gesichtern zeigt, gibt im Grunde keines preis.

Aber über alles damit Angedeutete hinaus waren die ungezählten Selbstbildnisse Janssens auch ein Versuch zur Selbstvergewisserung eines Künstlers, der sich in jeder seiner Arbeiten bis zur Auslöschung des eigenen Ichs verausgabte. Alle seine Werke, auch die unscheinbarsten, seien zugleich die Protokolle einer langen, mit jedem Strich neu ansetzenden Sterbensgeschichte, liebte der Pathetiker, der er in Kunstsachen war, zu sagen. Gemeint war offenbar, daß die Selbstbildnisse ihm und der Welt den Nachweis erbringen sollten, daß er, wenn auch zu Tode erschöpft, ein weiteres Mal überlebt habe.

In diesem Dasein zwischen Masken und Monstern benötigte er zeitlebens eine Vielzahl oftmals wechselnder Freunde und mitunter sogar großes Publikum. Man meinte häufig, er suche geradezu das eine wie das andere. Als er Ende der sechziger Jahre, nach der von ihm selber abgebrochenen «Geniephase», in eine anhaltende Krise geriet, liebte er es, in Latzhosen und Gummistiefeln in die hochbürgerliche Welt der Elbvororte einzubrechen und die Verhältnisse auf den Kopf zu stellen. Eine Zeitlang zeigten sich die Hamburger, wenn auch gleichsam mit schlotternden Knien, entzückt, und Janssen konnte sich vor Einladungen kaum retten. Vielen schien es, als sei er von einem anderen Stern in diese Welt geraten, und sie fanden, er müsse, einmal wenigstens, ins eigene Haus geladen und betatscht werden: gerade weil er Bewunderung und Erschrecken zugleich auslöste, «Genie und Flegel» in einem war, wie er in Erinnerung an die Doppelrolle jener Jahre gern sagte. Einer dieser «in den vergangenen fünfhundert Jahren vornehm gewordenen Hamburger Seeräuber» habe ihn einmal einen «Kerl wie einen Feuerhaken» genannt, berichtete er. Natürlich sei er «selig» gewesen über diese Bemerkung und habe sie «wie eine Auszeichnung» getragen: «Ich, der anstrengendste Liebling, den die gute Hansegesellschaft je hatte.» Die Hamburger hätten den «Bürger-

schreck», als der er auftrat, weit mehr geliebt als er selber. Er habe
sich eher in einer «Clownsrolle» gesehen, die er sich habe auf-
schwatzen lassen.

Die feine Vernarrtheit ringsum, sagte Janssen, habe ihm den Abschied von seiner «Rüpelphase» so schwer gemacht. Ursprünglich
sollte sie nur ein kleines Jahr lang dauern, aber nun zog es sich hin.
Als Grund müsse er nennen, daß er immer geliebt werden wollte,
und damals sei er «blöd» genug gewesen, die Aufmerksamkeit der
guten Gesellschaft für Liebe zu halten. In Wirklichkeit war er nur
der «Affe», der mit dem Meißner Porzellan der Gastgeber jonglie-
ren sollte und es hin und wieder zum allgemeinen Gelächter auf
den Boden warf.

Dennoch sei seine Zuneigung zu diesen Leuten allezeit unge-
heuchelt gewesen, sagte Janssen noch Jahre später. Viele haben
denn auch die Auffassung vertreten, er habe seine ganze Kunst,
sein unausgesetztes Reden, seine mitunter bis zur Bestechung reichende Großzügigkeit und sonstwas einzig dafür aufgeboten, geliebt zu werden. Er scheiterte aber immer wieder. Am Ende, als nahezu alle Figuren, die er in Jahren umworben und vielfach zu
Marionetten gemacht hatte, am Boden lagen, hat er verzweifelt bemerkt, er habe doch sein Äußerstes versucht, sie für sich zu gewinnen und zu behalten. «Dein» Äußerstes, hat ihm einer seiner
Freunde daraufhin entgegengehalten, war offenbar nicht genug.

Was ihn, als er sich nach der «Gummistiefelzeit» längst wieder
gefangen hatte, stets aufs neue heimsuchte, war der Alkohol. Im
Verlauf der siebziger Jahre fiel er fast alle drei oder vier Monate regelmäßig «in die Flasche». Er war kein Depressionstrinker, wie er
zu sagen pflegte. Denn der Absturz begann, nach Wochen erschöp-
fender Arbeit, meist mit dem Hochgefühl, alles erreicht und die
ehrgeizigsten Aufgaben bewältigt zu haben. Einen seiner Freunde
warnte er einmal vor den «jubilierenden Stimmungen» bei Beendi-
gung einer Werkphase. «Noch während ich alle Welt umarme, höre
ich im Untergrund schon, was kein anderer vernimmt: wie es in

den Tragpfeilern knackt und die Dinge anfangen, durcheinander-
zupoltern.»

Allmählich wurden die Abstände, die zwischen den Alkoholpe-
rioden lagen, zusehends kürzer, während die Dauer der «Flaschen-
zeit» ständig zunahm. Dennoch hat Janssen selbst in diesen Monaten ein erstaunlich umfangreiches, bisweilen sogar an einstige hohe
Maßstäbe anknüpfendes Werk zustandegebracht. Er meinte dazu,
er habe inzwischen eine Durchtriebenheit entwickelt, die es ihm
immer wieder ermögliche, den «Geist aus der Flasche» zu überli-
sten, wie schwer das auch sei. Einmal klagte er bewegend über die
Macht des Alkohols und sagte, er sei von dem «schrecklichen Fu-
sel, dem Elend und der Angst geradezu gelähmt». Da er gern behauptete, er gebiete allezeit über die Trinklaune und könne sie rufen oder wegschicken, schien mir seine Zerknirschtheit eine
Gelegenheit zumindest für den Versuch, ihm die zunehmende Abhängigkeit auszureden. Doch merkte ich bald, daß er längst gelernt
hatte, die Schlauheit im Umgang mit dem Flaschengeist auch gegen
solche Argumente zu mobilisieren. «Was wirklich unablässig zu-
nimmt», sagte er, «ist mein Leiden an allem, was ringsum vorgeht.
Und die Flasche ist meine einzige Medizin gegen die Mühen des
Auf-der-Welt-Seins. So daß ich im Grunde vor einer ausweglosen
Wahl stehe: mich entweder durch den Alkohol oder im Kampf dagegen zu zerstören!»

Je länger Janssens Abhängigkeit anhielt, desto bedrohlicher
wurde sie auch. Zeitweilig stand der Kreis seiner Freunde und Besucher buchstäblich Todesängste aus, weil Janssen, wie er sagte, einen «neuen Weg» gefunden hatte, seine Aggressionen loszuwer-
den. Seit Anfang der achtziger Jahre hörte der Außenstehende von
Auftritten, die mit den Ausbrüchen vergangener Jahre offenbar
nicht zu vergleichen waren. Wenn Janssen die Einsamkeit seines
Arbeitsraums und den aus irgendwelchen Tiefen unvermittelt her-
aufsteigenden Groll nicht mehr aushalten könne, hieß es, mache er
sich auf, um einem erwiesenen oder vermuteten «Todfeind» eine

286

lange zurückliegende Beleidigung, eine Treulosigkeit oder einen
Verrat zu vergelten. Die Schmach, die ihm angetan worden sei, falle in solchen Augenblicken wie ein Streichholz in ihn hinein, sagte
er, und daß er eine prall gefüllte Pulvertonne sei, wisse ohnehin alle
Welt. Einige aus dem «Janssen-Clan», so war zu hören, hätten sich
unterdessen Panzertüren angeschafft, um gegen die meist nächtlichen Besuche gewappnet zu sein.

Einmal, als Janssen einen halbwegs beherrschten Eindruck machte und von seinem letzten «Anfall» in distanziertem und sogar ironisch gefärbten Tonfall berichtete, fragte ich ihn, warum er immer
wieder so ausfällig werde? Und noch dazu gegen seine engste Umgebung? Wenn er nur vor dem leeren Blatt Papier oder der Zink-
platte Kontrolle über sich gewinne, müsse er, wie schwierig das
auch sei, an seinem Platz aushalten und weitermachen. Die Flucht
in die Aggression sei stets der leichteste Ausweg, wie er wirklich
erkannt haben sollte. Undsoweiter.

Janssen ging in seinem Arbeitsraum ein paarmal auf und ab.
Dann blieb er dicht vor mir stehen. «Was soll denn das jetzt?», fragte er. «Darauf habe ich fast gewartet: Du auch noch!» Dann ging
sein Reden in eine fast sich überstürzende Suada über: «Ihr wißt
doch: Ja, ja, ja! Ich habe das Böse in mir. Da hilft kein Leugnen!
Und ich widersetze mich allen, die es mir wegnehmen wollen. Oder
mir mit Vorwürfen kommen! Das Böse ist mein Schatz. Meine ganze Kunst beruht darauf! Ich hüte es wie meinen Augapfel! Wenn ich
es nicht mehr hätte, wäre es aus mit mir. Keine sanften Selbstbildnisse, keine Blumen und friedlichen Landschaften mehr, weil alles,
was Kunst daran ist, aus der Bezähmung von Unruhe, Gespenster-
wesen und Wirrwarr kommt. Eben aus dem überrumpelten Bösen.
Also nochmals: Pardon für alle Gemeinheiten, die ich verübt habe
und irgendwann verüben werde. Ich wohne nun mal dicht bei den
Dämonen. Schon seit Kindertagen.» Und dann, entgegen allen herkömmlichen Angsttiraden: «Die bösen Geister sind, einer wie der
andere, meine Hausfreunde. Und die Fremden seid ihr!»

Wo immer man auf Janssen kommt, geraten die Dinge zur unendlichen Geschichte. Auch Janssen und der Tod ist eine. Seine Freunde sagten, er sei aufgrund seiner maßlosen Lebensführung seit Ende der siebziger Jahre bereits «ein Toter auf Abruf» gewesen. Doch anders als die Zeitgenossen, die dieses klassische Sujet der Kunst aus ihrem Werk verdrängt haben, ist er Mal um Mal, mit seiner ganzen obsessiven Energie, darauf zurückgekommen: angefangen etwa mit dem «Duett» sowie dem «Trio für Carl Vogel» über die mindestens sechs Totentänze, die er im Lauf der Jahre radiert oder gezeichnet hat, bis hin zu der späten Paranoia-Serie, die eine Art Passions-Groteske ist mit dem Tod als immerwährendem, unter aller aufdringlichen Fleischlichkeit präsentem Steinernen Gast. Es ist eine Todesfeier, wie man sie nie sah: Janssen sentimental, lüstern, verschreckt oder in keifender Altweibergrämlichkeit, die den Rest verbliebener Lebenskraft nur noch zu einer tückischen Grimasse zu formen weiß; dann Janssen als drapierter Clown und am Ende in der scheinheiligen Majestät des Todes. Nie hat ein Künstler seine Daseinsnöte mit soviel entblößender Kälte zum Material von Kunststücken gemacht: das Selbstbildnis weder als Selbstentlarvung noch als Selbstbeweinung geschaffen, sondern als eine Art ins Farbenfrohe getauchtes Schlachtefest. Jeder dieser Köpfe scheint aus einer anderen Welt zu kommen und die bestehende bereits von jenseits der Schattenlinie wahrzunehmen.

Mitunter hörte man Janssen im Fortgang der Zeit auch klagen, er fühle sich «vom Leben wie zerschlissen». Mitte der achtziger Jahre hatten wir eine Veröffentlichung geplant, die einen Essay über den historischen Totentanz mit einer von ihm geschaffenen Folge von Todesdarstellungen verbinden sollte. Das Textstück war nahezu fertiggestellt, als Janssen mit seiner Arbeit noch immer nicht begonnen hatte. Er sei «vom Lebenselend, vom Alkohol und von der Angst oft tagelang gelähmt», entgegnete er mir auf eine Vorhaltung, die ich ihm machte. Um ihn angesichts der festgesetzten Verlagstermine anzutreiben, kündigte ich ihm meinen Besuch an, war mir natürlich aber bewußt, daß ich nur mit Hilfe einer halbwegs inspirierenden Anregung zum Ziel gelangen könne.

Ich schlug ihm ein Motiv vor, das ihn augenblicklich einnahm, weil es seiner von soviel Panik wie Überheblichkeit erfüllten Todesvorstellung entgegenkam: das Erschrecken des Todes vor dem Künstler. Ich hatte meine Worte kaum beendet, als er bereits ins Reden kam. Die Künstler, dozierte er, auch die großen Dichter und Musiker, seien in der Tat die einzigen Wesen auf der Welt, die der Tod als ebenbürtig ansehe. Über das «Kroppzeug» höhne er nur und würge es scharenweise ab. Das seien seine leichten Triumphe. «Aber die Künstler!», unterbrach er sich selbstergriffen, da müsse der Tod «Rede und Antwort stehen», sich auch etwas einfallen lassen, und so unablässig weiter.

Irgendwann im Verlauf seiner Suada behauptete Janssen geheimnistuerisch, er habe gehört, daß der Tod «irgendwo in der Unterwelt» herumirre und sich über Leonardo, Mozart und Goethe gräme, auch über Rembrandt, Velázquez und Hokusai; denn sie alle hätten ihm durch die «Unsterblichkeit», die sie erlangt hatten, sozusagen ein Schnippchen geschlagen. Seit ihm das zugetragen worden sei, bestehe sein Lebensziel einzig darin, den Tod ebenfalls zur Verzweiflung zu treiben. Wenn es ihm schlecht gehe, weil eine Freundin ihn verlassen habe oder im Elend einer seiner Entziehungskuren, stelle er sich bisweilen den Tod vor, wie er unglücklich auf seinem Thron hocke und auf die ihm von Mozart und den anderen heruntergeschlagene Krone starre, die, wie er auch noch wußte, «abseits im Schlangen- und Krötendreck liegt». Rund zwei Stunden später, beim Auseinandergehen, hatte er sich so in Rage geredet, daß er erklärte: «Also los! Morgen fange ich an!» Nicht verschwiegen werden sollte, daß er in den folgenden Wochen tatsächlich annähernd zehn großformatige Zeichnungen anfertigte, die zum Eindrucksvollsten gehören, was er geschaffen hat. Für das geplante und später auch veröffentlichte Buch jedoch fanden sie keine Verwendung. Denn eines Tages hatte Janssen mich wissen lassen, die Arbeiten seien ihm, kurz vor Vollendung der Serie, in einem seiner unseligen Exzesse abgeschwatzt worden.

In seinen überdrehten Launen hat Janssen mehrfach versichert, er habe eine Abmachung mit dem Tod und werde nicht vor dem Jahr 2020 sterben. Er sei dann neunzig Jahre alt und blicke auf ein erfülltes Leben zurück. Genug für einen Menschen. Spätestens dann werde er zu der von frühauf ersehnten Ruhe kommen und in die Sicherheit endlich auch. Er habe sich schon ausgedacht, wie er sich davonmachen werde, sagte er einmal, weil man doch nicht grußlos verschwinden dürfe. In Abwandlung des berühmten Goethe-Worts habe er sich für seinen sozusagen letzten Seufzer die Abschiedsformel zurechtgelegt: «Mehr nicht!»

In den Monaten, die dem Ende voraufgingen, traf man ihn selten allein vor seinen Zeichenpapieren, und Mal um Mal klagte er über die Unmengen an Besuchern, die ihm das Haus einliefen. Ich erinnerte ihn an die Zeiten, als er die tausendfache Neugier abwehrte, indem er das Gartentor mit Riegel und Fahrradkette verschlossen hielt. Nach einigem Grübeln meinte er, vermutlich habe er die Fähigkeit verloren, die einst sein ganzes Glück gewesen sei: mit dem Rücken zur Welt zu leben. Aber irgendwann, schon morgen oder besser heute noch, werde er die «Hausbesetzer» zum Teufel jagen, zu arbeiten beginnen und alle Welt mit neuen Zeichnungen in Schrecken und Bewunderung versetzen.

In solchen hochfahrenden Stimmungen sagte er einmal auch, der Tod werde ihn nicht hinterrücks überfallen. «Er wird sich an unsere Abmachung halten. Denn keiner war ihm treuer und ergebener als ich.» Folglich werde er selber sein Ende als «geschäftige Höllenfahrt» inszenieren, die Bühne habe schließlich immer ihm gehört, der Feuerzauber und die Rauchmaschinen auch, und er werde die ganze brisante Darbietung niemandem überlassen, selbst dem Tod nicht. Im übrigen habe er die Stellkulissen längst mit den heitersten

Motiven bemalt und auch den Bühnenhimmel bis hoch hinauf be-
stirnt.

Es war noch einmal die alte Schauspielerlust, in die er sich in solchen Augenblicken hineinredete. Und fast wäre seine Absicht ihm
geglückt. In Fortsetzung einer kurz zuvor veranstalteten Ausstellung mit «losen Blättern» zu Georg Christoph Lichtenberg hatte
er Anfang 1995 eine weitere Folge begonnen. Einem alten Modell-
buch für den Kirchenbau hatte er an diesem Tag das Blatt mit dem
Taufbecken sowie der Kanzel als Vorlage entnommen und einen
schwarzgewandeten Mann im Talar hinzugezeichnet. Weit und beschwörend vornübergebeugt, redete der Prediger auf einen einzelnen Zuhörer ein und spuckte zugleich Feuer gegen ihn: einen
Flammenstrahl mit dem Mund, einen zweiten aus dem vorge-
reckten Arm. Darunter hatte Janssen in einer Art Kalligraphie ein
Lichtenberg-Zitat gesetzt: «Man will wissen, daß im ganzen Land
noch niemand vor Freude gestorben ist.» Hinzugesetzt hatte er:
«Ausnahme: ich – mehrmals.» Als er nach dem letzten Pinselstrich
prüfend auf das Blatt sah und dazu lächelte, fragte seine Tochter
ihn: «Warum machst du so ein glückliches Gesicht?»

In diesem Augenblick traf ihn der Schlag. Sekundenlang blickte
er ins Leere, kippte dann über die Stuhlseite weg und schlug anschließend hart am Boden auf. Noch in der Woche zuvor hatte er
Reisepläne gemacht und von weit ins bevorstehende Jahrhundert
reichenden Vorhaben gesprochen.

Das brach nun unvermittelt weg. Und mitunter habe ich mich
gefragt, ob ihn in dem Dämmerzustand, in den er damals für nahezu ein halbes Jahr versank, von fern noch einmal die Ahnung berührt hat, daß der treulose Tod ihre Abmachung nicht eingehalten
und selbst ihm, seinem anhänglichsten Adepten, seine grausame
Macht offenbart habe. Wer von den Freunden Janssens sich einen
Augenblick lang auf die wundersamen Bizarrerien einläßt, die sein
Wesen ausmachten, mag sich mit dem Gedanken behelfen, in dem
er selber Trost gesucht und womöglich gefunden hat: daß der Tod

sich darüber grämen werde, daß auch er, Horst Janssen, ihm die Krone vom Kopf gestoßen habe.

Das Bild greift sehr hoch. Im Grunde jedoch drückt es nichts anderes aus, als daß einer, im Unterschied zur großen Zahl, über das Ende seiner Tage hinaus einige Zeit fortlebt. Das, so kann man sagen, hat Janssen nach allem Ermessen erreicht.

Vorzüge, Gaben –
und das bleibend Jünglingshafte:

Quasi una Fantasia zum Geburtstag von
JOACHIM KAISER

Lieber Freund, ich habe versucht, Sie in der zurückliegenden Stunde zu beobachten: wie Sie wohl reagieren würden auf all die endlosen Girlanden, die Ihnen von meinen Vorrednern geflochten wurden mitsamt den rühmenden Feierworten und erdrückenden Umarmungen. Das alles hätte Ihnen leicht den Atem nehmen können oder müssen. Unsereins sieht solchen Veranstaltungen ja nicht ganz ohne Beklemmung entgegen. Als ich selber vor einiger Zeit Gegenstand einer derartigen Ehrung war, sagte mir ein Freund, man müsse dergleichen über sich ergehen lassen wie ein Ungewitter. Und so, mit metaphorisch eingezogenem Kopf zwischen den Schultern, nahm ich es hin. Sie dagegen ließen sich nichts anmerken. Sie, sichtlich, genossen alles. Sogar den Anflug von Wehmut, den solche Lebensdaten mit sich bringen. Sie nahmen und nehmen das Ungewitter einfach für den Sonnenschein, der Ihnen zusteht. Kaiserwetter eben. Man sieht Ihnen geradezu an, wie Sie denken: Weiter so! Es kann gar nicht genug sein! Nur die Lumpe sind beklommen.

Ich würde diese Beobachtung nicht mitteilen, wenn sie nicht zugleich etwas über Ihre Person verriete: Ihre beneidenswerte Fähigkeit, alles oder doch das meiste in Genuß zu verwandeln. Das gilt nicht nur für einzelne, aus sauren Arbeitswochen herausgehobene Feste wie das heutige hier. Vielmehr haben Sie aus Ihren genießerischen Vorlieben ein ganzes reiches Leben gemacht. Irgendwo hörte oder las ich, ein Kritikerkollege habe Sie gelegentlich in einem Mehr-Sterne-Restaurant beobachtet: wie Sie vor einem Ihrer Lieblingsgerichte saßen und dabei einen soeben erschienenen Roman lasen. Und da ich selber Sie auch schon das eine und andere Mal so bei Tische traf, schien mir dies immer das Bild, in dem Sie am getreuesten zur Übereinstimmung mit sich selber kommen.

Fehlt nur die Musik, deren Vermittlung Ihren Namen, Ihren Ruf und schließlich Ihren Ruhm ausmacht. Auf den ersten, von Ihnen gewiß als allzu flüchtig verworfenen Blick schien mir immer, daß Sie mit Gioacchino Rossini nicht nur den Vornamen gemeinsam haben. Vielmehr müsse der einzig legitime Bühnenerbe Mozarts noch in manch weiterer Beziehung Ihr heimlicher Patronatsherr sein. Da ich in Ihren Rezensionen jedoch vergleichsweise wenig über Rossini fand, sagte ich mir, der Mann aus Pesaro werde von Ihnen entweder als so verwandt angesehen, daß Sie seine Nähe fast schon als die Peinlichkeit betrachten, die der aus der Familienart geschlagene Drehorgelspieler für den Herrn aus gutem Hause darstellt. Oder aber Rossini stehe Ihnen mit all seiner italienischen Dauerverliebtheit in den schönen Oberflächenglanz, seiner bloßen Affären-Tragik allzu fern, und keine emotionale Beziehung sei zu dieser virtuosen Notenwerkerei ohne Geheimnis herstellbar, ohne Metaphysik auch, mit der stets aufgeplusterten, in irgendeinem seligen Nirwana endenden Coda.

Ich will Sie weder langweilen noch belehren, wenn ich ein kurzes Wort für Rossini einlege. Man kann seinen szenischen Witz für platt und sein ewig aufgeräumtes Brio für so ermüdend halten wie das von ihm so ausdauernd geliebte Accellerando/Crescendo und noch reichlich mehr an Einwänden vorbringen. Aber mitunter, inmitten des grandiosen deutschen Passionstheaters zwischen Bach, Beethoven und Wagner mit seinen schwerblütigen Umwölktheiten, überkommt mich eine Art Sehnsucht nach dem ganz prätentionslosen, von der bloßen Daseinsfreude überwältigten «Ah, che bel vivere, che bel piacere!» Ich kenne die Einwände gegen diese

Joachim Kaiser

Musik, den Vorhalt der im besten Falle zaubrischen Nichtigkeit, der ihr gern gemacht wird. Aber bisweilen vermisse ich sie und verstehe Nietzsches Traum von «einer Erlösung der Musik vom Norden». In solchen Augenblicken kommt mir auch zu Bewußtsein, daß die Leere der Rossini, Bellini, Donizetti und wer sonst immer dazu gehört, stets etwas von der schönen Leere noch unerwachter Kinderaugen hat.

Man mag dagegenhalten, daß die Musik der italienischen Maestri sozusagen sprachlos ist und kaum dazu angetan, jenes immerwährend geistvolle Selbstgespräch in Gang zu setzen, das Joachim Kaisers Rezensionen mitsamt den oftmals meisterhaft mitgeführten Porträts im Grunde ist. Über opulente Sinnenfeste läßt sich in der Tat wenig mehr sagen, als daß sie opulente Sinnenfeste sind, und über die gängereichen Menüs oder die edlen Grands Crus classés, die er dazu trinkt, hört man Joachim Kaiser mindestens ebenso selten redselig werden wie über Rossini. Denn aller Hedonismus trägt seine Rechtfertigung in sich und bedarf keiner weitschweifigen Begründungen. Er macht sogar, wie mancher findet, den Rang und womöglich gar das Glück einer Hochkultur aus – freilich nur, sofern er mit dem Rigorismus des Denkens und der Unverbrüchlichkeit bestimmter Normen einhergeht. Hinzuzufügen ist überdies, daß diese Verbindung immer höchst selten war. Und wo sie zustandekam, war es nie für lange, weil die Widersprüche, die ihr innewohnen, alsbald zum Ausbruch drängen. Doch bei Ihnen, lieber Joachim Kaiser, dauert sie nun schon ein Leben lang.

Wir sind Generationsgenossen. Mir wurde das noch einmal deutlich bei der Lektüre von Joachim Kaisers so kluger wie einfühlsamer «Erlebten Literatur», wo er über die Bücher und die Autoren schreibt, die sein Leben begleitet haben. Es sind zeitweilig auch die meinen gewesen. Aber mich und viele andere haben die damals noch sehr gegenwärtigen Erfahrungen mit der Vergangenheit auf mehr ins Historische weisende Wege gedrängt. Ihn hingegen nicht. Joachim Kaiser ist bei seinen Vorlieben ganz unbeirrt geblieben: Musik, Literatur, Theater, Philosophie.

Zwar hat er sich manchmal, wenn ein törichtes Politikerwort ihn zornig machte, mit Entschiedenheit geäußert und das Glück jener zweiten Hälfte der vierziger Jahre verteidigt, als «Wir Fünfundvierziger» wieder frei zum Lesen und zum Denken kamen. Aber das waren Ausnahmen. Er beharrte nur auf seinem Element. Was davor war, zählte nicht genug, obwohl es doch auf die eine oder andere Weise unser aller Bildungserlebnis gewesen war. Selbst in den Rezensionen jener Bücher, deren Gegenstand und Pathos das NS-Regime bildet, taucht es nur als dunkler, verachtenswerter Hintergrund auf. Und noch aus der Skizze über seine Jugend, die Joachim Kaiser dem Buch «Erlebte Musik» vorangestellt hat, gewinnt man den Eindruck, die totalitären Umstände hätten sich am nachdrücklichsten dadurch bemerkbar gemacht, daß sie ihm die kostbare Zeit für das unendlich viel Wichtigere nahmen: für Hausmusikabende, die ersten Konzerte, die ihm, wie er bekannt hat, so große Erlebnisse waren wie die erste Liebe, für die Bücher und das Nachdenken. Und daß der Landgerichtsdirektor Grimm im Haus Kaiser den Klavierpart ausgerechnet des Mendelssohnschen d-Moll-Trios in SA-Uniform spielte, hat eher den Rang eines verrückten, die Verrücktheiten der Zeit widerspiegelnden und zugleich pittoresk distanzierenden Details.

Jeder weiß, daß Joachim Kaiser aus Ostpreußen stammt, die Älteren erkennen es noch an der Sprachfarbe, Resten des sonderbar konsonantenreichen und breiten Singsangs, die Jüngeren lassen es sich sagen. Aber was ist darüber hinaus ostpreußisch an ihm? Hitlers Untaten haben Deutschland ja nicht nur geographisch, sondern auch geistig um ganze Regionen ärmer gemacht. Von Wilhelm Raabe stammt das Wort, das deutsche Genie komme zu Dreivierteln oder mehr aus der Provinz, was besagen soll, es gewinne Kraft und Antrieb aus den eigentümlichen Prägungen des engsten Winkels, den es zur Welt erweitert.

An Joachim Kaiser, seinem Naturell und Wesen, habe ich nie etwas Ostpreußisches entdecken können, selbst die gewagteste Kollektivpsychologie hilft da nicht weiter. Er ist der seltene Fall eines ganz und gar urbanen Menschen aus den abgelegensten, weltverlorensten Verhältnissen. Milken an der Memel: Provinzieller kann eine Herkunft wahrlich nicht sein. Aber entfernter von Milken, freischwebender, eine Existenz auch nicht. Selber hat Joachim Kaiser uns, was seine frühen Jahre angeht, so wenig auf die Sprünge geholfen wie in der Frage seiner formenden Erlebnisse jenseits von Musik und Literatur, seiner politischen, auf das Leben, die Menschen, die Verhältnisse bezogenen Eindrücke.

Er hat von früh an einen überaus persönlichen, ganz unverwechselbaren Sprachgestus gefunden. Vielleicht hat er nicht einmal danach suchen müssen. Denn er war seltsam fertig von Anfang an. Nie schrieb er schwerfällig, nie pompös, und der Fachjargon, den er beherrschte und oft auch übersetzte, war zu keiner Zeit eine Versuchung für ihn. Stets konnte und kann man seine Artikel schon an der Überschrift erkennen, an den aus Subjektivität, Leichtigkeit und Treffsicherheit hergestellten Wortverbindungen. Inzwischen versuchen viele Musikkritiker, ihm das nachzumachen. Aber noch immer kann man Joachim Kaiser, und nur ihn, an seinen Überschriften erkennen.

Seine kritischen Einlassungen sind durchweg auf einen ernstmeinenden Ton gestimmt, als sei das Spiel, von dem die Rede ist, weit mehr als Spiel. Man kann sogar etwas wie Ergriffenheit heraushören, wenn es um große Werke oder große Überlieferungen geht. Er weiß, daß die Bewahrung kultureller Besitztümer ein hohes Maß an Anstrengung verlangt und mehr mit aufgewendeter Kraft als mit verwalterischer Muße zu tun hat, weil jede natürliche, sich selbst überlassene Bewegung in die Niederungen, das heißt zum Verlust hindrängt. Er hat alles gelesen und nahezu alles schon gesehen oder gehört. Er kennt die Theorien, die Texte, die Partituren und die Traditionszusammenhänge. Doch ist ihm dies alles nie zum Ballast geworden. Der Impulsivität seines Urteils, seiner Lust zur Bewunderung und am Überschwang, hat es nichts anhaben können.

So ist er zur Institution geworden. Ende der sechziger Jahre bin ich einmal zufällig in eine Runde von Münchener Musikfreunden geraten, die eine Art Punktespiel veranstalteten, in dessen Verlauf sie den Rang zu bestimmen versuchten, den ein Dirigent, ein Pianist oder Sänger mit oder ohne Kaisers Lob einnähme, und ich bin noch in der Erinnerung daran verwundert, wie überwältigend hoch sein Einfluß beurteilt wurde. Alfred Brendel hat gelegentlich geklagt, Joachim Kaiser habe ihm durch seine mißgelaunten Rezensionen mindestens zehn Jahre seines Lebens gestohlen. Aber Arthur Rubinstein hörte ich sagen, Kenntnis und Empfindungsfähigkeit stünden sich bei allen Kritikern im Wege. Nur bei Joachim Kaiser nicht. Bei ihm steigere das eine noch das andere, und er wisse nicht wie.

Tatsächlich hat die Kenntnis nicht nur der Notentexte, sondern der tausend Sachen, die zur verstehenden Erfassung eines Musikwerkes nötig sind, Joachim Kaisers Emphase nie um einen Deut vermindert. An den Gefahren der Gewöhnung oder gar der Abstumpfung, der so viele Zunfthörer erliegen, ist er all die Jahre hindurch unberührt vorübergegangen. Wie oft hat Joachim Kaiser Beethovens Sonate op. 111, Liszts h-Moll-Sonate oder Schuberts «Winterreise» gehört? Wie oft über Auffassungsunterschiede und interpretatorische Details allein bei diesen Werken geschrieben? Das Staunen endete nie, und ich erinnere mich einer Art privaten Kollegs, in dessen Verlauf er darlegte, daß die Komponisten der Klassik ein Adagio weitaus ergreifender umzusetzen verstanden als die Romantiker und warum das so sei. Man mußte nur die richtigen Fragen stellen können, dann taten sich immer neue, weite Felder auf: obwohl das Repertoire beschränkt ist, wie man weiß, und die Launen des Konzertbetriebs sowie des Schallplattengeschäfts es weiter einengen.

Aber von Gewöhnung oder gar Abstumpfung kann keine Rede sein. Immer schrieb Joachim Kaiser darüber, als habe er das Werk noch nie gehört und gleichzeitig doch die mindestens hundert voraufgegangenen Male noch im Ohr: mit jener Gespanntheit, Erregung oder auch Ungehaltenheit, die eigentlich nicht die Sache des Kritikers, sondern das Vorrecht von uns musikalischen Amateuren ist. Joachim Kaiser hat diese Unterscheidung hinfällig gemacht. Stets wird da etwas von der Unschuld und dem Fieber des «zum ersten Mal» hörbar.

So kann man fragen, ob er sich bei aller Professionalität die ursprüngliche Naivität bewahrt oder die zweite, gleichsam Kleistsche Naivität erworben hat. Jedenfalls können dann, nach einem großen, nicht selten mit demonstrativem Behagen ausgebreiteten Aufwand an musikalischer Detailkenntnis, Belesenheit sowie an abwägendem Scharfsinn, seine Urteile in reine Überwältigung umschlagen, die sich auch sprachlich mitteilt. So, wenn er eine Chopin-Darbietung Arthur Rubinsteins «einfach toll» nennt, von Horowitz sagt, er spiele, als sei «der liebe Gott Pianist» geworden, oder auch, diesmal in der Einführung zu einem Porträt Glenn Goulds, pathetischerweise bemerkt, es gebe doch immer wieder jemanden, «der die leuchtende Fackel großer Kunst übernimmt und weiterträgt». Alle solche immer anzutreffenden Einzelurteile zusammenfassend, hat er einmal geäußert, bei großen Musikdarbietungen wisse er, warum er überhaupt auf der Welt sei.

Dieser schwärmerische, alle Kritiker-Abgebrühtheit hinter sich lassende Tonfall hat ihn immer aus der Menge anderer, auch renommierter Kollegen herausgehoben. Er kam womöglich noch unbefangener in früheren Jahren zum Vorschein. Wir haben uns zum ersten Mal im Jahre 1949 getroffen. Zu einer Gruppe Frankfurter Studenten, die von Zeit zu Zeit in der Wohnung eines Kommilitonen zusammenkam, stieß eines Tages Joachim Kaiser, der, wie jeder bald bemerkte, so unglaublich viel wußte und schon mit Einzelheiten aufwartete, wo jeder andere allenfalls vage Umrisse von Literaturgebirgen ausmachte; der mit Titeln und Thesen brillierte und den ganzen Jean Paul zu kennen schien, den er in einem Stück, das er der Runde vorlas, der partiellen Namensgleichheit wegen, so altklug wie virtuos mit Jean-Paul Sartre zusammenbrachte. Ich habe zwar nie ein eigentliches Tagebuch geführt, mir aber gelegentlich Notizen gemacht, die ich jetzt für diesen Anlaß ausgrub. Dort fand ich die Bemerkung: «Abends am Goetheplatz. Auftritt Joachim Kaiser. Er schließt beim Reden die Augen und wendet das Gesicht zur Zimmerdecke. Enthusiastisch über Literatur, Musik, Adorno. Ein bißchen auch über sich selbst. Sehr rasch, sehr hell, sehr jung.»

Er war von schlagfertigem, zur Verwegenheit neigendem Witz, und schon damals erregte er damit bisweilen entgeistertes Aufsehen. Als er in einem Seminar bei Theodor W. Adorno ein Referat vortrug und dabei überhastet oder jedenfalls undeutlich artikulierte, unterbrach ihn Adorno in seiner merkwürdig gestanzten und gleichzeitig milden Ausdrucksweise: «Herr Kaiser! Ich kann Sie nicht verstehen!» Ohne das geringste Zögern machte sich der Angesprochene, der gerade eine schwierige Textstelle interpretierte, ein Vergnügen daraus, Adorno zu mißdeuten. Jedenfalls erwiderte er: «Das will ich gern glauben, Herr Professor!»

Noch unerhörter und in seiner Übertriebenheit fast unverfroren war das Lob, das der Student Joachim Kaiser seinem Lehrer Adorno für dessen Werk über Gustav Mahler («Eine musikalische Physiognomik») zollte. Wie um seine Dreistigkeit noch auffälliger zu machen, verglich er die Schrift mit einer Arbeit aus einer gänzlich anderen Sphäre. «Das ist das Beste, Herr Professor», begann er seine Huldigung, «was Sie je geschrieben haben! Selbst unter Ihren eigenen Werken und im Licht der von Ihnen entwickelten hohen Maßstäbe behauptet es einen außerordentlichen, fast drängt es einen zu sagen: einsamen Rang. Ich habe mich während der Lektüre verschiedentlich gefragt, welches Werk wohl den Vergleich damit aushielte. Ich bin zu keinem Ergebnis gekommen. Und jetzt frage ich mich, ob selbst Aristoteles in seinen unvergänglichsten Texten an Sie heranreicht!» Statt den gerade Zwanzigjährigen zurechtzuweisen oder ihm sogar, wie Joachim Kaiser wohl erwartet hat, die eigentlich verdienten Ohrfeigen zu geben, antwortete Adorno ganz und gar geschmeichelt und die scharfkantig modulierten Worte womöglich noch etwas süßlicher vortragend: «Ich habe mir aber auch viel Mühe gegeben, lieber Kaiser!»

Vom «jungen Kaiser» sprachen lange Zeit alle, auch als er schon über dreißig und vierzig war, und ich meine sogar, die Formel noch gehört zu haben, als Joachim Kaiser längst die Fünfzig hinter sich hatte. Darin klang nicht nur etwas von dem Überraschungseffekt nach, den es gemacht hatte, als er in jungen Jahren, wie aus dem Nirgendwo, die Bühne betrat und mit seinen Kenntnissen, seiner Gescheitheit und seiner gleichsam aus dem Stand exerzierenden Formulierungsgabe alle Welt in Staunen versetzte. Vielmehr kann man an ihm auch jetzt noch, in seinem Reden und Schreiben, etwas habituell Junges und sogar Jünglinghaftes beobachten, wovon ja die Naivität, vor allem aber die Bereitschaft zum Überschwang ein Teil ist, auch wenn er sie inzwischen, im Fortgang der Jahre, zu einem mehr meditativen Enthusiasmus weiterentwickelt hat.

Zum Adoleszenten gehört, dem Begriff nach, das Romantische, und es verwundert daher nicht, daß, im Musikalischen zumindest, der Romantik Joachim Kaisers Passion gehört. Für das Träumerische, Schattenhaft-Zerrissene und Nervöse der Romantik, auch den Zusammenhang von Heimweh und Flucht, hat er immer neue Wendungen gefunden, die womöglich mehr mit seiner Person zu tun haben, als er sich und uns eingesteht. Und manchmal ist ihm auch, angesichts vergleichslos gelungener Interpretationen, die eine Ahnung des Endgültigen vermittelten, die Entwaffnung des Kritikers wie ein Glück erschienen.

Vielleicht hat sogar seine Vorliebe für das Klavier und die großen Pianisten mit dieser romantischen Neigung zu tun. Denn ich bin ziemlich sicher, er könnte uns, wenn er wollte, mühelos nachweisen, daß das Klavier das romantische Instrument schlechthin ist. Sein Lieblingskomponist, hat er bekannt, sei Robert Schumann. Aber man würde diese Vorliebe auch ohne ausdrückliches Geständnis unschwer erraten. «Fahl», «innig», «geisterhaft», «zauberisch», «Wunder» und «Einsamkeit» sind einige, ihrer Herkunft und besonderen Aura nach, romantische Begriffe, die ich, neben manchen anderen, auf wenigen Seiten einer Rezension über einen Schumann-Abend fand, ausdrucksvolle «Blässe», «Totenstarre» und «Tumult» kamen noch dazu. Es sind durchweg Kaisersche Vorzugsworte.

Mit dieser Vorliebe hat womöglich, vereinfacht gesprochen, mancher Vorbehalt gegen Joachim Kaiser zu tun – sofern es nicht der ordinäre Neid ist, der ihm wie jedem halbwegs Erfolgreichen hinterherhechelt. Man hat seit je von der «doppelten Optik» der Romantik gesprochen, der Verbindung von Kunstkühnheit und Innigkeitston, von Raffinement und Liedhaftigkeit. Es ist dieses einzigartige, immer wieder überwältigende Ineinander, das zu einem Gutteil den Zauber gerade der deutschen Romantik ausmacht.

Aber zu sagen bleibt auch, daß die moderne Musik, deren Geringschätzung Joachim Kaiser vielfach zum Vorwurf gemacht wird, ungeachtet ihrer romantischen Ahnen, diese Balance von Zukunftsbravour und volksliedhafter Schlichtheit aufgegeben, womöglich auch verloren hat. Statt dessen entzückt sie sich an den eigenen Kraßheiten und führt unausgesetzt Entfesselungskünste ohne Fesseln vor. Ich habe stets die Richtigkeit des Satzes von Thomas Hobbes verteidigt, daß wirkliche Freiheit nur dort besteht, wo strenge Gesetze gelten, und dazu die Ansicht vertreten, daß dieser Gedanke nicht nur für die politisch-gesellschaftliche Sphäre gilt, auf die er sich ursprünglich bezog, sondern ebenso für den schöpferischen Bereich. Von zahlreichen befreundeten Künstlern weiß ich, wie verzweifelt und oftmals ratlos sie sich einer Lage gegenübersehen, in der alles erlaubt und alles möglich ist. Ihnen war nämlich unversehens aufgegangen, daß Regeln sein müssen – und sei es, um durch den Akt ihrer Verletzung die Inspiration erst in Gang zu setzen.

Hinzu kommt überdies, daß wir in einer künstlerisch zwar nicht belanglosen, aber doch seltsam irrelevanten Epoche leben, deren Hervorbringungen Mühe haben, sich in unserer Phantasie wie unserer Erinnerung zu behaupten. Dennoch trifft der Vorwurf, Kaiser habe die moderne Musik zeitlebens unbeachtet gelassen, nicht zu. Während seiner Studienzeit in Göttingen hat er sich seinen Lebensunterhalt durch ausgedehnte Vortragsfolgen über Schönberg, Berg, Krenek und andere Komponisten der Gegenwart verdient, dreißig Mark pro Vorlesung, vier Mal im Monat: das war ein ansehnliches Zubrot. Dann gab es eines Tages ein Konzert mit moderner Musik, und Joachim Kaiser empfahl seinen Zuhörern den Besuch, um das Gehörte im Konzertsaal zu überprüfen. Zu seinem Erstaunen entgegneten jedoch die meisten, die Theorien über diese Art Musik seien weitaus interessanter als die Konzertaufführungen, sie wollten lieber Joachim Kaiser hören als Schönberg oder Krenek.

Richtig bleibt, daß die zeitgenössische Musik sich mit den erwähnten Kaiserschen Lieblingsbegriffen schwerlich erfassen läßt. Eine ganze Dimension dessen, was generationenlang die Größe, den Reichtum und nicht selten die unerhörte Verführungsmacht der europäischen Musik begründet hat, ist der Gegenwart abhanden gekommen. Die Trivialitäten der Epoche sind zu einem nicht geringen Teil die Trivialitäten ihrer Kunst. Mehr noch sogar des Kulturbetriebs. Von dessen großbetrügerischen Aufdringlichkeiten hat Joachim Kaiser bei Gelegenheit gesagt, es herrsche da eine progressiv auftretende, im Grunde aber lediglich rastlose Impotenz. Einer ins Riesenhafte wuchernden Verwaltung der Kultur stehen zusehends kümmerlicher wirkende Hervorbringungen gegenüber. Und dies alles fresse sich, meinte er, unablässig an der Vorstellung satt, daß Kultur vor allem «Spaß» und «Event» bedeute, mitsamt der «Schnapsidee», daß sie für Billigpreise zu haben sei.

Avantgardismus, Spießigkeit sowie öffentliche Heuchelei – und eins wie das andere auch noch hochsubventioniert: Joachim Kaiser hat über diesen Widersinn einmal das Verdikt gefällt: «Überall Cottbus!» Man kann auch sagen «Mülheim».

Aus ebendiesem Grunde hat er durchweg seine äußerste Verachtung für die Bühnenrevoluzzer bekundet, die sich gewissermaßen durch die leiernde Verballhornung der großen Literatur ein bißchen falsche Aufmerksamkeit von falschen Leuten erobern. Daß gerade die genaue Beachtung der Texte und der Aufführungshinweise Kunst möglich macht und die Gratisfreiheiten, die sich ein Regisseur nimmt, nur ein Versuch sind, den eigenen Dilettantismus zu verbergen, hat er immer vertreten. Nichts davon ist die Zeit und die Mühe wert, die sich der Besucher macht! Und welche Verluste hat es schon gekostet!

Ganz in diesem Sinne waren wir uns stets darüber einig, daß Jean-Pierre Ponnelle der bedeutendste Opernregisseur der Jahrhundertmitte war. «Prima il compositore, dopo la regia!» hat Ponnelle einmal, in Abwandlung einer berühmten Aufführungsregel, im kleinen Kreis gegen das gerade modisch werdende Destruktionstheater geäußert. Und später hinzugefügt: «Nichts allzu eingängig machen, aber auch nichts schwieriger als nötig! Die oftmals unscheinbaren Abweichungen sind häufiger, als viele glauben, schon der ganze Verrat.» Ich erinnere mich unter den Arbeiten, die ich von ihm sah, gern einer Aufführung der «Cenerentola» an der Mailänder Scala, in der Jean-Pierre Ponnelle beispielhaft zeigte, wie sich auch und gerade in der strengsten Begrenzung unendliche Freiheitsräume auftun; oder an seine letzte Arbeit, «Così fan tutte», die das komödienhafte Arrangement des Librettos in die schwärzeste, von der Musik antithetisch erhellte Katastrophe auslaufen ließ.

Merkwürdig berührt, daß Joachim Kaiser, der in der Musik so zeitenskeptische, auf nahezu alexandrinische Nachlaßverwaltung gerichtete Neigungen kultiviert, in der Literatur das betont

Gegenwärtige bevorzugt. Er selber hat einmal auf diesen Unterschied hingewiesen. Aber erklärt oder begründet hat er ihn nicht, sondern so, als gäb's dafür keine Motive, keine aus Biographie, Entwicklung oder Zeitgenossenschaft herzuleitenden Anstöße, auf nichts anderes als sein «Interesse» verwiesen. Vielleicht fürchtete er, falls er sich auch im Literarischen auf die Romantik eingelassen oder etwa das elisabethanische Drama zu seinem Vorzugsthema gemacht hätte, zu weit aus der Gegenwart herauszugeraten. Das wäre eine Überlegung, sollte er sie je angestellt haben, wo sein Weg, einmal wenigstens, von nichtsubjektiven Erwägungen bestimmt worden wäre. Aber ich bin ziemlich sicher, er ist, wie es einem Kind des Olymp zukommt, auch da wiederum nur seinen Vorlieben gefolgt.

Selbst in dem, was er literarisch gerühmt und gefordert hat, herrscht eine Freiheit des Interesses, die auf den ersten Blick an Beliebigkeit zu grenzen scheint. Wo ist, fragt man sich, sein archimedischer Punkt? Realismus, der Ort des Erzählers, das soziale oder politische Engagement eines Autors, Traditionalismus, Postmoderne – die vielen Moden, die die Zeit kommen und gehen sah, kennt er alle, und sie bedeuten ihm alle nichts. Die Literatur hat, wie die Musik, ihre eigenen Maßstäbe. Und der Rang eines Autors oder eines Komponisten, auch eines Interpreten, bemißt sich einzig nach seiner Fähigkeit, das alte Spiel der Entführung und Verführung neu auszurichten. Womöglich hat es damit zu tun, daß seine Leser sich bei ihm stets in den vertrauenswürdigsten Händen fühlen und er wie wenige Literaturkritiker glaubhaft wirkt, wie Günter Blöcker einst, wie Reinhard Baumgart, Peter von Matt und zwei, drei andere.

Das heißt, Joachim Kaiser folgt weder starren Vorgaben noch irgendwelchen Vorurteilen. Als er Anfang der fünfziger Jahre, unlustig und fast wider Willen, als Berichterstatter nach Bayreuth fuhr, kehrte er als Bewunderer Wagners zurück. Er empfindet keine Scheu vor großen und keine vor unbekannten Namen. An man-

chen Autoren hat er, gegen fast die gesamte übrige Kritik, beharr-
lich festgehalten. Er sieht nur das Werk und allenfalls dessen Platz
in der Biographie des Autors. Nic hat er, wie man in Abwandlung
einer Bemerkung von ihm sagen könnte, die Nöte der Kritiker-Si-
tuation mit den Bequemlichkeiten eines früher gewonnenen Vor-
urteils vertauscht.

Was zählt, ließe sich auch formulieren, ist einzig die Kunsthöhe
eines Werkes. Es sind «ernste Scherze», und der Ernst hat darin
nicht mehr Gewicht als das Scherzhafte, das vorab der ironischen
Brechung wegen eingeführt wird. Nichts irritiert Joachim Kaiser
stärker als das Mittelmaß oder das, was noch darunter steht. Es
gibt eine Vielzahl von Anekdoten über ihn. Die meisten sind offenbar erfunden, eingegeben von der Malice der vom Leben, von
der Begabung oder vom Glück weniger Begünstigten. Aber eine
dieser Anekdoten ist mir, obwohl vermutlich auch herabsetzend
gemeint, immer charakteristisch und sogar liebenswert erschienen.
Joachim Kaiser, heißt es, habe nach irgendeinem Vortrag oder einer
Diskussion zusammen mit einigen Freunden eine Düsseldorfer
Bierkneipe aufgesucht und, als die Kellnerin kam, in aller Unbe-
kümmertheit, die eine Hand am Kinn und den Blick von der Spei-
sekarte weg wieder zur Decke gewendet, gefragt: «Kommen Ihre
Hummer eigentlich aus Helgoland oder von der norwegischen
Küste? Ich bevorzuge nämlich die Helgoländer!» Die Fortsetzung
der Episode, in der von einer aufkreischenden Kellnerin die Rede
war, die etwas von Bratwurst und Krautsalat schrie, erspare ich
mir, weil das schon über die Geschichte und ihre Pointe hinaus-
führt. Die will nur deutlich machen, was ich weit umständlicher zu
sagen versuchte: daß Joachim Kaiser durchweg, selbst in der Eck-
kneipe, den höchsten Anspruch stellt und mit Selbstverständlichkeit erwartet, daß man ihm, wo immer es sei, gerecht werde. Sonst
kann man sich die Mühe auch schenken.

Joachim Kaisers bekannte Vorliebe für Schalentiere und die
Lust des Aufbrechens könnte eine treffende Metapher für das kri-

tische Geschäft hergeben, dem er sein Leben lang anhing. Aber er verdirbt dem Laudator das Bild durch die Mühelosigkeit seines Tuns. Nie hat man ihn sprachlos erlebt. Er ist ein Meister des Impromptus, der spontanen, geistvollen Reaktion, der die Einwände, noch während man die Worte dafür sucht, schon mitbedenkt und widerlegt. Er liebt es, zu erzählen, daß er seine Rezensionen häufig noch am Abend nach der Aufführung telefonisch an die Redaktion durchsagt. Sein «Äußerungsdrang» nötige ihn einfach dazu. Und könne er das Erlebte nicht irgendwem mitteilen, würde er zur Not auch zur «Klofrau» gehen, hat er hinzugefügt, und sie fragen, ob sie beispielsweise den Bläsereinsatz im «Till Eulenspiegel» diesmal nicht auch etwas matt und unbedrohlich empfunden habe?

Man soll trotz aller Selbstironie, wie sie solche Äußerungen hörbar machen, die Mühsal und die Konzentration nicht geringschätzen, die Joachim Kaiser gern verbirgt. Auch die Anstrengung nicht, die es für einen Hörer seiner Art erfordert, den tiefen Ernst einer Beethovensonate zunächst auszuhalten und dann das eine Wort zu finden, das den Eindruck, den er mitnahm, einzig angemessen wiedergibt. Nichts Besonderes sei einfach zu haben, liebt Joachim Kaiser zu sagen, und Gelungenes entstehe nur bei Vorhaben, die einem schwerfallen. Da kommt, scheint mir mitunter, von weither ein altpreußischer Nachklang ins Spiel.

Er hat einmal geschrieben, es gebe für den Musikkritiker Zwischentöne, an die reiche kein Adjektiv heran. Natürlich war das nicht ohne die Erwartung eines Widerspruchs bemerkt. In der Tat hat er eine kaum übersehbare Anzahl Adjektive gefunden, auch Substantive sowie Verben, die der Musikkritik ein neues Vokabular erschlossen. In vielen seiner Arbeiten sind Anschläge, Modulationen, leitmotivische Wiederholungen und anderes mehr sprachlich so abgetönt, daß sie gleichsam hörbar werden. Er hat musikalische Gedanken auf eine Weise enträtselt, daß ihr wirkliches Geheimnis erst zugänglich wurde, und vielleicht hat seit Thomas Mann niemand die Übersetzung musikalischer Vorgänge ins Wort um so viele exakte, glücklich genaue Erfindungen bereichert wie er.

Den Schattierungen ist er überhaupt zugetan, und die Nuance hat ihm stets mehr bedeutet als die schneidende Eindeutigkeit. Er zählt nicht zum berserkerischen Typus des Kritikers, der sich in seiner Durchgängerei schon mal vertut und, macht nichts, zuweilen danebenschlägt. Ein Paukist bildet kein Orchester und hat bereits Mühe mit den Zwischentönen.

Im negativen Urteil verlangt Joachim Kaiser sich stets mehr Argumente ab als im Lob. Das verlangt das Ethos seines Metiers. Und je sanfter seine Stimme wird, desto erbarmungsloser fällt am Ende das Verdikt aus, als bitte er schon im Zustoßen um Vergebung. Hans Werner Richter hat beschrieben, wie Joachim Kaiser bei den Lesungen der Gruppe 47 sinnend zuhörte, «so, als kämen ferne Klänge zu ihm, mehr träumend als aufmerksam, mehr einem Konzert lauschend als einer Lesung». Und wie er einmal, noch als Student, bei seinem ersten Auftreten in der Gruppe, nach einer Lesung Walter Mehrings, sich vor allen anderen zu Wort gemeldet und mit leiser Stimme zu reden begonnen habe. Keine Attacke, sondern mehr eine Analyse und Ortsbestimmung moderner Lyrik. Und als er geendet hatte, gehörte Walter Mehring nicht mehr dazu.

Gibt es, wird mancher fragen, bei so vielen Vorzügen, Gaben und glücklichen Fügungen, nicht doch eine heimliche Wunde? Einen Traum, einen Ehrgeiz, mit dem er nicht zurecht kam? Joachim Kaiser hat, wie man weiß, einen Roman geschrieben oder zu schreiben begonnen, der nie veröffentlicht wurde. Hat er Musiker werden wollen, «Auch-Musiker» jedenfalls wie sein Vater, der Landarzt aus Milken, und die Zeit, die Umstände oder was sonst immer haben ihn daran gehindert?

Ich habe Joachim Kaiser vor Jahren in einer Fernsehsendung mit Dietrich Fischer-Dieskau gesehen, und irgendwann setzte er sich als Begleiter an den Flügel, schlug auch den ersten vollen Akkord

an, sehr schön, dachte ich, aber wie wird er jetzt die folgende kleine Kadenz bewältigen und überhaupt als geborener Stimmführer
mit der Rolle des Begleiters zurechtkommen – und just in diesem
Augenblick fiel die Relaisstation Frankfurt aus. Man hat mir einreden wollen, kein anderer als Kaiser selber habe das veranlaßt. Aber
so weit reicht sein Einfluß nicht. Mit Gewißheit kann ich nur sagen, daß er, wie er im Fragebogen des FAZ-Magazins bekannt hat,
Feuilletonchef der «Frankfurter Allgemeinen Zeitung» mit Wei-
sungsbefugnis gegenüber allen Herausgebern werden wollte. Aber
da stand nicht zuletzt ich ihm im Wege. Wir sind dennoch Freunde
geblieben.

Nicht ohne Bitte um Nachsicht will und muß ich auf einen weiteren, diesmal sogar zwischen uns offenen Punkt kommen, und ich
hoffe zudem, Joachim Kaiser überfällt bei aller Gutgelauntheit, die
ihn sichtlich noch immer erfüllt, dabei wenigstens für einen kurzen
Augenblick so etwas wie ein schlechtes Gewissen. Verschiedentlich habe ich ihn gesprächsweise, einmal sogar vor aller Öffentlichkeit gebeten, die seit Jahrzehnten ausstehende, den im Fortgang
der Jahre beträchtlich erweiterten Kenntnisstand widerspiegelnde
Mozartbiographie zu schreiben. Denn Mozart ist, wie jedem von
uns und zumal Joachim Kaiser selber nie verborgen war, das uner-
forschteste und zuletzt womöglich überhaupt unerklärbare Genie
an sich. An die zweihundert Autoren von Schlichtegroll und Nissen über Deutsch bis zu Hildesheimer haben sich in der Darstellung und Deutung des Rätsels Mozart versucht. Doch die Unfaß-
lichkeiten dauern fort.

Joachim Kaiser hörte meinen Worten mit nicht ganz unan-
gestrengter Geduld zu. Selbst als ich ihn mit der hingeworfenen
Bemerkung in fachmännische Rage zu bringen versuchte, womöglich am weitesten in der Enträtselung Mozarts sei verblüffen-
derweise Peter Shaffer mit dem Theaterstück «Amadeus» gekommen, obwohl er den schönen Salieri-Einfall nicht bis zur Mord-
und Wurstlkolportage hätte treiben dürfen, sah er nur mit Mühe

von der Menükarte auf. Shaffer, fuhr ich fort, habe die verriegelte Tür zumindest einen Spaltweit zu öffnen verstanden; er selber werde sie sicherlich noch ein erhebliches Stück weiter aufstoßen. Er nickte ein paar Mal zustimmend und hielt, wie im kritischen Zuhören immer, den schräg geneigten Kopf wie in der Adornozeit zur Zimmerdecke gerichtet. Dann kann das Vorgericht, und während er sich erwartungsfroh die Hände rieb, wehrte er mein Vorbringen mit dem Bemerken ab, es existierten nun mal in der Welt, wie sie sei, Geheimnisse ohne Auflösung. Damit müsse man sich abfinden.

Mein Einwand, daß man es dabei nicht belassen dürfe, selbst wenn es, wie bei jeder biographischen Bemühung, «nur» um Annäherungen gehe, ließ er nicht gelten, und auch mein anderes Argument, daß die wirklich großen Gegenstände für die Schreibenden weitaus seltener seien, als vielfach vermutet werde, richtete nichts aus. Er solle sich, fügte ich schließlich hinzu, an Mozart selber halten, der die Wahrheit über die Menschen durch komödiantische Inspiration, durch Verzeichnung, Witz, Blendmanöver und mancherlei Spiegelfechtereien, zur Not auch durch Lügen erfunden habe: Am Ende komme bei ihm immer ein genauerer und sogar tieferer Aufschluß über uns alle heraus. Natürlich hatte Mozart die Musik. Aber vor allem besaß er das Zutrauen zu sich selbst.

Wir saßen bei diesem letzten meiner Überredungsversuche in einem seiner Vorzugsrestaurants, und er kostete das Vergnügen am Grand Cru Classé aus, den wir gewählt hatten. Da, ging es mir plötzlich durch den Kopf, war er in völliger Übereinstimmung mit seinem Genußbruder Gioacchino Rossini: «Prima la bistecca!» sozusagen. Im Augenblick, so fand ich, als er am Glas schlürfte und von Richard Wagners tiefenpsychologischen Vorwegnahmen sprach, hatte er zwar nicht die besseren, wohl aber die plausibleren Gründe für sich: das Beefsteak, die Wagnersche Musik und den genialen Feuilletonisten Sigmund Freud. Schon morgen würde alles wieder für Mozart und die ungeschriebene Biographie sprechen. Aber heute war heute.

Joachim Kaiser wird die Hommage nicht überhören, die selbst in diesem Einspruch noch steckt. Und ich erlaube mir die Preisgabe dieser Episode im Vertrauen auf sein genaues, für Zwischentöne geschultes Ohr. Irgendwann einmal, erinnere ich mich, hat er auf die Gefahren der Verklärung in der Beschreibung eines zurückliegenden Konzerts, einer Opernaufführung von ehedem, einer überwältigenden Stimme hingewiesen. Ich frage mich jetzt, ob ich dieser Gefahr hier ebenfalls erlegen bin, obwohl nichts von allem Gesagten ausgedacht oder auch nur übertrieben ist. Einen gewissen Verklärungsanteil enthält, wie niemand leugnen wird, jede Erinnerung, und um mich zu der kleinen Freiheit zu ermächtigen, die damit verbunden ist, habe ich dieses Porträt, nicht zuletzt in freier Abwandlung einer Beethovenschen Sonatenüberschrift, quasi una Fantasia überschrieben. In die Gefahr der Verklärung, hat Joachim Kaiser einmal bemerkt, gerate er mitunter ganz gern – und komme gegebenenfalls sogar mit Vergnügen darin um.

Darauf will ich mich berufen, wenn irgendwer es sich einfallen ließe, mir Vorhaltungen zu machen.

Das Grauen und die Komik der Geschichte:

Die Doppelwelt des
HUGH R. TREVOR-ROPER

Es begann Mitte der sechziger Jahre an einem sommerlichen Nachmittag. Am Empfang des Berliner Hotels, in dem ich regelmäßig abstieg, stand bei meiner Ankunft ein hochgewachsener, schmaler Herr im Gespräch mit einem der beiden Portiers. Es ging hörbar um irgendeine Adresse im Grunewald und wie lange man möglicherweise zu Fuß dorthin benötige. Unterdessen begrüßte mich der zweite Portier, und als er meinen Namen nannte, sah der Gast neben mir überrascht auf und musterte mich. Während ich seinen Blick erwiderte, sagte er mit britischer Umständlichkeit: «Sie sind, vermute ich, nicht *der* Mr. Fest?» Auf meine Entgegnung, wer denn *der* Mr. Fest sei, nannte er meinen Vornamen, und als ich bejahte, stellte er sich mit liebenswürdig aufgehellten Zügen vor: Er sei Hugh Trevor-Roper, und ich hätte, wie er wisse, seinen Namen schon gehört, ihn jedenfalls des öfteren zitiert. Er wiederum habe gerade mein Buch über die «Nazipersonnage» gelesen und freue sich, mich kennenzulernen.

Wir ließen alles stehen und liegen und gingen in die Cafébar des Hotels hinüber. Trevor-Roper bescheinigte meinem Buch «britische Brillanz», und als ich erwiderte, mit der Wendung, seine Werke ausgenommen, nicht das geringste anfangen zu können, entzog er sich mit dem Bemerken, zumindest sei es eine «undeutsche Brillanz», über die ich verfügte. Auf diese Weise tauschten wir eine

Zeit lang Höflichkeiten aus, aber es war, wenn ich mich richtig erinnere, weit eher der Unterton anregender Ironie in jeder Bemerkung, der ohne lange Umstände das Einvernehmen zwischen uns herstellte. Das eine und das andere Mal, im Gespräch über zeitgenössische Historiker und ihre Werke, beobachtete ich aber auch, wie ein boshaftes Glitzern über Trevor-Ropers Gesicht huschte.

Wir gingen vom Kaffee schon zum «early evening»-Getränk über, als Trevor-Roper berichtete, wie er Anfang September 1945 als junger Geheimdienstoffizier den Auftrag erhielt, den Verbleib Hitlers herauszufinden. «Man muß sich unsere Situation vorstellen», sagte er. «Wir hatten keine Ahnung, sondern nur Gerüchte. Hitler schien wie vom Erdboden verschluckt. Einmal hieß es, er sei im Tiergarten von deutschen Offizieren erschossen worden, dann wieder, er habe mit einem U-Boot das Weite gesucht und lebe mit Eva Braun auf einer geheimnisvoll eingenebelten Ostsee-Insel. Von wiederum anderer Seite kam die Nachricht, Hitler habe in einem spanischen Kloster Zuflucht gefunden und verrichte dort, in eine tiefbraune Kutte gehüllt, seine Stundengebete oder auch, er sei in einer bergigen Banditenfestung Kurdistans, umgeben von finsteren Flintenmännern, untergetaucht.»

Solchen Geschichten begegnete man fast jeden Tag, sagte Trevor-Roper, und sie wurden mit fortschreitender Zeit zusehends pittoresker. Dann hätten auch noch die taktischen Verwirrspiele der Russen eingesetzt, und als sie schließlich behaupteten, der «Führer» werde von den britischen Besatzungsbehörden «für irgendwelche perfiden Zwecke» versteckt gehalten, habe die Geduld seiner Vorgesetzten ein Ende erreicht. Sie erteilten ihm den Auftrag, den Verbleib Hitlers oder seiner Leiche herauszufinden. Am 1. November 1945 bereits, keine zwei Monate später, habe er den Vier Mächten in Berlin seinen Bericht vorgelegt, der, wie er immer noch überzeugt sei, den Tod Hitlers schlüssig bewies. «Aber die Sowjetvertreter, die eigentlich Bezichtigten meiner Untersuchung, brachten mit einer Art stählernem Lächeln nur ein

314

Hugh R. Trevor-Roper

‹Very interesting!› heraus und sahen dann ins Weite, als sei die Sache abgetan.»

«Alle Versuche, sie umzustimmen», fuhr Trevor-Roper fort, «liefen ins Leere». Zum Ende Hitlers sei von ihm damals gern ein Bild verwendet worden: Der moderne Menschenzerstörer habe Alarich nachgeahmt, der sich nächtlich am Busento begraben ließ. Zwar war Hitler gleichsam in ein Betongrab gekrochen. Aber vor Entdeckung geschützt wollte der eine wie der andere sein, und man müsse sich fragen, warum sie trotz ihrer grausigen Ruhmestaten ins Nichts entschwinden wollten. «Als ich das einigen Mitgliedern der sowjetischen Kommission nicht ohne Stolz auf die so passende Metapher mitteilte, ließ auch der Oberst, der die Gruppe anführte, nur das automatenhafte ‹Very interesting!› hören, das dann, streng nach Dienstgrad, viermal nachhallte. Sie durften offenbar nicht wissen und antworten wollen», sagte er.

Dann fragte ich Trevor-Roper, ob er damals umgehend mit der Niederschrift seines berühmt gewordenen Buches über das Ende des Reiches begonnen habe, doch rief er fast entsetzt: «Oh! No! No! No!» Zu diesem Zeitpunkt sei es die letzte seiner Überlegungen gewesen, sich mit Nazideutschland oder Hitler zu beschäftigen; so erregend er «das kommandierte Forschungsgebiet» fand, sei es doch auch voll von Vulgarität, Gemeinheit und menschlich wie moralisch abstoßenden Zügen gewesen. «Ich hatte damals noch einen hohen, vielleicht sogar etwas hochtrabenden Begriff von der Geschichte und sehnte mich, wenn der Krieg und die Geheimdiensttätigkeit endlich vorüber wären, in das antike Griechenland zurück sowie in das Rom Ciceros.» Diesen Gegenständen, habe er damals gefunden, komme nichts gleich, zumal die «Classics» auch als das Studium eines Gentleman galten. Daneben sei es noch das England der «glorious revolution» gewesen, das ihn angezogen habe. «Aber Hitler? – Um Himmels willen!»

Doch irgendwann im Lauf des Jahres 1946 sei er dazu, wie man fast sagen müsse, dienstlich veranlaßt worden, fuhr er fort. Zwar hatte er den Geheimdienst gerade verlassen. Aber sein einstiger Vorgesetzter, Dick White, der später zum Chef von MI5 und schließlich von MI6 wurde, sei eines Tages mit sozusagen offizieller Miene an ihn herangetreten und habe ihn aufgefordert, die Ergebnisse seiner Nachforschungen sowohl über das Machtsystem des Hitlerreichs wie über das Ende des Diktators als Buch zu veröffentlichen. Die Erlaubnis, die für jeden Geheimdienstmann nötig war, werde er einholen, sobald das Manuskript vorliege, sagte Dick White.

In der Tat waren inzwischen, nicht zuletzt durch Trevor-Ropers Nachforschungen, eine Anzahl wichtiger Materialien aufgetaucht wie die beiden Testamente Hitlers, die Heiratsurkunde, einige späte Verfügungen und manches andere. Auch hatte Trevor-Roper weitere Zeugen befragt und durch die Beobachtung des Nürnberger Prozesses zusätzliche Aufschlüsse erlangt. «Anders als im Vorjahr mußte ich mich diesmal nicht lange überreden, zumal ich inzwischen Geschmack an der Mischung aus grotesker Kleinbürgerlichkeit und Eroberungsgier gefunden hatte, auf die ich bei jedem Schritt stieß. Anfangs war es Abscheu gewesen, inzwischen Neugier geworden. Eine kaum geringere Rolle spielte die einzigartige Chance, die sich mir bot. Also stellte ich Athen, Cicero und die ‹glorious revolution› beiseite und nahm das Risiko in Kauf. Ich war gerade dreißig. Und hinreichend hochmütig war ich auch, um mir zu sagen, niemand werde die Chance so erfolgreich nutzen wie ich.»

Das Buch, das im März 1947 unter dem Titel «Hitlers letzte Tage» erschien, erregte ungemeines Aufsehen. Wo immer darauf die Rede kam, wurde es als Meisterwerk detektivischer wie erzählender Geschichtsschreibung gefeiert und alsbald in alle großen Sprachen übersetzt. In der Tat gewann es aus seiner Anschaulichkeit die sprechendsten Aufschlüsse, und als ich einwarf, daß diese Kunst der deutschen Geschichtsdarstellung weitgehend abhanden gekommen sei, meinte Trevor-Roper trocken, der englischen auch.

Er halte, wie alle großen Historiker der Vergangenheit, nur das Konkrete für erkenntnisfördernd. Und dann, mit dem Sinn für die wirksam gesetzte Pointe: «Die Wahrheit ist nie abstrakt.»

Etwas später belustigten wir uns über den vielfach subalternen Umgang der Deutschen mit der Hitlerzeit. «Ihr Land», sagte Trevor-Roper, «ist allezeit berühmt gewesen für seine aufpasserischen Kindermädchen, bei denen jeder parieren mußte. Jetzt ist Deutschland voll von Kindermädchen der Vergangenheitsbewältigung, die jedes unabhängige Wort verbieten oder mit dem Stock ahnden.» Allen Ernstes habe man ihm vorgeworfen, Hitlers Bedeutung übertrieben zu haben. Unerhörterweise sei er sogar so weit gegangen, ihn einen Revolutionär zu nennen. Auch noch einen Revolutionär wie kaum einen anderen zuvor, da Hitler das Geschehen zu jedem Zeitpunkt kontrolliert habe und alles in einem gewesen sei: der Ideologe seiner Bewegung, ihr Organisator, Taktiker, Befehlsgeber, Demagoge und dann noch Gesellschaftsveränderer, Staatsmann und Feldherr; durch die historische Übergröße, die er Hitler zuerkannt habe, trugen die «Kindermädchen» vor, seien zugleich die Opfer abgewertet und die Schuldlasten der Deutschen relativiert worden.

Als wir so tief ins Gespräch geraten waren, einigten wir uns, die jeweiligen Abendverabredungen abzusagen und suchten nach einigem Umherlaufen am Kurfürstendamm eine nahe gelegene Kneipe auf, die der bekannte Boxer Franz Diener betrieb. Ich hatte das Restaurant kaum erwähnt, als Trevor-Roper unbedingt dorthin wollte, zumal ich beiläufig bemerkt hatte, daß sich im gleichen Gebäude ein Tattersall befinde. Als passionierter Pferdeliebhaber, der sich einst beim Reiten das Rückgrat gebrochen habe, ereiferte er sich, dürfe er diese Anlage nicht versäumen. Alle meine Bedenken wegen der ziemlich abseitigen Gäste nutzten nichts. «Sie haben doch im Deutschen», wandte er ein, «das wunderbare Wort ‹Halbwelt› für das Publikum solcher Orte.» Er habe immer gefunden, fuhr er fort, daß die Halbwelt das getreueste Spiegelbild der gan-

318

zen Welt sei, und wer das Leben wirklich kennenlernen wolle, könne an solchen Plätzen bessere und genauere Einblicke gewinnen als in Mayfair oder den Slums von East End.

Beim Betreten des Lokals sah Trevor-Roper alle seine Erwartungen bestätigt. Der Raum war überfüllt, laut und rauchig. Die Mehrzahl der Gäste hatte eine auffällige Vorliebe für dunkle Anzüge mit Nadelstreifen oder kurze Lederjacken, verbreitet waren auch lange, geschmalzte Haare, kunstfarbene Krawatten und nahezu waffenartiges Ringzeug an beiden Händen. Ich entdeckte einige Schauspieler, die ich aus Berliner Jahren kannte, einen befreundeten Hörspielautor, den einen und anderen stadtbekannten Journalisten sowie einen Anwalt spektakulärer Skandalfälle.

Wir mußten fast eine Stunde am Tresen herumstehen, ehe ein Tisch frei wurde, aber Trevor-Roper war kein Umstand zuviel. Fasziniert betrachtete er die Szene, fragte auch erfolglos nach einem Zugang zu dem Tattersall, und wann immer auf meinem Gesicht ein Zug von Ungeduld sichtbar wurde, begann er ein unterhaltsames Thema. Er erzählte Anekdoten aus Oxford und wie er seinen akademischen Einstand begonnen habe, indem er einem geachteten Universitätslehrer, der gerade eine Anthologie griechischer Gedichte veröffentlicht hatte, eine lange Liste teilweise schwerwiegender Fehler zuschickte. Bei Kriegsbeginn, berichtete er weiter, habe er unbedingt zur Kavallerie gewollt, es sei wieder das Bild vom Gentleman gewesen, das ihm zugesetzt habe, doch wurde er seiner schlechten Augen wegen abgelehnt.

Später kamen wir auf die «Professionalisierung» der Geschichtswissenschaft, die alles, was an der Vergangenheit Leben und Farbe sei, in «Mülltonnen» vergrabe, und schließlich wandte sich Trevor-Roper noch einmal meiner Veröffentlichung zu. Das einzige Stück, meinte er, dem er nicht ungeteilt zustimme, sei das Porträt Heinrich Himmlers. Zwar hätte ich die närrische Seite dieses Menschen gesehen, und um eine Bezeichnung wie die vom «Hühnerzüchter aus Waldtrudering» für diesen «todeslüsternen Hanswurst» beneide er mich geradezu. Aber den verstiegenen, aberwitzigen Wesenskern des SS-Führers hätte ich womöglich nicht konsequent genug hervorgehoben, ihn vor allem nicht als Merkmal der Hitlerbewegung im Ganzen beschrieben. Himmler habe nur demonstrativ vorgezeigt, was Hitlers verborgenes Irresein war.

Es gebe, fuhr er fort, eine Art «überkorrekter Verrücktheit», da stimmten wir überein, und die Nazis seien insgesamt nur eine Bande von Clowns gewesen, ohne alle Dämonie. Deshalb seien sie, mit Hitler vorneweg, am Ende von dem Abgrund verschlungen worden, dem sie entstiegen waren. Das zeige sich vielfach in der Geschichte, wenn auch selten so exzeßhaft wie an diesem Beispiel: daß das Nichts, das Grausen und die Komik zusammenkommen, wie es kein Dichter zustandebrächte. Aber Himmler sei auch noch astrologisch verrannt gewesen, gespenstergläubig und mystisch bis zur Bigotterie; einer dieser Weltverbesserer mit großen Verheißungen und engem Herzen, unter deren Händen alles nur schlechter wird: die Barbarei als Pedanterie – das habe die Welt bis dahin nicht gekannt. Man könnte glauben, der Reichsführer-SS, wie er sich nannte, sei die von einem verdrehten Dichter erfundene Phantasiefigur: «Das Schreckliche ist aber: Er war ganz real.»

Als uns ein Tisch zugewiesen wurde, waren wir bei der Appeasement-Politik der späten dreißiger Jahre, die Trevor-Roper den «großen Sündenfall» Englands nannte. Noch bevor es dazu kam, sagte er, sei er nach Freiburg gefahren, vor allem, um Deutsch zu lernen, weil er ein noch «zielloses Interesse» an der deutschen Kultur gehabt habe, die ihm groß, tiefgründig und rätselhaft erschienen sei. Er habe die Sprache auf eine ebenso ungewöhnliche wie bezeichnende Weise zu erlernen versucht: durch die Lektüre der «Geschichte der Stadt Rom im Mittelalter» von Ferdinand Gregorovius. Aber viel sei bei alledem nicht herausgekommen, «weil die Nazis mich zu sehr abstießen und mir Deutschland verleideten. Nur die Musik: der konnten sie nichts anhaben. Ich fand die endlosen braunen Prozessionen quälend, die Uniformen schlampig und die Leute abstoßend langweilig. Ein ums andere Mal wollte man mich bekehren, in England Propaganda für sie zu machen. Sie verstanden nicht, wenn ich sagte, mir graue vor charismatischen Anführern. Kurzum: I hated it!»

Später dann, 1938, sei er wiederum nach Deutschland gereist. Aber diesmal habe er alles als noch bedrückender wahrgenommen und sei mit seltsamen Abschiedsstimmungen nach Oxford zurückgekehrt. Damals habe er sich, einige zwanzig Jahre alt, Hitlers «Mein Kampf» beschafft. Da die einzig autorisierte englische Ausgabe um rund drei Viertel gekürzt war, habe er sich in einer «gewaltigen Energieleistung» die Mühe gemacht, das wahrhaft abstoßende, seltsam schamlos wirkende Buch auf Deutsch zu lesen: «Hätten das Chamberlain und die anderen nur auch getan», unterbrach er sich kurz. «Denn der Hitler von ‹Mein Kampf› gab keine Rätsel auf.»

Beim Hauptgericht, das auf schwerem, randvoll beladenem Porzellangeschirr kam und aus Königsberger Klopsen bestand, die man in diesem Restaurant auch mit den legendären Bratkartoffeln aß, waren wir bei Edward Gibbon, dessen Bedeutung Trevor-Roper mit dem Satz beschrieb, alle nachfolgenden Werke über den Untergang des Römischen Reiches seien zu «Fußnoten von ‹Decline and Fall› verdammt» bis heute. Gibbon, merkte ich mir von seiner Hommage, sei nicht nur ein überragender Schriftsteller gewesen, sondern gedankentief und geistreich bis zum Kaustischen. Am eindrucksvollsten sei ihm stets dessen Fähigkeit erschienen, auf radikale Weise skeptisch zu sein, ohne je an Menschlichkeit einzubüßen.

Noch immer mit Gibbon beschäftigt, verließen wir gegen Mitternacht das Lokal, und als wir zum Kurfürstendamm kamen, waren wir bei Macaulay und bei Jacob Burckhardt, die Trevor-Roper ebenfalls zu seiner Ahnengalerie rechnete. Nach kurzem Überlegen machten wir an einer Hotelbar halt, und ich brachte das Ge-

spräch noch einmal auf die ungezählten Vorbehalte gegen die Hitlerzeit, die jedem Historiker zu schaffen machten, jetzt und für immer. Auch ich hätte nie eine Zeile über jene Jahre schreiben wollen,
sagte ich und erzählte von meiner Vorliebe für das Italien des 14.
bis frühen 17. Jahrhunderts, seit ich mit vierzehn Jahren Burck-
hardts «Kulturgeschichte der Renaissance» gelesen hatte. «Damals», sagte ich, «habe ich sogar die Absicht gehabt, eine Biographie Castruccio Castracanis zu verfassen, der mich wohl vorab
seines hinreißenden, so mannhaft wie poetisch klingenden Namens wegen beeindruckt habe und ein toskanischer Söldnerführer
war, ein Feldherr, Förderer der Künste und dereinst womöglich
der Beherrscher Italiens.» Kein anderer als Macchiavelli habe ihm,
fügte ich hinzu, eine biographische Skizze gewidmet.

Aber alle riesenhaften Erwartungen, die Castruccio Castracani
galten, zerschlugen sich, als er mit Anfang dreißig einer Grippe er-
lag, und ich habe mich später verschiedentlich gefragt, ob es diese
hochironische Laune der Geschichte gewesen sei, die mich damals
schon, noch vor der Kenntnis Thomas Manns, so angezogen hatte.
Nun hatte eine andere Laune der Geschichte dazu geführt, daß ich
bei Hitler und seinen Spießgesellen gelandet war. Trevor-Roper
meinte, im Grunde sei es ihm nicht viel anders ergangen. Man könne dem entnehmen, daß nicht einmal unsere Lebensgeschichten
dem Willen gehorchten.

Gegen zwei Uhr nachts begann er, befeuert vom Wein und manchen kürzeren Getränken, Pläne zu machen. Nach einigen Anläufen entwickelte er das Konzept eines gemeinsamen, zweibändigen
Werkes über das Italien der Renaissance. Er werde, sagte er, den ersten Band verfassen, der das Panorama der politischen und gesellschaftlichen Verhältnisse behandle, während mir die Aufgabe zufal-
len werde, in einem zweiten Band die interessantesten Figuren der
Epoche zu porträtieren: Cosimo und Lorenzo di Medici, Alexander
VI. und die nachfolgenden Borgias, Savonarola, Castruccio und
Colloredo, aber keine Künstler, da das Buch dann unüberschaubar

werde. Nach einigem, von nippenden Schlucken unterbrochenem Nachdenken, setzte er hinzu: «Michelangelo vielleicht doch, eher aber», redete er sich weiter in die Sache hinein, «Guido da Montefeltre.»

Dann bat er den mit fast schon unerlaubter Besorgnis dreinschauenden Kellner um einen «definitiv letzten Drink» und sagte schließlich, die Aufgabenteilung sei ziemlich einfach: er werde wie beim Theater der elisabethanischen Zeit die Bühne zurechtzimmern, während es meine Sache sei, sie zu bevölkern, jeder Band solle ungefähr zweihundertfünfzig Seiten umfassen und das Ganze in einer Kassette vereint werden. Als wir in unser Hotel zurückkehrten, hellte sich stadteinwärts bereits der Himmel auf. Der Nachtportier verschaffte uns unter Mühen noch einen «allerletzten Drink», weil Trevor-Roper darauf bestand, unser Projekt zu begießen. Es ging damit dann weiter, wie es oft mit allzu großgeratenen Plänen weitergeht: Wir sprachen nie mehr darüber oder lediglich in unernsten Einwürfen.

Es war dennoch ein denkwürdiger Abend. Schon die seltsam jungenhafte Erscheinung mit dem forschenden Blick in den wachen, rundbebrillten Augen und der Kopf mit dem mühsam geglätteten Haar verfehlten ihren Eindruck nicht. Hinzu kam, daß Trevor-Roper auch im Gespräch die Klarheit, die Geistesgegenwart und den Witz offenbarte, die ihn zum bedeutendsten englischen Historiker der Jahrhundertmitte gemacht haben. Ein ums andere Mal hatte er mir auch die Zuverlässigkeit seines Gedächtnisses vorgeführt, das selbst lange zurückliegende Vorkommnisse oder Textstellen nicht selten mit Quellenangabe wiedergeben konnte. Dabei quälte ihn alles Geschwätz, wie er einmal sagte, gelehrtes wie ungelehrtes, gesprochenes wie geschriebenes.

Zugleich war zu spüren, daß ihm keine Gegnerschaft, kein Druck, keine Mode etwas anhaben konnten. Die vielgerühmte Durchsichtigkeit seines Stils führte Trevor-Roper auf das Lateinische zurück, das noch immer «die beste Schule des Denkens wie

323

des Schreibens» sei. «Austerity», wie man sie bei Tacitus lernen könne, sei so wichtig wie «Limpidity», was wir nach einigen suchenden Anläufen mit «Leichthändigkeit» übersetzten. Das Publikum, für das er schreibe, meinte er in einem späteren Gespräch, bestehe aus den von der Wissenschaft verschmähten Leuten mit dem wachen Sinn für die Vergangenheit. Die Rezensenten dankten ihm mit dem bei nahezu jeder Veröffentlichung wiederholten Befund: «A wonderful read».

Schon in seiner Antrittsrede 1957 als der vom Premierminister im Namen der Königin berufene Regius-Professor in Oxford hatte Trevor-Roper die Fachkollegen gewarnt, durch die wachsende «Spezialisierung» das Publikum zu verschrecken. Doch alle gedankliche und sprachliche Klarheit hätte ihm nie den Ruf des großen Schriftstellers eingetragen, wenn er nicht ein so lebhaftes Vergnügen an der Farbigkeit, an Geruch und Geschmack der Weltkomödie oder – wie er im Alter mit distanzierendem Lächeln zu sagen liebte – der «komischen Welttragödie» gehabt hätte. Wer dieses elementare Vergnügen nicht aufbringe, meinte er einmal, lasse besser «Kopf und Hände» von der Vergangenheit. Denn die Geschichte sei kein berechenbarer Prozeß, wie Hegel uns habe weismachen wollen; sie lasse sich vom Willen nicht lenken. Die Menschen seien nur ihr Material. Und manchmal gelinge es einem Einzelnen, sich ihre Schwungkraft zunutze zu machen. Der Zufall wirke da meistens mit. Aber nie für lange Zeit.

Hinzu kam aber noch, als sozusagen salziges Element, Trevor-Ropers Streitlust, die gefürchtete Schärfe seiner Attacke. «I love battles», pflegte er schon in jungen Jahren zu sagen, und daß er lieber sarkastisch als feierlich daherkomme. Kampf und Gelächter hätten viel miteinander zu tun. Über einen renommierten Biographen schrieb er, er nähere sich seinem Helden zu gebückt, fast auf den Knien, und könne daher naturgemäß nicht weit sehen; und zu einem vielgelesenen Historiker merkte er an, er stelle sich den Horizont mit kleinbürgerlichen Metaphern zu. Eine Nachlässig-

keit in einer wissenschaftlichen Arbeit konnte ihn über die Maßen
aufbringen, und mitunter hat er aufgrund einer vom Autor übersehenen Einzelheit eine ganze, mühevoll errichtete Konstruktion
zum Einsturz gebracht. Er habe es in jungen Jahren geliebt, an un-
solide errichteten Bauten den Sprengmeister zu machen, sagte
Trevor-Roper bei einer unserer letzten Begegnungen Ende der
neunziger Jahre: «Es war, noch im Zurückdenken, ein herrliches
Erlebnis, wenn die Minen zündeten und aller Welt die Brocken
um die Ohren flogen.»

Nicht wenige formten aus der Verbindung von Brillanz und Bosheit ein Doppelgesicht und sahen in Trevor-Roper einen Jekyll und
Hyde in zeitgenössischer Gestalt: Trevor sei ein Historiker von en-
zyklopädischer Breite des Wissens und voller niemals nur originel-
ler, sondern immer zugleich auch souveräner Gedanken, menschlich, ernst und verständnisvoll. Roper hingegen, dessen Ahnen bis
zu dem 1535 hingerichteten Lordkanzler Thomas Morus zurückgehen, müsse als ein von Unruhe getriebener, übelwollender, fast
diabolischer Geist gesehen werden. Die Menschenwelt mit ihren
Irrtümern, Leiden und Verhängnissen sei für Roper kein Gegenstand des Mitgefühls, sondern ein panoptischer Käfig mit drängeln-
den, durcheinanderschreienden und keuchenden Insassen.

Der überzeugendste Nachweis für Trevor-Ropers Doppelnatur
lasse sich aus seinen Arbeiten gewinnen, fand ich im Gespräch mit
einem Oxford-wit heraus: Trevor habe in zahlreichen Essays seiner Bewunderung für Philipp II. von Spanien Ausdruck gegeben,
während Roper unter dem Titel «Der Einsiedler von Peking» einen Hochstapler entlarvte, der sich als Sinologe ausgab und tatsächlich ein «Waffenhändler und ordinärer Pornograph» war. Trevor verehrte Fernand Braudel und dessen sozialwissenschaftliche
Schule der «Annales», während Roper ebendiese Art der Geschichtsschreibung als «Wissenschaft für triviale Köpfe» verhöhnte. Wiederum war es Trevor, der den Philosophen der puritanischen Revolution eine Art Piedestal errichtete, während Roper

325

seinen Groll und seine Verachtung an den «Hanswürsten» der Hitlergefolgschaft ausließ, den pathetischen Possenreißern, die fast zu Herren der Welt geworden wären. Trotz dieser gespaltenen Natur fand sich keine Ungereimtheit zumindest in seinen wissenschaftlichen Arbeiten. Vielmehr war jedes Vorbringen wohlbegründet und zusammengehalten durch die selbstverständliche Autorität des großen Historikers.

Ich bin Trevor-Roper in den nachfolgenden Jahren einige Male im Trubel Londoner Gesellschaften begegnet, doch im Sommer 1968, kurz nachdem ich den Entschluß zu einer umfangreichen Hitlerbiographie gefaßt hatte, sah ich ihn in Oxford. Ich erzählte ihm, welche ausschlaggebende Rolle er bei meiner Entscheidung für das Buchprojekt gespielt hatte. Der amerikanische Verlag, von dem der Anstoß dazu stammte, war der Auffassung, daß das vorerst abschließende Wort über Hitler nicht von einem britischen Historiker kommen dürfe, dem ebenfalls in Oxford lehrenden Alan Bullock, der bereits wenige Jahre nach dem Ende des Krieges eine vielbewunderte Biographie des Diktators veröffentlicht hatte. In einer Unterredung nannte ich dem Verleger William Jovanovich und seiner Directrice Helen Wolff einige vorab persönliche Gründe, von denen ich meine Entscheidung abhängig machen würde. Wichtiger aber sei mir eine sachliche Überlegung: Ich wolle und könne Bullocks Werk nicht einfach aus sozusagen deutscher Perspektive neu schreiben, zumal ich stets die Ansicht vertreten hätte, Hitler sei ein europäisches Phänomen, wenn auch ein deutsches Verhängnis. Ich würde die Arbeit nur beginnen, wenn sich durch Materialfunde oder neue Lesarten herausstellen sollte, daß Bullocks Biographie einen gravierenden, an den Kern der Hitlerdeutung rührenden Irrtum enthalte.

Ich war in Oxford, wie bei jedem Aufenthalt, an einem der ersten Tage mit Alan Bullock zusammengetroffen, und er war liebenswürdig und aufgeschlossen wie stets. Nur als ich eher beiläufig die soeben begonnene Hitlerbiographie erwähnte, schien er einen Augenblick lang zu stutzen, hing dann, wie mir vorkam, irgendwelchen Gedanken nach, ehe er wieder in seine gewohnte, immer etwas steife Leutseligkeit zurückfand. Über das Hitlerbuch wechselten wir kein Wort mehr. Gegen Ende hatte Bullock sogar ein paar aufmunternde Gemeinplätze für mein Vorhaben parat. Er murmelte irgendetwas über die Herausforderungen, denen man sich mitunter wohl stellen müsse, und daß noch manche «ordentliche Arbeit» zu leisten sei, um das Hitlerdesaster einigermaßen begreiflich zu machen.

Ich hatte Alan Bullock nicht ganz unbefangen aufgesucht. Denn wenige Monate, nachdem ich William Jovanovich meine bedingte Zusage erteilt hatte, war mir eine Rede in die Hände gefallen, die Trevor-Roper unter dem Titel «Hitlers Kriegsziele» in München gehalten hatte. Ich war nicht viel weiter als bis zur vierten oder fünften Seite des Textes gelangt, als mir mit einem Mal klar wurde, daß die genannte Bedingung eingetreten und Alan Bullocks Hitlerdeutung nicht haltbar war. Denn Bullock hatte, der seinerzeit herrschenden Auffassung folgend, in Hitler den ganz und gar prinzipienlosen Politiker gesehen, dem kein anderes Ziel wichtig war als der Gewinn, die Sicherung und ständige Erweiterung seiner Macht. Als radikaler Nihilist habe er nicht einmal die Ansätze einer Idee verfolgt, hatte Bullock dargelegt, sondern Ideen nur benutzt, um als der machtpolitische Vielfraß, der er war, seiner Gier sozusagen einen Brocken hinzuwerfen.

Die Münchener Rede Trevor-Ropers warf diese These mit einem einzigen Schlag über den Haufen. Anhand von vier schriftlichen Hinterlassenschaften Hitlers wies er nach, daß der Diktator kein machtdurstiger Opportunist gewesen war, sondern eine «völlig durchkonstruierte politische Philosophie» entworfen und verfolgt hatte. Zwar setzte Trevor-Roper sich mit keinem Werk auseinander, das die «Nihilismus»-These vertreten hatte, und Alan Bullock war, neben einigen weiteren Historikern, nur in einem dürren Klammersatz erwähnt. Aber die Abhandlung hatte eine bündige

327

Überzeugungskraft, und als Leser meinte man Seite für Seite den Lärm zu hören, mit dem ringsum alles einstürzte, was soeben noch herrschende Lehre gewesen war. Wieder einmal hatte Trevor-Roper in seinem Vorzugsfach als «Sprengmeister» brilliert.

Als ich ihm während eines Spaziergangs durch das unter tiefen Wolken fast geduckt daliegende Oxford berichtete, daß er mit seiner Rede, wie mir schien, ganze Regale mit Hitlerdeutungen leergeräumt habe, erschien hinter den dicken Brillengläsern wieder der Ausdruck boshafter Genugtuung. Dann setzte Trevor-Roper aufgeräumt nach, daß er mein Vorhaben in noch einem weiteren Punkt befördert und sich folglich «doppelt schuldig» zu bekennen habe. Denn Jovanovich und Helen Wolff hätten vor Jahr und Tag eine Art Umfrage bei fachlich bewanderten Kollegen veranstaltet, welchem deutschen Autor eine Hitlerbiographie zuzutrauen sei, und er habe meinen Namen genannt – nicht anders, wie er später herausfinden konnte, als einige weitere der Befragten von Hannah Arendt bis zu Geoffrey Barraclough.

Als es zu regnen begann, flüchteten wir ins nahe Christ Church College, doch Trevor-Roper sprach in aller Atemlosigkeit unablässig weiter, und ich konnte beobachten, wie er an dem «Ekelthema», von dem er bei Gelegenheit gesprochen hatte, nach wie vor nicht vorbeikam. Er halte an der Auffassung fest, sagte er, daß Hitler trotz aller «hysterischen» Züge und, wie er mit fragendem Ausdruck hinzufügte, aller charakterlichen «Lumpigkeit» ein mächtiger Revolutionär gewesen sei. Hitler habe Stalin nicht zuletzt deshalb so gehaßt, weil der sowjetische Diktator sein einziger ernsthafter Rivale gewesen sei. Darüber hinaus aber habe er sich am Beginn eines neuen Zeitalters gesehen, und was da heraufkam, sollte nicht das Zeitalter Stalins oder des Kommunismus werden. Die Gegenwart bedürfe nur eines kleinen, aber sicher geführten Stoßes, um die neue Welt zu gebären, dachte Hitler. Und sich selber betrachtete er als eines der Genies aus dem «Brutstall von Carlyle».

Später, als der Regen aufgehört hatte, gingen wir in seinen seltsam düsteren, mit Büchern vollgestopften Arbeitsraum im Oriel College hinüber. Trevor-Roper kam im Blick auf die Hitlerbiographie vom einen zum anderen. Wichtig und aufschlußreich sei, befand er, daß ein so altmodischer Mensch wie Hitler, der nicht einmal im 19. Jahrhundert zu Hause war, sondern von viel weiter herkam, so sehnsüchtig in die Zukunft sah. Gewiß bewunderte Hitler die antike Welt. Doch galt seine Bewunderung nicht so sehr ihrem Schönheitssinn. Weit davor rangierte ihre Härte und Grausamkeit, das barbarische Element, das die Tempel und Statuen nur verdeckten, sowie die Selbstverständlichkeit, mit der die Menschheit von Perikles bis Cäsar und noch einige Jahrhunderte darüber hinaus das Dasein als Überlebenskampf betrachtet hätte.

Die Appeaser, kam Trevor-Roper bei einer weiteren Kanne Tee auf einen seiner Obsessionspunkte zurück, bewunderten ebenfalls die antike Welt, sie haßten Stalin und den Kommunismus, und über die eine oder andere Streitfrage würde man sich selbst mit Hitler verständigen, meinten sie. Doch sahen sie den Abgrund nicht, fuhr Trevor-Roper fort, der sie trotz der paar scheinbaren Übereinstimmungspunkte von dem deutschen Herrscher trennte. Sie verstanden Hitlers Weltbild nicht. In der City und vor den Clubs von St. James's kannten sie jeden Bordstein, so daß der Zylinder und der Regenschirm, mit denen die Nazipropaganda sie lächerlich zu machen versuchte, durchaus treffende Symbole waren. Aber nichts wußten sie, die Cityleute, vom Dschungel. Und Hitler war der Dschungel. In Whitehall hat das niemand je begriffen.

Wir sahen uns in den folgenden Jahren häufig wieder, zumal das anhaltende Konferenztreiben nach der Veröffentlichung der Hitlerbiographie uns mehrfach zusammenbrachte. Jedesmal beeindruckte mich die Vielseitigkeit von Trevor-Ropers Interessen, die Präzision seiner Gedanken, seine Freiheit und sein Witz. Er wußte über Cervantes, Turgenjew oder George Orwell so viel wie von dem voyeuristischen Klatsch um die Affären Graham Greenes.

Nach einem Treffen in Mittelengland erzählte er von den Fuchsjagden, an denen er in dieser Gegend teilgenommen hatte. Die seien seine Leidenschaft gewesen, seit er mit einem snobistischen Studienfreund übereingekommen war, daß die Jagd zu jedem wahrhaft intellektuellen Dasein gehöre.

Auf den Einwurf, daß mir die Vorstellung ziemliche Mühe bereite, wie er gestiefelt und gespornt, im sozusagen bunten Rock über Stock und Stein setze, die zahlreichen Hecken gar nicht gerechnet, erwiderte er, das habe mit dem Puritanischen zu tun, das weniger aus seiner Natur als aus seiner Erziehung herkomme. Großgeworden sei er mit der Maxime, daß an einer Sache, die Vergnügen bereite, irgendetwas nicht stimmen könne. Folglich habe er auf alle denkbaren Arten sein Vergnügen gesucht, in der Jagd, beim Reiten, bis er beides aufgeben mußte, dann in den Wettbüros, wo er noch heute seine Einsätze mache, sowie in manchen weiteren «irdischen» Belustigungen. Die Katholiken seien besser dran: die dürften einfach drauflos sündigen. Als gelernter Puritaner hingegen müsse man sich, mitunter nicht ohne Mühe, ein Laster beschaffen, um nicht in der freudlosen Welt des Verzichts auszudorren.

Bisweilen schien mir, er halte sich denn auch einige exzentrische Launen bereits als eine Art Laster zugute. Nach seiner Heirat 1954 mit Lady Alexandra, einer Tochter des Feldmarschalls Earl Haig, führte er ein gesellschaftlich auffallendes Leben: Seine Frau trat stets eine Nuance waghalsiger gekleidet auf, als es die Mode gerade noch erlaubte, und er kam im Samtsmoking mit einer Chrysantheme oder Rose im Revers, besticktem Schuhzeug und grellroten Socken. Auch die Vernarrtheit in schnelle Autos ging offenbar auf seine Neigung zum Ausgefallenen zurück, und in den späten sechziger Jahren konnte man hören, er halte mit dem Bentley, den er sich von den Honoraren für «Hitlers letzte Tage» gekauft hatte, noch immer den Geschwindigkeitsrekord für die Strecke Oxford – London. Desgleichen läßt sich vermuten, daß seine Faszination für die Geheimdienste mit seiner Vorliebe für das Fragwürdige, sogar Unerlaubte zu tun hatte, und noch die Freiheit, mit der er sich über die sowjetischen Spione in seiner Umgebung äußerte, war nicht ohne provozierenden Unterton. «Anders als mit Blunt, den ich widerwärtig fand», sagte er bei Gelegenheit, «verband mich mit Kim Philby so etwas wie eine Freundschaft. Sie begann schon bald, nachdem wir uns 1941 kennengelernt hatten. Alle Geheimdienstleute kommen mehr oder minder aus dem Irrenhaus. Philby kam nicht von da. Er war klug, belesen und von argumentativem Scharfsinn. Außerdem schätzte ich ihn als Trinkbruder.»

Auf Befragen hat Trevor-Roper einmal entgegnet, er habe in seinen «übermütigen Jahren» manchen Einfall nur vorgebracht, weil er ruchloser klang und jene «liliputanischen Schocks» verbreitete, die den Zuhörern die Sprache verschlugen. Er war damals ganz in die schwer durchschaubare und exklusive Welt der Dons und Fellows von Oxford eingetaucht, und hin und wieder gab er zu erkennen, welchen Anteil er an den Machtkämpfen und universitären Intrigen nahm. Einmal hörte ich ihn auf den Straßen Oxfords einen entgegenkommenden Professor mit den Worten begrüßen: «Was sagen die neuesten Gerüchte? Und wen nehmen sie aufs Korn?» Doch anders als die Mehrzahl seiner Kollegen ging er niemals darin unter.

Für solche Selbstverluste war er zu eigensinnig, zu hochmütig und überdies zu sehr darauf bedacht, sich hervorzutun. Schon nach wenigen Begegnungen konnte man erkennen, daß er seinem Wesen nach unfähig war, in der Anonymität zu verschwinden oder sich mit hinteren Plätzen abzufinden. Im Grunde war er scheu. Aber er besaß ein ausgeprägtes Bewußtsein seines Wertes. Studenten, die, im Widerspruch zum universitären Comment, ohne Talar zur Vorlesung erschienen, wies er kurzerhand die Tür.

Erhebliches Aufsehen erregte er mit seinen Zeitungsbeiträgen, seinen Essays und vor allem mit seinen Polemiken. Berühmt geworden sind seine Auseinandersetzungen mit dem Schriftsteller

Evelyn Waugh, dem Historiker A. J. P. Taylor oder dem Kultur-philosophen Arnold Toynbee, dem er «monströse Eigenliebe bei tiefem Obskurantismus» vorwarf, und später, als ihm gesagt wur-de, Toynbees Ruf habe sich von dieser Attacke nie wieder erholt, kam nur der kurze Einwurf: «Das gefällt mir! Denn nichts anderes war meine Absicht, weil er alles verleumdet, was mir wichtig ist.» Dabei gewann man oft den Eindruck, seine Angriffe seien kühl kalkuliert. Ein Oxforder Beobachter warf ihm einen Hang zu niedriger Grausamkeit vor, der sich hinter der Allüre des Gelehr-ten nur verstecke. Ein anderer entgegnete auf die Frage, ob der Regius-Professor Freunde habe: Trevor-Roper komme ihm vor wie ein Bischof jenes 18. Jahrhunderts, über das er so ausgiebig ge-arbeitet habe: gelehrt, maßvoll sybaritisch und frivol. Könne man mit so jemandem befreundet sein?

Mitunter kam mir die Vermutung, auch Trevor-Ropers Hinge-zogensein zu Deutschland habe mit den Abgründen zu tun, die er an dem Land entdeckte, und heimlich beneide er die Deutschen um die Rätsel, die sie der Welt aufgäben. Jedenfalls ließ er sich im angeregtesten Gespräch über die englischen Bürgerkriege, das Frankreich Heinrich IV. oder Leonardos naturwissenschaftliche Studien augenblicklich unterbrechen, wenn die Rede auf Deutsch-land kam, keineswegs nur auf die Jahre des Hitlerregimes, sondern auch auf die deutsche Philosophie, Musik oder bildende Kunst. Ganz unsinnig, sagte er mir mehrfach, sei die häufig zu hörende Behauptung, er hasse oder verachte die Deutschen. Eine Abnei-gung habe allenfalls in den frühen Jahren bestanden. Inzwischen gelte sie lediglich dem Typus des «unterwürfigen Herrenmen-schen», den er zuerst auf seinen Deutschlandreisen während der dreißiger Jahre und dann vor allem im Verlauf der Befragungen nach dem Krieg kennengelernt habe: diese gleichzeitig «großmäu-ligen und weinerlichen Bosse», die endlos beteuerten, nur das Be-ste gewollt und das Schlimmste verhütet zu haben. Er habe dann regelmäßig gefragt, wo denn «das Beste» geblieben und ob das

«Schlimmste» nicht, wie jeder Schritt durch eine beliebige Stadt lehre, eingetreten sei?

Später äußerte er in einem dieser Gespräche noch, befremdlich bis zur Unbegreiflichkeit empfinde er die Sterbensbereitschaft der Deutschen, ihre seltsame Bruderschaft mit dem Tod, wie er sie bei der Arbeit an den «Letzten Tagen» kennengelernt habe mitsamt der Vorliebe für solche Bilder wie das vom «Verlorenen Posten», das seit dem 19. Jahrhundert zur «deutschen Gemütsausstattung» gehöre. Der Admiral Tirpitz, erinnere er sich, habe einmal von der «Selbstmörderecke in der Seele jedes anständigen Deutschen» gesprochen. «Jedenfalls sind Ihre Landsleute in den vergangenen Generationen», setzte er hinzu, «mit dem Tod immer halbwegs zurechtgekommen, mit dem Leben dagegen kaum.»

Im Verlauf eines etwas späteren Gesprächs in der abseits gelegenen Ecke einer Hotelbar nahe dem Hyde Park kam ich noch einmal auf seine Äußerungen zurück und sagte, daß Deutschland, meinem Eindruck zufolge, seine beunruhigenden Mythologien inzwischen hinter sich gelassen habe. Trevor-Roper hob zweifelnd die Schultern: Wer wolle das schon sagen?, erwiderte er. Er würde für meine Auffassung die Hand nicht ins Feuer legen. Und dann, nach kurzem Nachdenken: Aber für England auch nicht. Im Grunde sei er sich keines europäischen Landes sicher, Luxemburg und Liechtenstein ausgenommen. Jedenfalls hätten die Eindrücke der ersten Jahrhunderthälfte weit weniger, als oft behauptet werde, mit den Charaktermängeln oder schurkischen Veranlagungen einer Nation zu tun. Dergleichen werde aufs einfältigste überschätzt. In Wirklichkeit seien zahlreiche politische, wirtschaftliche und soziale Ursachen für die Verwirrungen verantwortlich zu machen, die in dem einen Land stärker und dort schwächer zum Ausbruch kamen. Die beste Sicherung böten nach wie vor tief verwurzelte, vom Vertrauen der Bürger wie von der Tradition gestützte Institutionen: «Solange sich derartige Einrichtungen in Deutschland nicht herausbilden, wird es ein Unsicherheitsfaktor bleiben.»

Ich wies Trevor-Roper auf die tausend Schwierigkeiten hin, die diesem Ansinnen in einer Zeit entgegenstünden, die dem Raptus des Neuen verfallen sei. England habe wie durch ein Wunder eine Art öffentlicher Vernünftigkeit bewahrt. Doch habe es sich, falls man von Cromwell her rechne, dreieinhalb Jahrhunderte Zeit für die Ausbildung seiner institutionellen Sicherungen gelassen, ungefähr, fügte ich hinzu, so lange wie für den berühmten Rasen. «Ja, ja», lachte Trevor-Roper, «soviel Zeit wird Deutschland auch benötigen. Für den Rasen dagegen reicht selbst das nicht! Damit sollten Sie es gar nicht erst versuchen!»

Ende der siebziger Jahre trafen wir uns bei dem Verleger George Weidenfeld, und ich berichtete Trevor-Roper am Rande des Partygewirrs von einem Angebot aus Hitlers persönlichem Nachlaß, das mir von einem ehemaligen Mitarbeiter des Parteiarchivs der NSDAP unterbreitet worden war. Auf reichlich mysteriöse Weise, über die aber kein rechter Aufschluß zu bekommen war, hatte der Anbieter sich, wie er sagte, die Verfügungsrechte über einige Kisten wichtigen Materials beschafft. Es enthielt eine Anzahl von Anweisungen und Kurzbriefen Hitlers, ein Schreiben an Rudolf Heß, das den Verdacht nährte, der Englandflug des Führerstellvertreters sei mit Wissen Hitlers erfolgt, zwei handschriftlich abgefaßte Bände mit Tagebuchaufzeichnungen sowie, als spektakulären Höhepunkt und «Pièce de douceur», ein Ölgemälde Hitlers von der nackt posierenden Eva Braun. Als Preis verlangte der einstige Archivdirektor einen ausführlichen Bericht in der «Frankfurter Allgemeinen Zeitung» sowie einen Barbetrag von etwa 150 000 Mark.

Aus mancherlei Gründen kamen mir alsbald schwerwiegende Bedenken, so daß sich die Sache zerschlug. Trevor-Roper teilte mein Mißtrauen. Er glaube nicht daran, sagte er im Gedränge der durcheinanderredenden Gäste, daß Hitler dem Englandflug von Heß zugestimmt habe, auch kenne man die Abneigung des Führers gegen jedwede handschriftliche Äußerung, und was die beiden Bände mit angeblich privaten Aufzeichnungen angehe, sei er der Auffassung, daß ein Mann wie Hitler weder die Zeit noch die Nerven und schon gar nicht die Offenheit besessen habe, die noch das belangloseste Tagebuch erfordere. Und bei der Vorstellung eines Aktgemäldes, das Hitler von Eva Braun anfertige, müsse er in schallendes Gelächter ausbrechen. Trevor-Roper fragte schließlich, ob ich das Original gesehen hätte, doch mußte ich verneinen, da mir nur eine Fotografie vorgelegt worden war. Und ob Albert Speer, setzte er nach, Otto Günsche oder Hitlers Kammerdiener Linge je bemerkt hätten, daß Hitler ein Tagebuch führe? Ich entgegnete, daß ich lediglich mit Speer über das Angebot gesprochen hätte, doch habe der nur den Kopf geschüttelt und von «Schwindel» gesprochen.

Um so verblüffter war ich annähernd vier Jahre später darüber, daß Trevor-Roper sich als einer der vom «Stern» und von der «Times» hinzugezogenen Sachverständigen eher zustimmend über die Echtheit der Hitlertagebücher äußerte. Zwar hat er als erster schon in der spektakulären Pressekonferenz des Blattes öffentlich Zweifel vorgebracht sowie auf weitere Untersuchungen gedrängt und, noch bevor der Betrug in ganzem Umfang aufgeflogen war, sein Fehlurteil eingestanden. Später ist er sogar mit einer Entschuldigung von seinem Verhalten abgerückt. Doch der Vorwurf hing ihm lebenslang an. Als ich ihn geraume Zeit später fragte, warum er trotz unseres voraufgegangenen Gesprächs und all der Zweifel, die wir hatten, mir gegenüber nie ein Wort über seine Gastrolle in der Presse verloren habe, erwiderte er, es sei strengstes Stillschweigen vereinbart gewesen, daran habe er sich selbstverständlich auch den engsten Freunden gegenüber gehalten.

Zudem sei ihm, fügte er später hinzu, zunächst nicht einmal der Verdacht gekommen, daß es sich bei den rund sechzig Tagebüchern und dem Berg von weiteren Papieren um denselben Bestand handeln könne wie bei den von mir erwähnten zwei Bänden: «Ich hatte nicht bedacht, daß der Fälscher ein Deutscher war und unausgesetzt weitergearbeitet hatte.» Auch hätten wir wohl allzu anekdotisch darüber gesprochen und eher scherzhaft. Dagegen habe dann die «fast sakrale Atmosphäre» in den Hinterzimmern der Zürcher Bank gestanden sowie die, wie sich später herausstellte, falschen Zusicherungen der «Stern»-Leute, sie kennten den Mann, der das Material geborgen und herbeigeschafft habe. «Warum sagten sie das nur?», fragte Trevor-Roper kopfschüttelnd. Er habe bis heute keine Antwort darauf. Nach einer kurzen Pause setzte er hinzu, man müsse auch die Schwierigkeiten bedenken, die er mit Hitlers eigenartig deutscher Handschrift gehabt habe sowie die wenigen Stunden, die ihm von dem Chefredakteur Charles Douglas-Home eingeräumt worden seien, weil der «Stern» die Veröffentlichung der Tagebücher unvermittelt um drei Wochen vorgezogen hatte. Und anderes mehr.

«Aber wozu das alles anführen?», fragte er. Ihm sei durchaus bewußt, daß er seinen zahlreichen Gegnern eine billige Handhabe geliefert habe, zumal denen, die er wegen ihres sorglosen Umgangs mit den Quellen dann und wann dem öffentlichen Hohn ausgesetzt habe. Damit käme er nach den ersten Wochen, in deren Verlauf er sich wie «in Agonie» empfunden habe, halbwegs zurecht. Anders sei es mit den Vorwürfen, die er sich selber mache. Die blieben ein Problem.

Da unverkennbar war, wie schwer ihm die Worte fielen, bot ich Trevor-Roper an, das Thema zu wechseln. Er wolle nur noch eines bemerken, sagte er. Noch heute, nach so langer Zeit, komme er sich mitunter wie «ein orientalischer Ehebrecher» vor, den eine johlende Menge mit Steinen bewirft. Als würde er sich des etwas pathetisch geratenen Bildes bewußt, fügte er hinzu: «Die Steinewerfer waren natürlich allesamt hochangesehene Leute aus der Fleet Street, denen dergleichen Irrtümer nie unterlaufen sind.» Tatsächlich hat ihm der Fehlgriff bei den Hitlertagebüchern bis ans Ende seines Lebens zu schaffen gemacht. Verziehen hat er ihn sich nie.

Im Sommer 1990 kam Trevor-Roper mit seiner Frau auf dem

Weg zu den Bayreuther Festspielen in Frankfurt vorbei. Er hatte sich mit dem Hinweis angekündigt, nicht zuletzt durch einige meiner Arbeiten überredet worden zu sein, daß die Lösung mancher Hitlerrätsel einzig über Richard Wagner zu finden sei; nun wolle er das Werk an Ort und Stelle erleben. Im ganzen verbinde er auch musikalisch eher zwiespältige Empfindungen damit. Tatsächlich schleppe Wagners Œuvre zu viel mit, was die Musik belaste und vermindere. Wagner wolle immer zu viel: eine Rettungsideologie für die Welt erdenken, die Kunst zur Herrschaft führen, eine Revolution anzetteln, durch die Vereinigung von Liebe und Tod eine neue Ewigkeit herstellen, kurzum, die Menschheit erlösen – und das auch noch in Dichtung und Musik. Doch die Vielfalt und Größe seiner Bestrebungen habe ihn kleiner gemacht, als er eigentlich war. Die Musik sei überwältigend, und er könne es kaum erwarten, nach Bayreuth zu kommen. Aber über allem liege der Schatten des zu viel und zu maßlos Gewollten.

Ich empfahl beiden, Wahnfried zu besichtigen, doch das barocke Bayreuth nicht zu versäumen, das den Besucher dank seiner Bescheidenheit aus der Wagnerschen Megalomanie ins Menschliche zurückhole. Später erzählte ich vom nahe gelegenen Bad Berneck, wo Hitler, auch als Kanzler noch, auf den Fahrten zwischen München und Berlin jeweils Station machte und zu Winifred Wagner hinüberfuhr. Ich erwähnte auch das Gerede des engeren Gefolges, wonach Hitler eine Affäre mit der «Hohen Frau» habe, und Trevor-Roper meinte, daß die zwei Heiratsanträge, die freilich Winifred an Hitler gerichtet habe, den Gerüchten einige Glaubwürdigkeit verliehen. Aber eine merkwürdige, verrückte und alle Vorstellungskraft überfordernde Bettgenossenschaft bleibe es.

Natürlich kamen wir auf den Vereinigungsprozeß, der gerade im Gange war, und man konnte den Eindruck gewinnen, daß Trevor-Roper trotz allen Zutrauens in die Stabilität der Bundesrepublik nicht ohne Besorgnisse war. Bald waren wir wieder bei der «Mittellage», Deutschlands «ewigem Dilemma», wie er meinte. Man könne eine ziemlich gerade Linie vom Westfälischen Frieden über Bismarck zu Wilhelm II. und Hitler ziehen, alle deutsche Staatsräson komme aus seiner geographischen Lage, und mit jedem der genannten Namen verbinde sich eine Lösungsmöglichkeit. Die einen, wie Bismarck, seien verantwortlich damit umgegangen, die anderen leichtsinnig und der zuletzt erwähnte verbrecherisch.

Darüber waren wir uns rasch einig. Doch, wandte ich ein, zum ersten Mal in der Geschichte drehe sich derzeit die Scheibe. Bei halbwegs gutem Fortgang könne die Mittellage dem Land sogar zum Vorteil gereichen. Denn unversehens sei Deutschland zum Kreuzungspunkt unzähliger Kraftlinien geworden, aus dem alle Welt ihren Nutzen ziehen könne. Vordringlich sei, das Bedrohungsgefühl im Innern wie jenseits der Grenzen abzubauen. Dafür gebe es jetzt eine vielversprechende Chance.

Natürlich werde es beträchtliche Schwierigkeiten geben. Doch einige Umsicht vorausgesetzt, werde das Land der stärkste Handelspartner nach allen Himmelsrichtungen werden und zugleich die Antriebskraft für jenes Europa, das die Vorteile der Mittellage politisch absichert. Sie könnten jedem zugute kommen. Trevor-Roper erwiderte fast grüblerisch, für meine Erwartungen spreche vieles. Aber die alten Reflexe endeten nicht so rasch, wie ich offenbar annähme. Schließlich kehre Deutschland in die Übergröße zurück, die jahrhundertelang Europas Balance durcheinandergebracht habe. Die Deutschen seien stets zu groß gewesen für den Kontinent und zu klein für die Vorstellung, die sie von der eigenen Bedeutung hatten. Deutschland sei auch in der Vergangenheit schon nicht nur das Opfer, sondern auch der unersättliche Nutznießer der Mittellage gewesen.

Daran schloß sich eine längere Auseinandersetzung über Deutschlands Rolle als «ewiger Unruhestifter» an, die bei der Frage nach der Urheberschaft für den Ausbruch des Ersten Weltkriegs endete. Die Katastrophe von 1914 sei nahezu ausschließlich Deutschlands Werk gewesen, meinte Trevor-Roper, doch konnten wir uns nicht darüber verständigen, wie historische Schuldanteile zu messen seien. Bei allem Hin und Her kam Trevor-Ropers Neigung zur Hell-und-Dunkel-Teilung der Welt zum Vorschein, verstärkt noch durch den traditionellen Schiedsrichter-Hochmut des Inselbewohners – auch dieser Reflex, warf ich einmal ein, endete offenbar nicht so rasch. Verblüfft nahm er meinen Hinweis auf, daß weder in der Geschichte noch im Leben alle Schuld immer nur auf einer Seite zu finden sei, während die andere fleckenlos dastehe. Wie einfach wäre alles, wenn es sich so verhielte.

Zuletzt räumte Trevor-Roper «ein paar Mißgriffe Englands und zumal Frankreichs» ein, fügte aber sogleich hinzu, daß Deutschland sich nicht nur Mißgriffe geleistet, sondern, bestärkt von einer kriegslustigen Öffentlichkeit, eine «kalte Konfliktstrategie» betrieben habe. Ich gab ihm hinsichtlich der Stimmung recht, verwies aber auf den militanten, von angesehenen Dichtern wie Bloy und Péguy getragenen Chauvinismus Frankreichs. Selbst auf britischer Seite habe es dergleichen gegeben, sagte ich, und zitierte die Äußerung eines höheren Offiziers, die mir unlängst vor Augen gekommen war, wonach die ersten Erfahrungen mit dem Krieg «herrlich» und «wie ein großes Picknick» seien. Europa sei insgesamt friedensmüde gewesen, setzte ich hinzu, doch Trevor-Roper schien nicht überzeugt. Er schloß die Debatte mit dem Bemerken, daß in jedem Fall ein «guter Stern» gebraucht werde, um zu vermeiden, daß Deutschlands Vereinigung Schaden anrichte. «Ich würde darauf nicht vertrauen», erwiderte ich, «weil die Geschichte mit guten Sternen bekanntlich überaus geizig umgeht.»

Schon Mitte der siebziger Jahre war die Rede zwischen uns verschiedentlich auf Hitlers Architekten und Rüstungsminister Albert Speer gekommen, und Trevor-Roper hatte die zwei ausführlichen Gespräche erwähnt, die er unmittelbar nach dem Ende des Krieges als junger Geheimdienstoffizier mit ihm geführt hatte: «Mit Speer waren es eigentlich keine Verhöre», sagte er, «sondern Unterredungen.» Speer habe eine beeindruckende Offenheit gezeigt und sei, ganz im Unterschied zu den anderen Führungsfiguren, weder verstockt noch rechthaberisch gewesen. Besonders einnehmend habe er vor allem durch die philosophische Gelassenheit gewirkt, mit der er sein Schicksal erwartete. Er habe damals, in einer vielbemerkten Formulierung, von Speer als einem Mann gesprochen, den es «eigentlich nicht geben konnte: dem kultivierten Nazi».

Jahre später, im Verlauf einer unserer Unterhaltungen, hatte Trevor-Roper auch bemerkt, er trage sich mit dem Gedanken, eine Biographie des merkwürdigen Menschen zu schreiben. Denn er vermute, daß Speers Person und Verhalten ins Zentrum der Frage führe, wie Hitler zur Macht kommen und sich bis zum katastrophalen Ende darin halten konnte. Jedenfalls verspreche er sich von Speer genaueren Aufschluß als von irgendeinem anderen führenden Nazi, Goebbels und Himmler eingeschlossen. Die Figur des «Politdesperados», die im zweiten Glied vorherrschend gewesen sei, gebe es überall auf der Welt, von den Leys, Sauckels oder Röhms erwarte er nichts. Speer hingegen repräsentiere in der Mischung aus Idealismus, Ehrgeiz und Schwäche eine Mehrheit der deutschen Bevölkerung. Er sei womöglich eine Schlüsselfigur.

Wir sprachen anschließend über die unterschiedlichen Ebenen, auf denen das Leben Speers abzuhandeln wäre, und kamen zu dem Ergebnis, daß es im Grunde eine nahezu lückenlose Rechenschaft verlange: über das Bürgertum und dessen mürbe gewordenen Standards, den utopischen Weltverschönerungsanspruch des Regimes und die Wirtschaft, die institutionellen Unzulänglichkeiten des politischen Lebens in Deutschland, die Verstrickungen selbstverordneter Blindheit, Versailles und die Mitverantwortung der Siegermächte am Aufstieg Hitlers. Speers Biographie umfaßte gleichsam alles. Gegen Ende sagte Trevor-Roper, er habe sogar bereits eine Überschrift für das zusammenfassende Schlußkapitel: «Der Parsifal mit dem kalten Herzen». Ich redete ihm nachdrücklich zu und nannte ihm Materialien und mögliche Auskunftspersonen.

Als ich geraume Zeit später nach dem Fortgang der Arbeit fragte, schüttelte Trevor-Roper nur den Kopf und sagte, als der «alte und faule Mann», der er inzwischen sei, habe er das Vorhaben aufgegeben. Ich ließ die Begründung nicht durchgehen und erhielt nach langem Hin und Her schließlich die Antwort, er habe sich in Speer womöglich doch geirrt. Trevor-Roper berichtete von einer enttäuschenden Begegnung in München und wie er bei der Lektüre der «Erinnerungen» den Eindruck gewonnen habe, Speer sei «der Mann, der nie ein falsches Wort» sage. Von einem wie ihm könne man keinen Aufschluß erwarten. Speer sei zu schlau für einen Biographen wie ihn. Alles, was er vermittle, sei ein Gefühl des Unheimlichen.

Ich versuchte Trevor-Roper zu überzeugen, daß jedes seiner Worte den Fall nur rätselhafter und die Arbeit noch gewinnverheißender mache, doch erwiderte er, daß er ein paar Jahre lang vermutet habe, Speer stelle sich blind. Aber unterdessen begreife er, daß die Lösung weit beunruhigender sei: «Speer stellte sich nicht blind, sondern war blind, selbst angesichts der ungeheuerlichen Verbrechen ringsum. Das kommt vor. Ich fühle aber, er ist es heute noch. Er verkörpert die völlige Amoralität des modernen Menschen, der erfüllt von Idealen und ohne eine Spur von Mitgefühl ist. Ich weiß da keine Antwort. Auf viele weitere Fragen auch nicht. Finden Sie sich da besser durch?»

Das war offenbar das Stichwort. Als habe er einen Ausweg gefunden, begann Trevor-Roper plötzlich auf mich einzureden, an seine Stelle zu treten: eine schlüssige Biographie über Albert Speer müsse von mir kommen, sagte er zum Ende dieser Unterhaltung und in der Folgezeit viele Male, so daß ich mich später, auch aus anderen Gründen, zu der Biographie entschloß. Als Jahre darauf das National Theatre David Edgars «Speer» herausbrachte, ließ er mich wissen, falls ich demnächst zufällig in London sei, würde er gern mit mir zusammen die Aufführung besuchen. Zwar werde er das Stück nur hören können, da er inzwischen nahezu blind sei, doch könne ich ihm als «Einflüsterer» dienen. Als wir einige Wochen darauf das Theater an der Themse verließen und ein Restaurant aufsuchten, waren wir gleichermaßen enttäuscht. Das sei nur ein «Bilderbogen» gewesen, urteilte Trevor-Roper, und Speer selber, seine Brüche und Gespaltenheiten seien mit Ausnahme einiger dünner Szenen kaum vorgekommen. Jedenfalls enthalte das Stück nichts von den Problemen, um die es geht. «Das Nazireich ohne Speer», sagte er mit einem ironischen Funkeln in seinen blinden Augen: «Das hätte Speer gefallen.»

Wir sprachen später über meine unlängst veröffentlichte Speerbiographie, und diesmal kam es mir vor, als bedaure er nun doch, die Absicht aufgegeben zu haben. Womöglich, dachte ich zuweilen, hatte der Plan mit der verborgenen Wunde zu tun, die ihm seit Jahren zu schaffen machte: daß es einem Mann von seinen Gaben, seinem geschichtlichen Überblick und seiner Brillanz nie gelungen war, außer der genialen Skizze über Hitlers letzte Tage das große, jeden wissenschaftlichen wie schriftstellerischen Anspruch erfüllende Epochenporträt zu verfassen. Zeitweilig mag er gedacht haben, die Figur Albert Speers mit Hitler und dem totalitären Zeitalter im Hintergrund könnten ein Jahrhundertthema sein: die Geschichte des unideologischen Karrieristen, der inmitten einer ideologieversessenen Welt nur persönlichen Loyalitäten folgt und dennoch die Zukunft vorwegnimmt.

Aber dann mochten ihn ungezählte Bedenken überfallen und den halben Vorsatz zunichte gemacht haben. «Es ist mein Thema nicht», brachte er in unseren Unterredungen mehrfach als letzten Einwand vor. Ich dürfe nicht vergessen, wie fremd ihm Deutschland am Ende doch sei, wie unüberwindlich sein Abscheu vor Hitler und wie engstirnig, zivilisationsfern und barbarisch das Regime in allen seinen Erscheinungsformen. Im Unterschied dazu erfülle das andere große Thema, mit dem er umgehe, alle seine Erwartun-

gen an einen inspirierenden historischen Stoff: die radikal neuarti-
ge Deutung der Englischen Revolution des 17. Jahrhunderts. «Ich
kann nicht über Jahre im Grausen leben», sagte er bei einem der
letzten Gespräche, «so wichtig und für die Zukunft ausschlaggebend die Erkundungsarbeit am Dritten Reich ist.» Und zuletzt:
«Ich bin immer, auch in allem, was ich mir wissenschaftlich zumute, ein Snob gewesen.»

Auch das Werk über das England des 17. Jahrhunderts blieb
ungeschrieben. Seine Freunde, die ihn lange Zeit dazu gedrängt
hatten, meinten schließlich resigniert: Für den anhaltenden Rückzug in ein Gelehrtengehäuse, das eine solche Arbeit verlange, sei
er zu rastlos und der Welt zugewandt. Vielleicht zählte zu den
Gründen seiner Bewunderung für Edward Gibbon auch das
Phlegma, über das jener gebot und das den Herzog von Glouce-
ster, einer berühmten Anekdote zufolge, bei der Entgegennahme
eines Bandes von «Decline and Fall» sagen ließ: «Another
damned, thick, square book! Always scribbling, scribbling,
scribbling! Eh! Mr. Gibbon?» Insofern spiegeln die fünf Essay-
bände, die Trevor-Roper veröffentlicht hat, seine Eigenart genauer wider als ein gelehrtes, fußnotenbeladenes Meisterwerk. Es ist
eine helle, von Witz und Gedankenschärfe blitzende Welt, in die
man bei der Lektüre seiner Essays eintritt. Alles, was sich daran
aussetzen ließe, ist, daß sie zu wenige, meist nur blasse Schatten
kennen, selbst wo von den Finsternissen die Rede ist, deren
Macht in der Geschichte ihm nie verborgen blieb.

Die letzten Jahre seines Lebens verbrachte er in einem «The Old
Rectory» genannten Haus in Didcot, unweit von Oxford. Es war,
wie fast alle seine Behausungen seit dem kleinen georgianischen
Bau neben Christ Church, überladen mit Möbeln und Büchern.
Häufiger als früher traf man ihn auf Londoner Gesellschaften, was
er unter entschuldigendem Lächeln mit der Bemerkung begründete: «Ein Witwer, der zudem blind ist und folglich nicht mehr lesen
kann, muß wohl oder übel unter Menschen gehen, wie sehr er ih-

nen auch zur Last fallen mag.» Aber wie in allen Jahren zuvor liebte er die kennerische Konversation und griff im Streitfall mit leiser Bestimmtheit ein.

Ich erinnere mich einer Auseinandersetzung über gesellschaftliche Idealentwürfe und wie ein deutscher Gast mit seinem englischen Kollegen vom «anthropologischen Urbedürfnis» nach einer besseren Welt sprach. Als er fortfuhr, daß es nicht nur ein «Menschenrecht auf Utopien», sondern auch die «Pflicht zu ihrer Umsetzung» gebe, konnte Trevor-Roper nicht länger an sich halten. «No, no!», unterbrach er ungehalten, die schöne neue Welt dürfe nur ein Debattengegenstand sein und niemals mit dem Anspruch auf Verwirklichung vertreten werden. In längeren Ausführungen sprach er von dem Unglück, das dergleichen Ideen in der Welt anrichteten, und sagte dann halblaut, doch nicht ohne Schärfe, es mache zu einem guten Teil das Verdienst und sogar den Ruhm Englands aus, der modernen Heuchelei von der versöhnten Welt widerstanden zu haben. Er schloß seine Worte mit dem «persönlichen Geständnis», daß jeder Mensch nur eine befristete Zeit habe. Aber wie wenig es auch sei: «Die Welt, in der ich leben möchte, wird nicht durch utopische Träumereien von einer unendlich besseren Zukunft zusammengehalten, sondern durch Erinnerungen.»

Der kleine Ausbruch, sagte er auf dem Nachhauseweg, habe mit seiner «Malice» gegen jedwedes Pfaffentum zu tun, das auch die irdischen Heilsbotschaften massenhaft hervorbrächten. Alle Evangelien förderten, trotz oftmals bester Absichten, die pfäffische Niedertracht. Er sei da oben, in Nordengland, im Antiklerikalismus großgeworden, sein ewig schweigsamer Vater habe sichtlich keinen Sinn für die jenseitige Welt gehabt, er fand schon die diesseitige grauenhaft genug und konnte oder mochte sich eine wie immer geartete Fortsetzung nicht vorstellen. In einer Kirche habe er ihn nur ein einziges Mal gesehen, und das sei am Tag der Beerdigung, in seinem Sarg, gewesen.

344

Wie unsere freundschaftliche Verbindung in einem Restaurant begonnen hatte, endete sie an solchem Orte auch. Schon als wir uns im Frühjahr 2002 für einen Abend verabredeten, ließ Trevor-Roper sich nicht lange bitten, als ich ihm ein ziemlich entferntes, doch mit mancherlei Sternen ausgezeichnetes Lokal vorschlug; seit Jahren höre er davon, sagte er, ohne je dort gewesen zu sein. Er erwartete mich im dunklen Anzug mit einer schattig gelben Rose am Revers, und als wir uns zu einem Drink setzten, leuchteten wieder die roten Strümpfe auf. Er war liebenswürdig und erzählte, daß er sich neuerdings die Zeit damit vertreibe, längere Passagen aus der «Ilias», die er noch auswendig kenne, im tappenden Hin- und Hergehen aufzusagen. Dann fragte er nach meinen Arbeiten und klagte über die um sich greifende Verarmung der Geschichtswissenschaft: «Die Historiker», sagte er, «vergessen über der Methode den literarischen Anspruch. Doch alle Methode ist immer nur Ausrede. Wenn einer, wie Braudel oder Marc Bloch, ein wirklicher Historiker ist und den im Schlaf der Geschichte versunkenen Körpern Leben einhauchen kann, stört selbst die Methode nicht.»

Von dem vielgerühmten Restaurant war er bereits beim zweiten Gang enttäuscht. Er unternahm einige Versuche zu einem «gewürzten» Urteil, in dem einmal auch die Erinnerung an den unterhaltsamen Abend beim «wunderbaren Franz Diener» auftauchte, und entschuldigte sich anschließend, mich nicht von der Reise durch die Dunkelheit abgehalten zu haben. In seinem Alter habe man weit mehr Gründe zur Verdammung als in jungen Jahren, meinte er beim Aufbruch, doch fehlten stets die herrlichen, bösen Worte. In der Tat war er, was immer wir aufgriffen, merkbar milde gestimmt, und kein boshaftes Glitzern der Augen begleitete seine gelegentlichen Lästereien.

In Didcot saßen wir nach der Rückkehr noch eine kurze Stunde zusammen, und ich habe mir von unserer Unterhaltung vor allem den Satz eines berühmten «Mandarins» gemerkt, der einer der

Lehrer Trevor-Ropers gewesen war. Mit jener britischen Unbefangenheit, die auch die Platitüde nicht scheut, hatte er gesagt oder gar geschrieben, daß es nur zwei lohnenswerte Daseinsziele gebe: Zunächst müsse man zu bekommen versuchen, was man für wichtig hält; und dann benötige man noch die Kunst, Vergnügen daran zu haben. Ich warf ein, dies scheine mir eine rechte Puritanerdevise, und Trevor-Roper lachte laut.

Einigen Londoner Freunden, denen ich von dem Abend in Didcot berichtete, erzählte ich auch von meinem zurückliegenden Einfall über die Doppelnatur Trevor-Ropers. Diesmal sei es der verbindliche, menschliche Mister Trevor gewesen, mit dem ich den Abend verbracht hätte. Der scharfzüngige, belustigt zynische Mister Roper hingegen, der die Halbwelt der breitschultrigen Kerle mit den schwerberingten Rausschmeißerhänden so liebte, weil sie die Menschenwelt im demaskierten Zustand zeigten, sei seinem Kompagnon wohl schon vorausgegangen; vermutlich habe Roper nicht einmal zur eigenen Beerdigung eine Kirche aufgesucht.

Acht Monate später ist Mister Trevor ihm nachgefolgt.

RUDOLF AUGSTEIN:

Trauerrede in der
Hamburger St.-Michaelis-Kirche
am 25. 11. 2002

«Er ist ein Mensch von ziemlich weit weg», hörte ich Ende der
fünfziger Jahre einen Berliner Freund sagen, der Rudolf Augstein
auf Sylt begegnet war. Und dieser Eindruck des Andersseins und
sogar der Fremdheit taucht bei den genaueren Beobachtern während der ganzen Lebensstrecke auf: angefangen von den britischen
Presseoffizieren der vierziger Jahre über Karl Jaspers, Ernst Jünger, Bruno Kreisky und etlichen anderen. Noch in manchen Nach-
rufen dieser Tage ist davon die Rede.

Natürlich hat das Empfinden der Distanz, das Rudolf Augstein
um sich verbreitete, viel mit seiner Außerordentlichkeit zu tun.
Dazu gehört, daß er seltsam fertig war, als er in sehr jungen Jahren
die Bühne betrat. Anders als eine deutsche Lieblingsvorstellung
will, ist sein Leben kein Bildungsroman, wo sich einer aus ungaren
Zuständen ins Freie müht. Im Freien war er sozusagen von Anfang
an. Ein früher Begleiter hat erzählt, wie zögernd seine Worte kamen. Doch seien es durchweg Haupt- und Bestimmungssätze gewesen, in denen er seine Auffassung vortrug. Sowohl politisch wie
verlegerisch habe er sich niemals eine Unsicherheit anmerken lassen. Und mit siebenundzwanzig Jahren machte Augstein die ver-
blüffende und zugleich erschreckende Bemerkung, er habe in seinem Leben eigentlich alles erreicht.

Vielleicht mehr, als er sich ausgemalt hatte, vermutlich weniger.

347

Dabei kann man nicht einmal sagen, er habe viel von jenem «Schwein» gehabt, das er gerade im Journalismus für unentbehrlich hielt. Weit mehr war sein rascher Aufstieg das Ergebnis von kühler Lagebeurteilung, dreistem Zugriff und generalstabsmäßigem Vorgehen. Wie kein anderer erkannte und nutzte er die Chance, die sich einem aufsässigen Temperament in dem besiegten und unter einer neuen Obrigkeit geduckten Land bot.

Anders als vordem fand er jetzt die zwar immer wieder irritierten, im ganzen aber wohlmeinenden Gegenspieler. Immerhin fragt man sich, wie ein Mann mit seinem Widerspruchsgeist und seiner oftmals starrköpfigen Beharrlichkeit die kadavrige Hitlerzeit unbeschadet überstehen konnte. Er selber hat das Außenseitertum, das ihm eigen war, auf sein Elternhaus zurückgeführt, das bürgerliche Selbstbewußtsein, das darin herrschte: wo seit 1933 «alles klar» war, wie er einmal gesagt hat, und die Machtergreifung Hitlers redensartlich immer nur als «Finis Germaniae» bezeichnet wurde. Martin Walser hat diese Behauptung bekanntlich als inszenierte Erinnerung angesehen. Doch hat es dergleichen, wie ich weiß, gegeben. Weit schwieriger zu glauben ist Augsteins Behauptung, er habe in all den Jahren, zumal während des Krieges, einzig darauf geachtet, am Leben zu bleiben, irgendwie da durchzukommen; eine Äußerung, wie mir stets schien, die zuviel an kokettem Opportunismus verriet, ganz als wolle Augstein auch noch auf einem Gebiet brillieren, das nicht das seine war.

Gewiß hat die «Hitlerei», wie er zu sagen pflegte, ihn nicht nur politisiert, sondern unverlierbar geprägt. Zur großen Revision, zu der er sich, wie die Kriegsgeneration insgesamt, veranlaßt fühlte, gehörte vieles. Im Bildersaal der Vergangenheit etwa wurden, eins nach dem anderen, alle feierlichen oder auch nur freundlichen Erinnerungsstücke weggehängt und die leergewordenen Wände vollgeschrieben mit späten Menetekeln. Wer sich durch die Zeit wirklich belehrt wußte, hat die offenen Flächen auch nicht, wie bald die Generation danach, mit utopischen Lügenbildern übermalt. Der

Rudolf Augstein

Verwechslung von Politik und Romantik dürfe man nur *einmal* im Leben zum Opfer fallen, hat Augstein damals gesprächsweise bemerkt, und auch das nur in «kindsköpfigen» Jahren. Allen großen Gesellschaftsentwürfen, wie sie zu jener Zeit modisch wurden, rückte er wieder und wieder mit der Frage zu Leibe, wie die neue Welt denn im Konkreten aussehen solle, die da ersehnt werde? Wie die Menschen darin leben und ihre Rechte gewährleistet würden? Eine Antwort hat er nicht erhalten, und Rudi Dutschke hat bereits in der bloßen Frage eine Falle des Establishments gesehen.

Augsteins Argwohn war der Argwohn einer Generation. Er ging nach allen Seiten und wurde bald zum Markenzeichen und schrittweise zum Erfolgsrezept des «Spiegels». Zur Hinterlassenschaft der Hitlerjahre konnte man aber auch den verdeckt pathetischen Ton rechnen, der in den politischen Texten ständig durchdrang, die Neigung, alles und jedes zum großen Thema hochzuschreiben – mit Tod und Teufel mindestens am Ende. Und irgendwann habe ich Ausgang der fünfziger Jahre, nicht zuletzt im Blick auf die Leserschaft des Magazins, geschrieben, in seinem Manichäertum sei der «Spiegel» eine Art Kirchenblatt für die aufgeklärte Welt.

Wie Gut und Böse standen sich damals auch die Lager gegenüber, die der «Spiegel» voneinander schied: eine zumeist jüngere, kritikhungrige Minderheit auf der einen und die große Mehrheit mit den noch geraume Zeit weiterwirkenden Obrigkeitsreflexen auf der anderen Seite. Von dort hörte man immer wieder mit ungläubigem Erschrecken fragen, ob das Land tatsächlich so verkommen sei, wie Augsteins moralischer Rigorismus glauben machen wolle? Ob Übermut und Korruption der Ämter wirklich so unverfroren daherkämen, oder ob nur der «Spiegel» so einzigartig sei? Aber wieviel er auch aufdeckte, war es doch nicht so, daß er immer nur Affäre auf Affäre ans Licht zerrte. Sein größeres, allmählich in die Breite wirkendes Verdienst war vielmehr, daß er die Neigung der Mächtigen zur Verheimlichung Woche für Woche unterlaufen und mit gleichsam eroberten Informationen eine neue oder doch in Deutschland unbekannte Form des Journalismus geschaffen hat.

Sie war neu und lästig zugleich. Auch, wie es schien, von der größeren Öffentlichkeit damals noch so wenig akzeptiert, daß die Regierung Adenauer glaubte, das Blatt gleichsam im Handstreich mundtot machen zu können. Die sogenannte «Spiegel»-Affäre von 1962 war in der Tat eine Wende, die dritte, wie ich immer fand, nach 1949 und 1954 in der zu sich selber kommenden Bundesrepublik. Wer nicht dabei war, hat Mühe zu ermessen, welche Wirkungen nach allen Seiten und in alle Gruppen der Gesellschaft davon ausgingen.

Das war und bleibt Rudolf Augsteins größte Leistung: daß er den öffentlichen Streit in diesem Land zwar nicht gerade heimisch gemacht, ihm aber doch das seit alters Anstößige genommen hat. Gewiß ging das bisweilen nicht ohne Verletzungen ab und nicht immer ohne präzeptorale Arroganz. Aber notwendig war es und ein so wegweisender Schritt ins Künftige auch, daß manche dafür selbst den Eindruck in Kauf nahmen, der Skandal sei Augstein mitunter wichtiger als das Gemeinwesen, dem er zu dienen beanspruchte. «Ich trug den Staat nicht», hat er später, nicht zuletzt im Blick auf diese Jahre, bekannt. An anderer Stelle hat er die Einsicht hinzugefügt, er habe niemals irgendeine Schwierigkeit gehabt, *gegen* eine Sache zu sein – aber es nur schwer über sich gebracht, *für* etwas einzustehen.

Einer seiner ältesten Freunde hat ihm in einem Brief von Ende 1967, also in den soeben einsetzenden Unwettern der Protestbewegung, ebendiese Unfähigkeit vorgehalten: daß er den «zerstörerischen Negativismus», der da hochkomme, jahrelang gehätschelt habe; daß er ihm nicht entschieden genug Einhalt gebiete und die bestehende Ordnung, die doch auch die seine sei, nur halben Herzens verteidige.

Augsteins erhalten gebliebene Antwort ist ungemein aufschlußreich. Sie markiert zwar nicht eine Wende, aber doch einen Besinnungspunkt. Auch er sei, schreibt er, bestürzt über die «Zerstörung ohne Sinn und Ziel», die sich auf den Straßen breitmache. Und sollte die Bundesrepublik, was er zu dieser Zeit offenbar keineswegs ausschloß, scheitern, hätten Leute wie er «ihren Anteil der Verantwortung zu tragen». Zu seiner Rechtfertigung könne er allenfalls vorbringen, daß es wohl «im Wesen politischer Kritik liegt, die Krisen, die aufgezeigt werden, immer noch zu verschärfen». Er fügt dann die Frage hinzu: «Was tun? Ich weiß es nicht. Ich habe, wie ich freimütig bekennen muß, nichts zu bieten. Meine Wirksamkeit steht und fällt mit dem alten System, das ich nie bekämpft habe, das ich vielmehr retten wollte.» Welche Sorgen ihn erfüllten, politische wie menschliche, geht aus dem folgenden Satz hervor: «Laß uns abwarten, was bis 1973 (also in rund fünf Jahren) vom parlamentarischen System noch übrig sein wird – wenn wir dann noch leben.»

Erstmals schien ihm aufzugehen, daß in dem von so vielen Brüchen durchsetzten Jahrhundert auch der zivilen Ordnung, zu der das Land nach mancherlei Umwegen doch noch gekommen war, keine Dauer garantiert sei: «Ich wüßte nicht, warum?», hat er einmal achselzuckend geäußert. Er hat um jene Zeit begonnen, seinem immer schon vorhandenen historischen Interesse in einer Art nachgeholtem Studium Zusammenhang zu geben: Seine Biographie über «Preußens Friedrich» und die ungezählten «Spiegel«-Beiträge über die Jahrzehnte zwischen Bismarck und Hitler zeugen davon. Aus den Verwicklungen und Konflikten der Epoche sowie aus den Tragödien, die sie heraufgeführt hatte, holte er sich immer neue Belege für seinen Skeptizismus. Von dem ließ er nicht. Er war der teuer erkaufte Gewinn der Hitlerjahre. Und mitunter denke ich, die Halbherzigkeit in der Verteidigung des von ihm so genannten «Systems», die ihm der erwähnte Freund vorgeworfen hat, habe nicht zuletzt mit dem Fatalismus zu tun, der so leicht aus aller tieferen historischen Einsicht kommt.

Die Kenntnis des Vergangenen hatte noch eine andere Folge.

In den Debatten über die deutsche Frage schien mir häufig, Rudolf Augstein denke zu geschichtlich, um der Bundesrepublik wie der DDR Legitimation und Dauer zuzubilligen. Beide waren Kunstgebilde, eine dumme Augenblickslaune der Geschichte. Und deswegen mindestens ebensosehr wie wegen der ihm gern nachgesagten deutschnationalen Grundierung hat er sich mit der Teilung niemals abgefunden. Ich habe ihn einmal, zu vorgerückter Stunde, mit gerührter, am Ende fast erstickter Stimme, das Fontane-Gedicht «Wo Bismarck liegen soll» frei rezitieren gehört. Aber dann wieder, wenige Wochen nach dem Fall der Mauer, Anfang Dezember 1989, bemerkte er zu den Aussichten der Wiedervereinigung: «Nur wenn das Schicksal es gut mit uns meint und ein paar Jahre draufgibt. Aber Sie wissen doch: Das Schicksal meint es nicht gut – mit uns Deutschen schon gar nicht. Warum sollte es auch?»

Rudolf Augstein hat im weiteren Verlauf gern eingeräumt, daß der Gang der Dinge ihn widerlegt habe. Zur knappsten Skizze seiner Person gehört denn auch, daß er ohne Rechthaberei war. Das Risiko des Irrtums konnte oder wollte er niemals ausschließen. Die Waghalsigkeit machte den Reiz und eigentlich das Glück jeden Gesprächs und jeder Meinungsäußerung aus. Er sprach bestimmt und eindringlich, in leicht gehobenem Ton. Aber noch auffälliger war die Eindringlichkeit oder treffender: die Leidenschaft seines Zuhörens. An seinem Vorbringen hatte kein Zeitgeist, keine Opportunität und kein politisches Kalkül einen Anteil. Andere mochten nicht nur, sondern sollten ihm widersprechen, am Ende zählten einzig die überlegenen Gründe. In einem unserer letzten Gespräche hat er bemerkt, er entdecke an sich, nicht ohne Erschrecken, eine gewisse Neigung, sich der «politischen Korrektheit» zu beugen. Wenn es soweit mit einem sei, sage man am besten nichts mehr.

Eine Summe ist, wie vorläufig auch immer, nicht auszumachen. Vielleicht kann sie, bei einem Menschen von so weit her, mit so vielen Widersprüchen und Unvereinbarkeiten, auch kaum gezogen werden. Das allgemeinste Urteil lautet, daß das Land ohne ihn und sein Wirken ein anderes Aussehen hätte. Augstein hat dieser Behauptung zwar widersprochen. Das sei, meinte er, zu viel. Es ist aber, genau besehen, das Wenigste, was sich über ihn sagen läßt.

Ergänzende Erinnerungen an
RUDOLF AUGSTEIN:

Nachschrift I

Im Oktober 1968 schickte mir Rudolf Augstein ein Exemplar seines gerade erschienenen Buches über «Preußens Friedrich». Auf dem Vorsatzblatt hatte er unter der Widmung vermerkt: «Mit Zagen und in Furcht». Ich antwortete ihm nach einem Tag unausgesetzter Lektüre, die Deutschen seines Schlages fürchteten bekanntlich Gott und sonst nichts auf der Welt, so daß er die Furcht getrost abtun könne; doch zum Zagen habe er nach meinem Eindruck einigen Anlaß. Er hatte die Notiz kaum erhalten, als er am Telefon war und mich nach Hamburger Art zu «einem Butterbrot» einlud.

In der Ablehnung der Treitschke-Schule mitsamt der Auffassung, daß Friedrich ein Wegbereiter des Reiches gewesen sei, waren wir uns rasch einig. Auch darüber, daß Friedrich einzig preußische Politik gemacht und sich zur Not auch gegen das Reich gestellt habe. An Einwänden hielt ich Augstein vor, was ich «die Todsünde» des Historikers nannte: daß er einem vorgefaßten Urteil folge. Von allzu hohem Richterstuhl her verkünde er seine Verdikte. Seine ganze Wissenschaft bestehe daraus, Berge von Material heranschleppen zu lassen, um zu beweisen, daß Friedrich persönlich ein «Scheusal» und politisch ein «Verhängnis» gewesen sei. Im einen wie im anderen soll der Preußenkönig Hitler so entscheidend vorgearbeitet haben, daß man mit nur geringer Übertreibung

355

sagen könne, Friedrich sei nicht 1786 in Potsdam, sondern 1945 im Bunker von Berlin aus dem Leben gegangen.

Daran schloß sich ein langes Für und Wider über den Charakter Friedrichs, über die Meinungsfreiheit in Preußen, die Justizreform, die barbarischen Truppenaushebungen und anderes mehr. Natürlich war Augstein advokatorisch hinreichend gewandt, um meine Vorhaltungen zu parieren. Er wolle auch keine Anti-Friedrich-Legende in die Welt setzen, sagte er, sondern nur eine nach wie vor verbreitete Fabel erschüttern. «Und mit Hilfe einer neuen Fabel Friedrich zum Vorgänger Hitlers machen», warf ich ein. «Er war es», entgegnete Augstein; jedenfalls habe er das Rezept für die von Hitler angerichtete «Suppe» ausgeheckt, die wir «noch lange löffeln» werden.

Darauf kam es zu einer Auseinandersetzung über Vorläuferschaften in der Geschichte. Ich vertrat die Ansicht, daß die historischen Abläufe weit weniger, als er dem Leser weismachen wolle, einer bestimmten Kausalität folgten, weil Zufall, Willkür und Widerspruch alle Logik durcheinanderwürfen und anderes mehr. Er betrachte die Geschichte wie eine Rechenaufgabe, hielt ich ihm vor, und das sei nicht nur eine Quelle unendlicher Fehlurteile, sondern das Eingeständnis der Unfähigkeit zu historischem Denken. Augstein entgegnete, «die gebrannten Kinder» kämen nun mal von den Rechenaufgaben nicht los. Meiner Behauptung vom Widerspruch in allem Geschichtlichen stimme er nur insoweit zu, als ihm die Arbeit an dem Friedrichbuch, trotz des Verhängnisses, von dem es handle, großes Vergnügen bereitet habe. Das habe einzig damit zu tun, widersprach ich, daß er als Autor seiner Belehrungsleidenschaft Genüge tun konnte, und Augstein gestand, eine starke didaktische Neigung zu haben.

Jahre später trafen wir in Berlin bei einer öffentlichen Debatte über das Thema «Glanz und kurze Dauer Preußens» zusammen. Unter Hinweis auf einen kurz zuvor von mir veröffentlichten Essay kam Augstein mir mit dem Vorwurf entgegen, ich hätte ihn einen «Lehrer an der politischen Sonntagsschule» genannt. Er müsse das rügen. Denn er selber habe mir vor Jahren seine pädagogische «Steckenpferdreiterei» gestanden. Solche Vertraulichkeiten hänge man nicht an irgendwelche großen Glocken. Es sei denn, entgegnete ich, jedermann wüßte ohnehin, was sie läuteten.

Als wir nach der Diskussion in kleiner Runde zusammensaßen, fragte ich Augstein, ob er an einem neuen Buch arbeite. Er äußerte einiges Unverständliche, wobei einmal auch der Name Heinrich Heine fiel. Dann sagte er nicht ohne Ironie, ihn reizten nur bedeutende Figuren, und die seien in der Geschichte leider allzu selten. Unterdessen war Johannes Groß zu uns gestoßen und hatte den letzten Teil des Gesprächs verfolgt. Er verstehe das Problem nicht, wandte er sich an Rudolf Augstein: «Sie haben das Buch über Friedrich den Großen geschrieben, ein paar Jahre darauf das Werk über ‹Jesus›. Und wenn Sie sich nun weiter mit so großen Schritten steigern wollen, bleibt Ihnen nur die Autobiographie.»

Es sprach, fand ich immer, sehr für Augstein, daß er, wenn auch nicht ohne Mühe, in das Gelächter einstimmte, das der Einfall rundum am Tisch auslöste. Vielleicht sprach die Mühe, die er sich sein Lachen kosten ließ, sogar am meisten für ihn.

Nachschrift II

Er hatte eine seltene Fähigkeit, die andere Seite der Dinge zu sehen, und ich habe die nachfolgende Episode mitunter als einen Schlüssel zum Wesen Rudolf Augsteins betrachtet. Wir hatten uns Anfang der siebziger Jahre nach einer Festspiel-Aufführung in einem Bayreuther Restaurant verabredet. Im Gespräch erzählte Augstein von seiner einige Jahre zurückliegenden Freundschaft mit Wieland Wagner und ihrer gemeinsamen Absicht, den Schluß der «Götterdämmerung» neu zu schreiben. Richard Wagner sei, wie man wisse, trotz annähernd einem halben Dutzend immer neuer Anläufe, mit dem Finale des Werks gedanklich nicht zu Rande gekommen. Aber auch er selber, fuhr Augstein fort, habe schließlich aufgeben müssen. Zumal Wielands früher Tod sei dazwischengekommen, sagte er, denn ohne die Mitwirkung des Wagnerenkels habe das Vorhaben keine Aussicht gehabt.

Wir kamen anschließend auf Richard Wagner, und Augstein war unerschöpflich in der Beschreibung der vielen abstoßenden Züge des Meisters, seiner Rechthaberei, seiner Geldgier, der nie endenden «Weiber-Jägerei» und vielem sonst noch. Doch habe niemand daran Anstoß genommen. Selbst seine eigentlich strengen, aber von der Bayreuthschwärmerei der Epoche erfaßten Eltern ließen dem vergötterten Mann auf seinem Hügel jede «Schofligkeit» durchgehen: «Der durfte das!», lautete die Formel, die sie dafür hatten. Ihm selber, sagte Augstein, habe die Redewendung schon in ganz jungen Jahren deutlich gemacht, daß auch die Moral verschiedene Klassen kenne, die dem einen gestatteten, was dem anderen strikt untersagt war. «Also mußte man alles daransetzen, zu den einen zu gehören und nie zu den anderen!» Dann berichtete Augstein von seinem Jungentraum, Dirigent zu werden, und ich erinnerte mich, wie er in meinem Haus einmal Schuberts «Erlkönig» und die ersten Strophen von Schumanns zwei Grenadieren vorgetragen hat.

Später fragte er mich nach dem Fortgang der Hitlerbiographie, und als ich womöglich etwas allzu deutlich durchblicken ließ, daß mir nach nunmehr vier Jahren die Arbeit daran zusehends schwerfalle, unterbrach er mich ungeduldig: «Hören Sie bloß auf! Ich kann das Gejammer nicht hören! Nur der Klischee-Autor jammert. Der wirkliche Autor dagegen tut das Nötige.» Dann fügte er hinzu: «Und bitte! Nur kein Gewinsel über die Last der deutschen Geschichte! Darin wetteifern doch schon die vielen Esel ringsum! Stellen Sie sich einmal vor, wir hätten diese verdammte Geschichte nicht! Nicht Luther und nicht Friedrich, Bismarck nicht und nicht die ganze Bagage bis hin zu Hitler!»

«Was fingen wir an?», fuhr er fort. «So, wie es war, hat jeder von uns Stoff für drei Leben und sogar noch ein paar mehr. Nicht auszudenken, daß wir Franzosen wären mit diesem einen Napoleon! Und davor und danach nur eine Handvoll glänzender und meist erbärmlicher Chargen wie den Herzog von Orléans, den dritten Napoleon oder diesen Vorstadtchauvinisten Poincaré! Auch die Italiener sind nicht besser dran, die sich immer gleich um fünfhundert Jahre zurückbesinnen müssen, um auf einen attraktiven Bösewicht zu stoßen! Oder sogar, am schlimmsten vielleicht, nein! bestimmt am schlimmsten: Holländer zu sein!» Er jedenfalls habe stets einen Vorzug darin gesehen, als Deutscher gerade dieser Generation anzugehören: «Zu jung, um sich von den Nazis korrumpieren zu lassen, aber alt genug, um die interessante Sache dauernd mit sich herumzuschleppen.»

Nach ein paar Wortwechseln setzte Augstein noch hinzu: «Die Generation nach uns wird sich mit der Inhaltsleere abmühen müssen und am Ende an der Langeweile zugrundegehen. Alles, was ich von ihr weiß und beobachte, nötigt mich zum Bedauern. Anders als Sie und ich hat sie kein Lebensthema! Sie wird sich eines erfinden müssen! Und wer weiß, was dabei herauskommt?»

Natürlich war bei dem und allem, was Augstein sonst noch dazu sagte, viel von dem «positiven Zynismus» im Spiel, dessen er sich gern rühmte. Was aber seine Vorhersage angeht, hatte er, wie wir als Zeitgenossen der Spaßkultur und des Eventgetues wissen, mehr recht, als irgendwer damals ahnte.

Nachschrift III

Die Undurchschaubarkeit Augsteins haben viele empfunden, auch wenn sie ihm nicht wirklich nahestanden. Irgendwann muß er mit Ernst Jünger zusammengetroffen sein, vielleicht in seinen frühen Hannoverschen Tagen, ich habe es nie herauszufinden versucht. Jedenfalls fand ich in meinen Notizen einen Zettel, auf dem ohne Angabe von Zeit oder Ort vermerkt ist, was Ernst Jünger mir bei Gelegenheit über Augstein gesagt hat: «Es ging sehr geradeheraus zwischen uns zu und bald schon fast einvernehmlich. Dann und wann hatte ich sogar den Eindruck, er bewundere oder schätze mich. Doch war ich ihm dankbar, daß er auf Abstand hielt und keine Anbiederungen unternahm. Er war, worüber immer wir sprachen, sehr offen und hatte etwas Offiziersmäßiges. Aber ich wurde den Eindruck nicht los, das meiste und vielleicht sogar das Wichtigste verheimliche er; mindestens verschlüssele er es.»

Zu Augsteins Verschlüsselungen gehört möglicherweise auch die folgende Episode. Einer seiner engsten Freunde hatte mir berichtet, der Gründer des «Spiegels» habe ihm bereits Anfang der fünfziger Jahre, mit noch nicht ganz dreißig, gesagt, er habe eigentlich alles erreicht, was er sich je vom Leben versprochen habe. Als ich während eines Urlaubs auf Sylt mit Augstein zusammentraf und wir zu einem Spaziergang am Watt aufbrachen, fragte ich unvermittelt, wie unglücklich er eigentlich sei. Einen Augenblick lang schien Augstein sprachlos und wollte wissen, wie ich darauf käme. Ich erzählte ihm von der Äußerung, die er vor ungefähr zwanzig Jahren gemacht haben sollte und sagte dann, wenn das zutreffend sei und noch immer gelte, müsse sein Leben ziemlich leer verlaufen. Ohne Ziele jedenfalls und ohne einen Antrieb. Tatsächlich hätte ich schon verschiedentlich gehört, daß ihn der «Spiegel» zu langweilen beginne.

Als wolle er eine Erörterung über das Magazin vermeiden, entgegnete Augstein in hörbar schroffem Ton, Glück oder Unglück seien nicht die Kategorien, nach denen er sein Befinden beurteile. Er habe lange aufgehört, in solchen Begriffen zu denken. Später, als wir beim Rückweg oben auf der Düne anlangten, sagte er ebenso plötzlich, wie ich die Frage aufgeworfen hatte: «Wenn man von so etwas wie Glück überhaupt reden will, hatte ich das nur einmal: als Halbwüchsiger in Hannover, als ich Meßdiener war und noch glaubte. Das endete aber bald.» Dann wandte er sich zum Gehen, und wir sprachen auf dem Rest des Weges nur über Beiläufiges. Ich unterlasse es, den Ton zu deuten, in dem er die Bemerkung über seine frühen Jahre gemacht hatte. Man legt bei dergleichen leicht in die Stimme hinein, was man heraushören möchte. Doch im Proustschen Fragebogen hat er 1980 auf die Frage, was er sein möchte, geantwortet: «Ein guter Christ.»

Eine letzte Beobachtung über Augsteins Rätselhaftigkeiten stammt von Bruno Kreisky. In einem Gespräch lobte er die «messerscharfe Intelligenz» des «Spiegel»-Herausgebers und fügte hinzu, im Grunde liebe er Leute, die kalt zu denken verstünden. «Bei Augstein freilich», setzte er hinzu, «hatte ich bisweilen ein Gefühl leichten Unbehagens, ein paar Mal fröstelte mir sogar. Er hat eine große Leidenschaft – doch habe ich bei genauerem Nachdenken nie ganz begriffen, wofür. Vielleicht gibt er sein Rätsel irgendwann einmal preis. Ich weiß aber nicht, ob zum Guten oder zum Bösen.»

Statt eines Schlußworts:

Abschied von
HENNING SCHLÜTER

Erst jetzt, am Ende, wird mir bewußt, was ich ihm schulde. Zuerst und vor allem: die Erinnerung an einen ungewöhnlichen, gewiß nicht einfachen, aber jederzeit unverwechselbaren Charakter und damit, wie man in einem langen Leben lernt, an das Seltenste auf der Welt überhaupt: an eine Persönlichkeit. Er liebte das Wort von Goethe, daß sie das höchste Glück der Erdenkinder sei. Und als ich ihm einmal ironisch entgegenhielt, er mache es einem mit seinen Launen reichlich schwer, den Satz für bare Münze zu nehmen, schrieb er streng belehrend zurück: «Wenn Sie's immer nur leicht und liebenswürdig wollen, streichen Sie das Wort besser aus Ihrem Zitatenrepertoire. Die Welt ist ja voll von netten Dienstmädchen! Greifen Sie nur zu! Die sind gefällig!» Und dahinter, ziemlich barsch: «Punktum!!!» – mit drei Ausrufungszeichen.

Die kleine Episode, fand ich immer, kennzeichnet ihn ziemlich treffend. Er war kein Mann für Überempfindliche und verfiel auch im Privaten oft in jenen bärbeißigen Ton, den die Besetzungsbüros, die Regisseure und vor allem auch das Publikum von ihm erwarteten. Als Schauspieler war er mir im Berliner Theaterbetrieb der fünfziger Jahre aufgefallen, lange bevor wir uns persönlich kennenlernten. Was ihn eindrucksvoll heraushob, war die Bühnenpräsenz, die von der damals noch schlanken, hochgewachsenen Figur ausging. Seltsam mächtig wirkte er immer. Einmal, erinnere ich

Henning Schlüter

mich, stand er irgendwo im Hintergrund, die Dialoge gingen von hier nach da, während er selber, schweigend und etwas von oben herab, den Gang der Dinge verfolgte – und dennoch war er die Szene: stumm und gleichwohl unüberhörbar. Sein ungemeines Verdrängungsgewicht füllte den ganzen Bühnenraum und brachte, was sonst noch war, fast zum Verschwinden.

Im persönlichen Umgang verhielt es sich nicht anders. Es gab Zeiten, wo wir über Wochen nichts voneinander hörten. Dennoch war er überaus anwesend, geradezu plastisch in seiner sozusagen sonoren Fülle, die Stimme mitunter in ein ausgelassenes Krächzen umschlagend bei einem Wort- oder Gedankenblitz, wie er sie scheinbar mühelos hervorbrachte. Gleich vielen, die ihn kannten, erinnere ich mich an ausgedehnte, kurzweilige Abende im Freundeskreis, die er mit seinem Witz, seiner Belesenheit und zuweilen auch hier wieder lediglich durch sein pralles Vorhandensein unterhielt. Etwas von Geist und Atmosphäre dieser gutgelaunten Jahre ist in sein Buch «Ladies, Lords und Liederjane» eingegangen, eine Art amüsanter Sittengeschichte des 19. Jahrhunderts in England.

Auf der Bühne hatte er sich damals, Mitte der sechziger Jahre, längst einen Namen gemacht, beginnend am Deutschen Theater und bei Brecht, dann bald auch im Film: in Billy Wilders «Eins, zwei, drei», in «Winterspelt», der «Blechtrommel» und wo sonst noch. Als der scharfe Beobachter, der er war, konnte er mit am Ende immer versöhnlicher Bissigkeit von den Regisseuren oder Kollegen erzählen, von den Marotten und den Spleens, die sie fast alle um des schönen schlechten Rufs willen kultivierten, der ihnen so wichtig war. Geschätzt hat er viele. Aber bewundert hat er wohl nur Rudolf Noelte, in dessen Mischung aus Pedanterie, Strenge und Einfallsmacht er etwas von sich selber wiedererkannte, und nur Noeltes Besessenheiten vermerkte er mit Verwunderung, wie sehr sie ihm auch imponierten. Sie haben häufig zusammengearbeitet: im «Misanthropen», im «Arzt am Scheidewege» oder in

Hauptmanns «Michael Kramer». Fast noch häufiger haben sie sich aus dem einen oder anderen Grunde zu beider Bedauern verfehlt.

Weithin galt Henning Schlüter als «schwierig», und zahlreiche Regisseure haben darüber geklagt, wie mühevoll die Arbeit mit ihm sei: weil ihm eine Rollenauffassung fragwürdig, ein Text literarisch unzureichend oder psychologisch allzu flach erschien. Doch konnte oder wollte er mit seiner Meinung nicht hinterm Berge halten. Er hatte zuviel Verstand, zuviel Empfindung, zuviel Courage auch, um klein beizugeben, und daß ein Autor Shaw, Sternheim, Hauptmann oder wie immer hieß, ließ ihn vor lauter falscher Ehrfurcht nicht einfach erstarren.

Ich denke, die Freiheit, mit der er zu sich selber stand, hat nicht zuletzt mit seiner zwar nie herausgestellten, aber auch zu keiner Zeit (habituell zumindest) verleugneten großbürgerlichen Herkunft zu tun. Was viele für Starrheit hielten, war viel eher in der Selbstsicherheit begründet, die ihm aus dem Hanseatischen kam. Zum Bürger gehöre, sich nicht klein zu machen, schrieb er in einer der Buchkritiken, die er gern verfaßte, und er liebte die Anekdote, wonach der Erste Bürgermeister der Stadt Hamburg einst Wilhelm II. mit der gewiß protokollwidrig stolzen Formel begrüßt hatte: «Verehrter Bundesgenosse!»

Sein Selbstbewußtsein war indes frei von aller Großtuerei. Weil er schon früh voraussah, daß die Bühnen und die Studios ihn nicht ausfüllen und seine zahlreichen Neugierden befriedigen würden, hatte er in jungen Jahren Philosophie, Germanistik sowie bei dem zeitlebens von ihm bewunderten Begründer der Neo-Psychoanalyse, Harald Schultz-Hencke, Psychologie studiert. Und wo einer im Gespräch pathetisch wurde oder in jenen hohen Brustton verfiel, den er unerträglich fand, führte er oftmals dessen Redensart an: «Ach bitte! Haben Sie's nicht etwas kleiner?» Und wenn von seinen Bildungserlebnissen die Rede ist, sollte man Charles Dickens und Henry James nennen, auch Friedrich Sieburg und Egon Friedell, den schreibenden Schauspieler, nicht unerwähnt lassen sowie Theodor Fontane und Gottfried Benn, die er für ihren unsentimental-großstädtischen Ton verehrte – und ganz gewiß nicht Thomas Mann, der gleichsam aus der hansestädtischen Verwandtschaft kam.

Er war ein Meister der verlorengegangenen Kunst des Brief-schreibens, und manchmal denke ich, er hatte darin seine freiesten und glücklichsten Eingebungen: alles ganz unangestrengt, nach-denklich und voll der überraschendsten Gedankenverbindungen. In unserem Briefwechsel erfand er ein paar Jahre lang eine Phanta-siefigur, die empörte oder zurechtweisende, manchmal auch reich-lich exzentrische Schreiben an mich richtete. Er selber begleitete diese Briefe als sozusagen höhere Aufsichtsbehörde, das eine Mal rügend, dann wiederum höhnend, mitunter auch bekräftigend. Und irgendwann führte er den Vorgesetzten jener Phantasieperson ein, der gewissermaßen das letzte Wort hatte, gegen das auch er, Henning Schlüter, machtlos sei, wie er mich wissen ließ. Da kam etwas von seinem originären Schauspielerwesen zum Vorschein, seiner Lust an der Maskerade, die eine Rolle genoß, eine zweite und dritte beibrachte und am liebsten, dem berühmten Theater-scherz zufolge, den Löwen auch noch gespielt hätte. Derartige Korrespondenzen führte er nach vielen Seiten, und Friedrich Luft versicherte mir einmal, Ende der siebziger Jahre, der Briefwechsel mit «unserem Freund Schlüter» gehöre zu den schönsten Vergnü-gungen seiner hohen Jahre.

Und noch eines soll erwähnt werden: Er hat, viele Jahre lang, fast alle meine Bücher im Manuskript gelesen und mit ungezählten kenntnisreichen, oft aus entlegenen Quellen herkommenden Hin-weisen versehen. Das ist der ganz persönliche Dank, den ich ihm abzustatten habe. Ich hatte eine Zeitlang die Neigung, einen Ab-satz oder ein Kapitel auf eine Schlußpointe hin zu verfassen, und wo immer ihm dergleichen besonders gelungen, überraschend oder zum Nachdenken anregend schien, schrieb er an den Rand: «Gut gegeben!», «Hoppla!» oder nur, knapp und bündig: «Peng!» Mit solchen und zahlreichen weiteren, meist sachlichen Anmerkungen hat er einige meiner historischen Darstellungen begleitet, auch das Italienbuch, die Speerbiographie und manches andere. Er machte mich auf den Erlebnisbericht eines Feldwebels über den Rußlandfeldzug aufmerksam, der in einem Privatverlag erschienen und folglich weitgehend unbekannt geblieben war. Später empfahl er mir eines der bei Georg Müller in München erschienenen bunten Historienwerke von Chledowski und forderte mich auf, noch einmal nachzulesen, was mir ein italienischer Freund über die glanzvoll blutige Geschichte Masaniellos, eines Fischverkäufers von der Piazza del Mercato, erzählt hatte, der vom Jubel einer schaulustigen Menge erst zum «König von Neapel» ausgerufen, dann von den Schlichen und Ränken der alten Mächte umgarnt und zuletzt verraten worden war, bis die Herrscher von ehedem ihre Bravos aufboten, die ihn von der Kanzel weg abführten und in der Sakristei der Kirche Santa Maria del Carmine zum Tod beförderten. Die Überprüfung der mir, wie ich nun erkannte, reichlich frei erzählten Geschichte verdankte ich Schlüter ebenso wie manche aufschlußreichen, aber in irgendwelchen Abseiten schlummernden Einzelheiten zur Zeitgeschichte. Er war ein Kenner vergessener, oftmals bizarrer, aber durchweg anschaulicher Detailsachen. Die Geschichtsschreibung kommt ohne solche «Souffleure», wie er das nannte, nicht aus, und er widmete sich dieser aus eigenen Stücken übernommenen Aufgabe mit der Leidenschaft des altgedienten Liebhabers. Das war seine unbekannte, aber sicherlich nicht geringste Rolle: mein aufmerksamster und getreuester Lektor.

Er war, wie viele aus unserer Generation, von den Erfahrungen der Hitlerjahre traumatisiert, und die Frage, wie es dazu gekommen war, wie Millionen ordnungsstrenger Bürger aus allen Schichten eine Pöbelherrschaft, wie er immer wieder schrieb, nicht nur ertrugen, sondern bejubelten, hat ihn nie zur Ruhe kommen lassen. Die Verdüsterungen, die ihn in späteren Jahren bisweilen überfielen, setzten erkennbar ein, seit er in Filmen dieser oder jener Provenienz, zumal in italienischen Produktionen, als Offizier oder höhere Charge des Regimes aufzutreten hatte. «Ausgerechnet ich», schrieb er einmal, «bin zu einer Art Lieblingsboche der Filmleute geworden. Dabei habe ich mir immer eingeredet, nicht einmal etwas Martialisches an mir zu haben. Aber die Cinecittà-Fritzen wollen es so, und ich muß den kalten Tollhäusler machen.»

Natürlich wisse er, heißt es ein andermal, daß die Ursache seiner Beunruhigungen und bald auch der von daher kommenden Nervenkrisen nicht in diesen Rollen liege. «Das rumort von viel weiter her. Aber verwinden kann ich es trotzdem nicht, daß ich, Sie und wir alle irgendwie zu diesen Leuten da gehören, die Deutschland in den Dreck getreten haben, aus dem wir nun nicht mehr hochkommen.» Er kannte sich aus mit sich selber, mit seinem Land, der Geschichte und vielem, was noch dazugehört – besser, als viele meinten, auch von denen, die ihm nahestanden. Um so wichtiger, daß wir es ihm zugute halten.

Doch will ich sein Bild nicht dunkler zeichnen, als die Erinnerung es bewahrt: Er würde sich sonst mokieren oder die von ihm erdachte Aufsichtsbehörde zu einem strengen Monitum anhalten. Am Ende machen eben doch die helleren Töne aus, was er war und was es mit ihm auf sich hatte. Ich will auch sagen, daß ich nach wie vor gern an ihn denke: an seine Lebendigkeit in Glück und Unglück; seine ernsten Überzeugungen, seinen häufig grimmigen Humor. Und vielen geht es ebenso.

Das nicht zuletzt auch, weil er ein Herr war. Ein wenig altmodisch, mit konservativer Grundstimmung, aber niemals konventionell. Und niemals dienernd oder borniert. Anders als das gewandte und gefeierte Mittelmaß von heute, das – um ihn ein letztes Mal zu zitieren – zumal an den Theatern «überall vordringt, das Mundwerk aufreißt, die Posten besetzt und mehr gierig als ehrgeizig daherkommt», hatte er es nicht nötig, durch irgendein Spektakel oder eine lärmende Verdrehtheit auf sich aufmerksam zu machen. Er besaß die Aufmerksamkeit einfach durch sein Da-Sein.

Das ist nun nicht mehr. Aber gelegentlich sollten wir uns seiner erinnern, zumal im Urteil über das, was Menschen sind, was sie sich in aller Lebensschwere abgewinnen müssen und mitunter auch können. Er war ein Freund. Was läßt sich mehr sagen?

ANHANG

Namenregister

375

378

McCarthy, Mary 177, 190,
201–203, 205, 212
Medici, Cosimo di 322
Medici, Lorenzo di 322
Medici, Familie 125
Mehring, Walter 309
Meinecke, Friedrich 125
Meinhof, Ulrike 8, 10, 12, 37,
249 ff.
Mendelssohn Bartholdy,
Felix 297
Menzel, Adolph von 280
Metternich, Klemens Wenzel
Fürst von 231
Michelangelo 16, 323
Millowitsch, Willy 150
Milton, John 117
Mitscherlich, Alexander 132
Modrow, Hans 170
Möhrle, Erna 182 f.
Moeller, Ferdinand 153
Moltke, Helmuth James
von 223
Mommsen, Theodor 102,
140, 146, 236
Monk, Egon 249
Montaigne, Michel de 117 f.,
221
Montanelli, Indro 12, 139
Montefeltre, Guido da 323
Moravia, Alberto 139 f.
Morus, Thomas 325
Mossadegh, Mohammed 265

Mozart, Wolfgang Amadeus
16, 36, 152, 289, 294,
310–312
Müller, Georg 367
Munch, Edvard 154

Nabokov, Nicolas 124
Nabokov, Vladimir 133
Nagy, Imre 124
Nannen, Henri 66
Napoleon I., Kaiser der
Franzosen 22, 230 f., 238,
359
Napoleon III., Kaiser der
Franzosen 359
Neumark, Fritz 228
Nierendorf, Josef 153, 160
Nierendorf, Karl 153, 160
Nietzsche, Friedrich 16 f.,
140, 149, 211, 296
Nissen, Georg Nikolaus
von 310
Noelte, Rudolf 364
Nolde, Emil 158
Novalis 118

Ohnesorg, Benno 35, 264 f.
Olivier, Lawrence 21
Orwell, George 24, 329
Oster, Hans 150
Overbeck, Friedrich 154
Ovid 86

379

Bildquellen